JAN KULCZYK

BIOGRAFIA NIEZWYKŁA

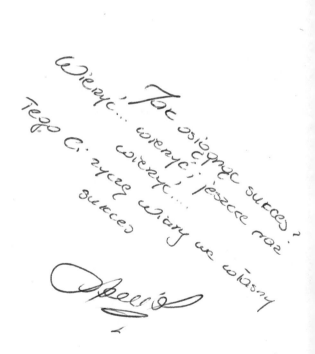

Jak osiągnąć sukces?
Wierzyć... wierzyć i jeszcze raz
wierzyć...
Tego Ci życzę wiary we własny
sukces

25. 11. 15. Brodnica

CEZARY BIELAKOWSKI   PIOTR NISZTOR

JAN KULCZYK
BIOGRAFIA NIEZWYKŁA

Projekt okładki: Maciej Marchewicz
Zdjęcie na okładce: © Bartosz Sadowski

Szef Projektów Wydawniczych
Maciej Marchewicz

Redakcja i korekta
Barbara Manińska

Skład i łamanie
Tekst Projekt, Łódź

ISBN 978-83-8079-003-2

Wydawca
Fronda PL, Sp. z o.o.
ul. Łopuszańska 32
02-220 Warszawa
Tel. 22 836 54 44, 877 37 35
Faks 22 877 37 34

e-mail: fronda@fronda.pl
www.wydawnictwofronda.pl
www.facebook.com/FrondaWydawnictwo

SPIS TREŚCI

WSTĘP
WSZYSTKO, CZEGO NIE WIECIE O JANIE KULCZYKU

JAN KULCZYK zmarł w Wiedniu 29 lipca z wtorku na środę, tuż po północy w jednej z najlepszych europejskich klinik. Miał 65 lat. Do szpitala trafił na kolejny, eksperymentalny zabieg usunięcia komórek nowotworowych prostaty. Pierwszy zabieg przeszedł półtora roku wcześniej w Detroit w Stanach Zjednoczonych. Operacja została wtedy przeprowadzona z wykorzystaniem zaawansowanej technologii medycznej. Nawrót choroby nowotworowej wymagał ponownej interwencji chirurga. Operacja prawdopodobnie została przeprowadzona w piątek. Doszło do nieoczekiwanych komplikacji. Jan Kulczyk trafił na oddział intensywnej terapii. W sobotę wieczorem dzwonił do rodziny i przyjaciół uspokajając, że został już przeniesiony z OIOM-u na salę ogólną. Po pięciu dniach od zabiegu, mimo że otrzymywał regularnie zastrzyki przeciwzakrzepowe, utworzył się zator płucny. Skrzep krwi zablokował tętnicę. W konfrontacji z tak podstępną śmiercią najnowocześniejszy sprzęt i najlepsi lekarze mogą sobie nie poradzić. Na ratunek są tylko minuty.

Jan Kulczyk wiedział, że jest poważnie chory. Czy myślał o śmierci i miał jej przeczucie? W styczniu 2014 roku przekazał władzę nad Kulczyk Investments dzieciom – Sebastianowi i Dominice.

W marcu rok później firma przyjęła nową strategię działania. Ale Jan Kulczyk nie żegnał się z życiem, raczej porządkował swoje różne zaległe sprawy. Wyremontował cmentarz Jeżycki na poznańskiej Nowinie. Tam też został pochowany, obok swojego ojca Henryka, który zmarł niecałe dwa lata wcześniej w wieku 87 lat. Na płycie grobowca w listopadzie 2014 roku stanęła rzeźba jego ulubionego rzeźbiarza Igora Mitoraja – przytuleni do siebie kobieta i mężczyzna, obok stoi pień starego ściętego drzewa, od którego odrastają młode gałęzie.

Od kilku miesięcy Jan Kulczyk modernizował swoją siedzibę. I szykował nowy gabinet. Został on zaprojektowany według jego wskazówek. Na pierwszym piętrze rozpoczęło się skomplikowane wzmacnianie stropu. Bo automatycznie otwierane dwuskrzydłowe drzwi do sekretariatu były za ciężkie. Lekka konstrukcja biurowca by ich nie udźwignęła. Jan Kulczyk miał pomysł niecodzienny. W stalowych framugach zawisły bas-reliefy, czyli płaskorzeźby odlane z brązu. Wykonał je kiedyś sam Joan Mirò. Musiały kosztować majątek. Do gabinetu zostały już zamówione meble. Brakowało biurka. Jan Kulczyk zamówił je w polskiej pracowni braci Olko. Biurko ma być wyrzeźbione z głazu. Biznesmen czekał też niecierpliwie na najnowszą wersję swojego odrzutowca typu Gulfstream 650. Uwielbiał latać. Termin odbioru był wyznaczony na wrzesień. Końca dobiegały również ostatnie prace wykończeniowe w nowej willi wybudowanej na zboczach Saint Moritz. Podobno to największy prywatny dom w Szwajcarii.

W marcu zapytaliśmy Jana Kulczyka o początki biznesowej działalności, o kulisy największych projektów, prywatyzacje z lat dziewięćdziesiątych, znajomości z politykami i aferę Orlenu, w której stał się głównym bohaterem. Także o czasy współczesne i po prostu, jak to być miliarderem. Nie zabrakło pytań o ostatnią inwestycję w giełdowy Ciech i o to, co ma wspólnego z aferą taśmową. Na większość z nich Jan Kulczyk odpowiedział. Jego wspomnienia i opinie wpisaliśmy do tej książki. Planowaliśmy kolejne pytania. Zabrakło czasu. Los sprawił, że to był jego ostatni kontakt z mediami. Wypowiedzi te w nieprzewidywalny sposób stały się pożegnaniem z ludźmi, bez których nie zbudowałby swojego imperium. Ale przede wszystkim to polemika z krytyką i zarzutami, jakie towarzyszyły miliarderowi, odkąd zaczął zarabiać ponadprzeciętne pieniądze i budować swoją wpływową pozycję. Rozdziały tej książki są jak rozrzucone puzzle. Każdy można czytać osobno. To zbiór opowieści, składających się na obraz osoby, o której można powiedzieć na pewno, że była niezwykła. Bez roli, jaką odegrał Jan Kulczyk, nie sposób zrozumieć i dobrze opisać najnowszej historii Polski. Był jej częścią. Niejednoznaczną.

W skrócie o Janie Kulczyku można powiedzieć, że do końca nie zwalniał tempa. Jego przedsięwzięcia, nie tylko biznesowe, przez lata budziły skrajne emocje. Próżno szukać drugiej takiej osoby. Na wieść o śmierci Jana Kulczyka jego współpracownicy i przyjaciele płakali jak dzieci, zdeklarowani wrogowie, a miał ich całą rzeszę, zaczęli świętować.

Do Kulczyka nie można było mieć obojętnego stosunku. Jednych uwodził swoich charakterem, intelektem, rozmachem i oczywiście pieniędzmi. Dla innych był pewnym siebie bogaczem. Przykładem polskiego kombinatora, który zbudował fortunę na majątku państwa. Równocześnie mówiono o nim wizjoner, geniusz biznesu i filantrop oraz satrapa, oligarcha i cwaniak biznesowy.

Jan Kulczyk bez wątpienia stał się jednym z symboli polskiej transformacji. Dla wielu skrajnie negatywnym, uosabiającym wszystkie patologie politycznych i gospodarczych przemian. A nazwisko „Kulczyk" to dziś synonim wielkiego osobistego sukcesu, ale również „kapitalizmu politycznego".

W wypadku Jana Kulczyka miarą sukcesu stał się jego majątek szacowany na ponad 15 miliardów złotych. Według wielu opinii to wielkość niedoszacowana. To wartość milionów akcji, kont bankowych, nieruchomości czy dzieł sztuki. Miarą sukcesu Jana Kulczyka stał się też rozmach biznesowej działalności, która wykroczyła daleko poza granice kraju – Kulczyk jako pierwszy Polak zaczął inwestować w afrykańskie pola naftowe i kopalnie diamentów, szukał gazu i ropy w Indonezji i na Ukrainie, z którą chciał też handlować prądem. Nie miał polskich kompleksów. Zapytany, na ile wycenia swój majątek, odparł: – Czuję się komfortowo, nie dostaję finansowej zadyszki. Gotówka przyrasta. Na przykład rośnie cena złota, a my mamy udziały w kopalni złota w Namibii, to jedna z największych kopalni złota w Afryce. Jest tam bezpiecznie. Ukrainę też przekuję za chwilę w sukces.

Większość jego osiągnięć przypisywana była umiejętności wkupywania się w przychylność kolejnych rządów. W powszechnym odbiorze wszystkie jego inwestycje w państwowe przedsiębiorstwa nie byłyby możliwe bez ugruntowanych znajomości z politykami. Miał być przykładem quasi-legalnego uwłaszczenia na majątku skarbu państwa. Tak postrzegane były jego historyczne transakcje – jak kontrakt z policją na dostawy samochodów VW, udział w prywatyzacji Telekomunikacji Polskiej czy Browarów Wielkopolski. Jan Kulczyk odrzucał te zarzuty. W zasadzie można powiedzieć, że ich do końca nie rozumiał. Powtarzał, że niczego nigdy od nikogo nie dostał. Poza pierwszym milionem, który na początku lat osiemdziesiątych otrzymał od swojego ojca na rozkręcenie biznesu.

Nigdy natomiast nie wypierał się dobrej znajomości z politykami. Jedną z najważniejszych była przyjaźń z Aleksandrem Kwaśniewskim. Kulczyk poznał go w pierwszej połowie lat osiemdziesiątych. Kwaśniewski był wtedy redaktorem naczelnym pisma młodzieżowego „Itd.". Jak twierdzi Jan Kulczyk, pomógł przypadek. Żona Kwaśniewskiego Jolanta pracowała wtedy w polonijnej firmie PATT, która robiła i sprzedawała biżuterię z modeliny. PATT to była firma obywatela Szwecji Jacka Kubica. Pracował w niej również Ireneusz Nawrocki, późniejszy przyjaciel rodziny Kwaśniewskich, i Ryszard Kalisz, szef kancelarii późniejszego prezydenta.

– Kwaśniewski to mój przyjaciel. Jego żona Jola była odpowiedzialna w firmie PATT za zaopatrzenie. Robili i sprzedawali biżuterię z modeliny. I jak wszyscy, potrzebowali surowca z importu. To od mojego podpisu zależało, kto i ile tego surowca dostawał. Zaprosiłem Jolę na kolację. Przyszli razem. Tak poznałem Aleksandra.

Od tego czasu bardzo dobrze się znamy, zapraszamy na urodziny, imieniny. Dlaczego mam dzisiaj udawać, że go nie znam? To były lata osiemdziesiąte. Kto by wtedy przypuszczał, że Kwaśniewski zostanie prezydentem za piętnaście lat. Mogę mnożyć te znajomości z tamtych czasów.

Po tych piętnastu latach Jan Kulczyk miał w zasadzie nieograniczony dostęp do prezydenta Kwaśniewskiego. – Żeby się spotkać z Olkiem, nie potrzebowałem Marka Ungiera. Dzwoniłem bezpośrednio do prezydenta, czasem od razu po wylądowaniu w Warszawie, żeby pogadać i umówić się na kawę. Kulczyk przyznaje: – Wiem, że wymknęło się to trochę spod kontroli i zabrakło zwykłej wyobraźni i przezorności.

Jan Kulczyk podkreślał, że nigdy nie był częścią żadnego politycznego dworu. Choć bez wątpienia miał specjalny status. Nie tylko u Kwaśniewskiego. W podróżach rządowym samolotem, czy to z prezydentem Lechem Wałęsą, czy z premier Hanną Suchocką, siedział z nimi w salonce. Reszta przedstawicieli biznesu z tyłu samolotu. Jego specjalny status, poza doskonałymi relacjami z politykami, wynikał także z tego, że stał na czele Polskiej Rady Biznesu, którą założył na początku lat dziewięćdziesiątych z Jerzym Starakiem i Janem Wejchertem. Rada była stworzona na wzór elitarnej American Business Round Table. Zbigniew Brzeziński, doradca gospodarczy prezydenta USA Jimmy'ego Cartera tłumaczył, że organizacja ta działa zakulisowo na prywatnych spotkaniach, a zaproszenie do niej otrzymują największe tuzy amerykańskiej gospodarki. Taki sam cel przyświecał polskim biznesmenom. PRB stała się jedną z najbardziej wpływowych organizacji w Polsce. W dzisiejszej siedzibie rady, w pałacyku Sobańskich w alejach Ujazdowskich, dwa kroki od kancelarii premiera, Jan Kulczyk czuł się jak u siebie. Podobnie zresztą, jak w gmachu sejmu na Wiejskiej. W czasach rządów SLD tylko jedno miejsce było jawnie nieprzychylne Kulczykowi. To był gabinet ministra skarbu Wiesława Kaczmarka. Jan Kulczyk nie mówił o nim inaczej niż „Rudy", zresztą tak jak wiele innych osób. I nie była to tylko kwestia koloru włosów. Nie miał o ministrze skarbu dobrego zdania i vice versa. – Nie akceptował tego, że mogłem pójść z każdą sprawą bezpośrednio do Olka albo Leszka. Przypuszczam, że gdybym zabiegał o względy u „Rudego" i u reszty tego towarzystwa, jego doradców politycznych, byłoby inaczej. Ale byłem poza tym całym dworem, nie wpisywałem się w to towarzystwo.

Jan Kulczyk przekroczył wtedy granicę, która powinna dzielić prywatny biznes od polityki, i to na całej długości.

– Był taki moment, zgadzam się z tym. Tak się zagalopowałem, że mogłem wpływać na jedną trzecią wartości polskiej giełdy.

– To źle?

– Źle, mimo wszystko źle. To nie jest zdrowe, gdy jedna osoba ma takie wpływy. Nieuchronnie budzi się żądza władzy. Zaczyna dominować. Nie wiem, jakie by były tego konsekwencje dla mnie.

I znów miał szczęście. Jego rozpęd skutecznie wyhamowała komisja śledcza w sprawie afery Orlenu. Mimo upływu lat ciągle wracał do tych wydarzeń z przełomu 2004 i 2005 roku. W ich efekcie przeniósł się na stałe do Londynu i zaczął się interesować inwestycjami w Afryce.

– Jak to jest być miliarderem? – zapytaliśmy.

– Do obiadu i kolacji wino lepsze podają – żartuje Kulczyk. – Te moje wszystkie rzeczy, samolot, jacht, domy, to narzędzia pracy. Ja muszę mieć taką rezydencję. Nie tylko dlatego, że to lubię. Ale po to, żeby docenili to moi wspólnicy. Traktuję to jak grę. Żeby nie patrzono na mnie z góry. To wszystko co mam pokazuje, czy jesteśmy mniej więcej w tej samej lidze. To wygodne. Nie trzeba sprawdzać biznesplanów, kto ile ma na koncie. I to działa.

Rezydencja jest rzeczywiście imponująca. Kulczyk kupił ją od szejka z Arabii Saudyjskiej. Znajduje się przy South Street MayFair. To jedna z najdroższych dzielnic Londynu, w której ceny miejskich pałaców sięgają 100 milionów funtów.

Drzwi otwierają ochroniarze w nienagannych garniturach. Parter przypomina obszerną recepcję. Na wysokie piętro prowadzą piękne, majestatyczne schody z czarnego marmuru. Robią wrażenie. Na myśl przychodzi rezydencja rodu Carringtonów z serialu

„Dynastia", choć schody są o połowę krótsze. Gabinet i przylegający do niego ogromny salon to w zasadzie muzeum sztuki nowoczesnej. Każdy mebel i przedmiot, które tworzą wystrój wnętrza, wyszedł spod ręki znanych światowych artystów. W gabinecie o owalnym kształcie pełno jest półek pod sufit wypełnionych ciężkimi albumami i katalogami sztuki oraz fotografii artystycznej. Rzecz jasna jest też kominek, w którym przez połowę roku – jak to w Londynie – pali się węgiel. Przylegający do gabinetu salon jest naprawdę gigantyczny. Ściany w ciepłych pastelowych kolorach zdobią stiuki w kształcie antycznych kolumn, nadając mu dyskretnego pałacowego charakteru. W oczy rzucają się piękne czerwone, lakierowane zestawy głośników w kształcie instrumentów dętych. W centralnej części stoją wielkie kanapy na dosłownie gigantycznym grubym i miękkim dywanie. Masywny gramofon i zestaw do odtwarzania muzyki mógłby z powodzeniem zdobić kajutę kapitana Spocka na Star Treku.

Swojej prywatności Jan Kulczyk strzeże jak skarbu. Nie wystawia swojego bogactwa na sprzedaż w kolorowych pismach i portalach plotkarskich. Na próżno szukać zdjęć specjalnie zaprojektowanego dla niego biurka, które przypomina trochę... drapieżną barakudę. Zobaczyć to szklane cacko to przywilej gości, którzy dostają zaproszenie do rezydencji. Wykonała je Zaha Hadid.

Jan Kulczyk jest typem gawędziarza, który potrzebuje widowni. Ale nie szanował ludzi, którzy mu tylko przytakiwali.

Potrafił długo testować rozmówcę, żeby sprawdzić, czy ma do czynienia ze zwykłym pochlebcą, czy osobą wartą swojego czasu. Lubił prowadzić dyskusję na kontrze. Wręcz narzucając swoje zdanie. Ale we właściwym momencie potrafił przyznać z niewinnym uśmiechem: „Ja tak tylko prowokuję, proszę się nie urażać".

Nie zapamiętywał nazwisk, przekręcał fakty i daty, mylił liczby. Miał skłonność do podkręcania swoich opowieści. Uwielbiał żarciki, anegdoty i bon moty. Detale opowieści nie były najważniejsze. Przecież szczegóły i nazwiska można zawsze gdzieś sprawdzić. – To gdzieś da się ustalić. Ale o ileż ciekawsze są te historie... – mawiał.

– Absolutnie, to nie podlega żadnej dyskusji – tych słów nadużywał. To sygnał, że kończy się pole do dalszej wymiany argumentów. Albo po prostu koniec rozmowy na określony temat. Był dosyć apodyktyczny i zawsze doprowadził do zakończenia swojej kwestii, nawet jeśli ktoś próbował zmienić temat. Wtedy wyczekiwał, wysłuchał do końca, ale i tak powiedział to, co planował. – Nie lubię brutalności, ale jestem stanowczy. Jeśli ktoś przekracza określone granice, mówię nie i to jest koniec – wyjaśnia.

To dotyczyło także spraw rodzinnych. Jan Kulczyk żartował: „W sprawach rodzinnych mam ostateczny głos. Jestem władcą absolutnym, ale na szczęście oświeconym".

Dwie butelki czerwonego wina, które czasami wypijał ze swoimi gośćmi lub przyjaciółmi w londyńskich klubach, to koszt w Polsce średniej klasy małego samochodu. Ale w ostatnim czasie to była jedyna słabość. Dbał o siebie. Cyklicznie robił badania krwi. Dużą wagę przykładał do tego, co jadł. Miał osobistego kucharza, który na obiad przygotowywał małe, ale syte i zdrowe posiłki. Na przykład: pierwsza przystawka to mięso z homarów z trzema sosami, potem plaster duszonego indyka i danie główne – porcja upieczonej soli. Do tego gotowane warzywa, dziki ryż, utarta czarna rzepa. A na koniec czarna kawa, delikatne słodycze i belgijska czekolada. Wyraźnie miał słabość do słodkich przekąsek.

Posiłek podawali mu kamerdynerzy. Perfekcyjnie wyszkoleni, poruszający się jak zaprogramowane roboty. Młodzi Brytyjczycy z nienagannym angielskim. Skromnie ubrani. Dziewczyna w małej czarnej, chłopak w białej koszuli. Na dłoniach białe rękawiczki. Krążyli wokół małego okrągłego stołu w rogu salonu bezszelestnie jak duchy.

Wielokrotnie był namawiany, żeby napisał książkę, jak zarobić pierwszy miliard. – Gdy słyszę, napisz podręcznik, jak się robi pieniądze, jestem na nie. Nie ma czegoś takiego. To jest kumulacja wielu spraw i okoliczności. Na początek trzeba widzieć coś, czego nie widzą inni. Dużo czytać i obserwować. Ale to nie jest tak, że chodzę sobie od klubu do klubu i słucham gdzie kto robi interesy.

W ten sposób większości moich przedsięwzięć by nie było. Bo przede wszystkim trzeba wystąpić w roli pioniera. Tak było z autostradą, tak było z browarami, tak było z telekomunikacją. A Era jest pierwszą telefonią komórkową w Polsce. Miałem odwagę wytyczać drogę innym.

To oczywiście część prawdy. Londyńskie kluby mają swoją wartość. Kulczyk bywał tam, gdzie przychodzili najbogatsi. To tam w naturalny sposób można poznać przyszłych wspólników i partnerów, otworzyć drzwi do nowego biznesu. – Wypije się jednego drinka, drugiego, zje obiad, kolację, jeżeli jest fajna chemia, to podejmujemy wspólne działania. Robi się interesy z ludźmi, a nie z firmami. To podstawowa zasada. Oczywiście później potrzebne jest zaplecze, musi być infrastruktura, która jest w stanie przetworzyć to, co my sobie tam zaplanujemy – opisuje Kulczyk. Żeby zostać członkiem takiego klubu, nie wystarczą sute napiwki płacone gotówką prosto z kieszeni. Na członkostwo trzeba czekać dwa, trzy lata, mieć mocną pozycję i rekomendacje. Trzeba być kimś. A w Londynie to nie jest takie proste. Kilka lat temu Kulczyk powiedział: „Myślę, że nie wystarczy być orłem, żeby zdobywać sukcesy. Do tego jeszcze jest potrzebne to, co możemy nazwać łowiskiem. Wiemy o tym doskonale, że nawet najlepszy orzeł na pustyni może być głodny".

Choć był drapieżnikiem i wykorzystywał do robienia biznesów polityczne znajomości, nie interesował się bieżącą polityką. Tu jednak zaskoczenie. – Zajmuję się polityką, tylko jeśli ma wpływ na biznes – tłumaczy. Jan Kulczyk zapytany niedawno, co sądzi o polityku, który z powodu spektakularnego ekscesu nie schodził kilka dni z rzędu z czołówek gazet i jedynek w serwisach informacyjnych spojrzał bezradnie w kierunku swojego bliskiego współpracownika. Ten zaczął tłumaczyć, o co chodzi. Ale Kulczyk dalej nie miał pojęcia, o kim mowa. Nawet przywołanie nazwiska posła niewiele pomogło. Bo Jan Kulczyk nie czytał i nie słuchał nieistotnych newsów z Polski. Ale na pewno musiał mieć jakieś elementarne ambicje polityczne? Nie miał. I mówił o tym z głębokim przekonaniem. Uzasadniał to żartobliwie, ale dosadnie. – Ja? Do polityki? I co miałbym wpisać do oświadczenia majątkowego? Zegarki? Przecież nie wiem, ile ich mam.

Choć nie kolekcjonował czasomierzy, jak niektórzy politycy, jedną markę miał ulubioną – Breguet.

Podobnie sceptyczny stosunek miał do mediów. Swoje oceny na temat polskiej prasy i telewizji wypowiadał jednak z respektem. W swoim prowokacyjnym stylu mówił: – Mogę zainwestować w media. Przecież, gdybym kontrolował ze dwie, trzy redakcje w Polsce, miałbym władzę, te redakcje, dogadane nieoficjalnie między sobą, mogłyby zniszczyć każdego, prawda?

Po kilkudziesięciosekundowej pauzie śmiał się, jak z dobrego żartu. – Ale to nie jest biznes. Media mnie w ogóle nie interesują.

Czy na pewno? Czy rzeczywiście żartował, czy brakowało mu odwagi. Gdyby chciał, na pewno mógł kupić praktycznie każdą gazetę. Co go powstrzymywało? Na początku lat dziewięćdziesiątych otrzymał ofertę kupna kilku tytułów w ramach likwidacji Robotniczej Spółdzielni Wydawniczej „Prasa Książka Ruch", należącej do PZPR. Z okazji skorzystał wtedy jego kolega Wojciech Fibak. Kulczyk odmówił. – Przychodzili do mnie, namawiali: kup jakąś gazetę. Odpowiadałem: w życiu nie wejdę w żadną gazetę, od razu stanę się wrogiem.

Ale Kulczyk myślał o gazetach. Wiele lat później w ramach projektu „Media", zlecił analizę opłacalności spółki Media Express – wydawcy dziennika „Super Express", także Orkla Media, dawnego wydawcy dziennika „Rzeczpospolita". Musiały wypaść mało optymistycznie.

Może dlatego właśnie doszedł do miliardów, skutecznie wykluczając te inwestycje, na których można już tylko tracić. Jana Kulczyka, najbogatszego Polaka, dobrze opisuje krótka anegdota. Na jedną z oficjalnych imprez nie mógł dotrzeć zaufany fotograf. Szansę dostał jego kolega. Przedstawił Kulczykowi słoną ofertę finansową. Doktor Jan przejrzał naprawdę dobre zdjęcia, wysłuchał fotografa i odparł: – Może rzeczywiście jestem bogaty, ale na pewno nie głupi. Pana oferta nie jest tyle warta.

I odesłał go z kwitkiem. Mógł zapłacić każdą cenę za zdjęcia, przecież tak drobne wydatki w ogóle nie powinny go obchodzić. Ale Kulczyk znany jest z tego, że nie lubi przepłacać, czy to za zdjęcia, czy za udziały przejmowanych przedsiębiorstw. I dobrze orientuje się, co ile kosztuje naprawdę i jaką ma wartość. W zasadzie to logiczne, bo po co płacić więcej, jak można mniej. Fortuna tej zasady nie zmienia, a może nawet paradoksalnie ją wzmacnia. I ten, nazwijmy to, szacunek do wartości pieniądza być może jest jednym z właściwych kluczy do rozumienia, jak doszedł do tak dużego majątku. Oczywiście, żeby stać się milionerem, poza wszystkim, trzeba mieć jeszcze trochę szczęścia i dar podejmowania racjonalnego ryzyka.

I jeszcze jedna kwestia. Podatki. Zamiast płacić je w kraju, szybko zaczął optymalizować zobowiązania wobec fiskusa (choć trzeba przyznać, że w 2014 roku jego firmy były największym płatnikiem podatków w Polsce). – Moje firmy, jeżeli działają w Polsce, płacą podatki w Polsce. A ja płacę jak każdy, tam gdzie mieszkam. Proszę mi wierzyć, gdym coś robił na lewo, złapaliby mnie już ze sto razy.

ROZDZIAŁ I
AFERA ORLENU.
KONIEC PEWNEJ EPOKI

JANOWI KULCZYKOWI fortuna sprzyjała wielokrotnie. Zwłaszcza gdy potrzebował jej najbardziej. Ale szczęście to za mało. Potrzebni są jeszcze wpływowi znajomi i przede wszystkim zaufani współpracownicy. Tych wokół Kulczyka nigdy nie brakowało. Choć nie wszyscy przetrwali u jego boku.

Był 7 listopada 2004 roku. Wygodny odrzutowiec Jana Kulczyka, który wystartował z Miami, miał jeszcze godzinę lotu do Okęcia. Doktor Jan sięgnął po pokładowy telefon. Zadzwonił do Warszawy, by porozmawiać z Janem Wagą, swoim najbliższym współpracownikiem i prezesem Kulczyk Holding, głównej wtedy swojej firmy. Doktor Jan usłyszał w słuchawce zdecydowany głos:

– Jeśli jesteś jeszcze w powietrzu, zawracaj!

– Dlaczego?

– Bo mogą cię aresztować. Jest coraz większa awantura.

Kulczyk długo się nie zastanawiał. Zawrócił. Opowiadał, że czuł się zagrożony. – Obawiałem się prowokacji, oni przecież mogli wtedy wszystko, nawet narkotyki do walizki na lotnisku podrzucić... W jego historii ten drobny powietrzny epizod zmienił wiele, może nawet wszystko. Reakcja Kulczyka na słowa Jana Wagi miała

dalekosiężne konsekwencje. Bo miliarder leciał na przesłuchanie przed sejmową komisją śledczą, która prowadziła dochodzenie
w sprawie tak zwanej afery Orlenu. Kulczyk, udziałowiec w tym
paliwowym koncernie, był publicznie oskarżany, że wpływał na rządowe decyzje, biorąc udział w nieformalnych spotkaniach z premierem i prezydentem. Jeszcze poważniej brzmiały zarzuty o to, że
w Wiedniu spotkał się ze słynnym szpiegiem KGB Władimirem Ałganowem. Z odtajnionych notatek wywiadu wynikało, że Ałganow
mówił wtedy o łapówce, którą miał wziąć minister skarbu w zamian
za sprzedaż Rosjanom Rafinerii Gdańskiej.

W tych okolicznościach, wydając pilotowi polecenie „zawra-
camy do Londynu", Kulczyk dostarczył śledczym kilku argumentów przeciwko sobie: nie stawił się na przesłuchanie – to mogło
znaczyć, że coś ukrywa, bo pewnie jest winny i boi się odpowiedzialności. W jednej chwili Kulczyk stał się uciekinierem przed wy-
miarem sprawiedliwości. W wąskim gronie znajomych tak wspominał ten moment w samolocie: „Dosłownie świat mi się zawalił
wtedy pod nogami".

Komisja śledcza, która nie doczekała się na Kulczyka, pracowała
już kilka miesięcy. Sejm powołał to gremium, żeby zbadało sprawę
sprzed dwóch lat – okoliczności zatrzymania przez Urząd Ochrony
Państwa prezesa koncernu naftowego PKN Orlen Andrzeja Modrzejewskiego. W komisji śledczej po stronie opozycji zasiadły same
jastrzębie: Zbigniew Wassermann z PiS, były prokurator; Antoni
Macierewicz, były szef MSW, autor historycznej listy polityków,
którzy mieli współpracować ze Służbą Bezpieczeństwa PRL; Roman
Giertych, młody narodowiec, lider LPR zabiegający o względy ojca
Tadeusza Rydzyka; i Konstanty Miodowicz z PO, były szef kontrwywiadu UOP. To oni nadawali ton komisji. Po przeciwnej stronie było
słabiej: Andrzej Celiński z SdPl, Bogdan Bujak i Andrzej Różański
z SLD oraz Andrzej Aumiller z UP. Komisji przewodniczył Józef
Gruszka z PSL. Do czasu, gdy dostał ciężkiego wylewu. Wątpliwą
ozdobą komisji był Alojzy Witaszek, związany niegdyś z Andrzejem
Lepperem właściciel zajazdu pod Warszawą.

Posłowie opozycji już od dawna ostrzyli sobie zęby na Jana Kulczyka, ale ten wyraźnie nie spieszył przed oblicze komisji. Najpierw nie stawił się w prokuraturze. Wyjechał do swojej posiadłości w Miami na Florydzie i poinformował, że szwankuje mu zdrowie. Patrząc na tamte wydarzenia z dzisiejszej perspektywy, można śmiało powiedzieć, że śledczych z opozycji (i nie tylko) ogarnął wtedy lekki amok, który utrudniał im ocenę sytuacji (zresztą nie ostatni raz). Szarżować zaczął Zbigniew Wassermann. Żeby wymusić na Kulczyku stawienie się przed komisją, zaproponował zabezpieczenie na jego majątku. Szacowany był on wtedy na ponad trzy miliardy złotych i co najmniej w połowie znajdował się już poza granicami Polski. Pomysł spodobał się Giertychowi i Gruszce. Wassermann zalicytował więc wyżej – stwierdził, że majątek Kulczyka pochodzi z działalności przestępczej. Później gorzko zresztą tego pożałował, bo unikając procesu o zniesławienie, musiał przeprosić. Krążą plotki, że prokuratura rozważała postawienie Kulczykowi zarzutu szpiegostwa. Zastępca prokuratora generalnego – jak donosiła prasa – uspokajał, że zarzut szpiegostwa nie potwierdza się w materiale dowodowym, ale „oczywiście prokuratorzy prowadzący to śledztwo będą jednak musieli się zastanowić, jaki charakter miało wiedeńskie spotkanie". Eksperci komisji odrzucili dostarczone zaświadczenie lekarskie, że Kulczyk jest chory – powinno być wydane przez lekarza sądowego i napisane po polsku. Przypomniał o sobie nawet Jan Maria Rokita (typowany na przyszłego premiera), wypowiadając opinię, że gdyby Kulczyk nie wracał do kraju, minister sprawiedliwości powinien porozumieć się z władzami USA i doprowadzić do jego przesłuchania na terenie Stanów Zjednoczonych. A jeśli Kulczykowi byłyby postawione zarzuty, to powinien wystąpić o ekstradycję i zapewnić mu „pełne bezpieczeństwo". – W tej sprawie chodzi o wielki majątek i wielkie pieniądze, chodzi o to, by państwo polskie mogło przesłuchać żywego świadka – mówił lider PO. I przypomniał gangstera Jeremiasza Barańskiego, który powiesił się w wiedeńskim więzieniu.

Czy Kulczyk postąpił słusznie, zawracając w takiej sytuacji samolot do Londynu? Czy Jan Waga mógł mieć rację, czy jego ostrzeżenie było na wyrost? Oczywiście patrząc z punktu widzenia Jana Kulczyka, rzeczywiście wydarzyć się mogło wszystko. Komisja śledcza była nieprzewidywalna. Jeszcze trudniej było przewidzieć zachowanie prokuratury, która równolegle prowadziła własne śledztwo. Ale na pewno można powiedzieć, że Jan Kulczyk, biorąc kurs powrotny na Londyn, zabezpieczał siebie i swoje biznesowe imperium. Za granicą mógł czuć się bezpiecznie i z wolnej stopy kierować swoją linią obrony. Mógł negocjować. Zyskiwał czas i przewagę. Tam był u siebie, bo już od jakiegoś czasu część swoich interesów prowadził z Londynu i Luksemburga.

Przesłuchanie Jana Kulczyka było zaplanowane na wtorek 9 listopada. Zamiast niego kilka minut po godzinie dziewiątej w sejmie stawił się jego pełnomocnik prof. Jan Widacki. To adwokat od spraw trudnych i bardzo trudnych – taką ma opinię w rodzinnym Krakowie. Dla wielu jest postacią bardzo kontrowersyjną. Bronił choćby funkcjonariuszy oskarżonych o utrudnianie śledztwa w sprawie morderstwa Stanisława Pyjasa. To on doprowadził do uniewinnienia „Inkasenta" podejrzewanego o seryjne morderstwa. Był też skutecznym obrońcą Romana Kluski, szefa Optimusa nękanego przez urzędy, skarbówkę i oskarżonego o przestępstwa podatkowe. W świecie polityki czuł się jak szczupak w stawie – był wiceszefem MSW w rządzie Tadeusza Mazowieckiego i Jana Krzysztofa Bieleckiego.

Widacki miał zamiar wygłosić oświadczenie w imieniu swojego klienta. Posłowie nie chcieli dopuścić go do głosu. Komisja próbowała w tym celu zakwestionować jego pełnomocnictwo – brakowało na nim znaczka skarbowego. Adwokat zażartował, że przyłapano go na próbie naciągnięcia Kulczyka na 15 złotych. Dokupił znaczek. Ale posłowie najpierw chcieli się dowiedzieć, czy nieobecność Kulczyka jest usprawiedliwiona. Wyjaśnienia Widackiego wprowadziły ich w osłupienie. Dopiero w tej chwili okazało się, że Kulczyka w ogóle nie ma w Polsce. Adwokat poinformował, że w drodze ze Stanów Zjednoczonych, podczas międzylądowania w Londynie, Kulczyk poczuł się gorzej i trafił do szpitala Harley Street Clinic na badania kliniczne. Widacki przyniósł ze sobą wydruk z faksu z informacją ze szpitala. „Przewiduję, że leczenie potrwa 3–4 dni. Nie będzie mógł w tym czasie podróżować" – napisał kardiolog John Coltard. Faks komisji nie wystarczył. Zasiadający w niej chcieli wiedzieć, na co dokładnie cierpi Kulczyk. – Gdyby to wiedział, nie musiałby robić badań – odpowiedział pewnie Widacki. Siedmiostronicowe oświadczenie Kulczyka zaczął odczytywać po godzinie.

Widacki, czytając oświadczenie Kulczyka, cytował Wassermanna, Giertycha, Rokitę. Ich wypowiedzi określił jako obrzydliwe pomówienia. Kulczyk poinformował komisję, że chce zeznawać za granicą, bo obawia się, iż może zostać zatrzymany. Porównał się nawet do Romana Kluski. „Trudno nie zadać sobie pytania, czy to nie przypadek, że najpierw próbowano zniszczyć Kluskę, a teraz przyszła kolej na mnie" – czytał Widacki słowa Kulczyka. Posłowie byli bezradni, zdawali sobie sprawę, że przegrywają pierwsze starcie z Janem Kulczykiem. Nie będą mogli przygwoździć go serią krzyżowych pytań.

Ale prawdziwa bomba miała dopiero wybuchnąć. Widacki spojrzał Giertychowi w oczy i zaczął dalej czytać oświadczenie Kulczyka: „Poseł Giertych spotkał się ze mną kilka tygodni temu, dając do zrozumienia, że nie jestem celem czynności śledczych komisji, a jeśli dostarczę mu informacje kompromitujące urzędującego prezydenta RP – cytuję: «mogę czuć się bezpiecznie». Informacji takich nie dostarczyłem, i to kolejna przyczyna poczucia zagrożenia". Do tego spotkania doszło w klasztorze na Jasnej Górze.

Mina Giertycha była bezcenna. Tego nikt się nie spodziewał. W powietrzu wisiała kompromitacja całej komisji. Wiadomo już było, co poza nieobecnością Kulczyka na przesłuchaniu będzie tematem numer jeden przez kilka najbliższych dni.

Wszystko zostało precyzyjnie zaplanowane. Rano w „Financial Times" została opublikowana wypowiedź Kulczyka: „Jeśli ja się czuję w Polsce zagrożony, to czy ktokolwiek może się czuć bezpiecznie?". Biznesmen opowiada gazecie, że w Polsce trwa na niego nagonka. Mówi o pomówieniach, które – jak twierdzi – uderzają w polski biznes i podważają międzynarodowe zaufanie do Polski.

Kulczyk poinformował też, że sprzedał mały pakiet swoich akcji w Orlenie. „Z racjonalnego punktu widzenia nie powinienem tego robić, ale emocjonalnie jestem tak tą inwestycją zmęczony, że straciłem do niej wszelki entuzjazm" – mówił w „Financial Times". Ale trzeba pamiętać, że Kulczyk sprzedał wtedy tylko tyle, żeby zejść poniżej pięciu procent udziałów w Orlenie. Poniżej tego progu, zgodnie z prawem, nie trzeba informować publicznie o swoich zamiarach wobec firmy. Można jednak śmiało powiedzieć, że zawracając samolot, Kulczyk wiedział już, że w Polsce jego interesy właśnie się skończyły. Bez względu na to, jak dalej będzie się rozwijała afera Orlenu. Wtedy, na pokładzie odrzutowca, nie mógł jedynie przewidzieć, na jak długo – na zawsze czy tylko na lata. Można też przyjąć, że gdyby nie afera i decyzja o zawróceniu samolotu do Londynu, wiele przyszłych biznesowych przedsięwzięć Kulczyka, które ugruntowały jego pozycję i powiększyły majątek, by się nie zdarzyło. Kulczyk, chcąc nadal działać w swojej branży, nie miał wyboru, musiał przeorientować biznes, otworzyć się na nowe kierunki i wyzwania. Dużym łukiem omijając polską rzeczywistość. W kraju jeszcze długo nie miał czego szukać. Tak naprawdę Kulczyk uciekał nie tyle przed aferą, ile przed polską polityką. Dla lewicy już nie istniał. A niedługo potem do władzy doszli śledczy z komisji.

Kłamca jasnogórski

Udział w sejmowej komisji śledczej był dla Romana Giertycha wielką szansą. Młody, jeszcze nieopierzony polityk, ale już z dobrze rozrośniętym ego, szukał swojej szansy. Aleksander Kwaśniewski byłby dla niego niezwykle cennym trofeum w planowanej karierze politycznej. Można przypuszczać, że liderowi skrajnych narodowców marzyło się, iż zostanie autorem procedury impeachmentu urzędującego prezydenta. Nie potrzeba było wielkiej przenikliwości, żeby zaplanować to, co zamierzał, potrzebna była tylko odpowiednia dawka cynizmu, do czego miał wrodzony talent. Wyprowadzając skuteczny atak na prezydenta, Giertych mógłby przejąć inicjatywę po stronie opozycji. I stać się sławny, co na pewno odbiłoby się w słupkach sondażowego poparcia jego partii. Zyskiwałby w oczach twardego prawicowego elektoratu, o który walczył też Jarosław Kaczyński. Potrzebował tylko informacji od Jana Kulczyka o kulisach negocjacji podczas wspomnianych nieformalnych spotkań polityczno-biznesowych w Pałacu Prezydenckim.

Giertych zaczął więc organizować poufne spotkanie z miliarderem. O pomoc poprosił swojego ojca Macieja Giertycha. To postać zasłużona w ruchu narodowym, w którym orbitował jego syn. Wtedy. Bo kilka lat później Roman zrobi zwrot przez rufę, zaprzeczy swoim ideałom i stanie się głównym sojusznikiem, powiernikiem i prawnikiem liderów liberalnej Platformy Obywatelskiej.

Maciej Giertych ma autorytet, jest kustoszem endeckiej tradycji Romana Dmowskiego. Korzystając ze swoich koneksji nawiązał więc kontakt z ojcami paulinami z Jasnej Góry. Przekonał generała zakonu, żeby klasztor stał się miejscem spotkania jego syna Romana z Janem Kulczykiem. – Roman to młody, obiecujący polityk z przyszłością, chodzi o ważne sprawy dla państwa – przekonywał ojców paulinów Maciej Giertych. Pomysł był sprytny, bo Kulczyk jest znanym i hojnym mecenasem Jasnej Góry, zna paulinów rezydujących w klasztorze bardzo dobrze i może im ufać. Na renowację klasztoru ofiarował już przecież kilka milionów złotych.

Nowoczesne podejście do sponsoringu w 600-letnich murach Jasnej Góry to zasługa ojca Izydora Matuszewskiego. Został przeorem klasztoru w 1996 roku. Zgodził się na założenie fundacji, a wizerunek częstochowskiego sanktuarium zgłosił do urzędu patentowego i zaczął zbierać pieniądze. Nie tylko z pamiątek i ze sprzedaży wody mineralnej Claromontana. Pieniądze wpłacają także biznesmeni. Jan Kulczyk otrzymał za swoją hojność specjalny medal Konfederacji Przyjaciół Jasnej Góry. Ma też swój udział w renowacji jasnogórskiej wieży, czego dowodzi pamiątkowa tabliczka z podziękowaniami dla firmy Kulczyka i Towarzystwa Ubezpieczeniowego Warta, w której miał akcje. Wyremontował też refektarz, Starą Bibliotekę,

Kaplicę Matki Bożej i Salę Ojca Kordeckiego Ale ważniejsza jest inna tablica, w centralnym miejscu klasztoru – Kaplicy Cudownego Obrazu. Wiszą tam dziesiątki tysięcy dowodów wdzięczności pielgrzymów dla Matki Boskiej Częstochowskiej. Łańcuszki, różańce, biżuteria i inne wota, a wśród nich... logo Orlenu. I napis na skromnej białej tabliczce: „Paulini i pielgrzymi są wdzięczni Orlenowi za wspieranie Jasnej Góry".

Kulczyk nie może więc odmówić. I zapewne nie chce. Jest przecież konfratrem zakonu paulinów. Ma swoją celę i habit. Celę odwiedzał kilka razy do roku, habitu nie wkładał, choć miał do tego prawo. – W razie czego mam tam wikt i opierunek do końca życia – Kulczyk wybucha śmiechem. Z jakimi intencjami biznesmen jechał na Jasną Górę, nie wiadomo. Do spotkania w cztery oczy w murach historycznego klasztoru doszło we wrześniu. Dokładnie w refektarzu na obiedzie, który trwał trzy godziny. Jest kilka wersji przebiegu tego spotkania. Romana Giertycha – zmieniana kilkakrotnie. I Jana Kulczyka – oficjalna, przedstawiona publicznie i w prokuraturze. Oraz nieoficjalna, którą miliarder opowiadał znajomym. Wersja oficjalna Kulczyka: Spotkanie odbyło się z inicjatywy Romana Giertycha. Umawiał je jego ojciec Maciej.

Podczas obiadu Roman Giertych złożył Kulczykowi ofertę. W zamian za informacje obciążające Aleksandra Kwaśniewskiego stanie się bezkarny przed komisją śledczą.

Wersja nieoficjalna Kulczyka różni się nieco od wersji oficjalnej: Giertych spóźnia się ponad dwie godziny. Wygląda dziwacznie, bo ma na sobie sportowe ubranie. Najpierw przedstawia Kulczykowi diagnozę sytuacji politycznej. Liga Polskich Rodzin, której przewodzi, przygotowuje się do przejęcia władzy. W związku z tym proponuje układ. Oczekuje od Kulczyka, że ten przekaże mu wszystko, co wie na temat Aleksandra Kwaśniewskiego. – W zamian dam panu pół Polski – miał powiedzieć Giertych do Kulczyka. Kulczyk odpowiedział: – Proponuje mi pan to, czego nie ma. Jestem zażenowany. Po czym wstał od stołu i niedługo później złożył obciążające Giertycha zeznania w prokuraturze.

– Nie było takiej możliwości ani ceny, żeby tak się układać. Miał złe rozpoznanie w polu. Nie ten adresat.

Kulczyk często ironizował: „Zauważyłem złe nastawienie posła do wszystkich, którzy myślą inaczej. A gdy się żegnaliśmy, Giertych założył czapkę bejsbolówkę, ciemne okulary i rzucił: «Chyba nikt mnie nie pozna»".

Spotkanie na Jasnej Górze Roman Giertych ukrył przed komisją śledczą. Więc, gdy po kilku tygodniach „tajna" misja Giertycha się wydała, zapachniało grubą sensacją. Bo Giertych nie tylko próbował nieudolnie pomniejszyć swoją rolę. Po prostu mówił nieprawdę i okłamał komisję.

Wersja Romana Giertycha. Pierwsza: Spotkanie odbyło się z inicjatywy Kulczyka. Podczas rozmowy zjadł tylko jabłko. Najpierw bagatelizował. Opowiadał, że chciał przekazać Kulczykowi, by mówił przed komisją prawdę, a jeśli ma jakieś dokumenty, to powinien je ujawnić. – O prezydencie nie było mowy – zastrzegał Giertych. Wersja druga: Później zaczął kluczyć, że tak naprawdę to chciał się dowiedzieć czegoś na temat dostawców ropy do Orlenu. Sugerował, że to Kulczyk sam wywołał temat prezydenta Kwaśniewskiego, bo wspominał, że jest z nim pokłócony. Wtedy Giertych miał powiedzieć: – Jeśli ma pan jakieś ciekawe informacje, to proszę się nimi podzielić.

Ale przede wszystkim spotkanie według Romana Giertycha było oczywiście przypadkowe. Kulczyk go zaczepił gdzieś w korytarzu podczas uroczystości na Jasnej Górze. Dziennikarze szybko ustalili, że tego dnia, 6 września, w klasztorze nie było żadnych religijnych wydarzeń. Giertych musiał więc zmienić wersję. Przyznał, że zjadł z Kulczykiem, i nie tylko jabłko. Że rozmawiali kilkadziesiąt minut. Że sam wskazał termin i miejsce spotkania. Ale do końca się upierał, że inicjatorem był Kulczyk, bo chciał mu przekazać jakieś dokumenty o aferze Orlenu. „Rozmawialiście przy świadkach?" – pytała „Gazeta Wyborcza". „Na korytarzu było dwóch paulinów, jeden przyprowadził mnie, drugi Kulczyka. Przy obiedzie był tylko jeden. Ale czasami wychodził i dłuższą chwilę byliśmy sami".

Giertych nie mógł więc brnąć w kłamstwach do końca. Posłowie byli wściekli na młodego kolegę. Tomasz Nałęcz, wtedy polityk SdPl, wprost wypalił, że Giertych popełnił ordynarne kłamstwo i w ten sposób się zdyskwalifikował jako poseł śledczy. Ostre słowa dobrze korespondowały z sytuacją. Klasztor zaś na cały ten ambaras zareagował w tradycyjny sposób – dziennikarze dostali zakaz wstępu na Jasną Górę, a ojcowie paulini przestali odbierać telefony.

Historia już bez znaczenia

Komisja śledcza została powołana w lipcu 2004 roku. Afera wybuchła kilka miesięcy wcześniej. W kwietniu, po wywiadzie, jakiego udzielił „Gazecie Wyborczej" Wiesław Kaczmarek, były już wtedy minister skarbu. Kaczmarek wystąpił w roli oskarżyciela własnego rządu i swojej partii. To była sytuacja bezprecedensowa. Misja wręcz samobójcza. Rewelacje Kaczmarka zapaliły lont, który zdetonował bombę. Co dokładnie ujawnił? Kaczmarek opowiedział o okolicznościach zatrzymania w 2002 roku prezesa Orlenu Andrzeja Modrzejewskiego – a dokładnie o kulisach decyzji w tej sprawie, która miała zapaść w gabinecie premiera. Był nim Leszek Miller. Na tym spotkaniu (jeśli Kaczmarek nie zmyślał) odbył się kapturowy sąd i zapadł wyrok na prezesa jednej z najważniejszych firm w Polsce. To była gruba sprawa – wykorzystywanie służb specjalnych podległych premierowi do wymuszeń w spółkach skarbu państwa, a to jest jeden z najcięższych zarzutów, jakie można sformułować pod adresem polityków. Zatrzymanie Modrzejewskiego było spektakularne, akcję prowadziło 15 agentów, wszystko rejestrowała kamera, a materiał trafił do głównego wydania „Wiadomości" TVP. Ten spektakl miał jeden cel. Wymusić na radzie nadzorczej Orlenu decyzję, żeby Modrzejewskiego zdymisjonować – czego chciał Miller i co rekomendowały mu służby specjalne. I cel został osiągnięty. Następnego dnia Modrzejewski został odwołany. Dopiero kilka lat później sąd oczyścił go z wątpliwych zarzutów, które stały się pretekstem do tej operacji. Rewelacje Kaczmarka padły na podatny grunt.

Jego opowieść rozpoczynała się 6 lutego 2002 roku o godzinie siedemnastej w kancelarii premiera w Alejach Ujazdowskich.

W gabinecie premiera Leszka Millera trwała narada, w której poza Kaczmarkiem brali udział minister sprawiedliwości Barbara Piwnik i szef UOP Zbigniew Siemiątkowski. Szef UOP mówił o zagrożeniu, jakie ma spowodować planowana przez PKN Orlen wieloletnia umowa na dostawy ropy. Surowiec do rafinerii nadal ma dostarczać spółka J&S. Firmę zarejestrowało w 1993 roku na Cyprze dwóch muzyków z wykształcenia – Sławomir Smołokowski i Grzegorz Jankilewicz. Mieli status emigrantów ze Związku Sowieckiego i legitymowali się polskimi paszportami. Spółka szybko zaczęła dostarczać surowiec do największej rafinerii w Polsce – Petrochemii Płock (potem PKN Orlen). Interes kręcił się doskonale, a konta bankowe Smołokowskiego i Jankilewicza zaczęły pęcznieć od napływających pieniędzy. Skąd firma J&S brała ropę? Kupowała surowiec na Wschodzie od wielu tamtejszych producentów. Kontrakt miał być podpisany w ciągu najbliższych dni. Premier zapytał Kaczmarka, co wie na ten temat. Trwała dyskusja, jak można zapobiec kontraktowi. Jedyną drogą okazało się odwołanie prezesa Andrzeja Modrzejewskiego. Bez jego podpisu kolejnej umowy nie będzie. Według Kaczmarka, tuż przed naradą, prawdopodobnie w saloniku przed gabinetem, ktoś (nie pamiętał, kto) wspomniał, że Modrzejewski ma problem z prawem, ale niezwiązany z Orlenem. Jest posądzany o ujawnienie tajnej informacji o jednym z Narodowych Funduszy Inwestycyjnych.

Kilka godzin po tej naradzie Miller zadzwonił do ministra. Kaczmarek twierdził, że podczas tej rozmowy premier naciskał, aby bez zwłoki zakończyć sprawę odwołania Modrzejewskiego (przed komisją śledczą Kaczmarek zeznał, że Miller wywierał na niego presję). Miał mu odpowiedzieć, że rada nadzorcza Orlenu jest zwołana na 8 lutego. Zapewnił też Millera, że skarb państwa złoży wniosek o odwołanie prezesa rafinerii. Rozmowie tej przysłuchiwał się Jerzy

Urban, naczelny tygodnika „NIE", który towarzyszył Kaczmarkowi. Później pytany o te wydarzenia skomentował to tak: „Premier jest wedle moich ocen wspólnikiem, a raczej manekinem Kulczyka, gdy idzie o politykę gospodarczą".

Dzień później, 7 lutego rano, wiceminister skarbu Ireneusz Sitarski na polecenie Kaczmarka rozmawia z prezesem Orlenu. Zadaje mu pytanie wprost: czy rafineria planuje kontrakt z J&S? To zadziwiająca informacja, bo wskazuje na to, że ministerstwo nadzorujące tę strategiczną dla bezpieczeństwa państwa spółkę nie ma bladego pojęcia, co się w niej dzieje. Szczątki informacji na ten temat ma UOP od swoich informatorów pracujących w Orlenie. Andrzej Modrzejewski odpowiada, że pięcioletni kontrakt z J&S jest możliwy. Podobnie jak jego wydłużenie w przyszłości o kolejne pięć lat.

Kilka godzin później Kaczmarek informuje Millera, co planuje Modrzejewski. Premier miał zapytać, jak można skutecznie i szybko odwołać prezesa Orlenu. Według Kaczmarka podczas tej wymiany zdań nie padła sugestia, że Modrzejewskiego można po prostu zatrzymać. Tak zeznał przed komisją śledczą. Ale kilka miesięcy wcześniej, zaraz po wywiadzie dla „Gazety Wyborczej", mówił co innego: „Z tego spotkania wyszedłem z przekonaniem, że UOP zostanie użyty w stosunku do Modrzejewskiego". Gdy Roman Giertych podczas przesłuchania przed komisją śledczą zapytał go, skąd się bierze ta rozbieżność, odparł: – Poruszamy się w sferze spekulacyjnej, to jest pytanie o to, co mi się wtedy wydawało.

Po godzinie siedemnastej Kaczmarek odebrał telefon od Zbigniewa Siemiątkowskiego. Dzwonił ze specjalnej, zakodowanej linii rządowej. Mówił mu, że Modrzejewski został zatrzymany. Kaczmarek twierdził, że usłyszał wtedy od szefa UOP zaskakujące pytanie: Co mam robić dalej? Trzymać Modrzejewskiego w areszcie do czasu posiedzenia rady nadzorczej, która zbiera się następnego dnia rano? Kaczmarek zaczął wtedy ostro przeklinać. Przynajmniej tak twierdzi. Doradził, żeby prezesa Orlenu wypuścić, bo dojdzie do gigantycznego skandalu. UOP rzeczywiście zwolnił prezesa Orlenu z aresztu. Ale o dziewiętnastej trzydzieści w głównym wydaniu

„Wiadomości" pojawiła się elektryzująca informacja o akcji UOP i kłopotach z prawem Modrzejewskiego. Jego los był przesądzony. Co ciekawe, Kaczmarek przypisywał sobie prawa autorskie do tego newsa. Mówił, że zbulwersowany tym, co zrobili funkcjonariusze UOP, zawiadomił o wszystkim dziennikarzy.

Następnego dnia, 8 lutego około godziny dziewiątej trzydzieści, w gabinecie premiera popijał poranną kawę... Jan Kulczyk. W tym czasie w prokuraturze zeznawał Modrzejewski w sprawie zarzutów dotyczących NFI. Za pół godziny miała się zebrać rada nadzorcza Orlenu, która wybierze nowego prezesa Zbigniewa Wróbla. Informację o porannym spotkaniu Kulczyka z Millerem podała w trakcie prac komisji śledczej Polska Agencja Prasowa (5 listopada 2004 r.). Z informacjami PAP się nie dyskutuje, podaje ona fakty, nie spekulacje. Agencja powołuje się w tej kwestii na trzy niezależne źródła. Musiały być mocne, jeżeli PAP zdecydował się podać nieoficjalną informację o takiej wadze. Robi to naprawdę rzadko. Treść depeszy PAP była konkretna: według anonimowych rozmówców „zarówno premier, jak i poznański biznesmen na bieżąco pilotowali sprawę odwołania Modrzejewskiego ze stanowiska", aby „swoimi ludźmi obsadzić PKN Orlen". Komentarze śledczych są mordercze. Wassermann stwierdził, że to dowód „na mafijne układy SLD". Gruszka: „To może świadczyć, że nowy zarząd Orlenu był konstruowany przez pana premiera przy pomocy pana Kulczyka". Leszek Miller bronił się w sposób najgorszy z możliwych, zasłaniając się amnezją: „Jak każdy normalny człowiek nie pamiętam, co robiłem trzy lata temu. Ale nawet jeśli to spotkanie miało miejsce, to co z tego? Nie widzę nic złego w spotkaniu premiera z biznesmenem w kancelarii. Spotkaliśmy się nie w lesie, nie na łące potajemnie, ale zupełnie oficjalnie".

W opowieści Kaczmarka dla „Gazety Wyborczej" Jan Kulczyk pojawił się dopiero nocą 21 lutego 2002 roku. W kilku oknach gmachu kancelarii premiera w Alejach Ujazdowskich paliły się jeszcze światła. Trwała narada. Jest na niej gospodarz, prezydent Aleksander Kwaśniewski i Jan Kulczyk. Kaczmarka nie ma. Skąd więc Kaczmarek wiedział, kogo zaprosił premier? Bo Miller zadzwonił do niego i przekonywał, żeby się zgodził na skład nowej rady nadzorczej. Dzień wcześniej Kaczmarek miał otrzymać od szefa gabinetu politycznego prezydenta Marka Ungiera listę nazwisk z kandydaturami. Identyczną listę dostał z kancelarii premiera. Na obu kartkach papieru miało być to samo nazwisko: nowym przewodniczącym rady nadzorczej zostanie Jan Kulczyk. Kaczmarek się opierał. Twierdził, że skutecznie. Faktem jest, że Jan Kulczyk przewodniczącym nie został. W tygodniku „Przekrój" Kwaśniewski przyznał później, że Kulczyk chciał być przewodniczącym rady nadzorczej Orlenu, ale on tej propozycji nie popierał.

Negocjacje na odległość trwały wiele godzin, według Kaczmarka „wisiał" na telefonie prawie do rana, a dokładnie do trzeciej nad ranem. Skąd znał szczegóły? Bo przebieg tej narady opowiedział mu później sam Jan Kulczyk.

Biznesmen musiał trafić przed komisję śledczą. Posiadał znaczący pakiet akcji Orlenu, znaczący, choć nieduży. Według oficjalnych danych 5,6 procent akcji tej spółki. Ale udział Kulczyka w Orlenie był języczkiem u wagi. Bo doliczając akcje skarbu państwa, razem stanowiły większość. A Kulczyk w sprawie Orlenu grał wtedy z rządem. O koncernie wiedział dużo, jeśli nie wszystko. Był jego głównym prywatnym udziałowcem. Poza tym Modrzejewski mówił po zatrzymaniu publicznie, że Kulczyk wielokrotnie straszył go i namawiał do dymisji. Według Modrzejewskiego, Kulczyk zabiegał, żeby Orlenem kierował Zbigniew Wróbel. – Wróbel był w bardzo bliskich relacjach z Kulczykiem, ale w jeszcze lepszych z prezydentem Aleksandrem Kwaśniewskim – przyznaje były pracownik Orlenu.

Dla osób, które współpracowały z Orlenem i znały kulisy spraw na lewicy, te relacje nie były żadną nowością. Po prostu tak było. Ale miliarder kategorycznie zaprzeczał, że forsował przyjaciela Kwaśniewskiego na szefa najbogatszej firmy w Polsce.

Zapytaliśmy Kulczyka, czy chciał być przewodniczącym Orlenu. Odpowiedział: „Gdybym chciał, to zostałbym przewodniczącym. Kaczmarek nigdy nie dostał takiej dyspozycji, to bzdura. Ale to prawda, że uzgadnialiśmy z Millerem wiele spraw, w tym skład rady nadzorczej Orlenu. Traktowałem Millera jako reprezentanta skarbu państwa. Na takim spotkaniu siedziało dwóch głównych akcjonariuszy: on i ja. Czy to jest coś nagannego? Mieliśmy pójść do knajpy, żeby nas nagrali? Mogliśmy się spotkać u mnie w biurze albo u niego. Chyba lepiej, że rozmawialiśmy u niego. Mam firmę z Katarczykami. Spotykam się więc z emirem Kataru. Dlaczego nie ma w tym nic nagannego? Dlaczego w Polsce jest inaczej? To jest chore, żeby współwłaściciel firmy nie wiedział, co się w niej dzieje i nie miał na nią wpływu".

Kulczyk zapewnia, że nic nie wiedział o zamiarze odwołania prezesa Modrzejewskiego, ani do tego nie dążył. – To była przecież operacja ściśle tajna – argumentuje. I dodaje: – Spotkałem się z nim później. Przeprosił mnie. Ktoś mu wmówił, że umawiałem się przeciwko niemu ze Zbigniewem Wróblem. Oczywiście, Wróbel był włożony do Orlenu. To fakt. Nie było dyskusji na ten temat. Kwaśniewski zdecydował, a potem żałował. To byli kumple z czasów SZSP. Też nie kryję swoich relacji z Kwaśniewskim. Były bardzo dobre. Ale nie palę cygar, ani nie piję whisky, co uwielbiał robić Wróbel.

Dlaczego Kulczyk dzień po zatrzymaniu Modrzejewskiego pojechał rano do kancelarii premiera? – Firma nie ma prezesa, został odwołany poza procedurami, przy udziale służb specjalnych. Chciałem się spotkać z kluczowym akcjonariuszem także mojej spółki, żeby ustalić, co robimy dalej. W takiej sytuacji decyzje podejmują właśnie wspólnie akcjonariusze. A że wspólnikiem jest skarb państwa, to jego pech. Po co miałem dzwonić do ministra Kaczmarka? On by mi nic nie powiedział, i tak musiał pójść do premiera. To premier wie, co się dzieje w służbach. Po tym, co się wydarzyło, konieczna była rozmowa o składzie rady nadzorczej, bo była fikcją – przekonuje Kulczyk i zapewnia, że o akcji UOP dowiedział się jak wszyscy, z mediów. Przy okazji Jan Kulczyk przedstawia swój punkt widzenia na państwowy majątek: – Przykład Modrzejewskiego to kolejny dowód na to, że państwo nie powinno być właścicielem czegokolwiek. W USA nawet więzienia są prywatne. Tu jestem pryncypialny. Jeśli premier nie podejmuje właściwych decyzji gospodarczych, bo ma wybory co cztery lata, to nie powinien mieć gospodarki w rękach. Słowo daję, moja wizyta w kancelarii nie miała nic wspólnego z tym, że Miller był moim kolegą. Po prostu byłem wściekły, że mój wspólnik, który ma tytuł premiera i reprezentuje skarb państwa, odwołał w ten sposób prezesa naszej firmy.

Ostre haki na władzę

To był szczególny i burzliwy okres. W 2004 roku postkomunistyczny Sojusz Lewicy Demokratycznej z premierem Leszkiem Millerem na czele ulegał szybkiej dekompozycji. A jeszcze trzy lata wcześniej SLD uzyskało rekordowy wynik w wyborach parlamentarnych – 41 procent. Ten triumf był już przeszłością. Do procesu rozpadu władzy wydatnie przyczynił się poważny, bratobójczy konflikt małego i dużego Pałacu. Czyli Millera z Kwaśniewskim. Prezydent nigdy nie pogodził się z tym, że Miller, jak tylko został premierem, szybko mu podziękował i stworzył niezależny, własny ośrodek władzy. W związku z tym panowała w zasadzie dwuwładza. Kwaśniewski wielokrotnie i bezwzględnie próbował pozbawić Millera stanowiska premiera. Miller bronił się do upadłego. Nie złamał go nawet upadek rządowego śmigłowca. Mimo poważnego urazu kręgosłupa nie oddał Kwaśniewskiemu nawet milimetra władzy. W tle tego ciężkiego konfliktu o wpływy w państwie trwała już w najlepsze batalia o to, kto przejmie stery podczas następnych wyborów. Partia Millera otrzymywała cios za ciosem. Szalał Andrzej Lepper ze swoją Samoobroną. Do władzy pchał się Roman Giertych z antyunijną i narodową retoryką Ligi Polskich Rodzin. Pęczniał PiS Jarosława i Lecha Kaczyńskich, rósł Donald Tusk z technokratyczną Platformą Obywatelską. Każda okazja, żeby uderzyć w Millera i Kwaśniewskiego, podejmowana była z odpowiednim rozmachem. A że władza dostarczała takich okazji, i to grubego kalibru, w polskiej polityce trwało polowanie z nagonką. Materiału starczyłoby na niejeden ostry hak, na którym można byłoby powiesić rządzących.

Kwaśniewski i Miller wisieli już nieraz. Pierwszy naprawdę ostry hak nie zabił SLD i osobiście Millera. A powinien. Była nim komisja śledcza, która miała wyjaśnić, z czyjego polecenia znany producent filmowy Lew Rywin przyszedł w imieniu grupy trzymającej władzę z korupcyjną propozycją do Adama Michnika, redaktora naczelnego „Gazety Wyborczej". Rywin wspomniał wtedy o Millerze. Na takim tle wybuchła kolejna afera, orlenowska.

Najlepiej ujął to sam Miller. Po ujawnieniu przez Kaczmarka informacji o okolicznościach zatrzymania Modrzejewskiego wystąpił w TVP z orędziem. Mówił: „Każdemu premierowi – nie jestem tutaj wyjątkiem – dzień w dzień, krok w krok towarzyszą zastępy myśliwych. Nie ma dla niego okresu ochronnego. W polskiej polityce obowiązuje bowiem zasada, że topór wojenny zakopuje się razem z wrogiem. Tym, którzy tak postępują, wydaje się, że mają przed sobą przyszłość. Tymczasem oni swą przyszłość mają już za sobą". W ostatnim zdaniu się pomylił.

Szczególnie obfity teren łowów zlokalizowany był na styku polityki i biznesu. Czemu się zresztą dziwić? W czasie rządów SLD było kilku ministrów skarbu (tego fragmentu prosimy nie mylić ze znacznie późniejszymi rządami PO). To była robota jak na polu minowym. Decyzje dotyczące spraw państwa były podejmowane najczęściej w wąskich nieformalnych gremiach, często nawet ministrowie nie wiedzieli, dlaczego coś się dzieje w obszarze, którym zarządzali. A oto jeden z przykładów. W jednej z dużych spółek skarbu państwa zmienia się prezes. Dzień po posiedzeniu rady nadzorczej, która dokonała wymiany, melduje się on o ósmej rano przy ulicy Wspólnej w resorcie skarbu. Minister po krótkim powitaniu pyta:

– Panie prezesie, kto za Panem stoi?

– Panie ministrze, drzwi. Za mną stoją tylko drzwi – odpowiada zapytany żartem.

– No wiem, wiem, ale chciałem wiedzieć, który pałac Pana popiera, duży czy mały?

Prezes nie wytrzymuje konwencji rozmowy, z ministrem znają się przecież dobrze, są po imieniu:

– Słuchaj, czy cię popierdoliło! Znam program rządu i będę go realizował. Przestań zadawać głupie pytania.

Nie było żadnych reguł. Biznes zapełniał parkiety i gabinety władzy z oczywistych powodów. Na tych salonach można było skutecznie wylobbować swoje interesy, ugrać intratny państwowy kontrakt, dostać zgodę na prywatyzację, wejść w układ. Albo po prostu się pokazać, budząc u konkurencji zazdrość – fotografując się na przykład z synem premiera na schodach wykwintnej i drogiej restauracji w warszawskich Łazienkach. Bliskie relacje Jana Kulczyka z synem premiera były wtedy dobrze znane. Ten zwyczaj był i jest do dziś (z pewnymi ograniczeniami) swoistym kodem: kto się liczy, kto jest na topie, z kim lepiej nie zadzierać, bo władza go lubi i pewnie chroni. Działało to też w drugą stronę. I działa nadal. Politycy sami zabiegają o przychylność biznesu, bo tam są możliwości i pieniądze. A tych nigdy w polityce nie jest za dużo. Nieważne, czy mówimy w skali potrzeb państwa, czy tylko partii.

Pod tymi względami Jan Kulczyk się wyróżniał. Nadawał się idealnie do ostatecznego pogrążenia układów, jakie wytworzyli politycy SLD. Niepotrzebne były nawet rewelacje Kaczmarka. Jego duże wpływy w obozie władzy były powszechnie znane. Prasa opisywała, jak z jego inspiracji miało dochodzić do kolejnych dymisji ministrów skarbu. Pod jego dyktando miały przebiegać decyzje prywatyzacyjne. Telefony między premierem i miliarderem nie były rzadkością. Przeciwnie, to była w zasadzie reguła. Leszek Miller nie miał oporów. Doktor Jan się nie wzbraniał. Zresztą, kto by się opierał, kiedy po drugiej stronie słuchawki mówi premier: Cześć, spotkajmy się. Chciałbym coś z tobą omówić. – Każdemu odbiłaby sodówka. Kulczyk też unosił się wtedy kilka centymetrów nad ziemią. Komisja śledcza w sprawie Orlenu to było twarde lądowanie – mówi osoba znająca kulisy tamtych lat i relacje Kulczyka z Millerem i Kwaśniewskim.

W sytuacji ostrej walki o władzę „wartość polityczna" Kulczyka była naprawdę wielka. Wiedział to nie tylko Roman Giertych, planując tajne spotkanie na Jasnej Górze. Zeznania Kulczyka miały potencjał.

Miały być gwoździem do trumny lewicowej formacji. Celem pierw-szoplanowym był prezydent Aleksander Kwaśniewski. Miller już le-żał na deskach. Opozycja dostrzegła realną szansę – mówiąc żargo-nem służb – „dojechania" postkomunistycznego prezydenta, który do tej pory był poza zasięgiem. I rozbicia lewicowego elektoratu.

Kwaśniewski zdawał sobie sprawę z powagi sytuacji. – To jest po prostu komisja demontażu III Rzeczypospolitej i wykazania, że III Rzeczpospolita to jest jakiś historyczny epizod, a może nawet wrzód historii Polski. Rozsądni ludzie powinni zacząć o tym mówić. Ja pierwszy mówię o tym – alarmował w TVN 24.

Notatki, które zdetonowały bombę

Kulczyk miał co opowiadać przed komisją śledczą. Ale to nie re-welacje Kaczmarka były głównym powodem, dla którego znalazł się w centrum szczególnego zainteresowania ze strony sejmowych śledczych. I to nie sposób ustalania składu rady nadzorczej Orlenu był główną przyczyną decyzji o zawróceniu samolotu do Londynu. Prawdziwa bomba wybuchła dopiero wtedy, gdy Straż Marszał-kowska Sejmu otworzyła szlaban nieoznakowanej furgonetce, która przywiozła tajną dokumentację z Agencji Wywiadu. Wśród wielu teczek przygotowanych dla komisji śledczej były też trzy krótkie notatki służbowe. Treść dwóch z nich szybko przeciekła do dzienni-karzy i niedługo potem zostały one odtajnione. Zawartość trzeciej pozostaje nieznana i nadal jest tajna.

Wynikało z nich, że po godzinie czternastej w lipcu 2003 roku, w wiedeńskiej restauracji Nikis przy ulicy Quadenstraße, słynącej z doskonale zaopatrzonej winiarni, przy jednym stole zasiedli: Jan Kulczyk, Władimir Ałganow, Marek Modecki, partner w spółce do-radczej Concordia, oraz Andrzej Kuna i Aleksander Żagiel, biznes-meni z Wiednia.

Władimir Ałganow to dobry znajomy polskiego wywiadu, był oficerem KGB. Pomijając na chwilę powody tego spotkania, należy przypomnieć, że z Ałganowem w ogóle lepiej nie rozmawiać bez zgody polskich służb, i to najlepiej zgody podpisanej na papierze. W 1995 roku okazało się, że praca Ałganowa w rosyjskiej ambasadzie była przykrywką do roboty wywiadowczej. Był szpiegiem. Wszystkim jego znajomym w Polsce, a miał ich wielu, zaczął się palić grunt pod nogami. Najbardziej byłemu premierowi Józefowi Oleksemu, z którym Wołodia się przyjaźnił. Romans towarzyski z Ałganowem skończył się dla Oleksego oskarżeniem o współpracę z rosyjskim wywiadem. A Wołodia stał się w Polsce personą non grata i został wycofany do Moskwy. Gdyby przekroczył granicę Polski i został zidentyfikowany, czekałby go areszt.

Co dokładnie zawierały ujawnione notatki? Opis wiedeńskich rozmów Kulczyka z Ałganowem. Pierwszą podpisał sam szef AW Zbigniew Siemiątkowski. Ta notatka powstała na podstawie rozmowy Kulczyka z Siemiątkowskim. Przebieg wiedeńskiego obiadu biznesmen zrelacjonował szefowi wywiadu za namową premiera Leszka Millera. Drugą notatkę podpisał oficer wywiadu. Sporządził ją na podstawie informacji zdobytych operacyjnie.

Pierwsza notatka jest chaotyczna i zawiera ewidentne błędy. Po pierwsze, nie zgadza się data spotkania. Obiad odbył się 17, a nie 18 lipca, jak zapisał w niej Siemiątkowski. Po drugie, szef wywiadu zanotował, że rozmowy z Ałganowem odbyły się w dwóch turach. Najpierw podczas lunchu, przy którym rozmawiano głównie o energetyce. A w następnej turze „w porze wieczorowej, połączone z konsumpcją alkoholu". Wzięli w niej udział Aleksander Żagiel i Andrzej Kuna, „ale bez udziału J. Kulczyka". Siemiątkowski pisze, że w „jego trakcie" Ałganow nawiązał do prywatyzacji Rafinerii Gdańskiej. Wyraził pretensję, że „mieli dostać Rafinerię Gdańską, co było uzgodnione", oraz „robili wszystko, jak było ustalone". Według Ałganowa wejście Rosjan do Rafinerii Gdańskiej miało się odbyć poprzez Rotch Energy i Łukoil, co zostało wcześniej uzgodnione z ministrem skarbu Wiesławem Kaczmarkiem, który otrzymał za to korzyść finansową. W następstwie uzgodnień z ministrem Kaczmarkiem do Moskwy przybył szef Nafty Polskiej – Maciej Gierej, który załatwiał formalności potwierdzające wcześniejsze ustalenia Rosjan z ministrem skarbu. „Gierej przyjął za to korzyść w wysokości 5 mln USD" – napisał Siemiątkowski.

I dalej: „W odpowiedzi na zarzuty Ałganowa odnośnie decyzji o prywatyzacji RG, niezgodnych z wcześniejszymi ustaleniami ze stroną rosyjską, J.K. miał stwierdzić, iż «postawił na złego konia», oraz że «należy dokonać nowych uzgodnień»".

To co najmniej nielogiczne sformułowanie, bo wcześniej Siemiątkowski napisał, że w tym drugim spotkaniu Kulczyk nie uczestniczył, więc jak miałby komentować te informacje? Siemiątkowski zapewne słabo notował. Wymiana zdań o łapówce za Rafinerię Gdańską odbyła się podczas lunchu.

Na koniec Siemiątkowski dodał, że według Jana Kulczyka wstrzymanie prywatyzacji Rafinerii Gdańskiej odbiło się negatywnie na wartości jego akcji w PKN Orlen. I przytoczył opinię Kulczyka, że osobą, która pośredniczyła w kontaktach z przedstawicielami Rotch Energy, był Gromosław Czempiński, koordynujący ponadto kontakty pomiędzy tą firmą i Łukoilem, za co był przez nie wynagradzany. „Nie najlepsze obecnie relacje J.K. z G. Czempińskim wynikają z roszczeń tego ostatniego do kwoty 1 mln USD za pomoc przy prywatyzacji TP S.A." – zakończył Siemiątkowski.

Druga notatka informowała: choć ministerstwo skarbu odstąpiło od prywatyzacji Rafinerii Gdańskiej, to Jan Kulczyk przekonywał Ałganowa, że posiada wszelkie pełnomocnictwa na dalsze prowadzenie z Rosjanami negocjacji w sprawie sprzedaży tego zakładu. „Miał przy tym, nie wprost, powoływać się na poparcie Prezydenta RP, używając w rozmowie sformułowania «pierwszy»" – napisał oficer wywiadu.

Według notatki, Ałganow nie wierzył w zapewnienia Kulczyka, że posiada on pełnomocnictwa do prowadzenia rozmów. Nie wierzył również, by prezydent miał realne możliwości wpłynięcia na decyzje w sprawie prywatyzacji Rafinerii Gdańskiej. Oficer informuje też, że Ałganow nie posiadał pełnomocnictw Łukoila do takiej rozmowy i wziął w niej udział z uwagi na przyszłe możliwe zyski za pośrednictwo. Na koniec pisze jeszcze, że według uzyskanej informacji, polski przedsiębiorca Marek Dochnal, prowadzący interesy w Rosji, negocjuje z Kulczykiem na temat możliwości odkupienia posiadanych przez niego akcji PKN Orlen. Początkowo Kulczyk miał żądać 100 milionów dolarów, lecz po rozmowach stanęło na 30 milionach dolarów, przy zastrzeżeniu, by kwota ta została przelana w całości na wskazane przez Kulczyka konto – to ostatnie zdania z notatki numer dwa.

Kulczyk wielokrotnie dementował informacje z obu notatek, choć jedna z nich powstała na podstawie jego własnej relacji. Wskazywał, że zawierają błędy i są celowo tak spreparowane, żeby go skompromitować.

Po pierwsze wynika z nich jasno, że Kulczyk jest zainteresowany, żeby Rosjanie kupili Rafinerię Gdańską i jest gotów zaangażować się w to jako wpływowy pośrednik. Czy taka teza miała pokrycie w faktach? Oficjalnie Kulczyk był zainteresowany połączeniem Rafinerii Gdańskiej z Orlenem. Następnie wzmocniony w ten sposób Orlen planował połączyć z węgierską firmą paliwową MOL i austriacką OMV. – Mój pomysł zakładał utworzenie największego koncernu petrochemicznego w centrum Europy. W ten sposób mielibyśmy automatyczny dostęp do chorwackiego portu Rijeki, MOL kupił tam wtedy rafinerię, mielibyśmy tani surowiec i uniezależnilibyśmy się od Rosjan. Przez tę rafinerię i port bylibyśmy połączeni z całym światem arabskim, można byłoby importować ropę z Bliskiego Wschodu. W OMV głównym akcjonariuszem są przecież Emiraty Arabskie. Powstanie takiego koncernu w Środkowej Europie zmieniłoby geografię polityczną. Wtedy niechcący wywołałem wojnę. Bo działając ze względów racjonalnych, będąc akcjonariuszem Orlenu, uważałem, że trzeba podnieść jego wartość – tak wspomina swoje plany wobec Orlenu.

Jan Kulczyk widział się w roli lidera w takim koncernie. I chciał na tym dobrze zarobić. – Moje akcje poszłyby w górę i nie ukrywam, że byłbym jednym z głównych rozgrywających. Dlaczego mam być skromny? Nie chciałem się przyglądać Orlenowi z boku.

Chciałem być jednym z głównych graczy, mieć znaczącą pozycję, dającą wpływ na radę nadzorczą. Nie było oporu, żebym w tym projekcie był liderem. Do zarobienia były wielkie pieniądze. I nie można wykluczyć, że gdyby doszło do połączenia, dokupiłbym akcje, żeby mieć ich więcej. To jest poza dyskusją.

Komisja śledcza w swoim raporcie końcowym widziała to inaczej. W ocenie posłów po połączeniu z Rafinerią Gdańską Kulczyk planował sprzedaż Rosjanom pakietu akcji Orlenu. Czy taki był sens rozmowy zapisanej szczątkowo w notatkach Agencji Wywiadu? Jan Kulczyk twardo zaprzecza. Podkreśla, że zawsze konsekwentnie był przeciwny sprzedaży Rafinerii Gdańskiej Rosjanom, w jakiejkolwiek postaci.

Historia sprzedaży Rafinerii Gdańskiej miała długą historię. Jej właścicielem była państwowa Nafta Polska. Decyzja o prywatyzacji zapadła jeszcze za czasów ekipy AWS-UW w 1999 roku. Trzy lata później, już za rządów SLD, zielone światło otrzymała zarejestrowana w Wielkiej Brytanii spółka Rotche Energy w konsorcjum z rosyjskim Łukoilem (mieli kupić 75 proc. udziałów). Rozwiązanie to popierał szef Polskiej Nafty Maciej Gierej (który według notatki wywiadu miał wziąć łapówkę). Gorącym zwolennikiem takiego rozwiązania był także ówczesny minister skarbu Wiesław Kaczmarek. Wpuszczenie Rosjan do strategicznego dla Polski sektora gospodarki było jednak mocno kontrowersyjne i ryzykowne politycznie. – Obawiano się wybuchu afery i zarzutów, że sprzedaż rafinerii Rosjanom narusza bezpieczeństwo energetyczne państwa – przekonywał ówczesny wpływowy polityk SLD. Rząd zmienił więc zdanie. Jan Kulczyk twierdzi, że się do tego wydatnie przyłożył i trudno mu nie wierzyć. – Kaczmarek chciał do Polski wpuścić Łukoil. Pojechałem do premiera Leszka Millera i mówię: Leszek, puknij ty się w głowę. Powiedziałem mu, że oddanie Rosjanom rafinerii z portem byłoby głupotą na skalę światową. To jedyne alternatywne wejście dla ropy rosyjskiej. Po drugie, jak Rosjanie wejdą do Polski, to będą w stanie zniszczyć każdą rafinerię, każdą inną firmę, bo mogą stosować dumping cenowy. Co to za problem dla nich robić dumping na własnej ropie? Przez rok, dwa wykoszą konkurencję i wszystko przejmą. Miller się ze mną zgodził. Faktem jest, że Miller nie był zwolennikiem koncepcji Kaczmarka. Łukoil wypadł z gry, a Rotche Energy podpisał umowę konsorcjalną z Orlenem. Pomysł forsowany przez Kulczyka zaczął się urzeczywistniać. Dlaczego Orlen nie starał się o zakup gdańskiego przedsiębiorstwa samodzielnie, ale złożył ofertę wspólnie z brytyjską firmą, która wydawała się zupełnie w tej transakcji niepotrzebna? Według Jana Kulczyka to była naturalna decyzja, Roche Energy wycofał się ze współpracy z Łukoilem i szukał nowego partnera z pieniędzmi. Roche Energy to rodzinna firma zarządzana przez dwóch braci pochodzących z Iranu, o żydowskich korzeniach, z brytyjskim obywatelstwem. Na negocjacje do Płocka przyjechał młodszy z nich Vincent Tchenguiz oraz prezes firmy Keyvan Rahimian. Władzom Orlenu postawili twardy warunek – nie zgodzili się na jakiekolwiek kontakty z prasą, nawet na pamiątkowe zdjęcie. Nazwa firmy to skrót od pierwszych dwóch liter imienia i nazwiska starszego brata Roberta Tchenguiza, który założył spółkę w 1982 roku. Grupa Rotch deklarowała, że ma 130 spółek zależnych, które zarządzały aktywami o wartości około trzech miliardów funtów. Jan Kulczyk musiał znać Vincenta. Mieszkał obok niego w londyńskiej dzielnicy Mayfair i miał podobne hobby – posiadał dom w Saint Tropez i 130-metrowy jacht motorowy, który nazwał „Veni Vidi Vici".

Posłowie nie mieli wątpliwości, że za Rotchem stał Łukoil. Dowodzili, że na wybór tej firmy wpłynęło spotkanie premiera Leszka Millera z Wagitem Alekperowem, prezesem Łukoila, do którego doszło 4 września 2002 roku w Warszawie. Miał być też drugi powód. Według „Rzeczpospolitej" Jan Kulczyk też spotkał się z Alekperowem w hotelu Lanesborough w Londynie, co zeznał w zupełnie innej sprawie lobbysta i biznesmen Marek Dochnal. Gazeta napisała, że Kulczyk miał proponować Rosjanom nie tylko Rafinerię Gdańską, ale również przejęcie kontroli nad Orlenem oraz kluczowym dla energetycznego bezpieczeństwa Polski Naftoportem. Kulczyk zaprzeczał. „Wbrew temu, co pisze dziś «Rzeczpospolita» nie prowadziłem żadnych rozmów z Alekperowem. Nie znam go i nigdy go w życiu nie widziałem" – zapewniał. Zapewniał też, że nigdy osobiście nie poznał Marka Dochnala.

Później komisja śledcza podsumowała w swoim raporcie: „Gdyby transakcja ta doszła do skutku, to Rosjanie przejęliby całkowicie Rafinerię Gdańską i stanęli mocną nogą w PKN Orlen, będąc najpoważniejszym pretendentem do przejęcia całkowitej kontroli nad PKN Orlen. Jednocześnie, posiadając Rafinerię Gdańską i wpływy w PKN Orlen, posiadaliby większość głosów w spółce Naftoport, która jest operatorem terminala naftowego w Porcie Północnym, stanowiącym alternatywną [dla kierunku rosyjskiego] drogę dostaw ropy do Polski". Według komisji sprzedaż Rafinerii Gdańskiej konsorcjum Rotch-Orlen dałaby Rosjanom kontrolę nad polskim sektorem naftowym. O ile rzeczywiście za Rotchem stał Łukoil. Skąd członkowie komisji czerpali o tym wiedzę? Nie wiadomo. Prawdopodobnie z innych materiałów dostarczonych przez Agencję Wywiadu śledczemu gremium.

Jak wiemy, za sprzedażą rafinerii Łukoilowi konsekwentnie opowiadał się minister skarbu Wiesław Kaczmarek, wbrew premierowi Leszkowi Millerowi, który popierał pomysł połączenia gdańskiej firmy z Orlenem. Kaczmarek przypłacił to dymisją, gdy powiedział publicznie, że oferta Rosjan jest bardzo korzystna ekonomicznie, ale zgoda na sprzedaż rafinerii Rosjanom, to decyzja polityczna i musi ją podjąć Miller. Zabrzmiało to jak poparcie dla Rosjan. Minister wypowiadał posłuszeństwo premierowi i postawił go w bardzo niezręcznej sytuacji. Dymisja Kaczmarka była tylko kwestią czasu.

Ale do fuzji zgodnej z planem Kulczyka nie doszło. Miał zbyt wielu wpływowych przeciwników. W tym ośrodek prezydencki. Prof. Witold Orłowski, szef Zespołu Doradców Ekonomicznych prezydenta Aleksandra Kwaśniewskiego też uważał, że sprzedaż Rafinerii Gdańskiej konsorcjum Rotch-Orlen jest niekorzystna dla interesów skarbu państwa. 14 lipca 2003 roku nowy minister skarbu Piotr Czyżewski wycofał rafinerię ze sprzedaży. Trzy dni później doszło do spotkania Kulczyka i Ałganowa w Wiedniu.

Zapytaliśmy Kulczyka, co sądzi o konkluzjach raportu komisji śledczej:

– Nie mogłem oferować Rosjanom rafinerii nawet, gdybym chciał to zrobić. To głupota. Przetarg został unieważniony trzy dni przed spotkaniem z Ałganowem. W związku z tym nie było z Ałganowem o czym rozmawiać w tej kwestii. Po drugie, jaki ja miałbym w tym interes? Wkładam ogromne pieniądze w Orlen po to, żeby wybudować sobie rosyjską konkurencję? Nie jestem idiotą, za pieniądze od Rosjan, jednym strzałem miałbym sobie zdewastować karierę? Gdybym dał się kupić Rosjanom, Łukoilowi, to byłbym skreślony na zawsze na całym świecie. Zostałbym raz na zawsze zaszufladkowany: Kulczyk to agent rosyjski. To byłaby zamknięta sprawa. Ciągle zastanawiam się, kto przy tym majstrował, bo to się nie działo bez powodu, ktoś miał w tym interes. Wiem tylko tyle, że moje spotkanie z Ałganowem podobno podsłuchiwał agent.

Kulczyk był przekonany, że był nim jeden z towarzyszących mu przy stole Polaków.

ROZDZIAŁ II
MINISTER,
KTÓRY OKAZAŁ SIĘ SZPIEGIEM

ODTAJNIONE NOTATKI wywiadu wskazywały, że Jan Kulczyk poleciał do Wiednia na negocjacje w sprawie handlu rosyjskim prądem. To był dla niego prestiżowy projekt, który od dawna mocno kulał. Firmą, która miała kupować tanią energię elektryczną na Wschodzie i dalej przesyłać ją do Europy Zachodniej, była Polenergia. Powstała do spółki z państwowymi Sieciami Elektro-Energetycznymi i niemiecką firmą E.ON. Problem polegał na tym, że Rosjanie stracili zainteresowanie tym biznesem. Kulczyk szukał więc sposobu, jak przełamać impas. Poprosił o pomoc Marka Modeckiego, partnera w firmie Concordia, który już nieraz mu doradzał i pomagał. Były ku temu podstawy. Do Jana Kulczyka dotarła właśnie informacja, że w Rosji powstała spółka Inter RAO, która będzie miała kluczowe znaczenie w eksporcie energii. Pojawiła się szansa na ruszenie Polenergii tym bardziej realna, że wiadomość przyszła z zarządu JES RAO. To firma, która na rosyjskim rynku ma monopol na produkcję energii i przesył. Rządzi nią Anatolij Czubajs, oligarcha o potężnych wpływach. Mógł wszystko. Uwielbiał na przykład grać w bilard, więc zamontował w swoim służbowym odrzutowcu pełnowymiarowy stół bilardowy, żeby mieć tę przyjemność pod ręką. Dwukrotnie pełnił funkcję wicepremiera i był autorem rosyjskiej prywatyzacji powszechnie określanej jako „złodziejska", dzięki niemu w Rosji wyrosła niejedna fortuna i niejedna upadła. Kulczyk poznał Czubajsa i miał okazję z nim rozmawiać w Niemczech.

Po kilku tygodniach Modecki odezwał się i rekomendował Kulczykowi spotkanie z jednym z rosyjskich wiceministrów energetyki, który miał tę dodatkową zaletę, że był przyjacielem Władimira Putina. Osoba ta miała być szefem doradców ekonomicznych prezydenta Rosji i przewodniczącym Rady Nadzorczej Inter RAO. Kulczyk powiedział Modeckiemu: Marku, no to działaj! Do końca konsekwentnie twierdził, że nie wiedział, z kim konkretnie ma się spotkać. Trudno w to uwierzyć, bo był to sam Władimir Ałganow.

Modecki był częstym gościem w Kulczyk Holdingu. Więc nikt się nie zdziwił, gdy w lipcu zjawił się w biurze na ulicy Kruczej. Trwał sezon urlopowy.

Nikogo nie było w firmie poza recepcjonistką. A pracę Kulczyk Holdingu w tym czasie koordynowała pani Małgosia z Poznania, asystentka Jana Kulczyka od 30 lat.

– Zadzwonił do mnie, mówił półsłówkami: ten facet jest gotowy przylecieć do Wiednia na obiad. Umawiamy się. Gdyby wtedy w sekretariacie była Dorota, moja główna asystentka, wszystko byłoby inaczej. Wyciągnęłaby od Modeckiego, z kim mam się spotkać. Dostałbym curriculum vitae swojego rozmówcy. Tak było w wypadku każdego spotkania. Ale niestety, w firmie była tylko recepcjonistka – mówi Kulczyk.

Zwyczaj dokładnego sprawdzania przez Jana Kulczyka rozmówców potwierdzają osoby spoza firmy, z którymi współpracował. – On zawsze przygotowuje się do każdego spotkania. Dokładnie wie, z kim ma się spotkać. Lubi zaskakiwać swoich rozmówców wiedzą na ich temat – mówi znany biznesmen.

Inny dodaje: – Kiedyś Kulczyk podszedł do mojego kolegi. Przywitał się z nim, wymieniając jego imię. Ten odpowiedział, że przecież się nie znają. Wtedy Kulczyk odpowiedział: „Ja pana bardzo dobrze znam" – i z uśmiechem na twarzy odszedł.

Marek Modecki proponował na spotkanie dzień 17 lipca. Dla Kulczyka to była bardzo niewygodna data. Dzień wcześniej zaplanował rozmowy biznesowe w Düsseldorfie. 18 lipca miał być w Wiedniu, ale do kalendarza zostało wpisane już spotkanie z adwokatem Karlem Schleinzerem i jego współpracownikami. Modecki jednak nalegał – twierdził, że 17 lipca jest jedynym możliwym terminem rozmowy, którą uważał za bardzo potrzebną. Kulczyk poprzestawiał swój kalendarz. Spotkanie w Niemczech przesunął na godzinę wcześniejszą, a z mecenasem Schleinzerem na wcześniejszy dzień na siedemnastą trzydzieści, tak żeby obie sprawy w Wiedniu załatwić tego samego dnia, to znaczy 17 lipca. Zatelefonował do Marka Modeckiego z informacją, że może się spotkać z wiceministrem energetyki Federacji Rosyjskiej około godziny 14.30–15.00. Wszystko było umówione.

Czy mógł wtedy nie dopytać Modeckiego o nazwisko swojego rozmówcy?

– Modecki przekonywał mnie, że warto się spotkać z człowiekiem od Czubajsa, że jest chętny na rozmowę. Mówił: „On jest kluczem do tego projektu, odblokuje go". Czy podał mi wtedy jego nazwisko? Nie wiem. Do dzisiaj się nad tym zastanawiam. Myślę, że nie. A jeśli tak? Moim problemem jest bardzo słaba pamięć do nazwisk. Cała firma może to zaświadczyć. Nie miałem świadomości, o kim mówimy, z kim będę rozmawiał. Poza tym oczywiście, że jest doradcą i przyjacielem Putina.

No dobrze, ale dlaczego Kulczyk poleciał do Wiednia na spotkanie z Ałganowem w tak dziwnym towarzystwie: Aleksandra Żagla i Andrzeja Kuny? To była nierozłączna para. W czasach komisji śledczej nie mówiło się o nich inaczej tylko „Kunożagiel". Od lat krążył ten sam dowcip: „Jakie jest najszybsze zwierzę w Warszawie? Kuna z Żaglem".

Aleksander Żagiel jest lwowiakiem, jego ojciec był garbarzem. Rodzina Żagla po wojnie została przesiedlona do Wrocławia. Matka handlowała. Mieli firmę polonijną. W czasach PRL Żagiel zajmował się wszystkim, na czym można było wtedy zarobić – razem ze swoim przyjacielem Andrzejem Jaroszewiczem produkował choćby pierwsze w Polsce pałeczki do czyszczenia uszu. Był też klientem ojca Kulczyka jako przedstawiciela amerykańskiej firmy kontenerowej See Land, choć go nie poznał.

– Tak? – dziwi się Kulczyk. – Żagiel to jest ten kędzierzawy? Możliwe. Ale to koledzy Modeckiego. Żagla i Kunę poznałem na jakimś przyjęciu u Kwaśniewskich – mówi.

Żagiel przekonuje, że pomysł spotkania z Ałganowem wyszedł z jego inicjatywy. Był osobiście zainteresowany uruchomieniem handlu prądem, licząc na duży udział w zyskach. Zapewnia, że to on załatwiał specjalne „sprzęgło", które pozwalało dopasować ukraiński system przesyłu energii z systemem polskim (po obu stronach granicy są inne napięcia prądu). Na pewno ma rację. Żagiel i jego przyjaciel Kuna mieli doskonałe dotarcie do Ałganowa. Co roku wysyłają sobie świąteczne pozdrowienia. Są w stałym kontakcie. I można z całą pewnością powiedzieć, że to oni musieli namówić Ałganowa do spotkania z Kulczykiem. Stąd ich obecność na obiedzie w restauracji Nikis. Jeżeli ktoś potrzebowałby dodatkowego dowodu, wystarczy przypomnieć, że to oni zapłacili rachunek za obiad. Ale wino wybierał Kulczyk. Żagiel twierdzi, że nie zapłacił dużo, to była równowartość kilkuset złotych.

Poznali się w Wiedniu. Kuna (starszy od Żagla o rok) wyjechał z Polski w 1978 roku, przerywając studia na Akademii Ekonomicznej w Katowicach. Żagiel – w 1969 roku. Miał wówczas szesnaście lat. Powiedział kiedyś, że poznał Kunę gdzieś w połowie lat osiemdziesiątych.

Wtedy założyli w Austrii firmę Polmarck. I po kilku latach przenieśli swoją działalność do Polski. Był 1990 rok. Dwa lata później spółka zatrudniła Władimira Ałganowa, który w 1992 roku zakończył pracę w rosyjskiej ambasadzie. Jak pisaliśmy wcześniej, Ałganow był znajomym wielu Polaków, także Józefa Modeckiego, ojca Marka. Według kontrwywiadu UOP Ałganow przez cały czas prowadził działalność szpiegowską na rzecz Rosji. Jak trafił do Polmarcku? Połączył ich wspólny adres na warszawskim Wilanowie przy ulicy

Królowej Marysieńki. Żagiel z Kuną mieli firmę na XVI piętrze. Ałganow mieszkał piętro wyżej. – Poznaliśmy się przypadkiem w windzie. Okazało się, że urodził się tego samego dnia co ja, tylko rok
wcześniej. Zaprzyjaźniliśmy się. Zaczął wpadać do nas z sąsiedzką
wizytą na whisky. Dla niego Polska była Ameryką, dlatego był zroz-
paczony, kiedy okazało się, że ma wrócić do kraju – opowiada Żagiel. Spotkanie w windzie było przypadkowe, ale czy przypadkowy
był wybór tego samego adresu na biuro Żagla i Kuny, pod którym
mieszkał Ałganow? Można wątpić.

Żagiel zaproponował Rosjaninowi pracę w Polmarcku z pensją tysiąca dolarów miesięcznie. Bez problemu udało się załatwić wszystkie formalności, wraz z uzyskaniem pozwolenia na pracę w Polsce.
W 2008 roku na łamach „Rzeczpospolitej" biznesmen tłumaczył:
– W swojej firmie zatrudniłbym sekretarza każdej ambasady, ale nie
wiem, czy chcieliby przyjść do mnie do pracy. Poza tym na zatrudnienie Ałganowa dostałem zgodę z odpowiedniego ministerstwa.
Pytałem też byłego szefa wywiadu UOP Wojciecha Czerniaka, czy
wolno mi tak zrobić. Nie widział w tym problemu.

Czym w Polmarcku zajmował się Ałganow? – Po rozpadzie
Związku Radzieckiego pojawiły się ogromne możliwości w pośred-
nictwie handlowym między dotychczasowymi republikami radziec-
kimi a niezależnymi państwami. Podjęliśmy taką działalność na
rynku zbożowym. Handlowaliśmy z Kazachstanem. Zboże to była
forma płatności za towary, które tam wysyłaliśmy. Realizacją tych
kontraktów zajmował się Władimir Ałganow – opowiadał Żagiel.

Z rosyjskim szpiegiem połączył go nie tylko biznes, ale również
przyjaźń. Żagiel był nawet gościem na jego 50. urodzinach zorganizowanych w Moskwie.

Żeby obraz był jasny, trzeba przypomnieć jeszcze jedno wydarzenie. W 1993 roku Marian Zacharski, oficer polskiego wywiadu,
pojechał na Majorkę, aby spotkać się z Ałganowem. Chciał uzyskać od niego potwierdzenie, że rosyjskim agentem o pseudonimie
„Olin" jest premier Józef Oleksy. W tym czasie przypadkiem hisz-
pańską wyspę odwiedzili też Kuna i Żagiel. Kogo jeszcze znali? Na

przykład Jeremiasza Barańskiego ps. „Baranina", uważanego za rezydenta mafii pruszkowskiej w Austrii (oskarżonego o zlecenie zabójstwa ministra sportu Artura Dębskiego; „Baranina" powiesił się później w więzieniu) oraz Wojciecha Czerniaka, w latach 1981– –1985 konsula w polskiej ambasadzie w Wiedniu, a potem szefa wywiadu UOP. W mediach towarzystwo to zyskało miano „grupy wiedeńskiej". – Barańskiego widziałem może z osiem razy – tłumaczy Żagiel. Pytania o „grupę wiedeńską" kwituje śmiechem. – O nas mówi się układ, ale nie wiem, w którym układzie jestem, niech ktoś mi go wreszcie pokaże. Równie dobrze w ten sposób można zrobić układ paryski, a nie wiedeński. To, że znam tych ludzi, to przecież nic złego.

Jan Kulczyk, lecąc do Wiednia na spotkanie z Ałganowem, zabrał ze sobą i Żagla, i Kunę na prośbę Modeckiego. – Oni go dobrze znają i powinni być na obiedzie – przekonywał. Kulczyk się zgodził. Jak twierdzi, podczas lotu nie rozmawiali ze sobą, bo przygotowywał się do spotkania biznesowego w Düsseldorfie. Samolot wylądował w Wiedniu o trzynastej pięćdziesiąt. Kulczyk pojechał do restauracji sam. Znany był z tego, że nie lubił towarzystwa w samochodzie, bo nie można wtedy swobodnie rozmawiać, gdy ktoś dzwoni. Modecki, Żagiel i Kuna mieli własny transport. Gdy Kulczyk dotarł na miejsce, wszyscy już byli. Zasiedli do stołu.

– Rosjanin był miły, robił sympatyczne wrażenie. Zaczęliśmy rozmawiać po rosyjsku. To on zaproponował, żeby przejść na polski.

– Mówię dobrze w waszym języku – powiedział Ałganow i zaczął się śmiać. Zaczyna opowiadać, że pracował w Warszawie.

– Dopytuję, gdzie? – wspomina Kulczyk. – No, w ambasadzie – odpowiada.

Jan Kulczyk zwrócił się do Rosjanina „panie ministrze". Ten oświadczył, że nie jest wiceministrem energetyki, tylko szefem doradców ministra. Kulczyk oczekiwał wyższej rangi, podobno nie potrafił ukryć zaskoczenia. Rozmówca podał mu wizytówkę i wyjaśnił, że jest też szefem rady nadzorczej Inter RAO (Kulczyk kilkanaście dni później oddał ją Siemiątkowskiemu).

– Patrzę na ten kartonik, czytam: Ałganow, takie znane nazwisko. On się znowu śmieje: – A pan mnie kojarzy? – No nie – odpowiadam. Dopiero w tym momencie do mojego mózgu dociera informacja. – O k... Już to wiem. Na pewno jestem już nagrany, wideo, zdjęcia. Miałem tego absolutną świadomość, od razu. Co miałem zrobić? Wyjść, powiedzieć, że brzuch mnie boli? Pomyślałem, że bez względu na to, co zrobię, i tak jestem już zarejestrowany. Postanowiłem zostać do końca.

Kulczyk wspominał, że to była bardzo sympatyczna, dowcipna rozmowa.

– Przez cały czas mówiliśmy o linii energetycznej z Rosji do Niemiec. Dopiero na koniec powiedziałem: sprawa jest tak duża, musi to pan zrozumieć, że o naszym spotkaniu będę musiał poinformować premiera. Powiedziałem to przy wszystkich. On na to: „A to niech go pan ode mnie serdecznie pozdrowi". Zabrzmiało to dosyć cynicznie, przypomniał w ten sposób, że zna Millera. Na pożegnanie Ałganow mówi: „Mam prośbę taką, żeby z tym prądem to nie było tak, jak ze sprzedażą Rafinerii Gdańskiej. Była «wziątka», były koszty, minister i prezes Nafty Polskiej podjęli decyzję i guzik z tego wyszło". Trzy zdania. Zostały tak wypowiedziane, żeby było wiadomo, że to Kaczmarek miał wziąć pieniądze.

Według relacji Kulczyka w tym momencie Modecki zaczął dopytywać, czy Ałganow mówi o pięciu milionach dolarów, bo taka plotka krążyła wtedy po Warszawie.

– Rosjanin zbył to śmiechem i krótką uwagą, że wiemy sporo w tej sprawie – dodaje biznesmen.

Kulczyk nie skomentował słów Ałganowa. Tak twierdzi. Czy padły przy stole nazwiska ministra Kaczmarka i prezesa Nafty Polskiej Giereja? – Nie pamiętam. Moim zdaniem Ałganow nie powiedział tego wprost, nie wymienił nazwisk. Ale to było jednoznaczne, że to oni podjęli decyzję w sprawie rafinerii. Gdybym grał nie fair, mógłbym później powiedzieć premierowi, że to Kaczmarek wziął, był przecież ministrem. Ale powiedziałem tylko, że była taka insynuacja i trzeba sprawdzić, czy to jest prawda, czy prowokacja.

Modecki był innego zdania: – Mnie się wydaje, że ja usłyszałem nazwiska – powiedział. Nie przypominał sobie też fragmentu o pięciu milionach.

Przed komisją śledczą Kulczyk zeznał, że nic nie wiedział o kulisach organizacji obiadu. – To spotkanie traktowałem sondażowo. Jego jedynym celem było sprawdzenie, czy kontrakt w ogóle wart jest uwagi, czy naprawdę rokuje szansę na pozyskanie taniej energii elektrycznej w Rosji i czy mój rozmówca rzeczywiście może mieć takie możliwości, jak to przedstawił pan Modecki. Dlatego w istocie rzeczy nie przygotowałem się do tego spotkania, tym bardziej że na ten dzień miałem zaplanowane dwie poważne merytoryczne rozmowy i to im poświęcałem większość swojej uwagi. Nie wiem, czy pan Modecki intencjonalnie przemilczał nazwisko naszego rozmówcy – ja nie odnoszę takiego wrażenia – wyjaśniał.

Modecki potwierdził. – Pan Kulczyk nie pytał mnie o to, a po drugie, nie chciałem specjalnie akcentować nazwiska pana Ałganowa. Jak przyznał, obawiał się, że Kulczyk skojarzy nazwisko i nie będzie chciał rozmawiać. – Ja uważałem, że to spotkanie powinno się odbyć i że jest jak najbardziej w moim i jego interesie – mówił.

Modecki podkreślał, że nie było w tym nic dziwnego. Tym bardziej że w przeszłości, organizując miliarderowi spotkania, posługiwał się tylko funkcją rozmówcy, a nie jego nazwiskiem. Zaprzeczał jednak, że zataił nazwisko Ałganowa przed Kulczykiem: – To nie było zatajenie, pan Kulczyk specjalnie nie pytał. Gdyby zapytał, a ja bym powiedział: nie wiem, kto przyjedzie – to byłoby zatajenie.

Podobnie zeznał Andrzej Kuna. Przyznał, że rozmawiał z Żaglem w samolocie o Ałganowie, ale nie wymieniał jego nazwiska: „Wołodia, Wowa – tak go nazwaliśmy. My nie rozmawialiśmy z panem Kulczykiem na temat Ałganowa, rozmawialiśmy między sobą, że będzie Wołodia. Nazwisko Ałganowa nie padło w samolocie.

Co było dalej po wiedeńskim obiedzie? Kulczyk – jak mówi – czuł się tak, jakby siedział na minie. Wielokrotnie później zapewniał, że po pożegnaniu wsiadł do samochodu i pojechał jeszcze do biura swojej fundacji na spotkanie z prawnikiem Karlem Schleinzerem. Był tam ponad godzinę i od razu stamtąd udał się na lotnisko, żeby wrócić do Polski. Samolot wystartował o godzinie dziewiętnastej trzydzieści pięć.

Kuna, Żagiel i Modecki zostali w Wiedniu. Modecki chciał się zrewanżować za obiad, więc zaprosił ich na drinka do hotelu. Gościem Modeckiego był też Ałganow.

A Kulczyk z pokładu samolotu zadzwonił do swojego prawnika Wojciecha Jankowskiego. Zapytał: „Co ja mam robić?". Jankowski miał odpowiedzieć: „Masz informację o możliwości popełnienia przestępstwa. Musisz to zgłosić".

Kulczyk kiedyś powiedział: „Dużo zależy od tego, jakimi otaczamy się ludźmi. Jak we wspinaczce. Zdobywając jakiś szczyt, trzeba zabrać ze sobą ludzi: noszą bagaż, rozbijają obozy, podtrzymują haki i czekany. Są niezbędni. Tylko ostatni odcinek drogi pokonujemy sami lub w towarzystwie dwóch, trzech osób. Tak samo w życiu. Trzeba wiedzieć, z kim się wspinać". Bez wątpliwości miał na myśli Jankowskiego. Urodzony w 1951 roku gdynianin, prawnik z wykształcenia, absolwent poznańskiego uniwersytetu na pokład miliardera trafił już w połowie lat dziewięćdziesiątych. Z pensją o równowartości 10 tysięcy marek niemieckich został wiceprezesem Kulczyk Holdingu. Znajomi poznańskiego biznesmena przyznają, że Jankowski jest jednym z najważniejszych filarów sukcesu Kulczyka. – To profesjonalista, który budował jego imperium. Jako jeden z nielicznych ludzi wie dokładnie, jakie spółki posiada Kulczyk, kto za nimi stoi, czym się zajmują. Jest wtajemniczony we wszystkie interesy Janka. Niektórzy żartują, że to typ consigliere z „Ojca chrzestnego", lojalny do grobowej deski – mówi biznesmen znający Kulczyka. To właśnie Jankowski miał być pomysłodawcą powołania Fundacji Kulczyk Privatstiftung z siedzibą w Wiedniu przy Fuhrichgasse 6, która zarządza całym majątkiem.

Po powrocie do Poznania Kulczyk się nie spieszył. Zadzwonił do premiera Leszka Millera i umówił się z nim na 25 lipca w hotelowym kompleksie rządowym przy ulicy Parkowej w Warszawie.

Miliarder zaczął spotkanie w ulubiony, żartobliwy sposób:

– Leszek, masz pozdrowienia od Ałganowa – rzucił jakby od niechcenia.

Miller zbladł. – Żarty sobie robisz? – zapytał.

– Nie robię sobie żadnych jaj, on cię naprawdę pozdrawia – odparł biznesmen.

I już na poważnie opowiedział przebieg obiadu w Wiedniu. Miller nie przebierał w słowach: „O k…, jedziemy do Urzędu Rady Ministrów". Wezwał Zbigniewa Siemiątkowskiego, szefa Agencji Wywiadu, i Andrzeja Barcikowskiego, szefa Agencji Bezpieczeństwa Wewnętrznego. Okazało się, że Siemiątkowski jest na urlopie za granicą.

Relację przyjął od Kulczyka Barcikowski. Ta notatka nigdy nie została odtajniona. Powiedział do Millera: „Szefie, ale ja nie jestem kompetentny w tej sprawie. To temat dla Siemiątkowskiego, bo dotyczy wywiadu".

Miller zadzwonił wtedy na bezpośredni numer szefa Agencji Wywiadu. Uzgodnili, że nie ma powodu, żeby wracał z wakacji. Kulczyk spotkał się z nim kilka dni później w siedzibie wywiadu.

Tak to wspomina Kulczyk: – Kawa, koniaczek. Zapytał, czy może robić notatki. Odpowiedziałem: „Mam nadzieję, że będzie pan je robił". Miałem świadomość, że spotkanie było rejestrowane. To była miła rozmowa. Opowiedziałem to samo co Barcikowskiemu. Siemiątkowski zapytał o dokładną datę obiadu z Ałganowem. Wziąłem telefon i zadzwoniłem do asystentki w Poznaniu, Małgosi. To ona podała mi datę na podstawie kalendarza spotkań.

I w ten sposób powstał w notatce błąd. Bo kalendarz nie został zaktualizowany po telefonicznych naradach w ostatniej chwili. Siemiątkowski spisywał relację ze spotkania z Ałganowem na małych karteczkach. Prawdopodobnie dał je następnie oficerowi, który opracował informację. Na karteluszce widniała data 18 lipca, podana przez Kulczyka i taka została wpisana do notatki.

– Siemiątkowski poinformował mnie, że nakłada na tę sprawę ścisłą tajemnicę państwową i poprosił, żeby na ten temat z nikim nie rozmawiać. O spotkaniu w Wiedniu wiedziało pięć osób w państwie. W zasadzie na długo zapomniałem o sprawie.

Swoją drogą od obiadu w Wiedniu minęło niewiele czasu, historia z pomyłką w dacie pokazuje, jak bardzo Kulczyk był roztargniony i nie przywiązywał uwagi do codziennych szczegółów. Albo przebiegły.

W drugiej notatce, którą podpisał nieujawniony oficer wywiadu, ten błąd został powielony. Dla Kulczyka był to koronny dowód, że ta notatka została spreparowana i użyto w niej błędnej informacji z notatki Siemiątkowskiego. Kulczyk miał swoją teorię na ten temat. Spekulował, że w ten sposób wywiad chciał zdezawuować jego relację.

– Napisali drugą notatkę, po to, żeby zagmatwać tę historię, żeby nie było wiadomo, co jest prawdą – uważał. Siemiątkowski wytłumaczył to inaczej. Po wyjściu Kulczyka wezwał do siebie oficera, który zajmował się sprawami gospodarczymi, i podyktował mu notatkę. – W pewnym momencie oficer mówi: „Szefie, my przecież wiemy o tym spotkaniu". I jeszcze tego samego dnia dostałem raport naszego agenta. Oba te materiały plus jeszcze kilka innych przekazaliśmy do ABW – opowiadał Siemiątkowski „Gazecie Wyborczej".

Z tej drugiej notatki do wyjaśnienia była informacja, że Kulczyk na obiedzie z Ałganowem powoływał się na prezydenta Aleksandra Kwaśniewskiego i de facto pojechał do Wiednia z jego pełnomocnictwa.

– To był absurd. Bo co ma Kwaśniewski wspólnego z handlem prądem? Rozmawialiśmy tylko o handlu energią – ucina Kulczyk.

Ostro zaprzeczył Kwaśniewski: „Ja nikomu i nigdy nie udzielałem żadnych pełnomocnictw w sprawie majątku państwowego".

Komisja śledcza w sprawozdaniu ze swoich prac nie miała wątpliwości: „Komisja zebrała z trzech niezależnych źródeł dowody na temat treści i formy pełnomocnictwa udzielonego przez Aleksandra Kwaśniewskiego Janowi Kulczykowi. Odtajnienie części tych dowodów jest warunkiem publicznego przedstawienia zarzutów przed Trybunałem Stanu. Prezydent Aleksander Kwaśniewski upoważnił

Jana Kulczyka do prowadzenia rozmów w sprawie sprzedaży na rzecz Rosjan polskiego sektora naftowego. Pełnomocnictwo to było realizowane w rozmowach z funkcjonariuszami rosyjskich służb specjalnych, w tym z Władimirem Ałganowem".

Sprawa do dziś nie została wyjaśniona.

Ale i tak najciekawszą kwestią, też nigdy nierozstrzygniętą, jest pytanie, dlaczego Kaczmarek udzielił wywiadu „Gazecie Wyborczej". Czy tylko z zemsty za to, że Leszek Miller wyrzucił go z rządu za forsowanie sprzedaży Rafinerii Gdańskiej Rosjanom? Czy po to, żeby przypieczętować upadek Leszka Millera? Przypomnijmy: wywiad ukazał się 5 kwietnia, a „Kanclerz" podał się do dymisji 2 maja, dzień po podpisaniu w Dublinie umowy akcesyjnej z UE.

Kaczmarek mógł być inteligentnie popchnięty w stronę „Gazety Wyborczej" przez ośrodek Aleksandra Kwaśniewskiego. Nieoficjalnie coraz więcej osób wiedziało o przebiegu spotkania Kulczyka z Ałganowem w Wiedniu i podejrzeniach, że Kaczmarek przyjął „wziątkę". Informacja, co jest w notatkach, w sposób nieuprawniony była kolportowana między politykami SLD i trafiła do samego Kaczmarka.

Musiał czuć, jak zaciska się pętla wokół jego szyi. A może po prostu puściły mu nerwy? Kaczmarek doskonale znał bezwzględne zwyczaje w swojej formacji. Sam je stosował. Mógł myśleć, że szykowany jest do roli kozła ofiarnego. Prawa ręka Kwaśniewskiego Marek Ungier przyszedł do Kaczmarka z pytaniem, czy to prawda, że wziął łapówkę w styczniu 2004 roku. Gdy później wyszło to na jaw, wydawało się, że prezydencki minister poniesie surowe konsekwencje. Ale się wykpił. Prokuratura uznała, że dzielił się z Kaczmarkiem tylko plotkami, do czego miał prawo. Ungier z racji zajmowanej pozycji nie posługiwał się plotkami. Miał wiedzę źródłową, od Aleksandra Kwaśniewskiego, który znał notatki. Potem o to samo zapytał Kaczmarka Marek Borowski. Od tego dnia do wywiadu w „Wyborczej" dzielą Kaczmarka już tylko dni.

Jeszcze ciekawsze jest pytanie, dlaczego komisja śledcza otrzymała tajne notatki. Trudno jakoś uwierzyć, że było to rutynowe działanie podyktowane poczuciem obowiązku, żeby pomóc komisji w jej pracy. Wiadomo było, że treść tych notatek natychmiast przeciknie do mediów i wywołany zostanie kolejny ciężki kryzys. Służby były już od miesięcy podporządkowane nowemu rządowi SLD z premierem Markiem Belką, którego namaścił Kwaśniewski. Uzasadniona jest teza, że podporządkowany Kwaśniewskiemu rząd chciał w ten sposób wyeliminować z gry o Orlen Jana Kulczyka. Miliarder był wtedy w nie najlepszych relacjach z Aleksandrem Kwaśniewskim, a na pewno na wojennej ścieżce z Markiem Belką. Rząd we wrześniu 2004 roku chciał się pozbyć z Orlenu prezesa Zbigniewa Wróbla, który już dawno utracił zaufanie i poparcie Kwaśniewskiego. Ale rada nadzorcza, którą kierował Jan Waga, zablokowała oczekiwane przez ministra skarbu zmiany. Kandydaci z poparciem rządowym zostali utrąceni, a gdy już nie można było bronić Wróbla, prezesem został Jacek Walczykowski, prawnik zaprzyjaźniony z Wagą. Nowy prezes przetrwał tylko 19 dni. Premier Belka dopiął swego, rada nadzorcza odwołała Jana Wagę. Po raz pierwszy od wielu lat Kulczyk stał na pozycji wrogiej wobec władzy. Miesiąc później do komisji dotarły notatki Agencji Wywiadu. Kulczyk miał już inny problem, niż walka o wpływy w płockim koncernie. Ostatecznie też odchodził w niebyt lansowany przez niego pomysł przekształcenia Orlenu w międzynarodowy koncern, do którego politycy nie mieliby tak łatwego wstępu. Rząd Belki nie zamierzał dzielić się „kurą znoszącą złote jajka".

Jeżeli tak było, to cena polityczna za Orlen, jaką zapłacił obóz władzy, musiała bardzo się opłacać.

Jan Kulczyk zmiany w Orlenie określał krótko: kolejny skok na kasę.

Ale od tych wydarzeń się dystansował. – Jan Waga decydował. Byłem wtedy za granicą. Od tego momentu nasze drogi z prezesem Wagą zaczęły się rozchodzić.

O Janie Wadze Kulczyk mówił w czasie przeszłym: to był mój przyjaciel, świetny prezes. Przyznaje, że powołanie Wagi na przewodniczącego rady nadzorczej Orlenu było błędem. Dlaczego więc się zgodził? Jan Waga sam zabiegał o to stanowisko. Argumentował, że będzie w ten sposób skutecznie pilnował interesów Kulczyka w koncernie. Nie bez znaczenia były także powody pozamerytoryczne. Wadze imponowało, że zajmuje wpływową pozycję w tak dużej i strategicznej spółce jak Orlen.

– Myślę, że tytuł do stanowiska przewodniczącego rady nadzorczej miałem. Byliśmy drugim co do wielkości akcjonariuszem w Orlenie po skarbie państwa, to były moje własne pieniądze, nie państwowe. Waga poprosił, żeby mu pomóc. Zgodziłem się. Nie powinienem. Miałbym zdecydowanie większy wpływ na Orlen, gdyby Waga został wiceprezesem w zarządzie.

Kulczyk nigdy nie przyjął do wiadomości zarzutów i wątpliwości, jakie pojawiły się po spotkaniu z Ałganowem. Nie pozwalała mu na to ambicja i przekonanie, że niczym nie zawinił. – Przeleciało nad nami tsunami. A to było normalne spotkanie biznesowe. Rozmawiałem z przedstawicielem państwowej firmy, od której chcemy kupować prąd. Jest on przewodniczącym rady nadzorczej, ma dobre relacje z prezydentem. Co jest w tym nagannego? Nic. To że pewnie jest ze służb? Tam wszyscy są ze służb. Prezydent jest ze służb. Co w tym wypadku mogłem lepiej zrobić? Z czego ja mam się tłumaczyć, że przekazałem premierowi państwa i szefom dwóch polskich służb ważną informację? Komu jeszcze miałem to powiedzieć?

Po przekazaniu przez Kulczyka informacji z wiedeńskiego obiadu służby skrupulatnie prześwietliły Kaczmarka i Giereja. Nie tylko założono im podsłuch, ale również trafili pod obserwację. Do wyjaśnienia tej sprawy powołano specjalną grupę oficerów ABW i AW. Gierej z Kaczmarkiem byli inwigilowani przez blisko rok. W tym czasie nie znaleziono żadnych dowodów, które mogłyby potwierdzić przekazane przez Kulczyka doniesienia. Choć śledztwo się nie zakończyło, Kwaśniewski był bardzo zadowolony: „Po kilku miesiącach dostałem informację, że zarzuty się nie potwierdziły i po prostu się ucieszyłem. Ucieszyłem się, że były minister rządu, człowiek, którego znam, nie brał łapówek i cała sprawa jest najprawdopodobniej wymyślona przez Ałganowa i ewentualnie grono, które z nim współpracuje, do którego akurat zaufania nie mam żadnego. Ja tę wiadomość przyjąłem jako dobrą wiadomość dla Polski".

Śledczy badali tylko dwie notatki. Warto przytoczyć tu słowa szefa ABW Barcikowskiego, który przestrzegał, że dyskutowanie tylko nad ujawnionymi notatkami prowadzi do nieporozumień. Dlaczego? Barcikowski podał, że ABW przekazała komisji ds. Orlenu 420 stron materiałów. Cała sprawa, która wyrosła z rozmowy Kulczyk – Ałganow i została objęta działaniami operacyjnymi służb specjalnych, liczy 15 tomów. Te materiały – według Barcikowskiego – nigdy nie będą mogły być ujawnione.

Rozmawiamy z byłym pracownikiem Agencji Bezpieczeństwa Wewnętrznego:

Dlaczego z komisji śledczej wyciekły tylko notatki Siemiątkowskiego i oficera AW? A nie wyciekła pierwsza notatka Barcikowskiego?
Uznali, że są bardziej soczyste i wiarygodniejsze.

Czy obiad wiedeński Kulczyka z Ałganowem był częścią szerszej operacji wywiadowczej?
Mógłbym postawić tezę, że to mogła być gra Rosjan.

Celem spotkania była sprzedaż rosyjskiej energii.
W Rosji system przesyłania energii jest ściśle zintegrowany ze służbami specjalnymi. To oczywiste. To racjonalna polityka dominacji na rynku dostaw gazu, nafty i energii. Bo to podstawowe źródło ich przychodów. Rosjanie mogli prowadzić grę operacyjną. Jej celem było skompromitowanie osób, które mają inną wizję prywatyzacji Lotosu i Orlenu od wizji, która im odpowiadała. Gierej mógł być wytypowany do kompromitacji polskiej opcji.

Na co mógł liczyć Ałganow jadąc do Wiednia?

Jeżeli rozmawia się z kimś prominentnym, to można mieć pewność, że treść rozmowy trafi do najwyższych władz.

Czy Kulczyk sobie wymyślił przebieg rozmowy?

Nie sądzę. Jego relacja musiała mieć podstawy. Rosjanom mogło zależeć na tym, żeby wrzucić smrodliwe podejrzenia o łapówkach. Celem było osłabienie tych osób, z którymi im było nie po drodze.

Kogo ma pan na myśli?

Rosjanie byli zainteresowani Orlenem i Lotosem. Kulczyk miał inną koncepcję. A sprawa handlu energią, główny cel rozmów, była drugorzędna. Rosjanie wykorzystali to spotkanie do uruchomienia tematu dostaw ropy. To ich interesowało naprawdę.

A może Kulczyk złożył nieprawdziwą relację ze spotkania z Ałganowem, bo chciał na przykład kogoś wyeliminować?

Teza, że chciał kogoś zniszczyć kłamstwem, nie znajduje uzasadnienia. Rosjanie prowadzili swoją grę. Dotyczyła ropy. Znali motywacje Kulczyka, który wiązał nadzieje z przesyłem energii. I trzeba pamiętać, że w rosyjskich realiach wszyscy rozmówcy w tym temacie po stronie rosyjskiej to byli ludzie służb.

A jeśli to była pułapka na Kulczyka?

Modus operandi rosyjskich służb jest takie: zawsze, każda rozmowa z oficerem ich wywiadu ma spowodować, że polski rozmówca musi wyjść z takiego spotkania słabszy.

To może polska AW doprowadziła do takiego spotkania? Wiadomo, że Ałganow jest oficerem wywiadu rosyjskiego. AW tworzy więc legendę. Jest do zrobienia biznes, wszyscy mogą zarobić. Ale właściwym celem jest zwabienie Ałganowa na spotkanie. A Kulczyk odgrywa rolę wiarygodnego wabika albo nawet świadomie uczestniczy w tej grze?

Nie. AW to mała służba. Nie prowadzi takich globalnych gier. Było inaczej. Rosjanie, przy okazji biznesowej, czyli rozmowy o handlu prądem, postanowili osłabić prominentnych urzędników państwa, w tym Kulczyka. To było w ich interesie. Po co im silny partner. Gdyby Kulczyk był cenny dla Rosjan, to by go chronili. Informacje o łapówkach, które przekazuje mu Ałganow, obciążają go. Stawiają w trudnej sytuacji. Oni, Rosjanie, wiedzieli, że wcześniej czy później będzie z tego afera. Zakładali, i słusznie, że Kulczyk przekaże, co usłyszał, dalej. Wbijali klin między Kulczyka, Kaczmarka i Giereja. Ałganow na obiedzie wiedeńskim przede wszystkim wystąpił jako oficer wywiadu. Jego celem było osłabienie polskiego państwa i rządu. Wrzucił tezę, że wysokiej rangi urzędnicy państwa są skorumpowani przez Rosjan. Dodatkowo osłabiał samego Kulczyka, bo się z nim spotkał i rozmawiał. W tej mętnej wodzie można było łatwiej przeprowadzić procesy prywatyzacyjne, przede wszystkim dotyczące Lotosu. Integracja Lotosu z Orlenem nie była po myśli Rosjan. A poza tym, przystępując do spotkania, Ałganow mógł mieć przy okazji własny interes. Bo gdyby coś wyszło w kwestii handlu prądem z Rosji, nieźle by na tym zarobił jako pośrednik i doradca. Tak więc Ałganow, jadąc na obiad w Wiedniu, miał dwie motywacje. Służbową i prywatną. To najbardziej prawdopodobna teza.

Czy Ałganow, realizując zadanie wywiadowcze, nagrywał to spotkanie?

Nagranie pozwala na twardą weryfikację przebiegu spotkań, w których biorą udział oficerowie wywiadu. Ustne relacje są wątpliwe – zawsze można manewrować, rozgrywać własne sprawy. Zasada jest prosta. Jeśli spotkanie wiedeńskie miało dla Ałganowa charakter służbowy, to zawodowy oficer KGB musiał takie spotkanie nagrywać. Ałganow był zawodowym oficerem wywiadu Rosji.

Jak więc traktować notatki polskiego wywiadu?

Notatka to materiał jednoźródłowy, który wymaga potwierdzeń i weryfikacji. Gdyby ktoś chciał się posługiwać takimi notatkami bezkrytycznie, to byłaby masakra. Pamiętam uzasadnioną nerwowość Aleksandra Kwaśniewskiego, który powiedział wtedy: „Nie róbmy historii z jednej notatki". Z około pięciu tysięcy notatek jakąkolwiek wartość ma jedna trzecia z nich. Realną wartość ma kilkanaście. Notatka z rozmowy z Kulczykiem nie była numerem 1.

Dlaczego na podstawie notatki z rozmowy z Kulczykiem ABW nie zawiadomiła prokuratury?

Sformalizowane kroki prowadziła dalej AW, bo spotkanie Ałganowa z Kulczykiem działo się poza granicami Polski. Przesłanki były za słabe. Kulczyk usłyszał o korupcji, ale nie był świadkiem tego zdarzenia. Nie zawiadamiał o przestępstwie. Status tej rozmowy był informacyjny.

Jak ocenia pan prace komisji śledczej?

Komisja śledcza nie miała szans, żeby ogarnąć ten materiał. Był ogromny.

Od czasu wiedeńskiego obiadu Modecki z Kulczykiem przestali się kontaktować. – Uważam, że jak jedzie pan na spotkanie, to cokolwiek by powiedziano, jakkolwiek by pan zrozumiał słowa, które tam padły, nie jest właściwe iść i donosić na ten temat. OK, zrozumiał tak zdanie, łapówka, nie łapówka. Nie kocham Kaczmarka, ale nie idzie się donosić – powiedział Modecki.

Jan Kulczyk miał swoją wersję na prywatny użytek, której nie używał nigdy publicznie. Mówił, że to był prosty numer. Był przekonany, że Modecki, Kuna i Żagiel byli współpracownikami polskich służb i świadomie wprowadzili go na to spotkanie. Kulczyk wielokrotnie stawiał pytanie: „Co by było, gdybym nie poinformował premiera o spotkaniu z Ałganowem?". I sam sobie na nie odpowiadał: „Szybko by wyszło, że słyszał o łapówce dla ministra i to zataił". Zawsze był przekonany, że z tego spotkania powstało nagranie. I nie wierzył, że był to przypadek.

Jak na czerwonym dywanie w Cannes

Jan Kulczyk, wcześniej czy później, musiał się strawić przed komisją śledczą, żeby złożyć zeznania. Jego prawnicy ustalili, że przyjedzie do Warszawy 30 listopada. Posłów znowu jednak poniosło.

Kulczyk przyszedł na przesłuchanie w towarzystwie Widackiego. Zasiedli przy stole. Mecenas zaczął szeptać Kulczykowi do ucha:

– Za chwilę wyjdą z wnioskiem o wyłączenie mnie.

– Mają prawo? – zapytał Kulczyk.

– Nie.

– Co możemy zrobić?

– Nic. Mamy prawo się odwołać, ale w trybie administracyjnym, to potrwa dwa tygodnie, a pan będzie musiał zostać na sali sam.

Jan Kulczyk opowiada, że Widacki napisał mu na kartce krótką instrukcję, co robić dalej.

Wniosek o wykluczenie prawnika miliardera złożył Wassermann. Poparł go Miodowicz. Miał z Widackim na pieńku, bo ten wnioskował wcześniej o wyłączenie byłego szefa kontrwywiadu UOP z prac komisji. Widacki argumentował, że Miodowicz przyznał polskie obywatelstwo właścicielom spółki J&S, która dostarczała ropę do Orlenu. Wybuchła awantura, czy posłowie mają podstawy prawne, żeby pozbawić świadka prawa do pełnomocnika. Ogłaszano kilka przerw. Kulczyk czekał w salce obok. Przyszedł do niego Gruszka. Był załamany. Rozmowa wyglądała mniej więcej tak:

– Panie doktorze, niech się pan nie denerwuje. Co ja mam z tymi kolegami zrobić?

– To proste, przywrócić Widackiego.

– Ale oni nie chcą się na to zgodzić.

– To nie będę zeznawał.

Gruszka zaprosił wtedy Kulczyka na spotkanie z posłami.

– Oni tam wszyscy chodzili od ściany do ściany. Odezwał się Giertych: „Może się jakoś dogadamy?". Odpowiedziałem: „W jakiej sprawie?". Gruszka próbował się bronić: „No tak, tu koledzy się zapędzili". – „No to odpędźcie się teraz" – odparł.

Po kilku godzinach przepychanek komisja postawiła na swoim. Widacki bez słowa wstał i wyszedł z Sejmu. Komisja przystąpiła do przesłuchania.

– Proszę o podanie imion, nazwiska i wieku do protokołu.

– Jan Kulczyk, 54 lata, przewodniczący rady nadzorczej Kulczyk Holding – odpowiedział. I nie czekając na kolejne pytanie złożył krótkie oświadczenie: – Wyłączenie pełnomocnika jest bezprawne, narusza moje prawa zagwarantowane konstytucją. Traktuję to jako formę bezprawnego nacisku na mnie. W związku z tym odmawiam składnia zeznań.

Pokłócona komisja zamknęła obrady. Kulczyk triumfował. Bo posłowie popełnili poważny błąd. Następnego dnia prasa spuściła komisji śledczej dosłownie łomot. Wydarzenie trafiło na czołówki. „Gazeta Wyborcza" – „Śledczy pobłądzili". „Rzeczpospolita" – „Komisja na manowcach". Ostro, w swoim stylu, pojechał „Fakt": „To miał być dzień prawdy, wyszedł dzień świra. Komisja wyrzuca adwokata Kulczyka. Miliarder opuszcza Sejm bez słowa, komisja wyszła na durnia". Podobno w porze lektury gazet z gabinetu Kulczyka dochodził radosny śmiech.

Kulczyk opowiadał, że długo się zastanawiał, czy wrócić do Polski na przesłuchanie. Na wszelki wypadek z Londynu poleciał do Miami. Bał się, że służby mogą za nim wysłać europejski nakaz aresztowania.

– Położyłem się do szpitala, bo mi serce wysiadło. Potem dostałem informację, rzekomo ze służb, że mam nie wracać do kraju, bo będę aresztowany. Z trzech źródeł. To miała być wiarygodna informacja. Czułem, że to nie jest prawda, tak podpowiadała mi intuicja.

Im zależało, żebym nie wrócił. To by świadczyło, że jestem winny, bo uciekłem. Leżąc pod kroplówką, przemyślałem wszystko i postanowiłem jednak wrócić – opowiada.

Do wystąpienia przed komisją śledczą przygotowywał go sztab ekspertów. Byli w nim psycholog oraz specjalista od komunikacji i mowy ciała.

– To przejście po tym czerwonym dywanie było niezwykłe. Czułem się jak gwiazda na festiwalu filmowym w Cannes albo w Hollywood. Przed nami kamery. Koledzy wzięli sobie wolne od zajęć, żeby to obejrzeć w telewizji. Miałem wielką oglądalność. Dziś już mogę żartować, wtedy nie było mi do śmiechu. To był show, który jak sądzę wygrałem, komisja się ośmieszyła. Wróciłem do biura jako gwiazdor, była rodzina i najbliżsi współpracownicy, oklaski. Ale co z tego pozostało? Kto pamięta, że była jakaś afera Orlenu?

Kilka dni później komisja śledcza wycofała się z wniosku o wykluczenie Widackiego. Jan Kulczyk złożył zeznania 8 grudnia.

– Nabrali pokory, zrozumieli, że łatwo mnie nie nastraszą. Tym bardziej że ja nic nie miałem na sumieniu. No co? Poza tym, że parę razy soczyście przekląłem? – mówi.

To był ostatni akord w tej grze. Kulczyk przestał walczyć o Orlen, zaczął sprzedawać akcje, a swoje biznesowe aktywa przeniósł za granicę. Paradoksalnie to była jego najlepsza transakcja. Kurs akcji Orlenu po wyjściu Kulczyka z koncernu zaczął spadać i nigdy nie wrócił do poziomu z tych czasów.

Wydarzenia ostatnich miesięcy ugruntowały przekonanie Jana Kulczyka, że Orlenem zawsze rządziły służby specjalne.

– Walczyłbym o Orlen, gdybym mógł. Ale zobaczyłem, że mam przeciwko sobie całą polską bezpiekę i jeszcze Rosjan. To nie znaczy, że nie lubię walczyć. Przeciwnie, uwielbiam. Po prostu wiedziałem, że jestem skazany na niepowodzenie. W związku z tym byłoby głupotą w ogóle wystąpić w tej walce. Patrząc z perspektywy czasu, Orlen mi bardzo pomógł podjąć decyzję, że w Polsce doszedłem do końca, że więcej tu nic nie zrobię. Dlatego przeniosłem się do Londynu i ruszyłem stąd w dalszą drogę.

Ostateczne przypieczętowanie rozwodu z Orlenem wiązało się z nowymi planami, które zaczęły kiełkować w płockim koncernie. Orlen postanowił dokupić rafinerię Możejki na Litwie, kontrolowaną przez rosyjski koncern naftowy Jukos. Właściciel tego koncernu, oligarcha Michaił Chodorkowski był w ostrym konflikcie z Władimirem Putinem, co skończyło się później nacjonalizacją Jukosu i łagrem dla jego właściciela. Kulczyk był radykalnie przeciwny tym planom. Powtarzał, że Orlen jest za mały, żeby być równorzędnym partnerem dla Rosjan. – Dlaczego Orlen kupił Możejki, zamiast pola naftowe w Afryce albo w Azji? Ja bym do tego nie dopuścił. Musielibyśmy to zrobić po moim trupie. W tym wypadku byłbym bezkompromisowy. I skuteczny. To wszyscy wiedzieli. Uważałem, że jeśli nie chcemy ustępować pola Rosjanom, to musimy mieć własny port, żeby czerpać ropę z innego źródła niż rosyjskie dostawy.

Rafinerię w Możejkach kupił Igor Chalupec w 2006 roku już za prezydentury Lecha Kaczyńskiego. Za trzy miliardy dolarów. Orlen, wykorzystując beznadziejną sytuację Jukosu, kupił Możejki jakby na wyprzedaży. To była największa polska inwestycja za granicą. I największa inwestycyjna porażka w historii. Wkrótce Rosja wstrzymała dostawy ropy, a w Możejkach po licznych awariach wybuchł pożar, który unieruchomił produkcję paliwa. Kulczyk uważał, że awarie i pożar w Możejkach to nie była kwestia przypadku. – Czego można było się spodziewać po kupnie aktywów od Jukosu, należących do Chodorkowskiego, który był już odstrzelony przez Putina? Ofertę Możejek miałem na stole i przekazałem całą swoją wiedzę na ten temat komu trzeba. I co się z tym dalej stało? Pewnie zrobili notatkę, że byłem pijany i nie wiedziałem, co gadam. To jest odpowiedź, dlaczego sprzedałem udziały w Orlenie. Zobaczyłem, w którym kierunku to idzie.

Kulczyk nie porzucił jednak myśli o ropie.

„Żydzi mówią, że jeżeli masz jakiś problem, to go zapisz, włóż do koperty i wyjmij po tygodniu. Jeśli dalej będzie to problem, zacznij go rozwiązywać. Wiele razy wydawało mi się, że przeżywam tragedię. Ale z perspektywy czasu wygląda to trochę inaczej" – powiedział w 1996 roku w „Gazecie Wyborczej".

Kilka lat po aferze orlenowskiej Kulczyk chyba przypomniał sobie o tej maksymie. Ponownie zaczął ubiegać się o zakup naftowego koncernu Lotos i dwóch czołowych państwowych firm energetycznych – Energi i Enei (wcześniej grupa G8). Tym razem miał ze sobą bardzo mocnego, a zarazem kontrowersyjnego partnera – rodzinę libijskiego dyktatora Muammara Kaddafiego. Ta familia, jedna z najbogatszych na świecie, kontrolowała między innymi rządową agencję inwestycyjną Libijskiej Dżamahiriji Ludowej – Libian Investment Authority (LIA). To właśnie ten fundusz wspólnie z Kulczykiem zaczął starać się o prywatyzację polskiego sektora energetycznego.

Kulczyk przyznał, że poznał syna Kaddafiego Sajfa. Prawdopodobnie dzięki Amerykanom z koncernu chemicznego DOW Chemical, z którymi współpracował na terenie Libii. DOW Chemical inwestował tam w wydobycie ropy i gazu. Było to możliwe, bo Ameryka po 24 latach zimnej wojny skreśliła Libię z listy państw, które finansują terroryzm. W 2004 roku kraje nawiązały oficjalną współpracę. Stało się to po tym, jak Libia zaproponowała wypłatę 2,7 miliarda dolarów ofiarom zamachu na amerykański samolot pasażerski nad szkockim Lockerbie. Maszynę linii Pan AM wysadzili agenci Kaddafiego. Kulczyk nie pomniejszał win Muammara Kaddafiego, którego Ronald Reagan nazwał „wściekłym psem Bliskiego Wschodu". Chwalił za to jego syna, który wykształcił się w Europie i podobnie jak Kulczyk nosił tytuł doktora.

Kulczyk wiązał z synem Kaddafiego poważne plany biznesowe. Widział w Libii potężny rezerwuar surowców energetycznych. I zawsze podkreślał inną zaletę tego kraju: Libia jest blisko.

– Doktor ma pecha do znajomych. On się przyjaźnił z tym Sajfem, a Sajf ze wszystkimi się przyjaźnił – stwierdził Modecki.

Sajf al-Islam al-Kaddafi to drugi syn libijskiego dyktatora. W okresie świetności swojego ojca stał na czele funduszu LIA, który miał być biznesowym partnerem Kulczyka przy transakcjach prywatyzacyjnych w Polsce. Potem na szefa wyznaczył swojego kolegę ze studiów Mustafę Zartiego. Ale cały czas faktycznie kontrolował agencję, która zarządzała prawie 100 miliardami dolarów. Jego jedyne przedstawicielstwo poza Libią mieściło się właśnie w Londynie. LIA miała udziały w legendarnym włoskim klubie Juventus Turyn oraz włoskim koncernie paliwowym ENI. Co ciekawe, LIA miała też współpracować z najsłynniejszym aferzystą finansowym na świecie, amerykańskim inwestorem Berniem Madoffem, ale transakcja została zablokowana.

O okolicznościach, w jakich Kulczyk poznał libijskiego biznesmena, krążyło wiele bardziej bądź mniej prawdziwych historii. Trzy z nich warte są przytoczenia. Według pierwszej znajomość zawdzięczał swoich układom w Wiedniu, gdzie interesy robili członkowie rodziny Kaddafiego i gdzie znajdowała się część zgromadzonej przez nich fortuny.

Drugą hipotezę przedstawił jeden z oficerów polskiego wywiadu, doskonale znający kraje arabskie: – Najlepsze relacje w Libii mają Włosi. Wystarczyłby więc jeden telefon Silvio Berlusconiego do Kaddafiego, aby Kulczkowi załatwić wszystko. Z tego, co wiem, to tak właśnie to wprowadzenie wyglądało.

Tu więc pojawiło się kolejne pytanie, czy Kulczyk był w tak dobrych relacjach z premierem Włoch, aby ten mógł interweniować w jego sprawie? Jest to możliwe. Tym bardziej że jak twierdzą rozmówcy z kręgów biznesu, obydwaj panowie bardzo dobrze się znali. Ich wille w Sardynii ze sobą sąsiadowały. Kulczyk uważał, że to przykład kolejnego tzw. faktu prasowego.

Według Modeckiego, Kulczyk poznał syna Kaddafiego poprzez londyński fundusz Levant International Proporties, który specjalizuje się w inwestycjach właśnie w Libii. – Oni jakby zrobili mu te wszystkie kontakty. Są w Libii dużym inwestorem. Potrzebowali kogoś na zasadzie, nie wszystko my, ale jest jeszcze ktoś inny – opowiadał Modecki.

Oficjalnie o znajomości polskiego miliardera z rodziną libijskiego dyktatora w listopadzie 2010 roku pisał miesięcznik ekonomiczny „Forbes". Według tej gazety Jan Kulczyk inwestował w kontakty w Libii przez sześć lat i poznał nie tylko Sajfa, ale także pułkownika Kaddafiego. Syn libijskiego dyktatora miał nawet podobno w 2010 roku przyjechać do Polski właśnie na zaproszenie Kulczyka.

Konsorcjum złożonemu z Kulczyk Investments i Libijczyków nie udało się na przełomie 2009 i 2010 roku nabyć pakietu akcji Lotosu. Jeden z wysokich wówczas urzędników ministerstwa skarbu przekonywał wręcz, że faktycznie nie było ono na poważnie zainteresowane transakcją. Na planach skończyły się również starania o przejęcie przez konsorcjum państwowego przedsiębiorstwa energetycznego Enea.

Współpraca Kulczyka z familią Kaddafich skończyła się w roku 2011, z chwilą wybuchu w Libii wojny domowej, która doprowadziła ostatecznie do obalenia dyktatora. Jego syn Sajf pod koniec lipca 2015 roku został skazany zaocznie na karę śmierci przez sąd w Trypolisie. Żyje do dzisiaj.

Kulczyk nie zapomniał też o swoim projekcie, który zaprowadził go na wiedeński obiad z Władimirem Ałganowem. W czerwcu roku 2014 media obiegła informacja, że Polenergia podpisała list intencyjny z ukraińskim Energoatomem. A Kulczyk ujawnił, że planuje kupować ukraiński prąd i sprzedawać go w Europie. Najwyraźniej uparł się, że dokończy to, co przerwała afera Orlenu. Przez ostatni rok życia intensywnie zabiegał o utworzenie mostu energetycznego, który połączyłby Polskę i Ukrainę. W marcu 2015 roku mówił:

– Jestem tam pionierem. Tam poza mną nikogo nie ma, a rozmawiamy o połączeniu energetycznym Ukrainy z UE. Powinienem mieć pełne wsparcie pani premier, rządu i służb. Wielokrotnie liczyłem na to, że dostanę od nich parasol ochronny i wsparcie. Przecież to jest interes naszego państwa i UE. Wspieranie rozwoju Ukrainy, to nasza racja stanu. Nikt się tym nie interesuje. Może i dobrze, bo sam jestem w stanie lepiej tym zarządzać.

ROZDZIAŁ III
VOLKSWAGENY Z ODROBINĄ SZCZĘŚCIA

NAZWISKO JANA KULCZYKA wiąże się nierozłącznie z marką jednego samochodu. W 1991 roku w Poznaniu została zarejestrowana firma Tradex Kulczyk. Wkrótce stało się o niej głośno. Kulczyk został przedstawicielem na Polskę koncernu Volkswagen. Niemieckie auta nie potrzebowały wtedy reklamowych spotów „VW das Auto". Samochody z chromowanym symbolem VW nie miały konkurencji i były synonimem niezawodności i trwałości. Marka miała światowy zasięg. Przed współczesnymi passatami i golfami marzeniem wielu polskich kierowców był po prostu kilkunastoletni legendarny „garbus" z silnikiem typu Bokser chłodzonym powietrzem. Większość takich samochodów dostępnych na polskim rynku pochodziła z brazylijskiej montowni, z której rozjeżdżały się na cały świat. Nikomu nie przeszkadzało, że „samochód dla ludu" został zaprojektowany w 1933 roku przez Ferdinanda Porche na osobiste polecenie kanclerza III Rzeszy Adolfa Hitlera.

Mijały dwa lata od upadku komunizmu. Moment był doskonały, w kraju rozpoczynał się motoryzacyjny boom. Polacy przesiadali się ze zdezelowanych fiatów i polonezów do lepszych aut. Porzucali wartburgi, dacie i trabanty. Auta zza żelaznej kurtyny nadal były rzadkością. Do wymiany były całe floty samochodów w firmach, urzędach i państwowych instytucjach. Biznes motoryzacyjny był jak żyła złota. Już w grudniu 1991 roku Kulczyk uruchomił w Warszawie największy w Polsce salon Volkswagena. Oferta zawierała auta dla wybrednych klientów z bardzo grubym portfelem. Z salonu można było wyjechać luksusowym audi V8 long, wyposażonym w telefaks i barek. Cena limuzyny była odpowiednia, jedynie 2,4 miliarda starych złotych (240 tys. obecnych złotych). Kilka miesięcy później salon sprzedawał już dużo tańsze i bardzo popularne golfy III. Cena? 200 milionów złotych (20 tys. zł). Oficjalne otwarcie „salonu aut importowanych" odbyło się 17 stycznia 1992 roku i stało się polityczno-towarzyskim wydarzeniem. Nad oprawą plastyczną czuwał osobiście sam Franciszek Starowieyski. Na ścianach salonu zawisły jego prace. Zaproszenie też było niecodzienne – szkolny rysunek ucznia klasy 2b z 1938 roku podpisany: Franek Starowiejski. Franek zapowiadał wielki talent i ciągoty do abstrakcji. Namalował pędzącego volkswagena garbusa, za którym goni wielki zając i kilka ptaków. To był bilet do nowego, lepszego świata i luksusu. Warszawskiej elicie świat zwirował w głowie. Uginające się od jedzenia stoły, najlepsze alkohole, muzyka na żywo, wśród wypolerowanych na błysk samochodów pozowały seksowne, piękne modelki. Gości witali Jan i Grażyna Kulczykowie. Po salonie bryluje Piotr Fronczewski, jest Tadeusz Łomnicki i Izabella Cywińska, Eugeniusz Korin, Jerzy Satanowski. Były premier Jan Krzysztof Bielecki ucina sobie pogawędkę z Mieczysławem Wilczkiem (ministrem przemysłu w ostatnim rządzie PRL), przemyka biznesmen Zbigniew Niemczycki, szampana popija były premier Tadeusz Mazowiecki. Janusz Korwin-Mikke wkracza fantazyjnie owinięty białym szalem, jest też Adam Glapiński, zaufany Jarosława Kaczyńskiego. Słowem wydarzenie ponad podziałami.

Na sprzedaży aut Kulczyk zarobił majątek. Do 2012 roku jego firmy sprzedały ponad milion samochodów. Andrzej Jaroszewicz, słynny playboy i rajdowiec, jest do dziś rozgoryczony. Też próbował. Na przełomie lat osiemdziesiątych i dziewięćdziesiątych i on chciał zostać przedstawicielem dużego koncernu motoryzacyjnego. Bezskutecznie. Przeszkadzała przeszłość. Jest synem byłego komunistycznego premiera Piotra Jaroszewicza (zamordowanego wraz z żoną w niewyjaśnionych okolicznościach w 1992 r.). Jaroszewicz kierował rządem do 1980 roku. Na kilka miesięcy przed historycznym strajkiem w Stoczni Gdańskiej został zdymisjonowany przez I sekretarza Polskiej Zjednoczonej Partii Robotniczej Edwarda Gierka, a później usunięty z szeregów. Jego syn nazywany był „Czerwonym Księciem". Andrzej Jaroszewicz jest przekonany, że z powodu ojca przez całe lata osiemdziesiąte był inwigilowany i szykanowany, a niepochlebne określenie wymyśliła i rozpowszechniła Służba Bezpieczeństwa.

Spotykamy się w hotelu Novotel w centrum Warszawy. Ale umówiliśmy się w hotelu Forum. To jego dawna nazwa. W PRL ten charakterystyczny beżowy wieżowiec wybudowany przez Szwedów był przystanią dla cudzoziemców, szefów firm polonijnych, cinkciarzy i prostytutek. Obiekt specjalnej troski SB. Od tamtych czasów w hotelu zmieniło się wszystko poza jednym – obsługą kawiarni i baru, dla której czas jakby zatrzymał się w miejscu.

Andrzej Jaroszewicz, rocznik 45., ma długie włosy i trzydniowy zarost. Twarz adekwatna do wieku. Doświadczona. Widoczna nadwaga, którą podkreśla dość opięty czerwony sweterek. To pierwsze wrażenie. Bardzo sympatyczny i bezpośredni facet. Boli go nerka, ale nadrabia miną. Narzeka na warszawskie korki. Tu się nie da żyć – wzdycha. Wspomina, że kiedyś było mniej samochodów w Warszawie. – Jak się przeleciało fiatem mirafiori przez centrum, to następny samochód przejeżdżał dopiero za pół godziny – śmieje się. W którym roku? – Jakoś tak w latach sześćdziesiątych, na początku siedemdziesiątych – doprecyzowuje. I z nostalgią w głosie wspomina, jak z Aleksandrem Żaglem pędzili ulicą Żwirki i Wigury z prędkością 170 km/h. W tamtych czasach w Warszawie była tylko jedna stacja benzynowa, która sprzedawała żółtą benzynę. Na ulicy Polnej. W Polsce jeździły wtedy auta, które spalały niskooktanową benzynę barwioną na niebiesko. Żeby na przykład zatankować syrenę 105, najpierw do specjalnej konewki trafiał olej silnikowy Mixol i do tego trochę benzyny z dystrybutora. Konewka wyposażona była w mieszadło. Mieszankę niebieskiej i oleju wlewało się do baku i dopiero uzupełniało benzyną. Benzyna żółta była dla zachodnich czterosuwów. – W tamtych czasach volkswagen to był luksus. W Warszawie był jeden – mówi Jaroszewicz.

Kulczyka poznał w latach osiemdziesiątych, przypadkiem, w Centrali Handlu Zagranicznego właśnie na ulicy Polnej. – Mówiło się już o nim, że to taki młody, rzutki biznesmen z Poznania.

Kulczyk nie bywał wtedy często w Warszawie, gdzie brylował Jaroszewicz. Choć nie robili wspólnych interesów, mają coś wspólnego. Są do siebie trochę podobni. Wiąże się z tym zabawne wydarzenie. W tamtych czasach w stolicy była tylko jedna automatyczna myjnia. Przy hotelu Victoria. Pewnego razu Kulczyka spotkała niespodzianka. Obsługa myjni nie wzięła od niego zapłaty za umycie auta, bo pomyliła go z Andrzejem Jaroszewiczem. – Od syna premiera nie bierzemy – usłyszał zdziwiony Kulczyk. Biznesmen zapamiętał to zdarzenie, choć Jaroszewicza nie miał okazji poznać. – Rzeczywiście, raz w Victorii pomylili mnie z nim i umyli mi samochód za darmo – wspominał.

Jaroszewicz związany był z motoryzacją od zawsze. Trafił na światową top listę rajdowców. W 1979 roku został nawet prezesem Motoimpexu, który handlował zachodnimi samochodami za dewizy. Po 1989 roku nie został przedstawicielem żadnej ze znanych marek. Jak ta sztuka udała się Janowi Kulczykowi, który z motoryzacją miał niewiele wspólnego? Tajemnica sukcesu wiąże się opryskiwaczami roślin.

Kulczyk lubił opowiadać, że jego pierwsza firma polonijna Interkulpol, którą założył z ojcem w 1981 roku, to było dla niego za mało. Tworzył kolejne spółki i szukał pomysłów na biznes w Republice Federalnej Niemiec. Przełomowa okazała się znajomość z producentem maszyn rolniczych Franzem Rauem, który z kolei miał świetne relacje z Lotharem Spathem, wieloletnim premierem Badenii-Wirtembergii (grywali razem z skata, co w Niemczech znaczy więcej niż wspólne picie wódki). Rau to także brat wpływowego polityka SPD Johannesa Raua, który został w 1999 roku prezydentem Niemiec. Kulczyk zaprzyjaźnił się z Franzem i zawiązał z firmą RAU GmbH konsorcjum. Handlowali maszynami rolniczymi na całym terytorium tzw. demoludów, czyli państw podporządkowanych ZSRS. Przedsięwzięcie finansował potężny spółdzielczy bank DG (Deutche Genossenschaftbank). Kulczyk stanął na czele grupy. Nawiązał w ten sposób kolejne znajomości z właścicielami koncernów CLAAS, Bayer, Krupp. To była śmietanka niemieckich firm. Jego pozycja była mocna. W branży rolno-spożywczej Kulczyk pełnił wtedy funkcję pośrednika między stronami, które trwały w stanie zimnej wojny. Otwierał Niemcom drogę na rynki RWPG (sowiecki odpowiednik Unii Europejskiej). W lipcu 1988 roku do Berlina Zachodniego przyjechał z wizytą minister rolnictwa Stanisław Zięba. Kulczyk przez cały czas mu towarzyszył. Choć był bardzo użyteczny, władza ludowa miała z nim mały problem. Jeden z agentów wywiadu raportował z Berlina Zachodniego do Warszawy: „Istnieją trudności protokolarne związane z jego osobą". Z meldunku wynika, że polskie służby nie są do końca pewne, czy Kulczyk, posługujący się polskim paszportem konsularnym, nie przyjął przypadkiem obywatelstwa Niemieckiej Republiki Federalnej.

W końcówce lat osiemdziesiątych partia postawiła na rozwój gospodarki żywnościowej. Minister rolnictwa zyskał tekę wicepremiera. Ziębę zastąpił Kazimierz Oleksiak z ZSL – bardzo dobry znajomy Jana Kulczyka. Na jesieni 1988 roku w Poznaniu odbyły się coroczne targi przemysłowo-rolnicze Polagra. Tajny współpracownik Służby Bezpieczeństwa ps. „Rewal" donosił, że podczas targów Kulczyk wręcz manifestował zażyłość z wicepremierem Oleksiakiem. „Rewal" rekomendował centrali: „Z uwagi na szczebel, gdzie dociera dr Kulczyk w Polsce, w mojej ocenie należałoby podjąć kontrolę operacyjną jego osoby w Berlinie Z. (...) [rekomenduje też] ograniczenie operacyjne dostępu do vice-premiera i kierowanie go do właściwych urzędów i urzędników".

Problem, o ile był, rozwiązał się sam w czerwcu 1989 roku. W kontraktowych wyborach PZPR poniosła klęskę. 19 sierpnia na premiera pierwszego niekomunistycznego rządu został desygnowany Tadeusz Mazowiecki. Dwa miesiące później do Polski przyjeżdża niemiecka delegacja z Helmutem Kohlem na czele. Niemcy zostali zakwaterowani w hotelu Marriott. Był 10 listopada. Po oficjalnej kolacji kilka osób postanowiło zakończyć wieczór przy drinku. Wśród nich jest Jan Kulczyk. – Siedziałem z Helmutem Kohlem, obok Raua, był wiceszef FDP, szefowie VW i banku DG. To wtedy wpadł asystent Kohla i powiedział: padł mur berliński. To był szok. Kohl prosto z tego spotkania poleciał do Danii, a stamtąd amerykańskim wojskowym samolotem do Berlina – wspomina Kulczyk.

Tego dnia Kulczyk dogadał się z Volkswagenem, że zostanie w Polsce jego generalnym importerem. Nie bez znaczenia był fakt, że dysponował wymaganą przez niemiecki koncern kwotą na koncie o równowartości 10 milionów marek. Ale pieniądze to nie wszystko. – Szefa VW przedstawił mi Rau. Oni wszyscy się znali, byli kolegami – odpowiada Kulczyk na pytanie, dlaczego został przedstawicielem Volkswagena na Polskę. Od pierwszych sprzedanych opryskiwaczy roślin do salonów z samochodami mijały cztery lata.

– Trochę miał pan szczęścia?

– Absolutnie. To jest poza dyskusją.

Szczęście sprzyjało Kulczykowi nadal. W rok po zawarciu umowy z Volkswagenem Kulczyk Tradex został dostawcą samochodów dla Policji i Urzędu Ochrony Państwa. Kontrakt bez przetargu podpisał ówczesny szef MSW Andrzej Milczanowski. Do dzisiaj to temat kontrowersyjny. Za ponad 150 milionów złotych do służby trafiło ponad trzy tysiące volkswagenów. Premierem jest wtedy Hanna Suchocka, koleżanka Kulczyka z uczelni w Poznaniu. Do znajomych z czasów studiów należy też Gromosław Czempiński, zastępca szefa Zarządu Wywiadu Urzędu Ochrony Państwa. Później awansował na szefa UOP, a jeszcze później zatrudnił się u Kulczyka. Kulczyk Tradex jest partnerem VW, a rząd negocjuje z koncernem stawki celne i jest bardzo zainteresowany tym, żeby Niemcy zainwestowali w podpoznańską fabrykę samochodów rolniczych Tarpan. Ta rodzima konstrukcja przypominała kanciaste auto terenowe ze skrzynią na ładunek. Znana szerzej z papieskich wizyt. Na podwoziu tarpana zbudowany został pierwszy pielgrzymkowy papamobile. Na tarpanach podczas pielgrzymek jeździli także dziennikarze. To był wielki honor. Dziennikarskie tarpany uformowane w klin zawsze jechały przed papamobile. Mało kto wiedział, że była to naturalna tarcza chroniąca papieża przed zagrożeniem snajperskim strzałem od czoła kolumny.

Fabryka tarpanów w Antoninku lata świetności miała dawno za sobą. Bankrutowała. Można więc założyć, że policyjny kontrakt Volkswagen otrzymał za uratowanie podpoznańskiej fabryki od upadłości. Duży udział w przekonaniu Niemców do tej inwestycji miał Kulczyk. I – jak twierdzi – Czempiński. Kulczyk miał poprosić Czempińskiego o jedną rzecz. Żeby dopilnował negocjacji w sprawie zezwoleń na import bezcłowy. Chodziło o to, żeby kontyngent bezcłowy otrzymały tylko te firmy, które zainwestują w polski przemysł motoryzacyjny. Kulczyk miał więc w tym swój interes. W ten sposób wyszedł przed konkurencję. To był sprytny plan. Nie tylko być importerem, ale także wybudować fabrykę, co dawało przywileje przy podziale kontyngentu. Volkswagen zgodził się na inwestycję.

Gdy wszystko było już ustalone, Kulczyk przywiózł do Antoninka Ferdinanda Piecha, prezesa Volkswagena i jego biznesowego partnera Wolfganga Porsche. Kolejność nie była przypadkowa. Gdyby Kulczyk najpierw zaprosił do fabryki właścicieli niemieckiego koncernu, z umowy zapewne byłyby nici. Piech i Porsche nie mogli uwierzyć, że załoga w ogóle może tu cokolwiek zmontować. Jan Kulczyk urządził im spektakl, snuł wizję wielkiej, nowoczesnej fabryki.

Zapytali Kulczyka: – Czy ty naprawdę wierzysz, że oni będą tu produkowali volkswageny? Kulczyk niezrażony odparł: – Zobaczycie, że tak. – I znowu zalał ich potokiem słów.

Niemcy odpowiedzieli: – Nie kupujemy twojej opowieści, ale kupujemy twój entuzjazm.

Zakłady w Antoninku zanim stały się największą fabryką VW, najpierw przerabiały osobowe auta sprzedane Policji. Nie miały one przecież choćby kogutów na dachu. Kulczyk broni kontraktu z MSW: przetarg nie był wtedy wymagany, liczyło się to, że VW jeździły we wszystkich krajach europejskich i stanowiły 70 proc. wszystkich aut. Dodaje, że samochody zostały kupione na kredyt i Policja płaciła w ratach. Prostuje też informacje, że był stroną tego kontraktu. – To była umowa pomiędzy VW a Policją. My dostaliśmy tylko procent od tego kontraktu za dopilnowanie transportu, wystawianie rachunków. Nie zarobiłem dużo. Nie ja byłem sprzedawcą. Był nim VW. Miałem wpisane do umowy z VW, że duże rządowe kontrakty należą do koncernu.

Kulczyk wielokrotnie zapewniał, że ten kontrakt był w porządku. Ale wiele osób nadal uważa, że lukratywną umowę z Policją załatwił dzięki znajomościom z politykami.

W latach dziewięćdziesiątych biznes samochodowy ściśle reglamentowało państwo. Import samochodów był obłożony zaporowym cłem. W efekcie zachodnie auta kosztowały znacznie więcej niż produkowane w kraju fiaty czy polonezy. Co wcale nie oznaczało, że były one dostępne od ręki. Najpierw wpłacało się przedpłatę i czekało, aż fabryka wyprodukuje zamówione i wymarzone auto. W 1993 roku Fabryka Samochodów Małolitrażowych w Bielsku-Białej, przygotowując się do produkcji nowej wersji Cinquecento, wpadła w finansowe tarapaty. Szukając ratunku, wyemitowała obligacje, każda o wartości 10 milionów złotych. Wykupienie takiej obligacji było warunkiem niezbędnym, żeby zostać właścicielem nowego auta. Ludzie wpłacali więc pieniądze na samochody, które jeszcze nie były montowane. Gdy produkcja ruszyła, nowe auta przez dwa lata były dostępne tylko dla posiadaczy obligacji. W 1994 roku najprostsza wersja takiego Fiata kosztowała ok. 120 milionów złotych. Volkswagen golf III grubo ponad dwa razy więcej. W poznańskim salonie VW szef mawiał: „Mamy dla państwa model Skody Favorit, golf nie jest jeszcze niestety na kieszeń Polaków".

Na czym więc zarabiali importerzy? Co roku rząd zezwalał sprowadzić do kraju określoną liczbę zachodnich samochodów bez cła. Bezcłowy kontyngent ruszał 1 stycznia i obowiązywał do wyczerpania limitu. Pociągi załadowane autami zachodnich marek czekały na bocznicach już 30 grudnia. Kto pierwszy wjechał do Polski, ten szybciej sprzedawał swoje samochody. Mniej więcej dziesięć dni później kontyngent był już wyczerpany. Do kolejnych sprowadzanych aut celnicy znowu doliczali cło. Ruch w salonach zagranicznych marek trwał do końca lutego. W marcu wszystkie samochody z kontyngentu były już wykupione. Importerzy i dealerzy liczyli zyski, sprzedaż aut w kolejnych miesiącach nie miała już większego znaczenia dla rocznego wyniku finansowego.

Niewiele brakowało, żeby ten system doprowadził Jana Kulczyka do bankructwa. Niemcy nie do końca rozumieli, jak to wszystko działa. Trudno zresztą się dziwić, polska polityka kontyngentowa nie miała nic wspólnego z wolnym rynkiem. Powód poważnych problemów poznańskiego biznesmena był banalny. Zamówienie wysłane przez firmę Kulczyka nie zostało przyjęte w odpowiednim terminie. Transport z samochodami dotarł na granicę dopiero w połowie stycznia. Większość z 10 tysięcy volkswagenów została oclona. Do salonów trafiły auta droższe o 20 procent od tych, które oferowała konkurencja. Nic nie dało się z tym zrobić. W oczy Kulczykowi zajrzała plajta. Nie zbankrutował dzięki Niemcom. Kulczyk pojechał po pomoc do Sankt Moritz w Szwajcarii. W tej słynnej wypoczynkowej miejscowości wypił espresso z pewnym dystyngowanym panem. Był nim emerytowany manager, z którym podpisywał umowę o współpracy z VW. Dzięki jego protekcji niemiecki koncern wziął winę na siebie i obniżył cenę na samochody dla Kulczyka. – Tego roku nie zarobiłem nic. Gdybym wtedy musiał zapłacić normalną cenę, to...

Kulczyk przekonał Niemca, żeby się za nim wstawił, bo inaczej biznes się przewróci. Był wtedy w bardzo trudnej sytuacji. Za volkswageny Niemcy pobierali gotówkę. Musiał pożyczać pieniądze w banku. Zabezpieczeniem kredytu był podpisany czek in blanco.

Jeżeli nie byłby w stanie spłacić pożyczki, bank zacząłby windykację. Pod znakiem zapytania stanęłyby kolejne dostawy.

Motoryzacyjny biznes bardzo szybko przerósł ówczesne możliwości Kulczyka. Nie dawał rady finansowo, transakcje były coraz większe, rosły kwoty gwarancji bankowych. Kulczyk Tradex okazał się za słaby organizacyjnie. Wyśrubowane niemieckie procedury były księżycowo odległe od polskiej rzeczywistości. Kulczyk zaczął się obawiać, że VW rozwiąże z nim umowę i przejmie ją wspólnik niemieckiego koncernu – Porsche. Zaczął szukać partnera. Nie miał wyjścia. Ofertę wysłał pod dwa adresy. Credentials trafiło do Porsche oraz do holenderskiego potentata motoryzacyjnego Wijnanda Pona. Porsche postawił warunek, że wejdzie do spółki, jeżeli dostanie 51 procent udziałów. Pon zgodził się na 49. Kulczyk napisał do Volkswagena i Porsche: nie gniewajcie się, ale tworzę spółkę z Ponem. W rankingu najbogatszych Holendrów, który publikuje magazyn „Quote", klan Ponów mieści się w pierwszej dziesiątce – szacowany jest na 1,6 miliarda euro. Można śmiało powiedzieć, że ich firma zmotoryzowała Holandię. Związani byli z Volkswagenem od 1947 roku, kiedy to Brytyjczycy okupujący Niemcy wydali rodzinie zezwolenie na import „garbusów". Jeden z braci wymyślił wtedy projekt innego kultowego modelu: Volkswagena Transportera.

Kulczyk i Pon nie męczyli się długo przy wymyślaniu nazwy dla nowego przedsięwzięcia. Firmę nazwali Kulczyk Pon Investment, czyli KPI. – Zaczęliśmy zarabiać duże pieniądze – mówi.

– Ani się obejrzałem, a w branży samochodowej doszedłem do granicy swoich kompetencji i możliwości. Wszystkie samochody musiałem kupować za gotówkę. Zaczęliśmy robić obroty o wartości kilkuset milionów. Nie miałem pieniędzy, żeby tę branżę dalej rozwijać – tłumaczy Kulczyk.

Rozstanie z Volkswagenem przyszło po 20 latach współpracy. Kulczyk miał w Polsce prawie 30-procentowy udział w rynku motoryzacyjnym. To jeden z jego argumentów, że nie zajmował się tylko pośrednictwem w sprzedawaniu spółek dla łatwego zysku. Lubił powtarzać: to nie przyszło samo, nie spadło z nieba. Co piąty nowy samochód w Polsce pochodził z jego salonów. Sprzedawał wszystkie marki i modele, które były montowane przez fabryki należące do Volkswagena: także skody, audi, porche i bentleye. Dlaczego wycofał się z tak intratnego biznesu? Koncerny motoryzacyjne zmieniały strategie – przejmowały sieci sprzedaży swoich aut. Kończył się czas niezależnych dystrybutorów. Oprócz tego trendu duże zmiany czekały też koncern Volkswagena. W ramach rozwijania konkurencji Komisja Europejska ostro wzięła się za tzw. firmy strategiczne, w których uprzywilejowaną pozycję miało państwo. Volkswagen trafił na czarną listę jako jeden z pierwszych. Od lat sześćdziesiątych koncern kontrolował rząd landu Dolna Saksonia. Miał w firmie z Wolfsburga 20,1 proc. udziałów i tzw. złotą akcję, która pozwalała na blokowanie każdej decyzji. Przywilej określany był „prawem Volkswagena". Unijne przepisy to prawo unieważniały. Zaangażowanie państwa w koncernie miało też słabsze strony – akcje Volkswagena były znacznie tańsze niż akcje konkurencji. Był taki moment, że VW porównywalny z Toyotą miał wartość siedmiokrotnie mniejszą. Okazja dla inwestorów przychodziła sama. Koncern musiał komuś sprzedać udziały Dolnej Saksonii. Kulczyka kusiło, żeby zostać udziałowcem. Ale był za mały. Poza tym Niemcy uznali, że nie chcą zewnętrznych inwestorów. Do przejęcia został wytypowany Porsche. Operację przerwał krach na giełdzie. Porsche skupował udziały VW na kredyt. Pożyczkę zabezpieczały jego akcje. Gdy poleciały w dół, zabrakło finansowania, żeby dokończyć przejęcie. Wtedy Niemcy zmienili koncepcję. To VW przejmie Porsche i zapłaci za to swoimi akcjami. To była droga transakcja. Porsche, który miał wcześniej 7 proc. udziałów w VW nie tylko produkuje sportowe auta. Przede wszystkim handluje volkswagenami: ma wyłączność na sprzedaż do Austrii, Czech, Słowacji, Słowenii i na Węgry. Porsche jest ze cztery razy większy niż firma Kulczyka. I łączy go z VW coś więcej niż biznes – więzy krwi. Szef VW Piech, który zbudował ten koncern, i Porsche są rodziną. Córka Porsche jest żoną Piecha.

To wtedy Kulczykowi zaświeciła się ostrzegawcza lampka. Jeżeli Porsche zostanie właścicielem VW, to jaki będzie miał interes w utrzymywaniu innych importerów? To będzie się odbywało ich kosztem. Kulczyk składa więc ofertę sprzedaży swoich samochodowych spółek. Kwestią otwartą była tylko cena. Kulczyk wynegocjował dobrą zapłatę – 700 milionów złotych. Miał nosa, bo nowi właściciele VW Porsche i Katarczycy nie byli zainteresowani współpracą z importerami. Ci, którzy pozostali, cienko przędą.

Jan Kulczyk rozstał się z Volkswagenem 1 stycznia 2012 roku. Sprzedał Niemcom wszystkie swoje spółki, które zajmowały się importem i sprzedażą samochodów. To był doskonały moment. Rynek był nasycony nowymi samochodami. Biznes nie był już tak opłacalny jak jeszcze w 1999 roku, gdy Polacy kupili rekordową liczbę nowych aut – grubo ponad 600 tysięcy. Branżę czekały trudne czasy. Ale tym biznesmen już nie musiał sobie zawracać głowy.

Ze współpracy z VW Kulczyk wyniósł jeszcze jedną bezcenną korzyść. Bardzo dobre znajomości. Zaprzyjaźnił się z późniejszym kanclerzem Niemiec Gerhardem Schröderem, który do 1998 roku jako premier Dolnej Saksonii był współwłaścicielem VW. Bardzo dobrze poznał Sigmara Gabriela – to obecny wicekanclerz, minister gospodarki i technologii. Był przewodniczącym rady nadzorczej koncernu. Spotykali się w Berlinie na wódeczkę ze śledzikiem. Do grona znajomych Kulczyka dołączył wpływowy w świecie finansjery Alexander Dibelius, szef niemieckiej odnogi Goldman Sachs. Dibelius osobiście nadzorował nieudaną operację przejmowania VW przez Porsche.

ROZDZIAŁ IV
AFRYKAŃSKIE MILIARDY

LECH NIE OD RAZU był tak zielony i zimny jak dziś. Ale od początku sprzedawał się rewelacyjnie. Na pomysł, jak nazwać nowe piwo, wpadł dyrektor Zakładów Piwowarskich w Poznaniu Tadeusz Kaczorowski. Żadna z propozycji, jakie otrzymał, nie zyskała jego aprobaty, więc zajrzał do szkolnego podręcznika dla klasy czwartej. Tam trafił na legendę o Lechu, Czechu i Rusie. Lech pasował idealnie na patrona piwa z Wielkopolski. To wersja oficjalna. Według nieoficjalnej piwo zostało nazwane na cześć przywódcy „Solidarności" Lecha Wałęsy. Prawdą jest, że pierwsze butelki z nowym „jasnym pełnym" trafiły do sklepów w stanie wojennym. Wtedy Lech znaczyło Wałęsa. Nie było innych skojarzeń. A poza tym, na pierwszej etykiecie do wypicia szklanki piwa zachęcał jegomość z sumiastymi wąsami. Takie wąsy nosiła tylko jedna osoba w kraju.

Jak na tamte czasy browar, który warzył Lecha, był nowoczesny. Budowa na Franowie ruszyła w 1975 roku. Pięć lat później zakład zostały uruchomiony. Zastępował stare historyczne browary Huggerów i Mycielskich na Kobylepolu. Pod rampami załadunkowymi szybko zaczęły się ustawiać kolejki samochodów dostawczych. Pomysł na Lecha okazał się strzałem w dziesiątkę.

Na początku lat dziewięćdziesiątych poznańskie zakłady piwowarskie warzyły już milion hektolitrów piwa rocznie. Dużo mniej niż dzisiaj, ale w swoim regionie nie miały konkurencji. Dyrektorem zakładów był Paweł Sudoł. Karierę zaczynał w poznańskiej wytwórni pepsi, małego rywala „warszawskiej" coca-coli. W sklepach i knajpach, tam gdzie była pepsi, nie warto było pytać o colę. I odwrotnie. To była reguła. „Rejonizacja" dotyczyła także piwa. Na Mazowszu rządzi piwo Królewskie i Warka, w Wielkopolsce Lech. Żeby napić się dobrego leżajska albo okocimia, trzeba jechać w góry. I często się jeździło tylko z tego powodu. Specjalnie na dobre piwo. To nie był efekt nakazowo-rozdzielczej polityki gospodarczej PRL. Naród po prostu był spragniony. Browary nie nadążały za popytem. Piwo sprzedawało się na pniu. I ciągle go brakowało. Po przegranych przez władzę ludową wyborach pierwszy rząd próbował sklecić latem 1990 roku szef MSW gen. Czesław Kiszczak. To była tak samo karkołomna misja, jak kupić w tym czasie na Mazurach kilka butelek piwa. W Rucianem-Nidzie zdesperowani biwakowicze z okolicznych pól namiotowych od rana oczekiwali cierpliwie, żeby napełnić plastikowe kanisterki, jak dotrze transport beczek do miejscowej pijalni. Brakowało nawet kufli. Kto się spóźnił, miał stracony dzień. Pozostawała wódka albo herbata.

Poznańskie piwo było popularne w swoim regionie, ale państwowy zakład potrzebował inwestycji. W 1992 roku wśród piwowarów zawrzało – rząd będzie prywatyzował browary. Na pierwszy ogień miał pójść właśnie browar poznański. Pierwszym krokiem było przekształcenie zakładów w spółkę i zmiana nazwy na Browary Wielkopolski SA. Dyrektor Sudoł postanowił nie czekać na to, co się wydarzy dalej. Poszedł do Kulczyka i zaproponował mu kupno browaru.

Kulczyk miał lekko oponować, nie znał się na warzeniu piwa, zaangażowany był w sprzedaż volkswagenów. Fermentowanie jęczmienia z chmielem to odległe od tego zajęcie. Sudoł jednak nalegał. Przekonywał, że Kulczyk nie musi mieć doświadczenia, bo on się wszystkim zajmie. Poprowadzi zakłady. Ostatecznie przesądził oczywiście inny argument – że branża piwna to bardzo rozwojowy biznes, na którym można dobrze zarabiać. Tak miała się zacząć przygoda Kulczyka z browarami. Kilka lat później okazało się, że była to jego transakcja życia, na której wzbogacił się o miliardy dolarów.

Misja dyrektora Sudoła to jedno. Ale nie bez znaczenia były też bardzo dobre relacje Kulczyka z ówczesnym ministrem przekształceń własnościowych Januszem Lewandowskim w rządzie Hanny Suchockiej. Nowa klasa polityczna lubiła wesołego i energicznego poznaniaka. Potrafił uwodzić i imponować. Był światowcem. – To Kulczyk pokazywał polskim politykom, co jest modne w Europie. Na przykład, że do posiłków pije się niegazowaną wodę. Mówił jakby od niechcenia, że to jest teraz bardzo trendy w świecie – opowiada były pracownik Ministerstwa Przekształceń Własnościowych. Słynne też były prezenciki, jakie sprawiał swoim gościom i rozmówcom. Na przykład jedwabne krawaty. Utarło się przekonanie, że to specjalność Kulczyka. Faktycznie, doktor Jan słynął z miłości do krawatów, o czym zresztą opowiadał publicznie: „Krawaty Versace lubię za to, że każdy jest projektowany indywidualnie. Krawaty Armaniego cenię za lekkość, bezpretensjonalność i swobodę. Nosząc je, czuję się parę lat młodszy".

Ale największe wrażenie robiły butelki wina w drewnianych skrzyneczkach wypełnionych wiórkami. – To był szał. Wino, jak wino, ale te skrzyneczki – wspomina urzędnik.

Nigdy też nie zapominał o ministerialnych sekretarkach, które broniły dostępu do gabinetów swoich szefów. – Był ich ulubieńcem, bo przychodził często i zawsze z markowymi perfumami – mówi jeden z byłych pracowników jednego z kluczowych resortów.

Prywatyzacja browarów to był autorski pomysł ministra Lewandowskiego. Był działaczem „Solidarności" i współzałożycielem zapomnianej partii Kongres Liberalno-Demokratyczny, z której wywodzi się Donald Tusk. Do dziś jest jednym z najbardziej wpływowych polityków Platformy Obywatelskiej. Lewandowski się spieszył, dobiegała końca kadencja sejmu i wszystko wskazywało na to, że następny rząd utworzy SLD. Choć brakowało w Polsce takich marek, jak Heineken czy Carlsberg, były one dobrze znane. Wystarczy wspomnieć, że wśród młodzieży przed 1989 rokiem popularne było osobliwe hobby – kolekcjonowanie pustych puszek po zachodnich piwach. Aluminiowe, kolorowo zadrukowane opakowania holenderskich piw ozdabiały niejedną meblościankę, czy tapczanopółkę. Smak tego piwa dla większości pozostawał tajemnicą. Na razie to się miało nie zmieniać. Wtedy jeszcze rząd chciał, żeby Browary Wielkopolski trafiły w krajowe ręce. To duży ukłon wobec polskiego raczkującego biznesu. Złośliwi twierdzili, że w stronę Jana Kulczyka, który od początku miał być pewny, że przejmie poznańskie przedsiębiorstwo. Co nie znaczy, że Kulczyk nie miał konkurencji. Planując zakup poznańskiego browaru, sięgnął więc po profesjonalną metodę. Zatrudnił firmę konsultingową, którą prowadził jego zaufany kolega Waldemar Frąckowiak, profesor nauk ekonomicznych na Uniwersytecie Ekonomicznym w Poznaniu. Kulczyk ocenia, że jego oferta była wręcz brylantowa. Dał najlepszą cenę i został wielkopolskim piwowarem. Browary Wielkopolski kupiła perła w koronie Kulczyk Holdingu – spółka córka Euro Agro Centrum. Jej specjalnością stały się prywatyzacje. Zarządzała większością przedsiębiorstw zakupionych przez Kulczyka od skarbu państwa. Bezpośrednią kontrolę nad firmą sprawowali jej właściciele Jan Kulczyk i jego żona Grażyna.

Według Kulczyka piwna prywatyzacja była prosta. Dokumentację prześwietliły liczne kontrole i wszystko było w najlepszym porządku. W finale prywatyzacji – rzeczywiście. Ale droga do wygranej była dosyć kręta.

Oferty złożyły cztery firmy. Zestaw był dosyć osobliwy.

Poznańska spółka Growar, należąca do Krzysztofa Grodzkiego, właściciela Rok Corporation, organizatora festiwalu w Jarocinie. Grodzki to majętny rolnik, jego żona miała bogatą ciotkę Barbarę Piasecką-Johnson, milionerkę z USA, która chciała inwestować w Stocznię Gdańską.

Spółka MarcPol, zarządzana przez Marka Mikuśkiewicza. Pod tą marką powstała później pierwsza w Polsce prywatna sieć handlowa.

Mikuśkiewicz planował, że zostanie polskim Samem Waltonem, założycielem Wal-Martu. Nic z tego jednak nie wyszło, a jego biznes później podupadł.

Bank Handlowy, kierowany przez Cezarego Stypułkowskiego. Był najmłodszym prezesem w bankowości, gdy obejmował to stanowisko, miał 34 lata. Bank Handlowy też był w pewnym sensie wyjątkowy – prowadził rachunek słynnego Funduszu Obsługi Zadłużenia Zagranicznego.

Czwartym oferentem było Euro Agro Centrum Jana Kulczyka.

Do drugiego etapu prywatyzacji przeszły dwie firmy, Kulczyka z Poznania i Grodzkiego z Jarocina. Po ogłoszeniu werdyktu zaczęły się odwołania. Protestował Bank Handlowy. Odwołanie złożył też MarcPol. W jego wypadku negatywną rekomendację miał wystawić Urząd Ochrony Państwa. – Powód? Kapitał niewiadomego pochodzenia – opowiadał jeden z ówczesnych posłów.

Odwołania nie zostały uwzględnione. Ale prywatyzacja zawisła w próżni, bo ministerstwo zaczęło węszyć przeciek poufnych informacji. Przy prywatyzacjach od kilku lat pomaga ministerstwu duński inwestycyjny bank Sankt Annae Bank. Polskie sprawy prowadzi partner tego banku, tajemniczy Polak dr Kristof Zorde. Doradcy rolnika z Jarocina przy sporządzaniu oferty korzystali z pomocy osób związanych z tym bankiem. Doradcy Kulczyka też kontaktowali się z pracownikami Sankt Annae Bank. W sprawie przygotowania tzw. ankiety prywatyzacyjnej, która opisywała browar. Wątpliwości musiały być poważne. Kulczyk zapewnił ministerstwo, że jego doradcy przerwali kontakty z Sankt Annae Bank w fazie wstępnych uzgodnień dotyczących współpracy przy prywatyzacji. W podobnym tonie odpowiedział konkurent. Kulczyk poszedł dalej, żeby uspokoić sytuację, zaproponował wstrzymanie udziału swojej firmy doradczej w postępowaniu prywatyzacyjnym do odwołania. Urzędnicy nie byli przekonani. Lewandowski zastanawiał się przez tydzień – unieważnić proces wyboru inwestora dla browarów i rozpocząć całą procedurę od początku, czy nie zważać na kontrowersje i kontynuować negocjacje z Growarem i Euro Agro Centrum? Minister nie miał łatwego zadania. Gonił go czas. – Panowało wtedy coś w rodzaju obawy, że jeżeli wybory skończą się zwycięstwem SLD, to prywatyzacja zostanie zahamowana – tłumaczył wiele lat później okoliczności prywatyzacji.

Ostatecznie Lewandowski postanowił kontynuować negocjacje z inwestorami. W przesłanym 28 lipca 1993 roku piśmie do Growaru i Euro Agro Centrum postawił jednak jeden warunek: inwestorzy mają wycofać wszystkie osoby, które mogą mieć cokolwiek wspólnego z Sankt Annae Bank.

Jednocześnie ministerstwo zażądało lepszej oferty, czyli wyższej ceny. Frąckowiak wrócił właśnie ze stypendium w USA. Miał w ręku najnowszą metodę wyceny przedsiębiorstw. Browary wycenił w ciągu jednej nocy, tak mało było czasu. Z wyliczeń Frąckowiaka wynikało, że maksymalnie powinny kosztować 176 miliardów starych złotych. Dużo mniej niż zaproponował Kulczyk. Dopiero wtedy ministerstwo odstąpiło od swoich żądań i zaakceptowało ofertę.

– Jan Kulczyk zaproponował najkorzystniejszą wówczas ofertę, dlatego zdecydowałem się sprzedać browary – mówił potem Lewandowski. Euro Agro Centrum kupiło pakiet 40 procent akcji Browarów Wielkopolski. Umowa została zawarta 17 września 1993 roku. Spółka Kulczyka zapłaciła 200 miliardów starych złotych (20 mln nowych złotych). Rząd i Kulczyk zobowiązali się, że nie będą pobierali dywidendy do końca 1996 roku. Oprócz tego spółka Euro Agro Centrum miała zainwestować w ciągu trzech lat 65 milionów dolarów. W skład kupionych przez Kulczyka Browarów Wielkopolski wchodziło sześć zakładów. Ponad połowę produkcji stanowiło piwo Lech. Dlatego później nazwę przedsiębiorstwa zmieniono na Lech Browary Wielkopolski.

Ceremonia sprzedaży Lecha miała godną oprawę. Do ratusza przyjechał arcybiskup metropolita poznański Jerzy Stroba i wojewoda Włodzimierz Łęcki. To był piątek, w niedzielę odbywały się wybory do parlamentu. Termin wymyślił minister Lewandowski.

Kandydował do sejmu i było mu to na rękę. Chciał pokazać, że robi tę prywatyzację dla Poznania.

Wejście w browary poza zyskami przyniosło Kulczykowi duży prestiż. Spółka stała się sponsorem polskiej reprezentacji na igrzyska olimpijskie, które odbyły się w 1996 roku w Atlancie. To był trafiony pomysł. Kilka milionów złotych, jakie wydał Kulczyk na polskich sportowców szybko się zwróciło. Browary Wielkopolski otrzymały wyłączność na używanie symboli olimpijskich. Przygotowania do igrzysk stały się nośną promocją poznańskiej marki.

Wróg nr 1

Sprzedaży browarów długo towarzyszyły kontrowersje – choćby pytanie, w jaki sposób Kulczyk zapłacił za akcje? Były oficer Urzędu Ochrony Państwa z departamentu interesów ekonomicznych twierdzi, że zna kulisy prywatyzacji. To nie była gotówka, Kulczyk nie miał wtedy pieniędzy. Zapłacił więc wekslami, które następnie wykupił za pieniądze browarów – tak w skrócie opisuje sposób sfinansowania transakcji przez Kulczyka. Czy to prawda? W dokumentach prywatyzacyjnych browarów nie ma nic na ten temat. Kulczyk wyjaśniał tę kwestię kilka lat później. Dziś mówi to samo: „Słyszałem, że nie zapłaciłem ministrowi Lewandowskiemu za browary, choć na oczach 350 świadków w poznańskim ratuszu, gdzie było dwóch wicepremierów i dwóch arcybiskupów, nie mówiąc o policjantach, wręczyłem czek bankierski". Zapewnia, że miał wtedy pieniądze ze sprzedaży volkswagenów. A transakcję obsługiwał i kredytował Bank Rozwoju Eksportu.

Tuż po transakcji, zgodnie z umową prywatyzacyjną, walne zgromadzenie akcjonariuszy Browarów Wielkopolski podjęło uchwałę o podniesieniu kapitału przedsiębiorstwa. Dzięki temu spółka Kulczyka, miesiąc po zakupie pakietu 40 procent akcji Browarów Wielkopolski przejęła kontrolę nad całym przedsiębiorstwem, obejmując prawie 54 procent akcji (po kolejnej podobnej operacji miała już 75 proc.). Niewiele wcześniej ministrem przekształceń własnościowych w nowym rządzie SLD-PSL został Wiesław Kaczmarek. Późniejszy wróg nr 1 Kulczyka.

Nowy minister musiał jakoś uzasadnić decyzję swojego poprzednika Janusza Lewandowskiego i wytłumaczyć, dlaczego podpisał się pod zgodą na podniesienie kapitału w browarze. – W pewnym momencie klamka zapadła. Jeżeli ministerstwo zrobiło zgodnie z prawem rzeczy, których nie można było cofnąć, to trzeba było nad tym przejść do porządku. To była decyzja, za którą odpowiadały osoby kierujące wówczas resortem, czyli również ja. Kosztowna nauczka – komentował pokrętnie przejęcie kontroli nad browarami przez spółkę Kulczyka. Kaczmarek zrobił sobie jednak małą przyjemność. Przejęcie przez Kulczyka pakietu kontrolnego browarów nazwał „ograniem resortu".

Kulczyk odpowiedział: „Nie wiem, na czym miało polegać to ogranie. Myślę, że to nieporozumienie. Podniesienie kapitału było częścią umowy prywatyzacyjnej".

Irytacja Kaczmarka była ogromna, bo Kulczyk nie tylko przejął kontrolę na firmą, ale przede wszystkim wbrew podjętemu zobowiązaniu nie wprowadził browarów na giełdę. Choć przygotował projekt emisyjny. Tłumaczy to tak: nie wywiązał się z umowy, bo na giełdzie zapanowała bessa. – Doszedłem do wniosku, że w tej sytuacji wpuszczenie browarów na giełdę byłoby głupie. Nie idzie się na giełdę, jeśli akcje nurkują. Browary zarabiały. Nie potrzebowaliśmy pieniędzy ze sprzedaży akcji. Wtedy Kaczmarek powiedział, że mnie jeszcze dorwie i mi pokaże – opowiada miliarder. Między Kulczykiem i Kaczmarkiem zaczęła się gra, kto kogo w przyszłości przechytrzy. W finale tej rozgrywki Kulczyk upokorzył ministra. Trochę pomogło mu w tym szczęście. O swoich relacjach z ministrem Kulczyk mówił kilka lat później „Gazecie Wyborczej": – Gdy jestem w gronie osób, które ze mną się zgadzają, to nie odczuwam dużej satysfakcji z jakiegoś mojego sukcesu. Mężczyzna jest z natury wojownikiem i bardziej cieszą go potyczki z trudnym przeciwnikiem.

Gdy wchodzę do sali, gdzie siedzi krytycznie do mnie nastawiony, chmurny minister Kaczmarek, to od razu czuję, że mam partnera, który zmusza mnie do dodatkowego intelektualnego wysiłku.

Kulczyk zaprasza Afrykanerów

Wiesław Kaczmarek kontynuował prywatyzację browarów. Zaproszenie do rokowań w sprawie sprzedaży kontrolnego pakietu akcji Browarów Tyskich ogłosił w styczniu 1996 roku. Ale wcześniej zmienił zasady. O polskie przedsiębiorstwa mogły starać się międzynarodowe koncerny. Jan Kulczyk na łamach poznańskiego dodatku „Gazety Wyborczej" nie krył niezadowolenia z decyzji Kaczmarka: „Zostałem kompletnie zaskoczony tym, że oferta Browarów Tyskich, których kupnem jestem zainteresowany, została skierowana nie – jak w przypadku Lecha – do polskiego inwestora, ale do całego świata. Jeśli więc mam walczyć ze światową czołówką, to muszę dobrać mocnego partnera".

Browary Tyskie Górny Śląsk to był łakomy kąsek, zakłady warzyły na cały Śląsk. Dla Ślązaków picie piwa to rytuał. Górnicze karczmy piwne i combry babskie organizowane przed świętem Barbórki to wielowiekowa tradycja. Wejście na Śląsk gwarantowało sukces, choć browar był słabszy od poznańskiego.

Decyzja, żeby poszerzyć swój piwny biznes i złożyć ofertę na kupno Browarów Tyskich była logiczna. Ale gdyby nie przypadek, Kulczyk zapewne przegrałby tę partię biznesowych szachów. Szczęście uśmiechnęło się do niego podczas kolacji z holenderskim wspólnikiem, z którym handlował volkswagenami. Gdy omówili już bieżące sprawy i wyczerpały się żarty Wijnand Pon rzucił z zaciekawieniem:

– Jasiu, kto to jest Kaczmarek?

– A taki tam minister przekształceń własnościowych.

– Musisz na niego uważać.

– Dlaczego?

– Ten Kaczmarek powiedział mojemu koledze Heinekenowi, że ty w życiu nie dostaniesz Browarów Tyskich. Oni są już z Kaczmarkiem dogadani. Heineken miał pecha. Pewnie nie przypuszczał, że Pon powtórzy wszystko Kulczykowi. –To był przypadek, gdyby Heineken miał świadomość, że to do mnie dotrze, nic by Ponowi nie powiedział – mówi Kulczyk. Ale Holandia to mały kraj, biznesową elitę tworzy kilka rodzin. Wszyscy się znają i ze sobą współpracują. Heineken zasiada w radzie nadzorczej u Pona, a Pon u Heinekena.

Po kolacji z Ponem Kulczyk już wiedział, że sam nie ma najmniejszej szansy na Tyskie. Nie miał pieniędzy i kompetencji, żeby samodzielnie konkurować z takim gigantem, jak Heineken. Pieniądze z zysków ze sprzedaży piwa na Śląsku przechodziły mu powoli koło nosa.

W tym czasie polski piwny rynek przejmowały europejskie koncerny. Heineken miał już Żywca, Carlsberg zainwestował w Okocim. Browarami zainteresowani byli Austriacy. Kulczyk musiał znaleźć sposób, jak wbić się klinem między wielkich graczy. W tym czasie prowadził już wstępne rozmowy z jednym z największych browarów świata, południowoafrykańskim South African Breweries (SAB). Koncern ten kontrolował 70 procent piwnego rynku na Czarnym Lądzie. Na Starym Kontynencie był nieobecny. Ale Afrykanerzy zmienili zdanie pod wpływem wydarzeń w RPA. W kwietniu 1993 roku w Johannesburgu polski emigrant Janusz Waluś zastrzelił czarnoskórego lidera partii komunistycznej Chrisa Haniego. Ten afrykański Che Guevara kierował w przeszłości militarną organizacją „Włócznia Narodu", która mordowała białych. W przeciwieństwie do Che przeżył czasy partyzantki finansowanej przez Moskwę. W 1990 roku wrócił do kraju z emigracji i stał się niezwykle popularny wśród najbiedniejszych czarnych mieszkańców kraju. Cieszył się niewiele mniejszą sławą niż przywódca Afrykańskiego Kongresu Narodowego Nelson Mandela. Mógł zostać nawet prezydentem. Po śmierci Haniego na ulice wyszło 1,5 miliona ludzi. Wybuchły gwałtowne zamieszki. Zabójstwo przypieczętowało upadek apartheidu. W 1994 roku odbyły się pierwsze wolne wybory, segregacja rasowa została zniesiona, a prezydentem został Mandela. W tej niepewnej sytuacji Afrykanerzy z SAB zastanawiali się, jak wytransferować pieniądze koncernu z Johannesburga do Wielkiej Brytanii i przenieść siedzibę firmy do Londynu. Nie było to łatwe, bo restrykcyjne prawo zabraniało tego. Był jednak wyjątek od zakazu. Pozwolenie na wywóz pieniędzy za granicę mogły otrzymać firmy z udziałem obcego kapitału. Ale tylko z przeznaczeniem na inwestycje. Dlatego kierownictwo SAB zaczęło szukać europejskich partnerów i browarów do kupienia. Afrykanerów reprezentował węgierski bank CIB. Nic w tym dziwnego, bo na Węgrzech SAB kupił w 1995 roku swój pierwszy europejski browar Dreher. Wielkopolski browar Kulczyka miał być kolejnym.

Informacja o Afrykanerach pojawiła się w Polsce po raz pierwszy pod koniec 1995 roku. Poznańska „Gazeta Wyborcza" napisała wtedy, że Euro Agro Centrum sprzedało 25 procent akcji poznańskich browarów zarejestrowanej w Holandii spółce Kulczyk Investment. Padło pytanie, po co? „Tymi właśnie udziałami obecnie zainteresowany jest południowoafrykański inwestor, z którym prowadzone są rozmowy" – wyjaśniała gazeta. Pół roku później „Rzeczpospolita" doniosła, że SAB zainwestował w holenderską spółkę Kulczyka. Szczegóły transakcji nie były znane. Zaczęły się spekulacje, że południowoafrykański koncern uzyskał w ten sposób kontrolę nad dużym pakietem Browarów Wielkopolski.

– Chciałem, żeby weszli do mojej spółki, ale nie mogliśmy się dogadać co do wyceny browarów. Oni zaniżali naszą wartość – odpowiada Kulczyk. To wtedy przedstawił Afrykanerom sprytną ofertę wspólnego startu do prywatyzacji Browarów Tyskich. Dzięki swojemu wspólnikowi od volkswagenów miał ekskluzywną wiedzę, co zamierza jeden z najpoważniejszy konkurentów, którego obawiał się najbardziej. – To był naprawdę przypadek, szczęście, Pan Bóg chyba pomógł. Zaproponowałem Afrykanerom z SAB: będzie prywatyzacja Tychów, zrobimy to wspólnie.

Pomysł, jak tego dokonać, był już bardziej skomplikowany. SAB i Kulczyk wystąpią ze wspólną ofertą, ale za Tychy zapłacą

Afrykanerzy. Później dojdzie do fuzji browarów – Tyskiego i Lecha. Z połączenia powstanie wspólna Kompania Piwowarska. Ustalenia poszły szybko. Wycena kupowanej spółki, główny problem w takich sytuacjach, nie budziła kontrowersji. Sprzedaż śląskiego browaru odbywała się w przetargu, więc jego wartość określał rynek. – Po pięciu minutach dogadaliśmy się, że w Kompanii Piwowarskiej Lech to mniej więcej 60 proc., a Tychy 40 proc. Uważałem, że powinno być 70 do 30, ale się zgodziłem. Spisaliśmy umowę. W tym momencie nie miałem już żadnego interesu w tym, żeby SAB kupił Tychy tanio – wspomina Kulczyk.

Dlaczego? To prosta matematyka. Im drożej Afrykanerzy kupią Tychy, tym więcej warte będzie 60 proc. Kulczyka w Kompanii Piwowarskiej. – Miałem powód, żeby powalczyć o interes Rzeczypospolitej i przy okazji o swój – śmieje się miliarder.

Nikt nie znał poufnych planów Kulczyka i Afrykanerów. Dogadany pomysł na Kompanię Piwowarską długo pozostawał tajemnicą. Gdyby Wiesław Kaczmarek przejrzał te plany odpowiednio wcześniej, prawdopodobnie stanąłby na głowie, żeby zablokować prywatyzację.

Kaktus, który nie urósł

Z analiz ekonomicznych wynikało, że Browary Tyskie są warte około 25 milionów dolarów. Heineken wycenił browary podobnie. Rozpoczęły się żmudne rozmowy z SAB-em, o ile przebić ofertę Holendrów, żeby nie mieli szansy. Afrykanerzy byli gotowi wyłożyć pięć milionów więcej, może dziesięć. Ale to maksymalna kwota. Kulczyk uważał, że to za mało. – Dochodziły do mnie słuchy, że Kaczmarek powtarzał: na dłoni mi kaktus wyrośnie, jak Tychy kupi Kulczyk. Wiedziałem, że Heineken może bez problemu wyłożyć 40 milionów dolarów. Nie zapomnę tej nocy w Londynie, w świetnej knajpie Gawrosz, miała dwie gwiazdki Michelina. Siedzę z Janem Waymanem, szefem akwizycji i wiceprezesem SAB od spraw finansowych.

Mówię mu: dajmy 75 milionów dolarów. On na to: Ty chyba na głowę upadłeś, jakie 75? To dla nas za dużo.

Kulczyk przekonuje dalej: – Wiem, że inaczej Heineken to wygra, jeżeli nie przebijemy ich oferty jednoznacznie, tak żeby Kaczmarek nie miał możliwości ruchu.

Wayman odparł: – No to zapomnij, to nie weźmiemy tego.

Kulczyk argumentuje, że Kompania Piwowarska jest warta takich pieniędzy. Ale Wayman oponuje. Nie przekona zarządu koncernu do takiej kwoty. Wylicza, że już 30 milionów dolarów to kwota z dużym okładem.

– No to przegramy – odparł Kulczyk.

Wayman: – Janek, też bym chciał, widzę przyszłość dla tej inwestycji. Ale wartości browaru nie da się przemnożyć przez dwa.

Po dwóch butelkach dobrego wina uzgodnili, że Afrykanerzy dadzą mu znać. Po kolacji Wayman poleciał do Johannesburga. Następnego dnia był zarząd koncernu. Zbliżał się ostateczny termin na złożenie oferty. Kulczyk wrócił do domu i włączył telewizor. Trafił na relację z RPA. Na południu Afryki znowu wybuchły zamieszki. Materiał przypominał historię czterech strzałów, jakie oddał do komunistycznego przywódcy Chrisa Haniego Polak Janusz Waluś. Kulczyk lubił opowiadać tę anegdotę swoim gościom i znajomym. Mówił, że nie musiał długo czekać na decyzję SAB. – Następnego dnia rano dzwoni do mnie Wayman i pyta, czy oglądałem wiadomości w telewizji? I proponuje: „Wiesz, te 75 milionów dolarów to też jest bardzo dobra cena, wpisuj ją do oferty".

Czy tak było naprawdę? Na pewno, według relacji jego współpracowników, Kulczykowi udało się wtedy dodzwonić do szefa SAB, który grał właśnie w golfa w Namibii. I w krótkiej rozmowie namówił go do złożenia lepszej oferty. – Potem się okazało, że kwota proponowana przez Jana Kulczyka praktycznie pokrywała się z oczekiwaniami ministerstwa skarbu.

– Położyliśmy na stole 75 milionów dolarów i Kaczmarek nie miał żadnego ruchu, bo Heineken planował wyłożyć tylko dwadzieścia kilka milionów.

Do przetargu stanęło 41 konsorcjów. Ostatecznie poza Kulczykiem i SAB nikt nie złożył oferty. Jak przebiegały negocjacje ministerstwa z polsko-afrykańskim konsorcjum, nie wiadomo. Kaczmarek podejmował decyzję pod presją czasu, podobnie jak wcześniej Lewandowski. Musiał się spieszyć ze sprzedażą tyskich browarów, bo w październiku Ministerstwo Przekształceń Własnościowych przestawało istnieć. Opowiada osoba znająca kulisy tych negocjacji: Kaczmarek był wściekły, k...wami podobno rzucał. Miał świadomość, że Kulczyk „wydmuchał go na perłowo". I nie mógł nic zrobić, bo skarb państwa dostał 75 milionów dolarów, o których w innej sytuacji nie mógł nawet pomarzyć. Kulczyk zaś dostał udziały o wartości 300 milionów dolarów, o których wcześniej mógł jedynie pomarzyć. I wszystko to zostało zrobione rękoma Kaczmarka.

Zapytaliśmy Kulczyka, jakie miał wtedy relacje z Kaczmarkiem? Odparł: – Od tego momentu, i nawet jestem w stanie to zrozumieć, Kaczmarek mnie nie uwielbia.

Wybucha śmiechem. Nie potrafi ukryć satysfakcji. Ten biznes to była maszyna do zarabiania pieniędzy. Znaczna ich część już należała do Kulczyka.

Umowa sprzedaży 52 procent Browarów Tyskich została podpisana 30 września o godzinie dwudziestej. Ku zaskoczeniu wszystkich kupiła ją spółka, którą utworzył Kulczyk i Afrykanerzy cztery dni przed transakcją. Nazwali ją Kompanią Piwną. Kulczyk miał w niej 66 procent udziałów, SAB – 34. Nikt nie miał pojęcia, że to początek wcześniej zaplanowanej operacji, która zakończyła się po kilku latach utworzeniem Kompanii Piwowarskiej.

Niedługo po zakupie śląskiego browaru w spółce Kompania Piwna doszło do zmian. 48 procent akcji tyskiego przedsiębiorstwa objęła zarejestrowana w Rotterdamie spółka Windjammer Investments BV. Stał za nią SAB. Holenderską spółkę reprezentował urodzony w Zimbabwe obywatel Wielkiej Brytanii Gary Ian Stanhope Bull. Ten sam, który jako przedstawiciel SAB podpisywał umowę prywatyzacyjną tyskich browarów we wrześniu 1996 roku.

Trzy lata później, w marcu 1999 roku, powstała Kompania Piwowarska – Browary Tyskie Górny Śląsk podjęły decyzję o przejęciu Browarów Wielkopolski. Po połączeniu nowe przedsiębiorstwo stało się drugim największym koncernem piwnym w Polsce – po Grupie Żywiec należącej do Heinekena. W tym czasie doszło do dynamicznych zmian w akcjonariacie Kompanii Piwowarskiej. Z dokumentów ministerstwa skarbu wynika, że na początku 2000 roku większościowymi udziałowcami tego przedsiębiorstwa były: należące do Kulczyka Euro Agro Centrum (25 proc.) i kontrolowane przez SAB Windjammer Investments BV (29 proc.) Szybko doszło do kolejnych zmian. W lipcu 2001 roku rząd wyraził zgodę na sprzedaż swojego pakietu w Kompanii Piwowarskiej – ostatnich 5,5 proc. udziałów. Spółka Kulczyka zapłaciła prawie 22,4 miliona złotych, z kolei holenderska nieco ponad 55 milionów złotych. Po tej transakcji Kulczyk miał w Kompanii Piwowarskiej 28,1 procent akcji.

W umowie z Afrykanerami prawdopodobnie był zapis, że Kulczyk w końcu odsprzeda SAB-owi swoje udziały. Miliarder przyznaje, że to prawda. Zgodził się, bo nie miał wyjścia. To był warunek porozumienia. SAB-owi zależało na konsolidacji. Nie oponował, bo i tak dobrze już na tym zarobił.

Ale losy wspólnego przedsięwzięcia potoczyły się inaczej. Bardzo korzystnie dla Kulczyka. Umowa przewidywała też, że wspólnicy dzielą się tylko połową dywidendy, reszta przeznaczona jest na rozwój browarów. SAB chciał to zmienić. Miał konkretny powód. Na giełdach zapanowała bessa. Afrykański koncern stracił jak wszyscy. Rynki załamały się w najgorszym dla nich momencie – potrzebowali pieniędzy na nową inwestycję. Zaproponowali więc Kulczykowi, żeby wyjątkowo wypłacić całą dywidendę. Kompania dobrze zarabiała. Na kontach leżała duża gotówka. Kulczyk się nie zgodził. SAB próbował dalej. – Poszliśmy w Waymanem na kolację. Zapytał mnie: rozumiem, że zgodziłbyś się na sto procent dywidendy z Kompanii Piwowarskiej, gdybyś był współwłaścicielem całości, nie?

Ta propozycja otwierała drogę do miliardów. Rozpoczynała się ostatnia faza życiowej transakcji Jana Kulczyka. Włączenie

Kompanii Piwowarskiej do South African Breweris to była już tylko kwestia czasu. Wycena Kompanii odbyła się według rynkowych reguł – to skomplikowany proces, w którym bierze się pod uwagę wiele parametrów określających wartość przedsiębiorstwa. Afrykanerzy chcieli się wycenić podobnie. Wtedy Kulczyk odmówił po raz drugi. Wartość afrykańskiego koncernu została ustalona według kursu na giełdzie. A ten był bardzo korzystny dla Kulczyka, bo wszystkie firmy były „pod wodą". Jan Wayman uśmiechnął się pod nosem i miał powiedzieć do Kulczyka: Wiesz co? Nikt mnie jeszcze tak nie wykołował, jak ty. I to dwa razy w życiu.

Kulczyk na prywatyzacji browarów zarobił naprawdę duże pieniądze. Współpraca z Afrykanerami zagwarantowała mu pozycję lidera listy najbogatszych Polaków. W maju 2009 roku za pakiet 28,1 procent akcji Kompanii Piwowarskiej otrzymał 3,8 procent akcji koncernu SABMiller (10 lat wcześniej SAB przejął amerykańska grupę Miller Brewing Company i zmienił nazwę na SABMiller). Koncern jest dziś drugim co do wielkości producentem piwa na świecie. W momencie zawierania transakcji wartość akcji Jana Kulczyka w SABMillerze wynosiła około 1,2 miliarda dolarów.

– To był dobry interes. Nadal byłem właścicielem browarów, ale jako akcjonariusz SAB. Mam w koncernie trzy procent udziałów. W tej chwili po połączeniu z Millerem jest to drugi browar świata. Moja dywidenda w SAB jest zdecydowanie większa niż wtedy na początku z tych 60 procent z Kompanii Piwowarskiej – mówi Kulczyk.

Na początku lat dziewięćdziesiątych Kulczyk powiedział: – Uważam, że polskie przedsiębiorstwa powinny zostać w polskich rękach. Dlaczego zmienił zdanie?

– Browary miały być polskie, to pana słowa.

– Ciągle są moje, Polaka.

– Tylko w części.

– Przedtem też były w części. Jak Heineken i Carlsberg kupowały, to było OK. A jak ja kupiłem tu już nie jest?

Po objęciu udziałów w SABMillerze w wywiadzie dla „Rzeczpospolitej" Kulczyk mówił, że nie jest to jego transakcja życia.

"Tę najważniejszą mam wciąż przed sobą. Nie wybieram się jeszcze na emeryturę. Ale zamiana akcji Kompanii Piwowarskiej na pakiet SABMiller, koncernu zarządzającego niemal 140 browarami na świecie, to rzeczywiście wydarzenie historyczne. Jesteśmy bezpośrednim akcjonariuszem firmy o ogromnym potencjale rozwojowym, bo browary w Ameryce Południowej, Afryce czy Chinach najlepsze lata mają przed sobą".

Do dziś pozostaje bez odpowiedzi pytanie, czy warty ponad miliard dolarów pakiet akcji był formą premii za pomoc w przejęciu przez afrykański koncern dwóch czołowych polskich browarów. Odpowiedź być może znajduje się na stronie internetowej Kompanii Piwowarskiej. Można tam przeczytać, że SABMiller przejął większościowy pakiet Browarów Wielkopolski już w 1995 roku, a rok później nabył większościowy pakiet Browarów Tyskich.

Janusz Lewandowski, który sprzedał Kulczykowi Browary Wielkopolski, wiele lat po transakcji przyznał, że popełnił błąd: "Przywileje dla polskich biznesmenów nie sprawdziły się przy prywatyzacji browarów. Polacy traktowali kupione firmy jak przystanek na trasie, a nie jak docelową własność. Kulczyk to dobry przykład. Umówiliśmy się po dżentelmeńsku, że dostaje preferencje, by zbudować polską grupę. Nie dotrzymał tej umowy. To była lekcja ekonomii dla wszystkich, którzy chcą prywatyzować po polsku".

Wiesław Kaczmarek wypowiadał się ostrzej: "Nie miałem wątpliwości, że browary sprzedaję nie Kulczykowi, lecz firmie z RPA. Podejrzewałem, że Kulczyk tylko przykleił się do SAB. Uważałem jednak, że Polska powinna otworzyć się na inwestycje z tego kraju".

O kulisach prywatyzacji browarów Jan Kulczyk w kwietniu 2003 roku opowiedział Dominice Wielowieyskiej z "Gazety Wyborczej":

"Gazeta Wyborcza": Kupił Pan Browary Wielkopolski. Minister przekształceń własnościowych Janusz Lewandowski sądził, że sprzedaje Browary polskiemu kapitałowi, a wkrótce kontrolę przejęła firma SAB. Oczywiście poprzez podniesienie kapitału.

Jan Kulczyk: Kupując 40 proc. akcji od skarbu państwa, miałem obowiązek podnieść kapitał Browarów. Było to moje zobowiązanie inwestycyjne zapisane w umowie prywatyzacyjnej, które zostało wykonane przed terminem i ze sporą nadwyżką. Minister Lewandowski postanowił sprzedać branżę piwowarską polskim inwestorom. Ale nowy minister Wiesław Kaczmarek zmienił zdanie i reszta browarów trafiła w ręce największych zagranicznych koncernów. Nie miałem alternatywy. Musiałem połączyć się z którymś z wielkich. Jednak dopiero po czterech latach zaprosiłem do Browarów Wielkopolski południowoafrykański koncern piwowarski SAB.

I znów zastanawiam się, czy skarb państwa nie zyskałby więcej, gdyby sprzedał te Browary bezpośrednio SAB-owi.

Skarb państwa nie mógł zyskać więcej wtedy, gdy sprzedawał Browary Wielkopolski, bo po pierwsze – nikt nie był nimi zainteresowany, a po drugie – ja dałem najwyższą cenę. Nie było wtedy żadnego chętnego inwestora zagranicznego, który chciałby je przejąć. Gdy kupiłem ten browar od państwa, produkował około miliona hektolitrów rocznie. Dawało to 7 proc. udziałów w rynku. Dziś ten browar razem z Browarami Tyskimi i Dojlidami tworzą Kompanię Piwowarską i produkują 10 milionów hektolitrów, co daje 35 proc. rynku. Są to dziś najlepsze browary świata. Piwo Tyskie dostało w Londynie certyfikat najlepszego piwa. Browary tworzące Kompanię Piwowarską, w której mam 30 proc. udziałów, generują wielkie zyski. Szukałem partnera po to, by zawojować świat. Nie chciałem pozostać w grupie browarów regionalnych. Wziąłem mapę browarów świata i patrzyłem, który z nich ma pieniądze i odwagę. I poszedłem do SAB-a.

Potem z sukcesem udało się Panu i SAB-owi kupić Browary Tyskie. Przy czym to głównie SAB wykładał pieniądze.

Sprzedaż Browarów Tyskich to także sukces skarbu państwa i ministra Kaczmarka, bo zapłaciliśmy cenę o ponad 60 proc. wyższą od tej, którą proponował następny w kolejce inwestor, o czym dowiedziałem się już po transakcji.

Dlaczego Pan tak przepłacił? Przecież 60 proc. to spora różnica.
Chcieliśmy koniecznie ten browar kupić. Ja nie martwiłem się tak bardzo, gdy okazało się, że przepłaciliśmy. Rzecz w tym, że gdy wcześniej proponowałem temu inwestorowi wejście do Browarów Wielkopolski, to nie mogliśmy dojść do porozumienia w sprawie ich wyceny. Postanowiliśmy więc, że wartość Browarów Wielkopolski określimy na podstawie ceny, za jaką sprzedane będą Browary Tyskie. Zatem im wyższa cena zakupu, tym cenniejsze okazywały się moje Browary Wielkopolski. W rzeczywistości skorzystał na tym nie tylko skarb państwa, ale także i ja. Gdy z SAB-em założyliśmy na bazie obu browarów Kompanię Piwowarską, to mój wkład w postaci Browarów Wielkopolski był odpowiednio większy.

Były minister skarbu Wiesław Kaczmarek uważa, że nie była to prywatyzacja korzystna dla skarbu państwa.
Browary mają się dziś wyśmienicie, ludzie mają pracę. Są ogromne inwestycje i wspaniałe wyniki finansowe. A to jest wymierny dowód na sukces prywatyzacji. Inne sprywatyzowane browary są w o wiele gorszej kondycji. Myślę, że minister zareagował emocjonalnie – nie przewidział naszego tak wielkiego sukcesu.

ROZDZIAŁ V

GSM, ELEKTRIM, AUTOSTRADY, WARTA

18 CZERWCA 1992 roku to historyczny dzień dla polskiej telekomunikacji. Właśnie wtedy firma Centertel uruchomiła w Polsce pierwszą sieć komórkową. Nie było jednak szturmu klientów jak po najnowszy model iPhone'a.

Skutecznie odstraszał astronomiczny koszt nowej usługi. Mogli sobie na nią pozwolić tylko najbogatsi. Ówczesne komórki miały niewiele wspólnego z tymi, które znamy dzisiaj.

Najpopularniejszy wówczas „aparat" Mobira Cityman (późniejsza Nokia) nie mieścił się w kieszeni marynarki. Ważył ponad cztery kilogramy i pasował w sam raz do walizki. Z aparatu nie było można wysyłać esemesów, ani pograć w węża. Mimo to telefon był jednym z wyznaczników luksusu. Kosztował około 1800 dolarów, czyli 25 milionów złotych. Przy średniej miesięcznej pensji, która była ponad ośmiokrotnie niższa (wynosiła ok. 3 mln zł) był niedostępny dla zwykłego zjadacza chleba.

Samo użytkowanie „komórki" również nie należało do najtańszych. Koszty połączeń były tak duże, że w 1992 roku podawano je w dolarach. Z ówczesnego cennika wynikało, że za samo podłączenie do sieci trzeba było zapłacić 500 dolarów. Koszt połączenia wahał się od 35 do 70 centów za minutę w zależności od tego, czy wybrany numer był stacjonarny, czy należał do innej „komórki".

Raczkujący komórkowy Centertel z czasem zaczął mieć w swojej ofercie coraz to nowsze aparaty. „Walizki" zaczęły być wypierane przez nowoczesne „cegły" (Nokia Cityman 450) i „kaloryfery" (Motorola 2000).

Mimo tak wysokich kosztów jakość połączeń pozostawiała wiele do życzenia. W słuchawce trzeszczało, zanikał zasięg. Wszystko dlatego, że pierwsza polska sieć komórkowa, choć pokrywała 95 procent kraju, była oparta na analogowej technologii (NMT450i). W tym czasie nikt jeszcze nie wierzył, że komórki to przyszłość telekomunikacji. Tym bardziej że posiadanie przenośnego telefonu bez kabla traktowano jako kaprys bogatych. I nie chodziło wcale tylko o astronomiczne koszty. W tym czasie niesłabnącą popularnością cieszyły się budki telefoniczne. Zdarzało się, że do niektórych z nich ustawiały się nawet kolejki. Coraz popularniejsze stawało się zakładanie w domu telefonu stacjonarnego. W komunie domowy numer mieli nie wszyscy, więc obywatele nadrabiali stracony czas.

W rozwoju usług komórkowych przeszkadzały też kwestie techniczne. Częstotliwości GSM, na których można było budować konkurencyjnych operatorów komórkowych stanowiły własność wojska, które bardzo niechętnie myślało o przeniesieniu ich do cywila. Dopiero w połowie lat dziewięćdziesiątych problem ten zniknął. Wojsko zdecydowało się zwolnić częstotliwość 900 MHz. To był milowy krok w stronę rozwoju w Polsce telefonii komórkowej. Mimo to inwestorów chętnych do wejścia w ten niepewny biznes nie było wielu. W walce o dwie „wojskowe" licencje potrzebne były duże pieniądze. Zwolennikiem zbudowania komórkowego operatora był Andrzej Skowroński, od 1987 roku stojący na czele Elektrimu, jednej z największych w PRL central handlu zagranicznego. To on zaczął tworzyć Polską Telefonię Komórkową (PTC), późniejszego operatora sieci Era. Znalezienie chętnych na przejęcie akcji nie było jednak proste. Do inwestycji dali się jednak przekonać światowi gracze na rynku telekomunikacyjnym – amerykański koncern Media One i niemiecki gigant Deutsche Telecom. Kontrolowane przez nich spółki objęły 49 procent akcji PTC. Pozostałe 51 procent przypadło polskim firmom.

– W 1995 roku nikt nie przewidywał, że cztery lata później PTC będzie miała tak dużą wartość – przyznaje Jacek Walczykowski, ówczesny główny prawnik Elektrimu, jeden z najbardziej zaufanych ludzi prezesa Skworońskiego.

Elektrim wziął na inwestycję 50 milionów dolarów pożyczki z Banku Handlowego. – Niektórzy krytykowali zarząd Elektrimu, że w ten sposób pieniądze wyrzucił w błoto – podkreśla.

Skowroński starał się przekonać do wejścia w PTC banki oraz duże państwowe przedsiębiorstwa. Interes za zbyt ryzykowny uznał zarówno Cezary Stypułkowski, prezes Banku Handlowego, jak i Edward Wojtulewicz, stojący na czele giganta – Impexmetalu. – Mieliśmy wejść na pięć procent do PTC, ale oddaliśmy nasze miejsce BRE Bankowi. Dziś bym się nie wahał i kupił te akcje. Jednak wówczas ryzyko było duże – tłumaczy Wojtulewicz.

Propozycję wejścia do PTC Skowroński złożył też Janowi Kulczykowi. Biznesmen nie wahał się ani chwili. Objął 4,8 procent akcji, płacąc 16 milionów dolarów. Pieniądze pochodziły z kredytu w Banku Handlowym.

Wówczas spekulowano, że Kulczyk został członkiem konsorcjum dzięki politycznym układom, które miały być gwarancją sukcesu. Piotr Mroczkowski, członek zarządu Elektrimu zaprzeczył, aby Kulczyk został włączony do konsorcjum z powodów politycznych. – Nikt na mnie w tej sprawie nie naciskał. Po prostu Kulczyk cieszył się renomą rzetelnego i poważnego inwestora prywatnego. Poza tym wniósł do konsorcjum swoje niemieckie kontakty. Na pewno jego udział pomógł w ostatecznej krystalizacji składu konsorcjum – podkreślił.

Jeden z managerów Elektrimu: – W czasie powstawania Ery w 1995 roku Kulczyk się nalatał, nagadał i załatwił finansowanie. Więcej, Kulczyk w sytuacji, gdy posypały się negocjacje z potencjalnymi inwestorami, przyprowadził BRE Bank i Deutsche Telecom.

Kulczyk zażartował wtedy: „W czasie rozmów codziennie wieczorem bywał u mnie Gerhard Schröder". Na to ktoś zaoponował: „Ale panie doktorze, Schröder nie bywa codziennie w Polsce".

Na to Kulczyk z szelmowskim uśmiechem odparł: „Ale gdyby bywał, to codziennie by gościł w moim domu".

On to popychał, czuł bluesa. Bez niego nie byłoby Ery. Bo przecież Skowroński był przeciw. Wszyscy się baliśmy, przecież pożyczył 50 milionów dolarów.

Bardzo szybko okazało się, że inwestycja w sieci komórkowe to złoty interes. Niespełna cztery lata po powstaniu PTC wartość pakietu akcji Kulczyka wzrosła kilkadziesiąt razy (całą spółkę wyceniano na 2 mld zł). W 1999 roku biznesmen sprzedał Elektrimowi swoje 4,8 procent akcji za 825 milionów dolarów.

Kulczyk nie zarobiłby na PTC milionów, gdyby nie jego doskonałe relacje ze Skowrońskim. Do prezesa Elektrimu wprowadził go Józef Modecki, prezes warszawskiego Automobil Klubu. Człowiek bardzo dobrze poruszający się po salonach PRL. Posiadał nie tylko dobre relacje ze Skowrońskim, ale był w doskonałej komitywie także z członkami PZPR-owskiej nomenklatury i pracownikami MSW. O pozycji Skowrońskiego na lewicy krążyły różne opowieści, mniej lub bardziej wiarygodne. – Były plotki, że Skowroński będzie premierem. Naprawdę takie plotki chodziły. On w środowisku SLD był bardzo dobrze urządzony. Jego dobrym kumplem był Józef Oleksy, Miller mniej. Znał się dobrze z Kwaśniewskim. Darek Szymczycha (bliski współpracownik Kwaśniewskiego) imieniny zawsze robił u nas, w Pańska Club. Olek zawsze przychodził. Pamiętam sytuację, jak kiedyś zaczął mu do…ać superpijany Michnik. Siedział zalany wódką z kobietami, znudziło mu się, przyszedł do naszego stołu biznesowego i zaczął mówić: nasz prezydent znów sp…olił to i tamto… I pogonił Olka, Olek uciekł. Kwaśniewski zachował się w swoim stylu: „Widzę, że pan redaktor Adam jest już na tyle zmęczony, że będzie lepiej dla niego, jak sam będzie do siebie mówił, to może zrozumie, co mówi". I wyszedł. Ale Kulczyk tam nie bywał, nie był zapraszany.

Wspomniany Pańska Club to biznesowa restauracja w kamienicy przy ulicy Pańskiej.

– Dzięki znajomości Skowrońskiego z Modeckim Elektrim stał się współwłaścicielem budynku przy Pańskiej, który wcześniej należał do Automobil Klubu, kierowanego przez Modeckiego – opowiadał jeden z naszych rozmówców.

Wiąże się z tym ciekawa anegdota. Kamienica przy Pańskiej to nie jest jakaś tam warszawska kamienica. Znała ją cała Polska, gdy telewizja nadawała popularny serial „Dom". To tu rozpoczynała się fabuła każdego kolejnego odcinka, a scenarzyści umiejętnie mieszali trzy rzeczywistości: tradycji przedwojennej Warszawy, okupacji z powstaniem i nowej socjalistycznej ery.

Kamienica nie była siedzibą Elektrimu od razu. Na piętrze znajdowały się biura Automobil Klubu. Na froncie przymocowana jest tabliczka: „Ten budynek powstał dzięki staraniom prezesa Modeckiego i Skowrońskiego".

Kolejność zasług dla budynku była taka, że najpierw, w czasie gdy „leciał" serial „Dom", Modecki załatwił sobie użytkowanie wieczyste. Ale nie miał pieniędzy na remont i rozbudowę. Kamienica była w ruinie, kto oglądał serial, zrozumie w jakiej. Modecki porozumiał się więc z Elektrimem. Automobil Klub dał Skowrońskiemu połowę kamienicy w użytkowanie za poczynione inwestycje. Problem zrobił się poważny, gdy umarł Modecki. Okazało się, że umowa została źle zawarta. Wynikało z niej, że Modecki miał całość, a Elektrim tylko prawo do użytkowania. Wyszło to, gdy Skowroński chciał wziąć kredyt pod kamienicę. – W Banku Handlowym powiedzieli mu: proszę pana, pan nie ma nic. Na szczęście dla Elektrimu udało się wszystko odkręcić. Automobil Klub oddał firmie połowę. Zachowali się po dżentelmeńsku. Nie musieli – opowiada jeden z naszych rozmówców.

– To właśnie Józef Modecki pomógł Kulczykowi u Skowrońskiego. On go wprowadził do niego – mówi Marek Modecki, jego syn.

Kiedy? – Nie pamiętam – odpowiada. – To było w dziewięćdziesiątym którymś. Mój ojciec był bardzo zaprzyjaźniony ze Skowrońskim.

Zresztą Andrzej wierzył memu ojcu. Później doktor... No cóż... Jak już pan wpuści lisa do kurnika to dalej już tam sobie radę daje. Faktycznie, Kulczyk znakomicie wykorzystał znajomość ze Skowrońskim. Pierwszym interesem była sprzedaż Elektrimowi przez Kulczyk Tradex volkswagenów, którymi jeździło kierownictwo firmy.

– Nie pamiętam, ile za nie zapłaciliśmy, ale kwota musiała być dla nas atrakcyjna – opowiada Piotr Mroczkowski. – Rozmowy w tej sprawie prowadziliśmy bowiem też z innymi. Rozważaliśmy wówczas zakup m.in. fordów, ale skończyło się na volkswagenach od Kulczyka – stwierdził.

Historia lubi jednak płatać figle. Tuż przed Bożym Narodzeniem w 1998 roku Skowroński został odwołany ze stanowiska prezesa Elektrimu. Powodem był skandal, jaki wybuchł po ujawnieniu tajnego porozumienia, które zawarł z Kulczykiem niespełna trzy miesiące po utworzeniu PTC. Okazało się, że biznesmen miał prawo odkupić od Elektrimu pakiet akcji operatora po cenie z okresu tworzenia konsorcjum. W praktyce Kulczyk za kilka zaledwie milionów dolarów mógł kupić 6,5 procent akcji wartych kilkaset milionów dolarów. Oprócz tego porozumienie dawało Kulczykowi dużą kontrolę nad PTC. Elektrim zobowiązał się w dokumencie do głosowania w najważniejszych sprawach przedsiębiorstwa dopiero po konsultacjach z Kulczyk Holding. Bez zgody biznesmena nie było można zmienić statutu spółki czy podnieść kapitału.

Przedstawiciele Elektrimu i Kulczyk Holding tłumaczyli, że porozumienie miało być dodatkową formą wynagrodzenia za pracę biznesmena przy tworzeniu PTC. Tak wyjaśniał tę kwestię Jan Waga, zaufany współpracownik Kulczyka: „Byliśmy uczestnikami tego przedsięwzięcia, w związku z powyższym nie została określona umowa dotycząca wynagradzania według stawki godzinowej, czasu, nakładu i innych uwarunkowań, tylko zostało to określone między wspólnikami, że zostanie udostępniona pewna pula akcji dla Kulczyk Holding jako wynagrodzenie za dobrze wykonaną pracę, jest to od 3 do 10 procent". Waga, podobnie jak Skowroński, to człowiek made in PRL. Jest bratem ustosunkowanego na początku lat dziewięćdziesiątych admirała Romualda Wagi, przez kilka lat dowódcy Marynarki Wojennej RP. Admirał cieszył się dużym zaufaniem prezydenta Lecha Wałęsy oraz Mieczysława Wachowskiego.

Urodził się 26 sierpnia 1950 roku w Krakowie. Magister inżynier rolnictwa pierwszą pracę zaczął w 1973 roku w Rolniczym Rejonowym Zakładzie Doświadczalnym w Mikołowie. Kto by wtedy przypuszczał, że zrobi taką karierę. Stażysta Waga wiedział, co jest niezbędnym składnikiem awansu. Zaczął działać w socjalistycznych młodzieżówkach – wiejskiej i studenckiej. Wstąpił do partii i następnym szczeblem było już stanowisko kierownika w Komitecie Wojewódzkim PZPR. W 1986 roku był już prezesem wojewódzkiego oddziału GS „Samopomoc Chłopska" w Katowicach. To na wsi potężna organizacja zaopatrująca rolników we wszystko, od traktorów po stale brakujący sznurek do snopowiązałek. Latem, gdyby ten problem został rozwiązany, główne wydanie „Dziennika" w Telewizji Polskiej nie miałoby tematu na reportaż ze żniw. W roku 1989 awansował na wiceprezesa centrali w Warszawie. – To było ministerstwo specjalnego przeznaczenia. Wszystko można było załatwić: i samochody, i smokingi. Wszystko, oczywiście poza produkcją rolną. Choć mieli 14 tysięcy GS-ów w Polsce ze sprzętem do uprawy pól. To była armia ludzi. A centralny związek to było królestwo – opowiada znajomy Wagi.

Przez wiele lat przy tej organizacji działało biuro handlu zagranicznego Polcoop, z którym handlował ojciec Jana Kulczyka – Henryk. W 1989 roku przedsiębiorstwo zaczęło się prywatyzować. Kierował nim Waga, a akcje skupował Jan Kulczyk. Z akcjami Waga trafił do tworzonego przez Kulczyka holdingu.

Jan Kulczyk bagatelizował problem opcji. W jego ocenie winni byli pracownicy Elektrimu, którzy nie podali tego do wiadomości. Przez blisko dwa lata praktycznie nikt nie wiedział o istnieniu takiego porozumienia z Kulczykiem. Gdy w listopadzie 1998 roku sprawa wyszła na jaw, wartość akcji Elektrimu zaczęła drastycznie spadać.

Szybko się okazało, że niektórzy inwestorzy masowo wyprzedawali papiery przedsiębiorstwa jeszcze przed publicznym ogłoszeniem informacji o istnieniu porozumienia Skowroński-Kulczyk.

Komisja Papierów Wartościowych i Giełd nie miała wątpliwości: ktoś wykorzystał informację „insajderską" do zarobienia pieniędzy. Śledztwo wszczęła Prokuratura Wojewódzka w Warszawie (potem przemianowana na Prokuraturę Okręgową). W postępowaniu badała trzy wątki: zatajenia informacji w prospekcie emisyjnym Elektrimu, ujawnienie w publicznym obrocie papierami wartościowymi informacji poufnej o porozumieniu Kulczyk Holding z Elektrimem oraz wykorzystania w publicznym obrocie papierami wartościowymi informacji poufnej. W sumie śledztwo trwało dziesięć lat. Ostatecznie nikt nie został pociągnięty do odpowiedzialności, bo 11 stycznia 2010 roku zostało umorzone z powodu przedawnienia zarzutów.

Wszystko dlatego, że od stycznia 2002 roku kolejni prokuratorzy prowadzący postępowanie nie wykonywali żadnych czynności, czekając na realizację pomocy prawnej z Kanady, Finlandii i Wielkiej Brytanii. Chodziło o przesłuchania kilku świadków, pracowników firm doradczych – Meryll Lynch International i White & Case – którzy sporządzali pod koniec 1998 roku rekomendacje giełdowe dotyczące Elektrimu. Ostatecznie, po latach, wnioski o pomoc prawną zostały w komplecie zrealizowane, ale nie wniosły nic do sprawy.

Kulczyk dzięki kontrowersyjnej umowie ze Skowrońskim nie zarobił gigantycznych pieniędzy. Mało tego. Nie skorzystał nawet z zagwarantowanej mu bardzo intratnej opcji. Elektrim wypłacił mu 25 milionów dolarów. Tak biznesmen tłumaczył potem na łamach „Rzeczpospolitej" odstąpienie od zapisów porozumienia: „Przecież pod te udziały został udzielony kredyt. Era GSM również zastawiła akcje. Więc są podwójnie zastawione. Poza tym nie mogą być sprzedane za granicą, a prawo pierwokupu mają pozostali udziałowcy, więc nie są płynne. Wyceny są wzięte z kapelusza. Załatwiając tak sprawę, uzyskaliśmy szacunek zachodnich inwestorów i uratowaliśmy giełdę".

Ale Kulczyk nigdy nie pogodził się z tym, że pod wpływem opinii publicznej musiał zrezygnować ze swojej opcji i zadowolić się małą premią. – Za to może być zły. Chciał więcej. Te 25 milionów dolarów to był sukces negocjacyjny Elektrimu, przy tych wartościach Ery. Elektrim tym wykupem się wykpił. 23 grudnia była wigilia firmowa, 28 dyrektorów. Skowroński wstał z szampanem i wzniósł toast za udane negocjacje.

O opcji wiedział podobno tylko Skowroński i Mroczkowski. – Leżała w szufladzie. Błędem było, że się przeleżała i nie było o niej komunikatu – ocenia nasz rozmówca. To oczywiste, ale jak do tej szuflady trafiła i kto to ujawnił? – Nie wiadomo. Była w trzeciej szufladzie. Jak się dostało papier do załatwienia, to pierwszy tydzień leżał w pierwszej szufladzie, bo to była ważna sprawa. Nikt się nie zgłaszał, nie monitował, papier przerzucany był do drugiej. A po dwóch tygodniach, to ch… z tym papierem, trafiał do trzeciej – wyjaśnia dosyć obrazowo.

Wtedy w Elektrimie popularna była spekulacja, że to ktoś od Kulczyka był niedyskretny.

Kto ujawnił wtedy tę opcję? – zapytaliśmy Kulczyka.

– Nieważne. Ale należało to zrobić. Trzeba to było ujawnić, czym wcześniej, tym lepiej. Ja na tym straciłem, bo odsprzedałem tę opcję. A powinienem zatrzymać ją i procesować się do końca. To Elektrim zyskał.

Nie milkły też spekulacje, że ujawnienie opcji to była zaplanowana, polityczna egzekucja Skowrońskiego.

– To była świadoma gra. Także ze strony pałacu prezydenckiego. Pałac nie bronił Skowrońskiego. Choć ten się przyjaźnił z Kwaśniewskim. To jego ludzie pogrywali.

Okoliczności ujawnienia opcji Kulczyka były niecodzienne. Skowroński przygotowywał się w Krakowie do uroczystości wmurowania kamienia węgielnego pod drugi hotel, który powstał za pieniądze Elektrimu. Pierwszy, Elektor, nie był najtrafniejszą inwestycją – hotel został kupiony od Universalu, firmy Dariusza Przywieczerskiego. Był nietypowy – 13 dużych apartamentów, każdy z gabinetem, dużą łazienką, holem, tylko trzy typowe jedynki. Mógł pomieścić około trzydziestu osób. A w turystycznym autokarze są zazwyczaj 54 miejsca. Hotel był za mały i został sprzedany. Nowy obiekt otrzymał po nim nazwę. Była nieprzypadkowa. „Elektor" to żartobliwy przydomek Józefa Oleksego z racji jego prezydenckich ambicji. – Tam, w Krakowie, pito wtedy za zdrowie pana prezydenta Józefa Oleksego, w 1995 roku przed wyborami. Niestety, wygryzła go grupa Kwaśniewskiego. Prezesi central pili zdrowie Józka, bo był znany, towarzyski i lubiany.

Bankiet trwał w najlepsze, gdy Skowroński dostał telefon z Warszawy, że trzeba pilnie opublikować komunikat, bo doszło do przecieku o istnieniu opcji Kulczyka. – Do czasu tego telefonu Skowroński nie wiedział, że coś się dzieje. Wydał dyspozycje, żeby wracać do stolicy i opanować sytuację.

Skowrońskiemu Kulczyk zawdzięcza jeszcze jeden biznes – Towarzystwo Ubezpieczeń i Reasekuracji Warta. To jedna z najstarszych i największych firm ubezpieczeniowych w Polsce. Jeszcze do połowy 1992 roku Warta była kontrolowana przez skarb państwa. Elektrim był udziałowcem. Rząd zaczął stopniowo prywatyzować ubezpieczyciela. Za sprawą Skowrońskiego, który wchodził w skład rady nadzorczej Warty, do akcjonariatu dopuszczono dilerów samochodów, w tym Kulczyka. Miało to jakąś logikę. Lwią częścią sprzedawanych polis są obowiązkowe ubezpieczenia samochodów. Kulczyk jako przedstawiciel Audi i Volkswagena wszedł do rady nadzorczej w 1993 roku, z rekomendacji Elektrimu. Obok niego zasiedli Jerzy Starak (Alfa Romeo), Krzysztof Komornicki (Renault) i Paweł Obrębski (Ford).

Kulczyk swoim zwyczajem szybko zaczął powiększać swoje wpływy w Warcie. Nie przeszkodziło mu w tym nawet wycofanie się Elektrimu w 1997 roku. Gdy największym udziałowcem Warty stał się Powszechny Bank Kredytowy, to przewodniczącym rady nadzorczej został Kulczyk, a nie prezes banku Andrzej Podsiadło. Wówczas struktura właścicielska ubezpieczyciela była mocno pogmatwana. Warta była właścicielem PBK i odwrotnie, PBK był właścicielem Warty. Kulczyk jak zawsze miał własną koncepcję. Forsował opcję, aby akcje PBK odkupił austriacki bank Creditanstalt. Zapewniłoby to biznesmenowi realną kontrolę nad Wartą. Plan Kulczyka nie podobał się jednak prezesowi ubezpieczyciela Andrzejowi Witkowskiemu. – Nie chciałem zgodzić się na sprzedaż przez Wartę akcji PBK. To było bezsensowne i niekorzystne dla spółki – przekonywał. Prezes Witkowski miał swoje plany. Kulczyk uznał, że są szkodliwe. Poinformował ministerstwo skarbu, że prezes Warty bez akceptacji rządu zgodził się sprzedać pakiet akcji fińskiej firmie. W efekcie tej interwencji w lutym 1998 roku Witkowski został odwołany ze stanowiska. Fotel prezesa Warty objął Agenor Gawrzyał, określany mianem adiutanta Kulczyka.

Po odwołaniu Witkowskiego biznesmen zrealizował swój plan. Przejął kontrolę nad Wartą. Potem, pod koniec 1999 roku, dokupił jeszcze resztówkę od skarbu państwa. W ten sposób Kulczyk Holding stał się właścicielem blisko 70 procent akcji Warty. Kilka lat później biznesmen odsprzedał firmę belgijskiej grupie KBC.

Dlaczego Kulczyk postanowił pozbyć się Warty?

– Na końcu nie dawali sobie rady z zarządzaniem Wartą i stąd była chęć sprzedania.

A Belgowie agresywnie wpychali się do Warty. Zaczęli skupować akcje na giełdzie. Transakcja sprzedaży ubezpieczyciela poszła szybko i gładko. Czy naprawdę musiał pozbyć się akcji Warty?

– Po prostu, jak to się mówi, chciał się skeszować – mówi Modecki, który brał udział w negocjacjach.

Z działalnością Kulczyka w Warcie wiążą się dwa ciekawe i tajemnicze zdarzenia, które nigdy nie zostały wyjaśnione. 28 grudnia 1994 roku biznesmen zawarł umowę z biurem prawnym byłego dyplomaty Pawła W. Kulczyk zobowiązał się do sprzedaży 80 tysięcy akcji Warty za siedem milionów złotych. Porozumienie było tak skonstruowane, że Kulczyk po trzech latach miał odkupić te akcje, jeśli nie uda się odsprzedać ich z zyskiem komuś innemu. Była to jakby nieoprocentowana pożyczka dla Kulczyka.

Opis tej umowy znajduje się aktach śledztwa Funduszu Obsługi Zadłużenia Zagranicznego (FOZZ). Dlaczego? Bo śledczy interesowali się Pawłem W., który otrzymał z FOZZ 1,5 miliona dolarów i ich nie oddał. W postępowaniu badana była hipoteza, że akcje Warty zostały zakupione od Kulczyka właśnie z tych pieniędzy.

W aktach sprawy FOZZ znajdują się też zeznania skazanego za gigantyczne nieprawidłowości Grzegorza Żemka, dyrektora tego Funduszu. Twierdził on, że był doradcą Kulczyka. Jak wiemy, Kulczyk zaprzeczał, że miał związki z FOZZ-em.

Drugie zdarzenie to kontrowersyjna transakcja, którą przeprowadził UOP pod kryptonimem „Zielone bingo". Operacja polegała na tym, że UOP „pod przykrywką" kupił akcje „Warty" za 1,3 miliona złotych. Celem „Zielonego bingo" było zbadanie podatności polskiej giełdy na manipulacje kursem akcji. Zrobiła się z tego afera. Prokuratura wszczęła śledztwo, żeby sprawdzić, czy oficerom UOP nie chodziło przypadkiem tylko o to, żeby się wzbogacić. Sprawa została umorzona, ale wątpliwości nie zostały rozwiane. O „Zielone bingo" dopytywał Kulczyka przed orlenowską komisją śledczą Antoni Macierewicz:

– Proszę pana, chciałbym zapytać, czy w roku 1995 brał pan udział w przedsięwzięciu finansowym, polegającym na grze na giełdzie pieniędzmi uzyskanymi od Urzędu Ochrony Państwa poprzez pana generała Czempińskiego?

Jan Kulczyk: – Nie.

Macierewicz dopytywał dalej, poprosił o szerszą wypowiedź. Kulczyk odparł: – Nie znam w ogóle tej sprawy.

– Czy wiedział pan o tym, czy nie?

– Nie znam tej sprawy.

Ale to nie Era, i nie Warta były oczkiem w głowie biznesmena. – Kulczyk uważał, że najlepszy jego projekt to autostrady. Lepszy niż PTC i wszystkie inne inwestycje – wspomina Piotr Mroczkowski. Na początku lat dziewięćdziesiątych drogi w Polsce były w agonalnym stanie, autostrad w zasadzie nie było. No, poza odcinkiem z Wrześni do Konina czy kawałkiem A4, który został wybudowany jeszcze na polecenie Adolfa Hitlera. W głowach planistów PRL była oczywiście tzw. Olimpijka z Berlina na igrzyska w Moskwie, ale nie powstała. Dwupasmowa Gierkówka, łącząca Warszawę z Katowicami, a dokładniej stołeczny „Biały Dom", czyli gmach KC PZPR z domem I sekretarza PZPR Edwarda Gierka na Śląsku nie była autostradą i nie jest nią do dzisiaj. Gdyby w PRL zliczyć wszystkie odcinki autostrad z aptekarską dokładnością, wyszłoby pewnie ponad 100 kilometrów długości.

Budowa wygodnych i szybkich dróg to był bardzo dobry biznes. Wiedzieli to nie tylko prywatni inwestorzy. Zdawał sobie z tego sprawę także rząd. Plan na początku był prosty. Inwestor, który wyłoży pieniądze na budowę autostrady, będzie przez kilkadziesiąt lat pobierał opłaty za przejazdy. Po upływie tego okresu drogę przejmie skarb państwa. W ten sposób każdy miał być zadowolony. Jak się okazało, plan był za prosty, nie został zrealizowany, a kulisy powstania w Polsce autostrad przypominają niekończącą się brazylijską telenowelę, w której Kulczyk został obsadzony w roli „szwarccharakteru".

Kontrolowana przez biznesmena firma Autostrada Wielkopolska 1 lutego 1995 roku wygrała przetarg na budowę, zarządzanie i eksploatację autostrady A2 dla odcinków Świecko-Poznań, Poznań-Konin, Konin-Stryków (każdy z odcinków ma ok. 120 km długości). Przepychanki w tej sprawie trwały aż dwa lata. Przedstawiciele ministerstwa transportu wykazywali, że oferty zakwalifikowane do postępowania (oprócz Autostrady Wielkopolskiej, w walce liczyła się też Euroute Polska) nie spełniają kryteriów i są niekorzystne dla państwa. Rząd nie chciał słyszeć, żeby współfinansować autostradę na poziomie 60–70 procent kosztów budowy. Mnożył wątpliwości. Jedna z nich dotyczyła Andrzeja Patalasa. Był on architektem Autostrady Wielkopolskiej, która połączyła Berlin z Warszawą dopiero przed Euro 2012. I przyjacielem Jana Kulczyka. Zarzucano mu, że jest w konflikcie interesów.

W 1994 roku minister transportu Bogusław Liberadzki powierzył mu misję przygotowania ustawy autostradowej i zorganizowania Agencji Budowy i Eksploatacji Autostrad. Agenda miała przygotować przetarg na budowę autostrad i prowadzić w tej sprawie negocjacje z inwestorami. Problem polegał na tym, że wcześniej Patalas piastował stanowisko prezesa Autostrady Wielkopolskiej. Pojawił się zarzut o konflikt interesów. Po odejściu z urzędniczej posady ponownie trafił do spółki związanej z Kulczykiem. Patalas nie krył swojej znajomości z biznesmenem, która sięgała jeszcze czasów PRL: „W latach osiemdziesiątych, gdy byłem dyrektorem Okręgowej Dyrekcji Dróg Publicznych w Poznaniu, wybudowaliśmy odcinek autostrady między Koninem a Wrześnią. Gdy odszedłem, zacząłem prowadzić własną firmę drogową. Chciałem znaleźć kogoś, z kim będzie można dalej budować. Przekonywałem, że na autostradach da się zarobić. Ale nikt nie chciał wyłożyć pieniędzy. Pan Kulczyk był we władzach Unii Wielkopolan; to takie poznańskie lobby. Był tym, który najlepiej rozumiał, o co chodzi" – mówił w „Gazecie Wyborczej".

Nie tylko Patalas był podejrzewany o sprzyjanie spółce Kulczyka. Przewodniczącym komisji przetargowej, która miała wyłonić inwestora na A2 był Andrzej Malinowski, a jednym z jej członków Agenor Gawrzyał, późniejszy prezes Warty. Mimo tych wątpliwości w marcu 1997 roku minister Liberadzki przyznał koncesję Autostradzie Wielkopolskiej.

Budowa A2 wcale nie ruszyła jednak z kopyta. Umowa zawarta przez Liberadzkiego z Autostradą Wielkopolską zakładała, że budowa poszczególnych odcinków zostanie sfinansowana z pieniędzy spółki. Firma Kulczyka zabiegała, żeby do finansowania inwestycji włączył się skarb państwa. Mijały lata. Dopiero rząd Jerzego Buzka zdecydował się udzielić Autostradzie Wielkopolskiej największej w historii państwowej gwarancji danej prywatnemu inwestorowi. Opiewała ona aż na 237 milionów euro. W wyniku kolejnych aneksów do umowy zawartej w 1997 roku na budowę A2 Autostrada Wielkopolska miała wybudować dwa odcinki: Nowy Tomyśl-Konin i Świecko-Nowy Tomyśl. O ile w pierwszym wypadku po przyznaniu gwarancji państwowych inwestycja ruszyła bez problemów, o tyle w drugim ponownie nie zabrakło wątpliwości.

Autostrady budowane przez Kulczyka to był temat wręcz elektryzujący. Lepiej się było z Kulczykiem w takim kontekście nie pokazywać. Gdy w 2001 roku do władzy znowu doszło SLD, ministerstwo transportu uległo likwidacji. Na jego miejsce utworzono ministerstwo infrastruktury. Na czele nowego resortu stanął znajomy Kulczyka – Marek Pol, który mógł otwierać kolejne odcinki autostrady. Nie obyło się bez kilku incydentów. Jednym z nich była słynna „afera krzesełkowa", do której doszło podczas uroczystego otwarcia liczącego 37,5 kilometra długości odcinka A2 między Wrześnią a Krzesinami.

W uroczystości oprócz Kulczyka miał wziąć udział również prezes Autostrady Wielkopolskiej Andrzej Patalas oraz minister Pol i jako gość honorowy premier Miller. „Jeden z pracowników kancelarii premiera zwrócił uwagę, że obok krzesła z tabliczką szefa rządu zostało ustawione krzesło Jana Kulczyka. Natychmiast zażądano, aby Miller siedział pomiędzy ministrem Polem a prezesem Patalasem – opowiadała „Gazecie Wyborczej" osoba pracująca w Autostradzie Wielkopolskiej, która była świadkiem zamieszania. W ostatniej chwili zamieniono więc krzesła VIP-ów i premier nie zasiadł obok najbogatszego polskiego biznesmena. Jan Kulczyk stał jednak obok premiera podczas... przecinania wstęgi. Był na to dowód w postaci zdjęcia. Ale na fotografii zamieszczonej na stronie internetowej rządu premierowi przy przecinaniu wstęgi towarzyszył tylko... minister Pol. Kulczyka nie było. Pracownicy Centrum Informacyjnego Rządu nie umieli tego wyjaśnić, a komórka rzecznika rządu milczała – relacjonowała „Gazeta Wyborcza".

Spory o autostradę ciągnęły się w nieskończoność. Rząd Jarosława Kaczyńskiego zastanawiał się nawet nad odebraniem spółce koncesji na budowę odcinka Świecko-Nowy Tomyśl. Jednak po przyznaniu Polsce organizacji Euro 2012 projekt ten stał się priorytetem. Negocjacje były żmudne. Autostrada Wielkopolska jeden kilometr autostrady wyceniła na 9,6 miliona euro. Było to o ponad trzy miliony euro więcej, niż zakładał jeden z aneksów zawarty ze spółką w 2004 roku.

Rząd PO-PSL podpisał porozumienie, a realizacją inwestycji zajęła się spółka Autostrada Wielkopolska II.

Budowa ruszyła, Kulczyk ukończył swoją część przed piłkarskimi mistrzostwami. Sześć miesięcy przed czasem. Przez pół roku można było jeździć za darmo.

Ale wojna trwała w najlepsze, oczywiście o pieniądze. W październiku 2005 roku odchodzący już rząd SLD rzutem na taśmę podpisał ze spółką Kulczyka umowę dotyczącą rozliczeń. Na mocy tego porozumienia z opłat zostały zwolnione ciężarówki, które wykupią państwowe winiety. W zamian rząd zobowiązywał się płacić rekompensaty. Pięć lat później Najwyższa Izba Kontroli uznała, że były za duże. Kontrolerzy oszacowali, że nadpłata wynosi 200 milionów złotych. Swoje wyliczenia miał także resort infrastruktury kierowany wówczas przez Cezarego Grabarczyka. Ministerstwo wystąpiło do sądu o zwrot przez Autostradę Wielkopolską w sumie 895 milionów złotych. Spór trwa do dziś. Zajęła się nim Komisja Europejska.

Na pytania o autostradę Jan Kulczyk reagował irytacją: – Myślę, że nie muszę udowadniać, że miałem rację z autostradą. Wybudowałem ją szybciej lepiej i taniej. A państwo nie może się uporać z autostradami od lat.

ROZDZIAŁ VI

MON AMI ALEKSANDER, CZYLI TELEKOMUNIKACJA POLSKA

12 PAŹDZIERNIKA 2000 roku na walutowym koncie ministerstwa skarbu zaksięgował się szczególny przelew. Płatnikiem była francuska firma. Kwota wpłaty była imponująca – stan rachunku powiększył się o ponad cztery miliardy dolarów. Sprzedaż Telekomunikacji Polskiej była faktem dokonanym. France Telecom i Kulczyk Holding stali się właścicielami 35 procent akcji telekomunikacyjnego monopolisty. Francuzi objęli 25 procent udziałów, Kulczyk 10 procent (później ich konsorcjum dokupiło jeszcze 12,5 proc.). Od decyzji o prywatyzacji mijało 3,5 roku. Rząd premiera Jerzego Buzka mógł odetchnąć z ulgą, potrzebował tych pieniędzy. Potężny zastrzyk finansowy ratował sypiący się budżet. Jeden miliard od razu został przeznaczony na spłatę kolejnej raty polskiego zadłużenia zagranicznego. Rząd doraźnie zyskał. Dla nowych właścicieli Telekomunikacji Polskiej to była długoterminowa inwestycja. Francuzi traktowali przedsięwzięcie priorytetowo, był to wówczas największy kontrakt na skalę Europy Środkowo-Wschodniej. Kulczyk zyskał na tej prywatyzacji podwójnie. Wchodził do najwyższej ligi biznesowych graczy, stał się partnerem francuskiego rządu. I na koniec nieźle na tym zarobił. Po jednej stronie był olbrzymi sukces. Ale po drugiej szereg wątpliwości, przede wszystkim dotyczących tego, jak i dlaczego Jan Kulczyk został partnerem France Telecom. Do dziś sprzedaż TP SA jest symbolem niekorzystnej i nietransparentnej prywatyzacji. Głównym argumentem krytyków stał się zarzut, że umowa o sprzedaży państwowego molocha była niekorzystna dla rynku telekomunikacyjnego, bo pozwalała blokować rozwój konkurencji. Na długo ustawiała France Telecom w uprzywilejowanej pozycji. Szybko też upowszechniła się opinia, że na zakup państwowego przedsiębiorstwa potrzebna była nieformalna polityczna koncesja wydana na podstawie układów i znajomości. Podejrzany był jeden – Jan Kulczyk. „Do dziś nie wiadomo, na czym polegała rola polskiego udziałowca, skoro do interesu nie wniósł ani pieniędzy, ani technologii czy umiejętności zarządzania. Rola musiała być jednak poważna, skoro okazała się warta 40 mln euro" – pisał tygodnik „Polityka".

Wspomniane 40 milionów euro Kulczyk zarobił, sprzedając po pięciu latach swoje udziały France Telecom. To miał być dowód, że jego metodą biznesową jest proste pośrednictwo – korzystnie kupić na kredyt i we właściwym momencie odsprzedać z sowitym zyskiem. W sumie Kulczyk kupił od skarbu państwa prawie 14 procent akcji TP SA za kwotę ponad 1,3 miliarda złotych. Pieniądze pochodziły z kredytu. To rodziło kolejne podejrzenie, że Kulczyk był tylko pośrednikiem wynajętym za dobrą prowizję. Czy pieniądze na zakup akcji TP SA pożyczyli Kulczykowi Francuzi? – To nie jest prawda. Sam pożyczyłem od utworzonego konsorcjum banków. Francuzi też pożyczyli, nikt nie pracuje na własnych pieniądzach – odpowiada Kulczyk.

France Telecom miał chrapkę na TP SA od dawna. Przymiarki do tej prywatyzacji rozpoczęły się w 1996 roku, gdy na czele lewicowego rządu stał Włodzimierz Cimoszewicz. Na dobre prace nad transakcją zaczęły się za rządów AWS-UW. Już w październiku 1998 roku został zaakceptowany plan sprzedaży w ofercie publicznej 15 procent akcji telekomunikacyjnego przedsiębiorstwa. To był dopiero przedsmak prywatyzacji. Prawdziwa walka o pakiet kontrolny wyceniany na maksymalnie 13 miliardów dolarów miała się dopiero rozpocząć. Faworytem byli Francuzi. Zostali dopuszczeni do ostatniego etapu, ale odpowiedzialna za tę transakcję wiceminister skarbu Alicja Kornasiewicz niespodziewanie odstąpiła od rokowań.

France Telecom był mocno zaskoczony obrotem sprawy. – Mieliśmy informację, że prezydent Francji był wściekły, w związku z tym polecił odwołać z ambasady francuskiej w Polsce dwóch oficerów tajnych służb, a na ich miejsce wysłać nowych – przyznaje ówczesny oficer Urzędu Ochrony Państwa, który monitorował tę transakcję.

Decyzja ministerstwa skarbu nie była jednak równoznaczna z zakończeniem procesu prywatyzacji. Szybko resort poinformował, że inwestor chcący kupić TP SA powinien znaleźć krajowego partnera.

Posługując się branżowym językiem, potrzebny był „polski komponent". Kulczyk miał już doświadczenie w budowaniu telefonii komórkowej Era. Dlatego Francuzi zwrócili się do Kulczyka. Nie bez znaczenia był też fakt, że Kulczyk miał duże wpływy zarówno u ówczesnego prezydenta Aleksandra Kwaśniewskiego, jak i w rządzie Jerzego Buzka. Kulczyk w pewnym sensie łączył te dwa światy – postkomunistycznego układu wokół Kwaśniewskiego i antykomunistycznego rządu. Przyjaciół i dobrych znajomych miał po jednej, jak i po drugiej stronie politycznej barykady. Dobrze ustawiony Polak stał się jokerem w planie kupna TP SA. Z punktu widzenia francuskiej spółki jego udział w prywatyzacji był warunkiem udanej transakcji. Dlatego został doproszony do konsorcjum przez France Telecom.

W umowie Kulczyka z Francuzami znalazł się istotny zapis – Polak w każdej chwili będzie mógł odsprzedać swój pakiet akcji na żądanie. To była opcja bezpieczeństwa, bo Francuzi przejmowali pełną kontrolę nad Telekomunikacją.

– To normalna standardowa klauzula na wypadek złego zarządzania firmą – wyjaśnia Kulczyk.

Współpraca nie trwała długo. Kulczyk wbrew wcześniejszym deklaracjom postanowił rozstać się z Francuzami. Porozumienie o wyjściu ze spółki było bardzo korzystne dla partnera Francuzów. France Telecom wziął na siebie spłatę jego kredytu, który zaciągnął na kupno udziałów Telekomunikacji i wypłacił mu premię, czyli 40 milionów euro na czysto.

Kulczyk odrzuca zarzut, że przehandlował telekom dla łatwego zysku. Twierdzi, że wycofał się z TP SA, bo firma pod zarządem Francuzów mogła tylko tracić na wartości. Wtedy jej akcje były najdroższe w historii. Między innymi dlatego, że TP SA przechodziła ostrą restrukturyzację. Zwolniono kilkanaście tysięcy osób.

– Zdecydowałem się na tę wspólną inwestycję, bo byłem błędnie przekonany, że France Telecom ma telekomunikacyjne know-how. A to była państwowa firma, tak samo źle działająca, jak nasza państwowa Telekomunikacja. Decyzję o wycofaniu się z TP SA podjąłem, gdy zobaczyłem, że sposób zarządzania firmą przez Francuzów jest jeszcze gorszy od polskiej biurokracji. Nie wykupiłbym Francuzów. Dlatego sprzedałem udziały.

Jeden z byłych doradców Kulczyka twierdzi, że sprzedaż udziałów została na Francuzach w pewnym sensie wymuszona. Kulczyk wymyślił fortel – zarzucił France Telecom naruszanie postanowień umowy i zażądał wykupienia udziałów za kwotę powiększoną o karę umowną. – Wtedy Francuzi zrozumieli, że Kulczyk chce się z nimi rozstać. To były dwa tygodnie nerwowych negocjacji. Francuzi odrzucili możliwość zapłacenia kary. Kulczyk dostał tylko lekką premię – opowiada nasz rozmówca.

Jan Kulczyk przedstawia inną wersję zdarzeń. Twierdzi, że wyniki firmy były dosłownie makabryczne. Ponadto Francuzi zdecydowali, że przeprowadzą rebranding sieci komórkowej Idea i zmienią jej nazwę na Orange. Idea była własnością Telekomunikacji. Orange Brand Services Ltd., która użyczała swojej marki, to spółka France Telecom. Taka operacja to duże koszty. TP SA musiała płacić Francuzom opłaty licencyjne. Kulczyk twierdzi, że brand Orange był forsowany na siłę w oczywistym celu. – To było normalne wyciąganie pieniędzy z firmy, drenowanie w kierunku France Telecom – uważa miliarder.

Ówczesny prezes France Telecom Thierry Breton był na wylocie. – To fantastyczny facet. Nie jest typowym Francuzem. Pochodzi ze Strasburga i płynie w nim niemiecka krew. Rozmawialiśmy po niemiecku, w związku z tym wkurzaliśmy wiele osób, bo Francuzi nie mówią obcymi językami – wspomina Kulczyk. Na marginesie, talenty językowe Kulczyka to kolejna zagadka. Jeden z jego znajomych twierdzi, że językiem niemieckim włada bardzo słabo. W odpowiedzi na taki zarzut Kulczyk puka się tylko wymownie w czoło.

– Miałem z Bretonem bardzo dobre relacje. Powiedział, że odchodzi i będzie jeszcze gorzej. I zaproponował, że jeżeli jestem zainteresowany odkupieniem udziałów, to jest gotowy do negocjacji. Zgodziłem się. I to była bardzo mądra decyzja. Od dnia prywatyzacji Telekomunikacji Polskiej akcje tylko tracą na wartości. Z ponad 30 złotych zostało kilka złotych za akcję. Uważam, że za prywatyzację TP SA powinienem dostać od państwa parę ważnych orderów. Skarb państwa otrzymał niebotyczną zapłatę, a telekomunikacja w Polsce jest najnowocześniejsza w świecie. Uważam, że jest w tym dużo mojej zasługi – nie kryje dumy miliarder.

Relacja Kulczyka jest zapewne bardzo dyplomatyczna. Między partnerami w TP SA musiało mocno iskrzyć. France Telecom notował gigantyczne straty. Thierry Breton został zdymisjonowany w 2005 roku, po tym jak dochód France Telecom zjechał z 70 do niewiele ponad 30 miliardów euro. Nie przeszkodziło mu to w kontynuowaniu kariery. Został ministrem finansów i gospodarki.

Kulisy rozstania się Kulczyka z France Telecom wydają się dosyć banalne. O wiele ciekawsze były początki tej współpracy. Marek Modecki, partner w firmie doradczej Concordia mówi, że to jego firma wytypowała Jana Kulczyka do konsorcjum z Francuzami. – W sprawie TP SA mieliśmy mandat od France Telecom. Zaprosiliśmy Kulczyka, ale rozmawialiśmy z dwoma podmiotami. Potrzebny był ktoś, kto mógł położyć na stół dobry miliard dolarów. Mogę powiedzieć, że złożyliśmy ofertę także Agorze. Poszliśmy do Wandy Rapaczyńskiej, ale odpowiedziała, że leży to poza zakresem ich działalności. Agora później żałowała. Zaproponowaliśmy Ryszarda

Krauze. Francuzi odrzucili ten pomysł. Jego firma jest dostawcą systemu teleinformatycznego, mógł być konflikt interesów. No to Kulczyk. Z Kulczykiem zagrało – opowiada Modecki.

Pytamy Kulczyka. Został pan wskazany przez Concordię? Stanowczo zaprzecza.

– Rzeczywiście, miałem wtedy pieniądze, bo sprzedałem Erę. Ale zaczęło się od tego, że skontaktował się ze mną ambasador francuski i zapytał: prezydent Aleksander Kwaśniewski leci z oficjalną wizytą do Francji, czy przyjmie pan zaproszenie? Odpowiedziałem, że jeśli prezydent zaprasza, to chętnie polecę. Za chwilę dzwoni do mnie szef gabinetu prezydenta Marek Ungier, pyta czy mogę przyjść do pałacu. Mówi: słuchaj ambasador już dwa razy nalegał, żebyś koniecznie poleciał z Kwaśniewskim do Paryża. Jednym z celów tej wizyty była prywatyzacja TP SA. Francuzi naciskali... Nie chcę tu mówić o szczegółach, może za 50 lat ktoś to ujawni. Ale Francuzi używali takich argumentów, że powiem szczerze, marzyłbym, żeby rząd polski tak walczył o polskie firmy na świecie – opowiada Kulczyk.

A jaka była rola Modeckiego i firmy Concordia?

– Ta transakcja miała wartość kilku miliardów, a Concordia to był mały bank inwestycyjny. Byłem wtedy jedynym przedsiębiorcą w Polsce, który zbudował prywatną firmę telekomunikacyjną. Przecież razem z Andrzejem Skowrońskim stworzyliśmy Erę GSM. To są fakty. Nie ma o czym dyskutować. Nie miałem w Polsce konkurenta – przekonuje Kulczyk.

Przy okazji walki o przejęcie TP SA doszło też do niecodziennego pojedynku dwóch przyjaciół, którzy jeszcze na początku lat dziewięćdziesiątych wspólnie zakładali Polską Radę Biznesu. France Telecom i Kulczykowi szyki próbował pokrzyżować obecny „król polskiej farmacji" Jerzy Starak, wspierający wówczas Telecom Italia. Włoski potentat telekomunikacyjny przy tej transakcji był faktycznie ukryty za firmą Stet International Netherlands (która złożyła ofertę). Starcie Kulczyka ze Starakiem – jak twierdzą znajomi obydwu biznesmenów – spowodowało zamrożenie relacji między nimi. Konflikt był tak poważny, że przestali nawet ze sobą rozmawiać.

Włosi i Starak w walce o TP SA niemal od początku byli na straconej pozycji. Za każdą akcję przedsiębiorstwa byli skłonni zapłacić ponad 10 zł mniej niż Francuzi z Kulczykiem. Dużo gorsza była także ich oferta zakładająca plany inwestycyjne przedsiębiorstwa po jego ewentualnym zakupie. W jednym z pism do ministerstwa skarbu Włosi starali się wyjaśnić, dlaczego nie mogą złożyć korzystniejszej oferty. Jako powód wymienili uprzywilejowaną pozycję France Telecom podczas całego postępowania prywatyzacyjnego. Z czego miał wynikać ten francuski handicap? W tym czasie koncern znad Sekwany posiadał już 33 procent akcji w operatorze komórkowym PTK Centertel, kontrolowanym przez TP SA. Taka sytuacja mogła zniechęcić potencjalnych inwestorów.

Nie ma wątpliwości, że zgoda na sprzedaż TP SA była decyzją polityczną. Zapadła na najwyższym poziomie z udziałem prezydenta Francji Jacques'a Chiraca, premiera Jerzego Buzka i prezydenta Aleksandra Kwaśniewskiego. Rola Kwaśniewskiego była tytularna. To „Solidarność" była przy władzy, Kwaśniewski nie miał wielkiego wpływu na prywatyzacyjne decyzje, ale zapewne miał swoje interesy we wspieraniu poczynań rządu. Jan Kulczyk wyraźnie waży słowa, lakonicznie opowiadając o swojej wizycie w Paryżu u boku prezydenta. Jak się potem okazało, była ona kluczowa dla całej transakcji.

– Wspieranie własnego biznesu za granicą to obowiązek i premiera, i prezydenta. Tak to funkcjonuje w innych krajach, a szczególnie we Francji. Mogę powiedzieć, że podczas tej wizyty rozmawialiśmy o wejściu Polski do Unii Europejskiej i do NATO. Francuzi byli konkretni – wspomina.

O kulisach prywatyzacji TP SA wiadomo niewiele, informacje i anegdoty nakładają się na siebie, nie tworząc ostrego obrazu, jest wiele wersji. Ale ta rekonstrukcja zdarzeń wydaje się bardzo wiarygodna. Przy Rue du Faubourg Saint Honore 55, w historycznej rezydencji Madame Pompadour, metresy króla Ludwika XV, rozpoczyna się spotkanie na szczycie. Gospodarz Pałacu Elizejskiego, prezydent Francji Jacques Chirac spogląda ciekawie na prezydenta

Polski Aleksandra Kwaśniewskiego. Przy stole w salonie przyjęć siedzi też premier Lionel Jospin, ówczesny szef France Telecom Michel Bon i Jan Kulczyk. Chirac zwraca się do Kwaśniewskiego: Mon ami Aleksander. Wiemy, jaką wagę przywiązujecie do wejścia do UE. Ty wiesz, że my taką samą wagę przywiązujemy do tego, żeby France Telecom kupił TP SA. Na to Kwaśniewski: Mon ami Jacques: ja też jestem prezydentem dużego państwa, ale moja kohabitacja z premierem Buzkiem zdecydowanie gorzej wypada niż twoja z premierem Jospinem. Proszę, lepiej porozmawiaj z panem Janem Kulczykiem. Przypuszczam, że premier Jerzy Buzek będzie go bardziej słuchał niż mnie.

Wtedy prezydent Chirac zwrócił się do Bona: Michel, to ty się musisz z panem Kulczykiem zaprzyjaźnić. Prezydent Francji był z Bonem po imieniu, łączyła ich doskonała znajomość. W tej samej chwili prezes France Telecom wstał od stołu i podszedł do Kulczyka: Michel jestem. Kulczyk odpowiedział: Jan.

Jeżeli rzeczywiście tak wyglądało to spotkanie, wniosek jest jednoznaczny. Prywatyzacja TP SA i zgoda, żeby spółkę kupili Francuzi, były częścią ceny, jaką zapłaciła Polska za przystąpienie do Unii Europejskiej. Ale do czego był potrzebny Jan Kulczyk? Zaproszenie do Paryża musiały poprzedzić rzeczowe negocjacje. Ktoś Kulczyka musiał wskazać i rekomendować. Jeśli nie firma doradcza Modeckiego, to kto? Kwaśniewski? Wątpliwe. Inicjatywa musiała wychodzić z okolic rządu. Kulczyk miał bardzo dobre relacje nie tylko z prezydentem. Bardzo dobrze znał także salony ówczesnej władzy wykonawczej, czyli rządu Akcji Wyborczej Solidarność i Unii Wolności. Miał bardzo dobre relacje z wpływowymi politykami UW – jak z Hanną Suchocką czy Januszem Lewandowskim. Ciepło spoglądali na niego politycy AWS. Premierem rządu był Jerzy Buzek, ale z tylnego siedzenia rządził szef Akcji Wyborczej Solidarność Marian Krzaklewski, który równocześnie był przewodniczącym „Solidarności". W swoich kalkulacjach politycznych widział w Kulczyku sprzymierzeńca. Całkiem nieźle się znali. Na dowód znajomi Kulczyka przytaczają jedną z zasłyszanych anegdot. Krzaklewski poprosił Kulczyka o spotkanie, jak doktor z doktorem. Szef „Solidarności" przyjechał do firmy Kulczyka na obiad. Przebieg tej rozmowy to oczywiście luźna rekonstrukcja, ale mniej więcej wyglądała tak: Krzaklewski chwalił Kulczyka, że ma dobre relacje z Kościołem, z Jerzym Buzkiem. Ale nieoczekiwanie zapytał, dlaczego zatrudnia u siebie komuchów? Kulczyk się zdziwił. Jakich komuchów? Wtedy Krzaklewski przeszedł do rzeczy: Pracuje u pana w Warcie żona Leszka Millera. Kulczyk przeprosił wtedy Krzaklewskiego, wyszedł na chwilę do pokoju obok i zadzwonił do swojego współpracownika w Warcie z pytaniem, jak ocenia pracę Millerowej. Usłyszał, że jest jednym z najlepszych pracowników. Wrócił więc do stołu i pyta Krzaklewskiego, jak doktor doktora: Panie doktorze, a ile pan ma udziałów w Warcie? Krzaklewski się oburzył: No jak to, nie mam żadnego! Kulczyk się uśmiechnął: To dobrze, wrócimy do rozmowy, jak będzie miał pan 10 procent.

Kilka tygodni później do Kulczyka zadzwonił Miller. To nie była jeszcze ugruntowana znajomość. Poznali się na jednym z corocznych przyjęć urodzinowych Aleksandra Kwaśniewskiego. Miller nalegał na spotkanie. Umówili się na obiad. Polityk SLD przyniósł dla Kulczyka prezent – niebieskiego Johnnie Walkera – z podziękowaniami, że uratował od utraty pracy jego żonę Aleksandrę. Kulczyk miał wtedy powiedzieć: Ja jej nie uratowałem. Przyszedł facet, który nie ma ani jednej akcji w spółce i mówi, że mam wymieniać kadry. To go pogoniło.

Tego dnia Miller zadeklarował, że kiedyś się odwdzięczy. Był 1998 rok. SLD tkwiło w głębokiej opozycji, Miller znaczył niewiele. Nikt nie mógł nawet przypuszczać, że za trzy lata zostanie premierem. Kulczyk zapytany o tę anegdotę odpowiada jak zawodowy dyplomata: – Od tego czasu miałem sympatyczną nową znajomość.

Gdy w 2001 roku Miller został premierem, Kulczyk zadzwonił do niego: – Jadę z lotniska, wypijemy kawę? Miller odparł: – Przyjedź. Mam radę ministrów, ale zrobię przerwę. – To były normalne relacje. Nigdy nic mi w życiu nie załatwił. Nic. Na energetyczną Grupę

G8 wygrałem przetarg. Unieważnili go, premierem był wtedy Miller. Od Millera nigdy nic nie otrzymałem – przekonuje Kulczyk.

W czasie, gdy trwała prywatyzacja Grupy G8 (skupiała osiem zakładów energetycznych zaopatrujących w prąd północną Polskę) na czele ministerstwa skarbu stał Wiesław Kaczmarek. Twierdzi, że Miller wspierał ofertę Kulczyka. – Któregoś dnia zostałem wezwany do kancelarii premiera. Wchodzę do gabinetu szefa rządu, a tam oprócz Millera czeka Kulczyk – opowiadał Kaczmarek. – Wówczas Leszek pyta mnie: „Dlaczego nie chcesz Jankowi sprzedać G-8?". „Bo nie ma pieniędzy" – odpowiadam. Wówczas Kulczyk zaczął na mnie krzyczeć. Podał mi jakąś kartkę i zaczął przekonywać, że pieniądze ma, o czym świadczyć ma wydana przez jeden z niemieckich banków gwarancja. Patrzę na kartkę i widzę, że to żadna gwarancja, ale deklaracja władz banku, że wejdą w transakcję po przeprowadzeniu procedury przetargowej. Mówię więc Kulczykowi: „OK, dam ci miesiąc na przedstawienie czeku bankowego, ale co będzie, jeśli po tym okresie powiesz mi, że coś ci wypadło i potrzebujesz jeszcze czasu? Czy na podstawie tego dokumentu będę mógł pójść do banku i podjąć pieniądze?". Zaczął coś kręcić, tłumaczyć, aż wreszcie przyznał, że nie ma takiej możliwości. Wówczas rzuciłem: „Janek, mam nadzieję, że w mojej obecności nie będziesz już oszukiwał premiera". Kulczyk zaczął coś mówić, że jak przychodzi do knajpy, to kelner na wejściu nie woła od niego pieniędzy na zapłacenie rachunku. Wtedy mu odparłem: „Nie jestem kelnerem, ale ministrem skarbu".

Kulczyk pytany przed komisją śledczą o tę rozmowę odpowiedział: „Nie przypominam sobie takiego zdarzenia".

Formalnie o przejęcie G8 starała się wówczas kontrolowana przez Kulczyka spółka El-Dystrybucja. Resort skarbu przez kilka miesięcy dawał jej wyłączność na negocjacje w sprawie zakupu grupy. Ostatecznie zakończyły się fiaskiem, a sama prywatyzacja została unieważniona. Powodem był skandal korupcyjny z udziałem łódzkiego barona SLD Andrzeja Pęczaka. Ze zgromadzonego przez ABW materiału wynikało, że przyjmował on łapówki od znanego lobbysty

Marka Dochnala. W zamian, na jego prośbę, umówił zainteresowanych przejęciem G8 przedstawicieli rosyjskiego koncernu RAO JES z ówczesnym ministrem skarbu Zbigniewem Kaniewskim.

Dochnal za swoje niepowodzenia zaczął obwiniać Kulczyka. Zeznał więc, że ministrowie Kaczmarek, a potem Kaniewski faworyzowali ofertę miliardera przy prywatyzacji G8. Na podstawie jego słów katowicki prokuratur Ireneusz Kunert 10 marca 2006 roku wszczął w tej sprawie śledztwo. To był początek jednego z największych i najbardziej skomplikowanych postępowań prokuratorskich w Polsce. Śledztwo prowadzone przez Prokuraturę Apelacyjną w Katowicach bardzo szybko oprócz G8, zaczęło obejmować inne duże prywatyzacje. W tym Telekomunikację Polską. O ile katowiccy śledczy nie znaleźli dowodów na prawdziwość zeznań Dochnala, o tyle kulisy sprzedaży państwowego molocha telekomunikacyjnego zakończyły się postawieniem zarzutów. Po sześciu latach od momentu wszczęcia śledztwa wydane zostały dwa nakazy zatrzymania. CBA zatrzymała pracowników Kulczyk Holdingu – Jana W. i Wojciecha J. Aby mogli odpowiadać z wolnej stopy, musieli wpłacić kaucje. Pierwszy milion złotych, drugi półtora miliona. Prokuratura uznała, że są odpowiedzialni za duże nieprawidłowości finansowe na kwotę 1,1 miliona dolarów. Pieniądze te trafiły z Kulczyk Holdingu na konto firmy BMF (BRE Corporation Finance) za usługi podczas prywatyzacji TP SA. Według prokuratury doradztwo to było fikcyjne. Śledczy podejrzewali, że zapłata mogła być ukrytą formą łapówki. Ze zgromadzonych podczas postępowania dokumentów wynika, że część tych pieniędzy miała potem trafić do Georga Storożyńskiego, wiceszefa warszawskiego oddziału ING Bank, doradzającego ministerstwu skarbu przy sprzedaży TP SA. Kulczyk Holding twierdził, że udostępnił wszystkie posiadane dokumenty, a sprawa dotyczy jednego brakującego raportu. Spółka broniła się, że nie miała obowiązku tak długo trzymać dokumentacji. Śledztwo do dziś nie zostało zakończone.

Kulczyk bagatelizuje tę sprawę. – Zarzut nie dotyczył korupcji, tylko działania na szkodę spółki, bo nie znaleźli u nas raportów z wykonanej pracy. Osobiście nie miałem z tą sprawą nic wspólnego – twierdzi miliarder.

We wtorek, 25 lipca 2000 roku, w biurach Kulczyka w Warszawie było tłoczno już od wczesnego poranka. Przedstawiciele France Telecom z prezesem Michelem Bonem na czele przyjechali do siedziby firmy prosto z lotniska Okęcie. Na podpisanie umowy sprzedaży TP SA oczekiwało w napiętej atmosferze kilkanaście osób. Nerwówka miała swoje powody. Okazało się, że transakcja nie może być sfinalizowana. Brakowało podpisów pod załącznikiem nr 11. Prośbę o zaakceptowanie tego dokumentu France Telecom przekazał doradcy ministerstwa skarbu dzień wcześniej – 24 lipca.

O problemie szybko został powiadomiony premier. Jerzy Buzek bezzwłocznie polecił ministrowi łączności Tomaszowi Szyszko i pułkownikowi Zbigniewowi Tadeusiakowi, dyrektorowi departamentu obronności, aby stawili się w siedzibie Kulczyka. To właśnie ich podpisów brakowało na załączniku.

Załącznik 11 dotyczył zadań na rzecz obronności i bezpieczeństwa państwa. Zgodnie z umową France Telecom otrzymywało kontrolę nad liniami telefonicznymi łączącymi jednostki wojskowe. Niektóre z nich były niejawne. Za ich pośrednictwem prowadzono rozmowy, których treść była objęta klauzulą tajności. Teoretycznie francuskie służby specjalne, jeśli chciałyby podsłuchiwać polskich wojskowych, miałyby ułatwione zadanie.

Ale to nie był główny powód przeciągania finału transakcji. Rząd w ostatniej chwili chciał w ten sposób wymusić zgodę na wyłączenie z umowy prywatyzacyjnej spółki Emitel. Posiadała ona ponad 350 obiektów nadawczych (tzw. masztów), które umożliwiały przesyłanie sygnału radiowo-telewizyjnego.

Przedstawiciele TP SA oświadczyli, że chcą wyłączyć z umowy maszty, bo to jest dobro państwowe – opowiada jeden z negocjatorów. Kulczyk był gotów się zgodzić. Francuzi się zaparli, nie chcieli nic zmieniać. Ich stanowisko było jasne: albo maszty, albo nie ma umowy.

Sytuacja była dziwaczna. Pułkownik Tadeusiak nie chce złożyć podpisu pod załącznikiem, który blokuje umowę. W gabinecie

Kulczyka czeka poirytowany prezes France Telecom, a u premiera trwa narada, co dalej. Między siedzibą Kulczyka a kancelarią premiera kursuje Alicja Kornasiewicz. – Michel Bon się uparł, nie było z nim żadnej dyskusji, chciał już wracać do Paryża – wspomina Kulczyk. To on powstrzymał Bona przed wyjazdem i zerwaniem transakcji. Poprosił dyskretnie swoją asystentkę, żeby co chwilę dolewała do kieliszków koniaku. Prezesowi France Telecom coraz bardziej się to podobało, alkohol wprowadził go w błogi nastrój. – W końcu było mu wszystko jedno, czy podpiszemy umowę o godzinie piętnastej czy siedemnastej – mówi Kulczyk.

Premier Buzek ustąpił. Pułkownik Tadeusiak i minister Szyszko złożyli swoje podpisy pod spornym załącznikiem złotym piórem należącym do Kulczyka. Dzięki temu około godziny osiemnastej udało się podpisać umowę prywatyzacyjną. Wszyscy mogli otwierać szampana i świętować. Nikt nie miał wątpliwości, że brak podpisów na załączniku 11 był tylko grą, która miała wydłużyć negocjacje. „Gazeta Wyborcza" przytoczyła później wypowiedź jednego ze swoich informatorów. „Pułkownik Tadeusiak [...] doszedł do wniosku, że umowa prywatyzacyjna nie zabezpiecza należycie podległych mu spraw. Nagle dochodzą nas głosy, że podobne zdanie w sprawach obronności ma Krzaklewski, ludzie z kancelarii premiera, nawet sam premier. Wszyscy mieliśmy wrażenie, że opór Tadeusiaka ma wymusić na Francuzach dalsze negocjacje".

Przyznał to sam pułkownik Tadeusiak: – Kwestia załącznika 11 faktycznie była tylko pretekstem. Zostaliśmy wysłani do Kulczyk Holding, aby przeciągnąć negocjacje i czekać na decyzję rządu w sprawie Emitela. Po dwóch godzinach minister Szyszko dostał telefon, że mamy jednak podpisać załącznik.

Dlaczego premier Buzek zmienił zdanie?

– Nie wiem – stwierdził emerytowany już dziś pułkownik.

Ta część umowy do dziś budzi kontrowersje. Zgodnie z punktem piątym załącznika Francuzi zostali zobowiązani do przekazania ministerstwom obrony narodowej i łączności części infrastruktury istotnej z punktu widzenia bezpieczeństwa państwa. Do dokumentu nie wpisano jednak daty, kiedy ma to nastąpić. W efekcie do dziś Francuzi nie wywiązali się z tego zapisu.

W historii prywatyzacji TP SA jest jeszcze jedna zagadka do wyjaśnienia. Impas w ostatnich godzinach przed podpisaniem umowy miała przełamać nieoficjalna interwencja generała Gromosława Czempińskiego, byłego szefa Urzędu Ochrony Państwa. Tak twierdzi choćby Marek Modecki. Pułkownik Tadeusiak zaprzeczył. Potwierdził jednak, że Czempiński tego dnia był w budynku przy ulicy Kruczej. Nie może to dziwić. W tym czasie generał był związany z miliarderem poprzez firmę Mobitel, która mieściła się pod tym samym adresem co inne spółki Kulczyka. Gabinet Czempińskiego mieścił się nad gabinetem Kulczyka.

O kulisach tej współpracy Czempiński opowiadał podczas przesłuchania przed sejmową komisją śledczą ds. PKN Orlen: „[...] w ramach holdingu wykonywałem różnego rodzaju zlecenia, jeśli tak mogę powiedzieć. No, trzeba pamiętać, że jestem człowiekiem, który... [...] ...potrafi wiele, prawda? I stąd pan Kulczyk parę razy zwrócił się o to, żebyśmy dbali o to, żeby przyszła umowa między France Telecomem a TP SA nie szkodziła Mobitelowi, który także jest spółką telekomunikacyjną. [...] Nie miałem styku – mogę tylko to dodać jeszcze – w ogóle z przedstawicielami skarbu państwa. Rozmawialiśmy głównie z Francuzami".

Czempiński zeznawał przed komisją śledczą z powodu ujawnionej tajnej notatki szefa wywiadu Zbigniewa Siemiątkowskiego. Znalazło się w niej słynne zdanie: „Nie najlepsze obecnie relacje Kulczyka z Czempińskim wynikają z roszczeń tego ostatniego do kwoty 1 mln dol. za pomoc przy prywatyzacji TP SA". Jaka była prawda?

Kulczyk zatrudnił Czempińskiego, po tym jak odszedł on z UOP po aferze „Olina". Generał został członkiem zarządu spółki Mobitel. Firma oferowała satelitarne systemy, które pozwalały odnaleźć auto w wypadku kradzieży. Mobitel został też udziałowcem spółki Wapark, która miała umowę z władzami Warszawy na pobieranie opłat parkingowych. Mimo lukratywnego kontraktu Mobitel splajtował. Kulczyk musiał firmę sprzedać. – Czempiński przyszedł do mnie i chciał milion dolarów za udziały w Mobitelu. Odmówiłem, bo firma zbankrutowała. Nie miał nic wspólnego z TP SA – twierdzi Kulczyk.

ROZDZIAŁ VII
KOLEBKA KULCZYKÓW
NA KUJAWACH

WAŁDOWO LICZY niespełna 600 mieszkańców. Leży w powiecie sępoleńskim w województwie kujawsko-pomorskim. Pierwsze wzmianki o tej miejscowości pojawiły się jeszcze na początku XIV wieku. Powód do dumy jest jeszcze jeden – wieś szczyci się zabytkowym kościołem św. Mateusza z 1621 roku. Poza tym Wałdowo jest podobne do wielu innych miejsc w Polsce: działa Ochotnicza Straż Pożarna, Wiejski Ośrodek Kultury, jest poczta, apteka, kilka sklepów. To stąd wywodzi się rodzina Kulczyków, najbardziej dziś wpływowa familia w polskim biznesie.

Początek dał jej Józef Kulczyk, pradziadek najbogatszego Polaka. Informacje na jego temat są bardzo skąpe. W jednej z publikacji opisującej rodzinę Kulczyków został określony jako „zamożny gospodarz". Choć wiadomo niewiele, Józef Kulczyk musiał być przewidującym człowiekiem, skoro część pieniędzy zainwestował w edukację syna – Władysława, dziadka Jana Kulczyka. Wysłał go do renomowanej szkoły handlowej w Bochum, gdzie uczył się kupiectwa.

Po zakończeniu nauki Władysław wrócił do Wałdowa, poślubił Helenę i zaczął handlować. Okres międzywojenny był bardzo dobry dla rodziny Kulczyków. Interesy szły znakomicie. Władysław uruchomił i rozwijał Dom Rolniczo-Handlowy. Posiadał też gospodarstwo rolne i był właścicielem restauracji. Spełniał się również na niwie politycznej – był radnym sejmiku wojewódzkiego w Toruniu.

Kazimierz Horyd, radny gminy Sępólno i emerytowany nauczyciel, opowiadał w 2008 roku „Gazecie Pomorskiej", że Władysław Kulczyk zasłużył się w Wałdowie jako społecznik: „Jest uwieczniony w przedwojennej szkolnej kronice jako członek komitetu, który budował polską szkołę w Wałdowie. A swoją salę przeznaczoną na wynajem dawał na spotkania katolickiej młodzieży i gwiazdki dla ubogich".

Władysław w latach 30. aktywnie działał też w „gminnym ogniwie Związku Zachodniego". Prawdopodobnie chodzi o struktury Polskiego Związku Zachodniego. Była to organizacja patriotyczna walcząca z rosnącymi wpływami niemieckimi w Polsce. Jednym z jej celów było blokowanie otwieranych prywatnych niemieckich szkół.

26 czerwca 1925 roku na świat przyszedł Henryk, ojciec Jana Kulczyka. Uczył się i wychowywał w Wałdowie razem z siostrą Haliną.

Gdy wybuchła II wojna światowa, miał 13 lat.

W 1942 roku Władysława aresztowało gestapo. Trafił do obozu koncentracyjnego. Według dokumentów zgromadzonych w archiwach IPN najpierw przebywał w Lipce, a potem w Dachau. Jednak w nielicznych wypowiedziach Henryka Kulczyka pojawia się też nazwa obozu Sachsenhausen-Oranienburg, do którego miał trafić jego ojciec krótko po wybuchu wojny, we wrześniu 1939 roku. Dane na ten temat są niespójne.

Wiadomo, że Władysław Kulczyk opuścił obóz dzięki pomocy dalszej rodziny. Wydostał go szwagier, z zawodu nauczyciel, szanowany obywatel Niemiec o nazwisku Latzke.

Po aresztowaniu ojca Henryk musiał wyjechać z Wałdowa. Od 1942 roku do zakończenia wojny mieszkał w Bydgoszczy, pracując jako pracownik fizyczny w kontrolowanych przez Niemców zakładach zbrojeniowych w Łęgnowie. Biografia Henryka Kulczyka przygotowana na jego 85. urodziny informuje, że zatrudnił się w Bydgoszczy „w niemieckiej firmie pracującej na potrzeby frontu". Nie pada jednak jej nazwa. Początkowo pracował jako goniec, ale szybko awansował i stał się asystentem dyrektora. Było to możliwe, bo szybko nauczył się języka niemieckiego i posługiwał się nim płynnie. W 1943 roku, w wieku osiemnastu lat, wstąpił do Armii Krajowej. Przyjął pseudonim „Paweł". Został zaprzysiężony na członka pomorskiej organizacji „Gryf", zajmującej się wywiadem wojskowym. Informacje te potwierdziła Fundacja Archiwum Pomorskie Armii Krajowej:

„Pan H. Kulczyk ps. «Paweł» do konspiracji został wprowadzony przez Alfonsa Gryczkę, a do Armii Krajowej zaprzysiężony w październiku 1943 r. przez chor. «Odrowąża» – przypuszczalnie członka sztabu Inspektoratu AK w Bydgoszczy o nie ustalonym do tej pory nazwisku. Był żołnierzem-wywiadowcą do czasu formalnego rozwiązania AK w 1945 r. Nie ujawnił się. W 1942 r. został skierowany przez Arbeitsamt do pracy w firmie budowlanej w Bydgoszczy przy ul. Fordońskiej (Kenna und C.O. Bromberger Beton Werke). Meldunki wywiadowcze, kopie pism i plany ważnych strategicznie obiektów wojskowych przekazywał osobiście «Odrowążowi» w punkcie kontaktowym przy ul. Krótkiej w Bydgoszczy, gdzie również uczestniczył w szkoleniach wojskowych. Działalność konspiracyjną p. Henryka Kulczyka ps. «Paweł» potwierdzają relacje: Czesława Romińskiego ps. «Grom» […] i Tadeusza Brukwickiego ps. «Alojzy» […] żołnierzy Garnizonu AK w Bydgoszczy".

Henryk Kulczyk służył w AK jako szeregowiec. Wiele lat później w ramach przepisów o awansach na stopnie oficerskie osób niepodlegających obowiązkowej służbie wojskowej otrzymał stopień podporucznika. Awansował dzięki wydanej 2 grudnia 2002 roku decyzji prezydenta Aleksandra Kwaśniewskiego. Niespełna siedem lat później, tym razem decyzją ministra obrony narodowej Bogdana Klicha, otrzymał kolejny awans – na porucznika.

Pierwsze biznesy Henryka Kulczyka

Po wojnie tzw. władza ludowa rozpoczęła utrwalanie swoich zdobyczy. Ciężar utrzymania narzuconego systemu wzięła na siebie bezpieka. Najpierw funkcjonariusze Ministerstwa Bezpieczeństwa Publicznego, później oficerowie Służby Bezpieczeństwa. Policja polityczna szybko zaczęła się interesować rodziną Kulczyków. W IPN znajduje się obszerna dokumentacja działań bezpieki podejmowanych wobec Henryka Kulczyka. To zapis nie tylko losów rodziny i historia jej inwigilacji. To także doskonałe źródło opisujące lata powojenne. Pełne świadectw, jak służba bezpieczeństwa penetrowała i kontrolowała życie obywateli na terenach zachodniej Polski. Szczególnie tych osób, które łączyły więzy rodzinne z obywatelami Niemiec zachodnich, głównego wroga bloku komunistycznego w Europie. Henryk Kulczyk był pod permanentną obserwacją od samego początku. Otaczało go stado szpiclów, którzy dokumentowali każdy jego krok.

To właśnie z dokumentów zgromadzonych w IPN dowiadujemy się, że po wojnie Henryk skończył szkołę średnią – najprawdopodobniej Liceum Handlowe w Bydgoszczy – i rozpoczął studia ekonomiczne na uniwersytecie w Toruniu. Jednak po dwóch latach musiał przerwać naukę. Powód? „Potrzeby życiowe, realna perspektywa założenia własnej rodziny, zmuszały do bardziej przyziemnych wyborów” – wyjaśniają przerwanie studiów autorzy rocznicowej biografii Henryka Kulczyka. Zaczął szukać źródła utrzymania na własną rękę. W tym czasie tzw. prywatna inicjatywa to było ryzykowne zajęcie. W komunistycznej propagandzie przedsiębiorca nie cieszył się zaufaniem. Uprawnienia pozwalające prowadzić własną działalność gospodarczą były ściśle reglamentowane. W marcu 1950 roku Kupiecki Instytut Wiedzy Zawodowej przy Naczelnej Radzie Zrzeszeń Kupieckich RP w Warszawie potwierdził przygotowanie dwudziestopięcioletniego Henryka Kulczyka do samodzielnego prowadzenia przedsiębiorstwa w branży włókienniczo--odzieżowej.

Ta rekomendacja bardzo szybko pomogła mu stanąć na własne nogi. Agenci bezpieki informowali, że Henryk Kulczyk próbuje sił we włókiennictwie. Początkowo był zatrudniony jako pracownik umysłowy w Spółdzielni „Dziewiarz". Potem prowadził w Bydgoszczy własny zakład bieliźniarski i założył Hurtownię i Pralnię Wełny Hurtowej WEŁNOHURT.

Jednym z jego znajomych był tajny współpracownik o pseudonimie „Janiszewski". Oto, co agent mówił służbie o początkach kariery przedsiębiorcy: „Był wówczas właścicielem hurtowni wełny. Po likwidacji hurtowni założył pracownię, w której produkował koszule męskie [...]. Jest człowiekiem solidnym, grzecznym, łatwo nawiązującym znajomości z obcokrajowcami. Należy do ludzi, którzy swoje słowo więcej cenią od wszelkich dokumentów. Jest rzutki i obrotny. Do obecnej rzeczywistości ustosunkowany jest pozytywnie".

W drugiej połowie lat pięćdziesiątych władza wypowiedziała wojnę własności prywatnej. Zaczyna się nacjonalizowanie majątków i przejmowanie firm. Państwo zabrało też przedsiębiorstwa Kulczykowi. Młody biznesmen postanowił szukać szczęścia w RFN. Wyjechał z kraju na zaproszenie wpływowej rodziny i szybko zaczął zarabiać na sprzedaży towarów pomiędzy przedsiębiorstwami z Polski i Niemiec.

W jego wypadku to była naturalna droga. W największych miastach Niemiec zachodnich – Berlinie, Bremie, Monachium, Norymberdze i Kolonii – mieszkała jego zamożna rodzina. Bezpieka, kreśląc profil osobowy Henryka Kulczyka, pisała, że mógł liczyć na finansowe wsparcie z ich strony. Jednak nie pieniądze były w tej sytuacji najważniejsze. Krewni dzięki swoim kontaktom mogli młodemu przedsiębiorcy otworzyć wiele drzwi na terenie RFN. To było bezcenne w planach biznesowych Polaka. Jednym z najbardziej wpływowych kuzynów Kulczyka był dr Paweł Latzke, sędzia i radca ministra sprawiedliwości RFN. Jego brat Bruno z kolei był profesorem medycyny i prowadził praktykę lekarską. Dzięki innemu krewnemu ks. Edwardowi Latzke, proboszczowi i radcy biskupiemu, Kulczyk mógł liczyć na kontakty w niemieckim Kościele katolickim. Zażyłość familii Kulczyków z niemieckim duchownym była bardzo silna. To właśnie ojciec proboszcza Latzke pomógł wyciągnąć z obozu koncentracyjnego Władysława Kulczyka. W 1965 roku Władysław zaprosił ks. Edwarda do Wałdowa. Nie była to jedyna wizyta ks. Latzke w Polsce. Kolejny raz w odwiedziny do Kulczyków przyjechał w sierpniu 1967 roku. W wizycie towarzyszy mu jego matka, 82-letnia Leokadia. „Oboje są członkami Związku Polaków, odnoszą się z dużą sympatią do Polski, szczycą się swym polskim pochodzeniem, wykazują związanie z Polską, chociaż jak twierdzą: «życie rzuciło ich na tereny NRF»" – opisywała bezpieka.

Innym kuzynem Henryka mieszkającym w Niemczech zachodnich był Alfons Latzke, ceniony artysta, malarz i rzeźbiarz. Według SB był on działaczem International Christian Leadership, organizacji, do której należeli wpływowi zachodnioniemieccy politycy, biznesmeni i naukowcy. Niemiec z wieloma z nich utrzymywał przyjacielskie kontakty.

Pod czujnym okiem bezpieki

Rodzinne koneksje Henryka Kulczyka w Niemczech nie mogły ujść uwagi funkcjonariuszy bezpieki. Można nawet postawić tezę, że dlatego władze PRL pozwoliły mu na pierwszy wyjazd do Niemiec. Młody i rzutki przedsiębiorca zaczął być typowany na tajnego współpracownika. Wcześniej czy później oficerowie bezpieki musieli zdradzić swoje zamiary wobec figuranta z Wałdowa. Stało się to 26 marca 1960 roku. Tego dnia doszło do pierwszego formalnego spotkania Henryka z funkcjonariuszami bezpieki w ramach operacji o kryptonimie „Kontakt". Po raz drugi przedsiębiorca spotkał się z SB 14 lipca 1960 roku. Notatka, którą napisał funkcjonariusz, wystawia dobitne świadectwo jakości i kwalifikacji kadr policji politycznej. Oficer z trudem posługuje się poprawną polszczyzną, jakby nie skończył nawet podstawówki.

„Podczas tej rozmowy [...] zadeklarował się iż na ile będzie miał możliwości to bardzo chętnie udzieli nam pomocy jednakże pod warunkiem, że nie będzie nigdzie figurował w ewidencji jako współpracownik i prócz osób, które z nim prowadziły rozmowy nikt więcej o tym nie będzie zorientowany. Nie chciałby także pisać zobowiązań ani również brać pieniędzy za złożone informacje. Nadmienił, iż podyktowane jest to tym, że on chce mieć dobre imię wszędzie wśród otoczenia w Polsce i w NRF. Fakt ujawnienia współpracy ze Służbą Bezpieczeństwa przekreśliłby dalsze jego życie. Dodał także, że jemu nikt nie może dać gwarancji ilu jeszcze w naszym aparacie jest ludzi, którzy mogą pójść w ślady Światły, czy Monata. Na powyższą sprawę odpowiednio zareagowano i wytłumaczono K. Henrykowi, z czego wynikało w końcu, że zrozumiał naszą intencje odnośnie udzielenia przez niego interesujących nas informacji. Na zakończenie rozmowy raz jeszcze podkreślił, że nie odciąguje się od udzielania nam pomocy, bo widzi, że mógłby w tych czy innych sprawach dopomóc nam, a zależy mu bardzo na utrzymaniu dobrych stosunków z nami jako przedstawicielami Służby Bezpieczeństwa".

Choć Kulczyk „nie odciągiwał się", to bardzo sprytnie wytknął bezpiece kompromitujące porażki. Esbek musiał się nieźle nagimnastykować, żeby się wytłumaczyć z tych wpadek. Wspomniany Józef Światło był wysokim funkcjonariuszem Ministerstwa Bezpieczeństwa Publicznego. W 1953 roku podczas podróży służbowej do Berlina Wschodniego uciekł na Zachód. Potem wziął udział w cyklu audycji w Radiu Wolna Europa. Słuchanie tej stacji w Polsce było nielegalne, a bezpieka bezskutecznie próbowała zakłócać jej odbiór.

Pułkownik Paweł Monat z kolei to oficer II Zarządu Sztabu Generalnego LWP. W 1959 roku wraz z żoną i synem wyjechał do Wiednia. Po tygodniu byli już w USA. Za szpiegostwo w Polsce został skazany zaocznie na karę śmierci.

Czy Kulczyk musiał deklarować pomoc? Oczywiście nie musiał, ale bezpieka była wtedy panem „życia i śmierci". Od tak prostych ludzi jak oficer SB, który rozmawiał z ojcem Jana Kulczyka zależało dosłownie wszystko: zgoda na paszport, kariera, praca, więzienie, nawet życie. Henryk Kulczyk rozumiał to pewnie lepiej niż jego rozmówca z SB. Można tylko się domyślać, że podjął bezpieczną dla siebie grę z bezpieką. Świadczy o tym historia zapisana na kartach jego teczki. Zresztą nie miał innego wyjścia. Przyzwolenie na nieformalną jeszcze współpracę miało swoje dalsze konsekwencje. Wywiad szukał kandydatów na tajnych współpracowników. A Henryk Kulczyk miał dla służb duży potencjał. Zanim bezpieka zaczęła realizować ten pomysł, w Departamencie II MSW powstał specjalny operacyjny plan opatrzony klauzulą „ściśle tajne". Kulczyk miał zostać przygotowany do „roli łącznika między obywatelami NRF a ich znajomymi w Polsce i odwrotnie". Uzasadnienie? „«Henryk» cieszy się dużym zaufaniem wśród poznanych osób i osoby te chętnie chcą poprzez niego przysłać do Polski różne listy, paczki, walutę itp. W wypadku wyjazdu «Henryka» do NRF zgłaszają się do niego różne osoby z prośbą o zabranie podobnych rzeczy do NRF. Jak oświadczył «Henryk», dotychczas poza małymi wyjątkami [...] spraw takich nie załatwiał bo obawiał się, że może wejść w konflikt z władzami".

Czy bezpieka wcieliła ten pomysł w życie, nie wiadomo. Nie zachowały się żadne dokumenty, które mogłyby na to wskazywać.

5 lipca 1960 roku Henryk Kulczyk złożył kolejne podanie o zgodę na wyjazd do RFN. Funkcjonariusze bezpieki zaczęli planować, jak przetestować zdolności wywiadowcze przedsiębiorcy. Opracowali listę zadań, które miałby wykonać podczas pobytu za granicą. Bezpieka oczekiwała, że Henryk Kulczyk dostarczy informacji na temat kilku osób, z którymi utrzymywał kontakty na terenie RFN. Chciała też, żeby rozpracował swoich krewnych – rodzinę Latzkich. Z dokumentów SB wynika, że Henryk Kulczyk po powrocie do kraju przekazał bezpiece jakiś raport. Co zawierał? Nie wiadomo, bo w aktach nie ma po nim śladu.

SB zaczęło coraz bardziej zależeć na formalnym zarejestrowaniu Kulczyka jako tajnego współpracownika. Ale przedsiębiorca nie chciał podpisać zobowiązania do współpracy. Mimo to SB przystąpiła do werbunku. Uzasadnienie napisał 2 czerwca 1961 roku kapitan

Zenon Jakubowski, kierownik Grupy III z bydgoskiej Komendy Wojewódzkiej Milicji Obywatelskiej ds. Służby Bezpieczeństwa.

„Kandydat walorami osobistymi, a mianowicie – odpowiednim poziomem intelektualnym, dobrą prezencją, przedsiębiorczością, sprytem i spostrzegawczością gwarantuje wykonanie nawet najbardziej skomplikowanych zadań i przedsięwzięć operacyjnych". Kapitan wskazywał na duże możliwości operacyjne kandydata. Świadczyć o tym miały jego szerokie znajomości na terenie Republiki Federalnej Niemiec. „W NRF posiada dość liczną i zamożną rodzinę oraz szereg znajomych na eksponowanych stanowiskach w środowisku handlowców [...], dość często załatwiając dla nich różne sprawy w Polskich Centralach Handlu Zagranicznego. Fakt posiadania w NRF rodziny i omawianych kontaktów pozwala mu w każdej chwili wyjechać do Niemiec zachodnich i wykonać zlecone zadania". (Konsekwentne używanie skrótu NRF to nie pomyłka. W nazewnictwie PRL Niemcy zachodnie były określane jako Niemiecka Republika Federalna).

We wniosku o zgodę na werbunek kapitan Jakubowski szczegółowo opisał charakter przyszłych zadań:

„Werbowany będzie wykorzystany do rozpracowania osób pozostających w zainteresowaniu grupy niemieckiej jako tzw. jednostka manewrowa z uwagi, iż posiada szerokie możliwości rozpoznania interesujących nas osób i może być wykorzystany do różnych kombinacji operacyjnych" – wyjaśniał funkcjonariusz bezpieki.

W rubryce sposób pozyskania napisał: „Na najbliższym spotkaniu omówiona zostanie z nim szeroko konieczność udzielenia nam informacji i pomagania w realizacji zadań służby bezpieczeństwa. W zależności od sytuacji zobowiązanie o współpracy pobiorę natychmiast, lub też pozostawi się tą kwestię otwartą aż do chwili złożenia przez niego odnośnego dokumentu. Po dokonaniu werbunku na odbywanych spotkaniach przystąpię do szczegółowego spotkania w zakresie koniecznym dla wykonywania przez niego zadań operacyjnych".

Zwierzchnicy kapitana Jakubowskiego dali mu zielone światło. Do jego spotkania z Kulczykiem doszło 18 sierpnia 1961 roku w Bydgoszczy, w lokalu konspiracyjnym o kryptonimie „Bajka". Z relacji oficera SB wynika, że Henryk Kulczyk zgodził się na podjęcie formalnej współpracy z bezpieką. Podpisał zobowiązanie i przyjął dobrze mu znany pseudonim „Paweł". Taki, jaki nosił podczas okupacji w Armii Krajowej.

Podpisanie przez Henryka Kulczyka zobowiązania do współpracy z SB było z jego strony przemyślanym krokiem. Odmawiając, nie miał szansy na paszport i pracę za granicą. Tym bardziej z wizą do RFN, z którą Polska w latach sześćdziesiątych nie utrzymywała stosunków dyplomatycznych. Oddzielną kwestią jest pytanie, czy w ogóle na przełomie lat pięćdziesiątych i sześćdziesiątych była możliwa taka odmowa? Tym bardziej na odcinku niemieckim. Bezpieka tropiła rewizjonistów. A pojęcie to było nader szerokie. Z jednej strony rewizjonistami byli marksiści, którzy podważali oficjalną doktrynę komunistyczną i głosili hasła naprawy ustroju. Taka niby późniejsza opozycja. Z drugiej, mianem tym określano wszystkie osoby podejrzewane o to, że kwestionują podział Niemiec i granicę na Odrze i Nysie. Władza miała na tym punkcie dosłownie obsesję. Wszelkie formy kontaktów Niemców zza berlińskiego muru z Polakami były pod ścisłym nadzorem operacyjnym. Podejrzane były nawet przesyłane paczki, a co dopiero wspólne przedsięwzięcia biznesowe. Za Władysława Gomułki relacje gospodarcze między obydwoma krajami były ściśle kontrolowane przez służby PRL. Dopiero za rządów Edwarda Gierka relacje Polski z RFN powoli zaczęły się ocieplać, ale też bez większego przełomu. Pozwoliło na to porozumienie z kanclerzem Niemiec Helmutem Schmidtem w sprawie współpracy gospodarczej. Powstało wtedy kilkadziesiąt polsko-niemieckich firm. Jednocześnie Departament II MSW rozpoczął „Operację Ren", czyli zabezpieczenie kontrwywiadowcze ich działalności.

Miesiąc po werbunku, w połowie września 1961 roku, Kulczyk złożył wniosek na wyjazd do Holandii. Przy tej okazji można się dowiedzieć, jak SB przygotowywało swoich współpracowników na wypadek kontaktu z zachodnioniemieckimi służbami. Dokument, z którym musiał zapoznać się Kulczyk, zawierał dwanaście punktów.

Kilka z nich to perełki, których nie powstydziliby się autorzy scenariusza do filmu „Szpiedzy tacy jak my".

„7. Jeżeli podczas pańskiego pobytu w N.R.F. zaistnieje sytuacja, że ktoś z osób postronnych będzie się starał z panem rozmawiać proszę tych okazji nie unikać lecz należy się zorientować w rozmowie kto to jest, co sobą reprezentuje i jaki jest cel jego rozmowy z panem. Po zorientowaniu się, że jest to przedstawiciel wywiadu N.R.F. zawartą znajomość podtrzymywać jednak odnosić się z rezerwą do stawianych panu propozycji ewentualnej współpracy. Odpowiedz wiążącą t.zn. wyrażającą zgodę na współpracę udzielić dopiero po kilku dniach, tłumacząc, że są to za poważne sprawy ażeby decyzje podejmować pochopnie [...].

9. Jeżeli dojdzie do rozmowy z pracownikami wywiadu niewątpliwie będą oni pytać w jaki sposób pan postępuje, że prawie co roku uzyskuje pan paszport na wyjazd za granicę. Poszczególne wyjazdy należy uzasadnić w następujący sposób:

a) W 1959 r. na podstawie uzyskanego zaproszenia od rodziny złożył pan dokumenty w Komendzie Milicji w Bydgoszczy z prośbą o zezwolenie na wyjazd w celu odwiedzenia rodziny w N.R.F. Po kilku miesiącach otrzymał pan zgodę na wyjazd.

b) drugi raz był pan w N.R.F w 1960 r. wyjazd ten nastąpił w nieco innych okolicznościach a mianowicie po otrzymaniu zaproszenia na przyjazd do wujostwa na uroczystości złotych godów wszczą pan starania o wyjazd. Wiedząc, że sprawy wyjazdu do N.R.F. są ograniczone radził się znajomych jak ma postąpić żeby uzyskać zgodę na wyjazd dowiedział się pan od znajomych, że w Biurze Paszportowym uwzględniane są w pewnym stopniu wyjazdy do N.R.F. osób, które mają tam do załatwienia sprawy spadkowe w związku z tym w kwestionariuszu wpisał pan całą rodzinę w N.R.F. Z ich naukowymi tytułami – uzasadniając, iż obecnie chcą te zobowiązania spłacić na tej podstawie uzyskał pan zgodę na wyjazd. c) zgodę na bieżący wyjazd uzyskał pan bez większych trudności jak z powyższego wynika władze polskie na wyjazd do innych państw widocznie nie robią ograniczeń.

10. W rozmowie z pracownikami wywiadu/jeżeli do takich dojdzie/może pan się spotkać z zarzutem iż współpracuje pan z władzami polskimi. Na taki zarzut należy zareagować dość ostro i oświadczyć, że jeżeli mają do pana tego rodzaju zastrzeżenia to niechce pan z nimi w ogóle rozmawiać [...]".

Śmiałe plany pozostały na papierze.

SB: Kulczyk może być zachodnioniemieckim szpiegiem

25 stycznia 2011 roku w restauracji Bellview na Starym Mieście w Poznaniu Henryk Kulczyk świętował swoje 85. urodziny. Podczas imprezy Kulczyk senior został uhonorowany złotym medalem „Labor Omnia Vincit – Praca wszystko zwycięża", jego syn Jan otrzymał medal srebrny. To prestiżowe wyróżnienie przyznaje Towarzystwo im. Hipolita Cegielskiego. Cegielski był pozytywistą, społecznikiem i nauczycielem, zbudował od zera zakłady maszynowe w Poznaniu. Na kartach polskiej historii zapisał się jako wielki patriota przeciwstawiający się niemieckim władzom zaboru pruskiego.

Medal jego imienia to duży honor, potwierdza przynależność do wielkopolskiej elity.

Henryk Kulczyk, odbierając wyróżnienie powiedział, że trzykrotnie proponowano mu przyjęcie niemieckiego obywatelstwa, a on za każdym razem odmawiał. – W czasie wojny byłem żołnierzem AK, walczyłem z Niemcami. Nie wypadało mi więc przyjmować niemieckiego obywatelstwa – mówił.

50 lat wcześniej głowili się nad tym funkcjonariusze SB. Czy Kulczyk ma podwójne obywatelstwo, czy dał się zwerbować wrogiej stronie? To pozornie ciekawy paradoks. Z jednej strony SB typuje Kulczyka na szpiega, z drugiej podejrzewa go o szpiegostwo na rzecz wroga. Ale to dosyć oczywista sytuacja w grze wywiadów. Zaufanie to rzecz trzeciorzędna. Liczą się tylko zweryfikowane fakty.

SB spodziewała się, że szerokie kontakty i znajomości Kulczyka zarówno w kraju, jak i za granicą zwrócą uwagę tajnych służb RFN. Już w 1959 roku SB zaczęła sprawdzać lojalność Henryka Kulczyka. Bezpieka badała, czy współpracuje z zachodnioniemieckimi tajnymi służbami, czyli z Bundesnachrichtendienst (Federalną Służbą Wywiadowczą), lepiej znaną w skrócie jako BND.

Uzasadnienie operacji było zabawne. Powodem stają się „dane agenturalne, ze figurant po powrocie z NRF w styczniu 1959 r. stał się bardzo ruchliwy".

Bezpieka zdecydowała się na konfrontację. 26 marca 1960 roku w hotelu Polonia w Toruniu z Kulczykiem spotkali się major Pożoga i porucznik Podpora. Funkcjonariusze nagrali rozmowę. Kulczyk zapewnił, że jest lojalnym obywatelem PRL i patriotą. „Nie mniej jednak z rozmowy można było wyczuć, iż zbyt głęboko nie chciałby się angażować z uwagi na względy moralne i dobre imię kupca" – czytamy w raporcie ze spotkania. SB szukało haka, ale go nie znalazło.

Po kilku latach, na początku 1969 roku, centrala SB przeprowadziła wewnętrzną kontrolę materiałów z teczki TW „Paweł". Była miażdżąca dla bydgoskiej SB. Oficer sporządzający raport nie krył sarkazmu. Zaproponował nawet, żeby zawartość teczki zakwalifikować jako materiał szkoleniowy dla wszystkich oddziałów SB w kraju, „jak nie należy pracować z tajnymi współpracownikami".

Litania błędów była bardzo długa i znajdowała się na dwunastu stronach maszynopisu. W dokumentacji nie było choćby informacji, ile razy przez dziewięć lat Henryk Kulczyk wyjeżdżał do RFN. W papierach panował totalny bałagan. Oficer zżymał się na brak wiarygodności dostarczanych informacji. Koronnym przykładem był opis znajomości z obywatelem „D" z Torunia. Kulczyk podał, że zna go jeszcze sprzed wojny, kiedy prowadził hurtownię surowej wełny, a „D" był jego dostawcą. Kontrolujący teczkę oficer SB przytomnie zauważa, że w 1939 roku Henryk Kulczyk miał tylko 14 lat. „Jaki to więc właściciel hurtowni" – stwierdził autor raportu analizujący teczkę TW „Pawła". Wobec bydgoskiej SB pada także zarzut, że przymykała oko na podejrzenia kontrabandy, czyli przewożenia przez granicę paczek, które nie zostały zgłoszone celnikom. Reżim surowo tego zabraniał. Monopol na przesyłki i przede wszystkim na kontrolę ich zawartości miała Poczta Polska. Przemycanie paczek i listów przez granicę traktowane było jak szpiegostwo.

Ale konkretne podejrzenia nie zaczęły się od przesyłek, tylko od polskich grzybów. W sierpniu 1961 roku komórka bezpieki w Zielonej Górze raportowała, że Henryk Kulczyk trudni się „przemytem grzybów z Polski do Berlina Zachodniego". I pytała centralę, czy przymknąć na to oko. Nie uzyskała odpowiedzi. Lokalna bezpieka, zdana tylko na siebie, była zdezorientowana. Ze swoich źródeł dowiedziała się, że jeden z obywateli ma dostarczyć innemu obywatelowi, czyli Kulczykowi „prawdopodobnie tysiąc łubianek grzybów w pięciu ratach po dwieście sztuk". Nie wiedząc, co dalej robić, zapytali Kulczyka, czy to prawda. Zaprzeczył – nigdy nie handlował nielegalnie grzybami. Wątek grzybiarski miał swój ciąg dalszy. Sześć lat później bezpieka otrzymała informację o nielegalnej siatce trzech obywateli niemieckich. SB zaczyna grę operacyjną. Okazało się, że mieli przemycać i nielegalnie handlować… znowu grzybami. Wszyscy – według SB – przybyli do Polski na zaproszenie nadleśniczego Joachima Frieze, kuzyna Kulczyka. I tym razem Kulczykowi się upiekło. Po grzybach przyszła pora na paczki. Podczas jednej z kontroli celnych wyszło na jaw, że obywatel Niemiec przywozi do Polski paczki dla Henryka Kulczyka. A ten dalej przekazuje je mieszkance Torunia. Szpiegowska afera miała komiczny finał. Podczas pierwszej tajnej kontroli znaleziono trzy opakowania leku Trenimon, potrzebne dla chorego wuja tej kobiety.

Podczas drugiej w paczce były: „1 para pończoch, 2 firanki używane, 2 koszule damskie: jedna biała używana, druga różowa nowa, kawałki różnych koronek, gąbka do mycia koloru zielonego, natomiast na dnie paczki pod rzeczami leżał jeden blok listowy nie używany, papier biały w linie oraz około 150 kopert białych".

Efekt raportu po kontroli bydgoskiej SB nie jest zaskakujący – Kulczykowi przydzielono nowego oficera prowadzącego. Poprzedni dostał formalny zakaz kontaktowania się z nim. Henryk

Kulczyk otrzymał podobny papier: miał zerwać znajomość z esbekiem. Być może także dlatego, że do kierownictwa SB trafił anonim, że bydgoski oficer otrzymywał od Kulczyka poważne kwoty pieniężne, „jako pożyczki", a także „magnetofony i inne artykuły pochodzenia zagranicznego". Prawdą jest, że Henryk Kulczyk pomógł bydgoskiej SB, przywożąc z RFN magnetofon firmy Philips. Kosztował 3,6 tysiąca złotych. Kulczyk kupił magnetofon za swoje pieniądze, dopiero potem bezpieka zwróciła mu wydaną kwotę.

Nowy opiekun od razu rekomendował rozpoczęcie weryfikacji lojalności Kulczyka wobec SB. Oto, w jaki sposób zamierzał tego dokonać. Plan zakładał, że z rodziną Kulczyka w Polsce zaprzyjaźni się tajny współpracownik, znajomy Henryka jeszcze z pracy w Polskim Związku Motorowym w Bydgoszczy. Na terenie Berlina Zachodniego bezpieka chciała zaś zwerbować innego znajomego, którego zadaniem będzie ścisła obserwacja Kulczyka w tym mieście. Każdy przyjazd przedsiębiorcy do Polski miał być poddany wnikliwej infiltracji przy zastosowaniu techniki operacyjnej, agenturalnej i obserwacji zewnętrznej.

Kulczyk mógł też wtedy stracić paszport konsularny. Zasugerował to wprost jeden z funkcjonariuszy SB, który rozpracowywał Kulczyka.

To był najcenniejszy przywilej, jaki przedsiębiorca uzyskał od władz PRL. Bezpieka nawet gdyby bardzo chciała, nie miała nic więcej do zaoferowania. Pieniądze od SB nie miały dla niego żadnej wartości. Henryk Kulczyk był zamożnym człowiekiem. Ale uzyskanie paszportu konsularnego było jak marzenie. Dokument ten pozwalał wyjeżdżać za granicę bez ograniczeń. Dla przedsiębiorcy był bezcenny. Nie trzeba było za każdym razem składać wniosku, a potem czekać na decyzję biura paszportowego. Odmawianie wyjazdów za granicę było jednym z podstawowych narzędzi komunistycznych represji.

Henryk Kulczyk posiadał paszport konsularny od 1964 roku. Wniosek złożył do Polskiej Misji Wojskowej w Berlinie Zachodnim. W piśmie z 1964 roku podkreślił, że nie chce stracić polskiego obywatelstwa. Zapewnia też, że nigdy nie należał do żadnej niemieckiej grupy narodowościowej.

„Jestem Polakiem i nie mam zamiaru tracić obywatelstwa polskiego z racji przywiązania do kraju i rodziny – pisał Kulczyk. – Rodzinie do kraju będę przekazywał gros mego stosunkowo wysokiego wynagrodzenia, które wynosi 1000 DM miesięcznie oraz diety. Ponadto jako Polakowi zależy mi bardzo na dobrej i korzystnej współpracy naszego polskiego handlu zagranicznego z firmą, w której jestem zatrudniony i która jest bardzo zainteresowana zwiększeniem obrotów z polskimi centralami handlu zagranicznego [...]" – deklarował. SB pozytywnie zaopiniowało prośbę kupca. Polska Misja Wojskowa w Berlinie wydała mu paszport konsularny o numerze 0409035. Misja miała status placówki dyplomatycznej. Podobnie jak każda ambasada PRL lub konsulat naszpikowana była przedstawicielami PRL-owskich służb. Dla nikogo nie było tajemnicą, że Kulczyk z pracownikami misji utrzymywał doskonałe relacje. Placówkę zaczął odwiedzać w 1963 roku. Zawsze mógł liczyć na pomoc, jak potrzebował na przykład pisma z rekomendacją do odpowiednich rządowych instytucji. Zażyłość była tak duża, że z okazji 50. urodzin otrzymał nawet specjalne życzenia od Kazimierza Kosia, I sekretarza Polskiej Misji Wojskowej.

SB nie wiedziała, jak ogarnąć przypadek Henryka Kulczyka. W 1970 roku niejaki podpułkownik M. Nabiałek, starszy inspektor Departamentu II MSW, spotkał się z nim czterokrotnie. Raportował: „[...] W sposób bardzo stanowczy wykazałem mu, że jego możliwości są o wiele większe, że współpracę z nami traktuje marginesowo i w wygodny dla siebie sposób. [...] W rozmowie jest bardzo przekonywający. Jestem jednak zdania, że informuje nas tylko o sprawach, które w niczym nie naruszają jego interesów prywatnych. [...] Nasze zadania nie stanowią dla niego żadnego ryzyka. Po prostu o czym się dowie i jeżeli chce to nas o tym poinformuje. Nie widać też możliwości podstawienia go wywiadowi zachodnioniemieckiemu".

Prawdopodobnie, żeby się pozbyć problemu, SB przekazało Kulczyka do Departamentu I MSW, czyli wywiadu. Po trzech latach, w 1973 roku, kierownictwo bezpieki znowu poprosiło Kulczyka na bardzo poważną rozmowę. Do spotkania doszło na terenie Berlina Wschodniego. Wzięli w nim udział funkcjonariusz SB o pseudonimie „Held" i osoba określona jako „Towarzysz Rezydent". „Na spotkaniu tym zwrócono +Pawłowi+ uwagę na wysoce niezadowalający stan jego współpracy z naszą służbą, co ma pokrycie w znikomej wartości informacji dostarczonych nam przez niego. Mówiąc na ten temat, Rezydent wskazał «Pawłowi» na jego korzystną sytuację bytową, która powstała i istnieje m.in. z tytułu zadeklarowania przez niego współpracy z nami, a która to współpraca niestety nie daje oczekiwanych rezultatów" – czytamy w raporcie ze spotkania.

Henryk Kulczyk dostał ostrzeżenie. Jeżeli nadal będzie markował współpracę z bezpieką, zostanie odwołany do kraju i nie otrzyma więcej zgody na wyjazd. „Dłużej nie będziemy tolerowali stanu, jaki istnieje na dzień dzisiejszy" – napisał w raporcie esbek. Co ciekawe, nie wszyscy w MSW byli zadowoleni z przebiegu tej rozmowy. Świadczy o tym dokument, który powinien zostać zniszczony zaraz po przeczytaniu (co wynika z opisu). To instrukcja dla „Tella", funkcjonariusza PRL-owskich służb działającego na terenie Niemiec.

Agent dowiaduje się, że polski wywiad, podejrzewając Kulczyka o dwulicowość, planował wobec niego jakieś działania specjalne.

„[...] naszym zdaniem ujawnienie wobec niego naszych podejrzeń jak i ewentualnego zamiaru odwołania «Pawła» do kraju było posunięciem niesłusznym i może mieć nie przewidziane skutki" – pisał oficer wywiadu. Instruują „Tella", żeby w czasie następnych spotkań rozmawiać z nim „w łagodniejszym tonie", tak żeby przyjeżdżał do Polski bez obaw.

Pięć lat później SB przestało się patyczkować z Kulczykiem. Departament II MSW wszczął operację o kryptonimie „Antyk". Miała jeden cel – wyjaśnić podejrzenia współpracy Kulczyka z obcym wywiadem. „Wieloletnia współpraca nasuwała wiele wątpliwości, niejasności i podejrzeń" – czytamy w dokumencie o rozpoczęciu operacji. Jej efekty zostały sklasyfikowane „nie w kategoriach zysków lecz strat".

Pod koniec lat osiemdziesiątych SB intensywnie przygotowuje się do transformacji ustrojowej. Ostatni rok życia tej formacji kojarzy się przede wszystkim z masowym wynoszeniem z archiwów dokumentacji i jej niszczeniem. Ale w 1989 roku bezpieka zamykała też w pośpiechu tysiące prowadzonych operacji specjalnych. Tak też postąpiono ze sprawą o kryptonimie „Antyk". Wniosek podpisał major Brążkiewicz. „TW ps. Paweł przez blisko 27-letni okres współpracy nie przekazał żadnych istotnych informacji operacyjnych. Kilkakrotnie był rozpracowywany jako figurant podejrzany o powiązania z BND. Rozpracowania nie potwierdziły jednak założeń. Zachowanie tw w kontaktach z naszą służbą wskazywało na lekceważenie zasad konspiracji. Bilansując wieloletnią współpracę Pawła z naszą służbą oraz efekty jego rozpracowań proponuje zakończyć s.o.s. Krypt. Antyk i materiały złożyć w archiwum biura „C" MSW" – napisał Andrzej Brążkiewicz.

Grzyby, runo leśne, spedycja

Przez ponad dwadzieścia lat Henryk Kulczyk tworzył między Niemcami i Polską biznesowy fundament, na którym zaczął później budować przyszły miliarder, jego syn Jan Kulczyk. Wyuczone włókiennictwo musiał porzucić. Pierwszy biznes był znacznie prostszy. Zajął się eksportem z Polski do Niemiec zachodnich grzybów i runa leśnego. Na starcie pomogła rodzina. W 1961 roku Henryk otrzymał ofertę pracy od pochodzącego z Polski kupca i przemysłowca o nazwisku Dąbrowski – szefa firmy Werkhof i kierownika innej firmy o nazwie Rehwinkel, która posiadała przedstawicielstwa we Frankfurcie i Hamburgu. Według informacji, które zbierała bezpieka, Dąbrowski był kuzynem Ireny Kulczyk, żony Henryka. Dwa lata później firma Rehwinkel zwróciła się do Ministerstwa Handlu Zagranicznego o zgodę na oficjalne zatrudnienie Kulczyka jako swojego przedstawiciela na Polskę. Resort prośbę jednak odrzucił. A Służba Bezpieczeństwa zaczęła dokumentować relacje Kulczyka z niemiecką

firmą. „Rehwinkel traktuje +Pawła+ jako niezastąpionego reprezentanta swoich interesów handlowych w Polsce i innych krajach
obozu socjalistycznego" – wynika z jednego z raportów SB w roku
1964. Współpraca z tą niemiecką firmą prawdopodobnie przesą-
dziła o tym, że Henryk Kulczyk zdecydował się osiedlić w Niemczech na stałe. Rehwinkel i Werkhof zajmowały się handlem grzybami, jagodami i skupem runa leśnego. Punktem odbioru był punkt
graniczny w Rzepinie. Kulczyk zaczął zabiegać o zgodę na handel
w imieniu polskich przedsiębiorstw: Polcoopu i Rolimpexu. Polcoop
to przedsiębiorstwo zajmujące się importem i eksportem produktów spożywczych i rolniczych. Rolimpex to duża centrala handlu zagranicznego, która eksportuje żywność do 94 krajów świata. Jej specjalnością są jaja, cukier i słodycze. Do dziś na Allegro można kupić
barwne blaszane puszki po cukierkach z logo Rolimpexu.

Kulczyk nie ograniczał się do współpracy z tymi firmami. Był
również pośrednikiem w eksporcie grzybów i jarzyn w firmie Willy
Bruns w Hamburgu. Biznesmen współpracował też z firmą Wizura,
która handlowała olejami silnikowymi i okrętowymi i była konkurentem dla Shella. W 1991 roku niejaki TW „Stasiek" tak opisywał
Henryka Kulczyka: „Robi wrażenie sprytnego człowieka, władają-
cego dobrze językiem niemieckim w mowie, ale słabo w piśmie. Jest
bardzo dobrze ubrany, częstuje zagranicznymi papierosami (sam nie
pali) i wygląda, że jest dobrze sytuowany finansowo. Cały czas wy-
chwalał solidność firmy Wizura i zapewniał, że dałaby ona nawet
lepszy rabat niż Shell, gdyby dostarczała dla Polski oleje okrętowe".

W 1965 roku Kulczyk otrzymał propozycję reprezentowania
w Polsce niemiecko-zachodniej firmy spedycyjnej VTG. Nie wiadomo, czy przyjął ofertę. Z archiwalnych dokumentów wiadomo
natomiast, że na pewno w 1970 roku reprezentował w Polsce:

Paula Rosenkranza (Witten) – jego firma zajmowała się transportem elementów ciężkich i montażem obiektów przemysłowych. Ankermann Fahrzengbau (Wuppertal) – fabryka budowała
specjalistyczne przyczepy samochodowe, które zamawiał polski
Motoimport.

Schenk-Anhanger (Stuttgart) – ta fabryka również robiła przyczepy samochodowe i współpracowała z Pol-Motem.

Georg Jurgen Rickerzsen (Hamburg) – to duży koncern zajmujący się importem artykułów spożywczych, posiadający rozległe kontakty handlowe z Polską.

Jak zarabiał? Pobierał prowizję w zależności od obrotów. Większość zleceń była doraźna, ale wymagała stałego kontaktu z polskimi centralami handlu zagranicznego.

Amerykańskie koneksje

Na szerokie wody Henryk Kulczyk wypłynął dzięki współpracy z amerykańskim koncernem Sea Land. Jak wskazuje nazwa firmy, zajmowała się ona transportem morskim. Przewoziła statkami towary w kontenerach. Henryk Kulczyk był przedstawicielem Sea Landu na Polskę. Nie wiadomo, w jaki sposób przekonał do siebie kierownictwo tej firmy, ale z Amerykanami dogadał się prawdopodobnie już w połowie lat 60. Potwierdzają to słowa samego Kulczyka cytowane w jego sylwetce wydanej przez Towarzystwo im. Hipolita Cegielskiego: „Nigdy nie zapomnę pewnego dnia 1966 roku, gdy z Poznania odprawiliśmy pierwszy kontener do USA".

Współpraca trwała bez zakłóceń dziesięć lat. Do czasu, gdy firmy zajmujące się transportem morskim trafiły pod lupę Konferencji Morskiej Armatorów Kontenerowych. Organizacja ta zrzeszała największe światowe firmy w tej branży i pilnowała sztywnych cen za morski transport. Stały cennik utrudniał handel. Firmy udzielały więc swoim partnerom biznesowym tzw. poufnych rabatów. Henryk Kulczyk jako przedstawiciel Sea Landu robił to samo. Amerykański koncern miał podpisaną umowę z polską firmą spedycyjną CH Hartwig Gdynia. Co roku, z tytułu poufnych rabatów, otrzymywała ona kilkadziesiąt tysięcy dolarów amerykańskich ekstra. Pieniądze przechodziły przez niemiecki oddział Sea Landu, który prowadził Henryk Kulczyk. Polityka rabatowa była łatwa do wykrycia. Konferencja Morska miała wgląd w księgi rachunkowe firm i ich przedstawicielstw. Kulczyk wpadł jednak na pomysł, jak ominąć międzynarodowe prawo, które obowiązywało zachodni świat. W 1976 roku napisał do Polskiej Misji Wojskowej w Berlinie. Po pierwsze wytłumaczył, że polityka poufnych rabatów jest propaństwowa i wspiera polski przemysł. Po drugie wyjaśnił, że łatwo można utrzymać rabaty dla gdyńskiej firmy. Wystarczy stworzyć w Polsce oddział jego niemieckiej firmy. „Posiadanie biura w Polsce, o które się ubiegam, uniemożliwiłoby Konferencji jakąkolwiek kontrolę nad moją działalnością, co oznacza dalsze utrzymanie korzystnej sytuacji dla CH Hartwig" – napisał Kulczyk. Dzięki temu, jak wskazywał polonijny biznesmen, w dalszym ciągu polskie przedsiębiorstwa zarabiałyby rocznie kilkadziesiąt tysięcy dolarów więcej. Z pisma Kulczyka wynika, że przez dziewięć miesięcy 1976 roku (do końca września) było to około 60 tysięcy dolarów.

Na otwarcie polskiego oddziału firmy Kulczyka nie chciało jednak wyrazić zgody Ministerstwo Handlu Zagranicznego i Gospodarki Morskiej.

Dzięki korespondencji w tej sprawie można się przy okazji dowiedzieć, że Kulczyk współpracuje też z firmą G.J. Rickersten-Hamburg, która importowała artykuły spożywcze z Hortexu, Agrosu i Polcoopu. A z USA i Kanadą stale handlują za jego pośrednictwem również Animex, Universal, Minex oraz Centrozap.

Pismo pozostało jednak bez odpowiedzi. Podobnie jak wiele kolejnych. Przełom nastąpił po kilku miesiącach. W 1977 roku ministerstwo handlu poinformowało, że wniosek o otwarcie oddziału jego niemieckiej firmy został rozpatrzony pozytywnie, a po zapłaceniu 50 tysięcy złotych może zacząć prowadzić działalność.

W uzyskaniu zgody pomogły liczne rekomendacje z polskich przedsiębiorstw współpracujących z Kulczykiem.

Świadectwo firmie Kulczyka wystawił Hortex, Polcoop i Przedsiębiorstwo Handlu Zagranicznego Centralnego Związku Spółdzielni Rolniczych „Samopomoc Chłopska". Rekomendację wystawił także Animex, który eksportował do USA szynki i konserwy.

Szynka konserwowa (nieobecna w polskich sklepach) pod nazwą Polish Ham była jednym z polskich przebojów na rynku amerykańskim, obok wódki Wyborowej. To były marki rozpoznawalne na całym świecie. Polska szynka reklamowała się nawet na autobusach jeżdżących po Nowym Jorku.

Współpraca z Sea Landem dała mu bogactwo. Nie wiadomo, ile zarabiał, ale przedstawiciele branży morskiej, którzy znają kulisy takich kontraktów, nie mają wątpliwości: to były bardzo duże pieniądze. Kierownictwo amerykańskiego koncernu było bardzo zadowolone z działalności Kulczyka. Dlatego to jemu powierzono organizację 25-lecia firmy w Europie. „Powinieneś być, Henryku, bardzo dumny z podziwu, jaki wyrażają nasi klienci dla Twoich zdolności, kompetencji i prawości, uczciwości. Oczekujemy dalszych korzyści płynących z Twoich porad, na wiele następnych lat" – napisali w specjalnym liście do Kulczyka szefowie amerykańskiego koncernu. List ten można znaleźć w sylwetce Henryka Kulczyka wydanej przez Towarzystwo im. Hipolita Cegielskiego.

Jubileuszowa uroczystość odbyła się w pałacu w Czerniejewie. W tym samym miejscu zorganizowano też wiele lat później 70. urodziny polonijnego biznesmena.

ROZDZIAŁ VIII
AKTYWNY POLONUS

PO STUDENCKIM buncie i antysemickich czystkach z roku 1968, po masakrze robotników w 1970 roku w Gdańsku i Szczecinie, wreszcie po upadku Władysława Gomułki nastały czasy propagandy sukcesu Edwarda Gierka. Nowy I sekretarz PZPR wzywał teatralnie stoczniowców w Gdańsku:
– Towarzysze, pomożecie?!
– Pomożemy! – odpowiedzieli chóralnie robotnicy. Wśród nich był Lech Wałęsa, późniejszy historyczny przywódca strajku w Stoczni Gdańskiej im. Włodzimierza Lenina.

Epoka Gierka to czas wielkich inwestycji na kredyt. Władze PRL zaczęły zadłużać państwo na niespotykaną dotąd skalę. Pieniądze były pchane w duże, niepotrzebne i utopijne inwestycje przemysłowe. Tempo było tak duże, że w 1973 roku wartość kredytów przekroczyła wpływy z polskiego eksportu. To były dziesiątki miliardów dolarów, które spłacaliśmy jeszcze po 1989 roku. Nie można oczywiście powiedzieć, że wszystkie kredyty z lat siedemdziesiątych zostały zmarnowane. W tamtym czasie powstało wiele dziś dobrze znanych osiedli mieszkaniowych. Wybudowana została warszawska Trasa Łazienkowska i jedyna wtedy w Polsce droga szybkiego ruchu z Warszawy do Katowic, skąd pochodził Gierek. Polska w zamyśle nowej władzy ludowej miała stać się światową potęgą przemysłową. Drugą Japonią. Za oficjalną propagandą podążali kreatywnie nawet detaliczni handlowcy. W jednym ze sklepów na głębokiej prowincji sałatka z gotowanych jarzyn z majonezem i dodatkiem krojonych bałtyckich śledzi w oleju nazwana została dumnie „sałatką po japońsku". To były czasy wielkiego fałszu i nierówności społecznych. W połowie lat siedemdziesiątych w uprzywilejowanym sklepie dla kadry oficerskiej wojska w Białej Podlaskiej można było kupić co najwyżej świński ogon. W warszawskich samoobsługowych sklepach spółdzielni Społem (zwanych SAM-ami) też brakowało mięsa i wędlin. Ale przez jakiś czas była za to wedlowska czekolada z orzechami, coca-cola i papierosy Marlboro.

Nowe otwarcie dotarło też za granicę. Kupcy i handlarze z lat pięćdziesiątych i sześćdziesiątych z polskim rodowodem stawali się polonijnymi biznesmenami. Gierek potrzebował dewiz, liczył się każdy dolar czy niemiecka marka. Środowisko polonijnych biznesmenów otrzymało zielone światło. Obracało twardą walutą. Żeby pobudzić wymianę handlową z Zachodem, władze wyraziły zgodę na utworzenie Towarzystwa Handlu Zagranicznego „Polimar". Przedsiębiorstwo powstało w 1973 roku i specjalizowało się we współpracy gospodarczej z Polonią. Polimar otrzymał od państwa szereg licencji, pozwalających na prowadzenie szerokiej działalności handlowej. Mógł wykonywać cały wachlarz usług związanych z marketingiem, wystawiennictwem i organizowaniem targów. Był wszechstronny, handlował nawet używanymi samochodami zachodnich marek i sprowadzał do nich części zamienne.

Z Polimarem od początku współpracował Henryk Kulczyk. We wrześniu 1974 roku uczestniczył w spotkaniu w poznańskiej siedzibie tego towarzystwa. Podjęto wtedy decyzję o powołaniu w Berlinie Zachodnim polonijnej spółki. Dostała nazwę Copolimar. Jednym z jej celów było zorganizowanie klubu dla handlowców i przemysłowców zainteresowanych promocją eksportu i importu między Berlinem Zachodnim i Polską.

W jaki sposób Kulczyk wszedł w biznes ściśle kontrolowany przez polski wywiad? Przecież był podejrzewany o nielojalność wobec ludowej władzy. Kluczowe były jego rozległe znajomości. Henryk Kulczyk utrzymywał dobre relacje ze wszystkimi ważnymi. Zarówno z oficerami SB, jak i z dyplomatami czy pracownikami central handlu zagranicznego. Ale spośród wszystkich znajomości jedna była szczególna i bezcenna. Kulczyk miał bardzo dobre relacje z ówczesnym dygnitarzem i szarą eminencją lat siedemdziesiątych. Był nim minister Janusz Wieczorek – prawnik, wieloletni szef Urzędu Rady Ministrów (od 1956 do 1980 r.). Należał do wąskiego grona najbardziej zaufanych ludzi Edwarda Gierka. Zmarł w 1981 roku w wieku 71 lat. Były oficer SB, a potem funkcjonariusz piastujący wysokie funkcje w Urzędzie Ochrony Państwa mówi: – To właśnie Wieczorek otworzył Henrykowi Kulczykowi wiele drzwi i ułatwił nawiązanie kontaktów, które potem procentowały.

Kulczyk zdobył zaufanie Wieczorka, wspierając jego najważniejszą inicjatywę. Budowę warszawskiego Centrum Zdrowia Dziecka. Henryk Kulczyk został przewodniczącym Polonijnego Komitetu Budowy Centrum Zdrowia Dziecka na terenie Berlina Zachodniego. Był jednym z dziewiętnastu biznesmenów, którzy pomagali w tej priorytetowej dla władzy inwestycji. Nie ograniczał się do pełnienia honorów. Regularnie wpłacał poważne kwoty na budowę szpitala w podwarszawskim Aninie. W 1974 roku, podobnie jak 1975 i 1976, w sumie przekazał na ten cel co najmniej 10 tysięcy marek niemieckich i minimum dwa tysiące dolarów amerykańskich. Datków było jednak więcej. W zachowanych pismach padają słowa „kolejny datek" albo „pozwalam sobie po raz wtóry przekazać czek". W piśmie z 1976 roku Kulczyk zapewnia ministra Wieczorka „że do czasu zakończenia budowy tego jedynego w świecie żywego pomnika dołoży starań", aby osobiście wnieść „możliwie największy wkład w realizację tej szlachetnej, na wskroś humanistycznej idei".

Z oficjalnej biografii Henryka Kulczyka wynika, że w sumie wpłacił on ponad milion ówczesnych marek zachodnioniemieckich i sześć milionów dolarów w darach rzeczowych.

Centrum Zdrowia Dziecka zaczęło leczyć w 1977 roku. Najpierw jako przychodnia specjalistyczna, a trzy lata później już jako wyspecjalizowany szpital pediatryczny. Pierwszego pacjenta przyjęto w październiku 1979 roku. Szpital był wielkim sukcesem władzy. Oficjalne otwarcie placówki nastąpiło 3 czerwca o godzinie jedenastej. W archiwum IPN zachowały się dokumenty opisujące przebieg uroczystości. Oficjalnego otwarcia dokonał przewodniczący Rady Państwa PRL Henryk Jabłoński oraz minister Wieczorek. Wystąpił też Zespół Artystyczny „Słoneczniki" z Katowic. Podczas uroczystości zdarzył się jednak incydent, który w swoim raporcie opisał kapitan Stanisław Stypułkowski, inspektor Wydziału I Biura Ochrony Rządu. Obraz, jak żywcem wyjęty z filmów Stanisława Barei. „Po zakończeniu uroczystości oficjalnych i uroczystym przecięciu wstęgi osoby ochraniane udały się w rejon zwiedzania szpitala, gdzie również odstąpiono od wcześniejszych uzgodnień i doraźnie podjęto decyzję o przewiezieniu członków Kierownictwa Partii i Rządu windą na 10-te piętro, celem zwiedzenia obiektu szpitalnego. Brak ustaleń organizacyjnych i nadzoru w tym zakresie w wyniku doraźnie podjętych decyzji prawdopodobnie były przyczyną awarii windy i zatrzymania jej między parterem a pierwszym piętrem. W windzie tej w tym czasie przebywał Tow. Jabłoński i pozostali Członkowie kierownictwa Partii i Rządu uczestniczący w uroczystości. Unieruchomienie windy do chwili jej ściągnięcia na parter trwało około 10 minut".

W materiałach z otwarcia Centrum nie ma nazwiska Henryka Kulczyka. Nie wiadomo więc, czy ojciec poznańskiego biznesmena dotarł na uroczystość. Trudno jednak wyobrazić sobie jego nieobecność. W jakiejś części był współtwórcą tego „żywego" do dziś pomnika w Aninie.

Równolegle do zaangażowania w sprawy krajowe ojciec Jana Kulczyka aktywnie działał na forum Polonii w Niemczech. Brał udział w powoływaniu kolejnych komitetów i stowarzyszeń i cały czas pracował na rzecz wzmacniania polsko-niemieckiej współpracy gospodarczej. Pierwsze dokumenty na ten temat pochodzą z 1974 roku.

W prima aprilis 1 kwietnia 1975 roku otrzymał na przykład zaproszenie od Polonijnego Komitetu Współpracy Gospodarczej z Polską. W porządku obrad jest powołanie filii tej organizacji w RFN. To ciekawy przykład, jak z jednej strony władze ułatwiają kontakty biznesowe między Polską i Niemcami zachodnimi, a z drugiej ściśle je kontrolują, podejrzewając wrogie zamiary.

Do spotkania doszło 6 kwietnia o godzinie jedenastej przy ulicy Osterreich 50 w Bremie. Pod tym adresem znajdowała się firma Janusza Rzeźnika, polonijnego biznesmena, rozpracowywanego przez SB pod kątem działalności szpiegowskiej i aferalnej. Sprawę prowadził Wojewódzki Urząd Spraw Wewnętrznych w Poznaniu. Rzeźnik jest dla bezpieki typowym przykładem poważnych wątpliwości wobec działalności firm polonijnych. W raportach SB środowisko polonijne określane jest jako „przeciwnik". Naczelnik urzędu pisze, że wśród polonijnych biznesmenów zostały „uchwycone symptomy podejrzeń kontrwywiadowczych". Obywatel Janusz Rzeźnik budzi największe wątpliwości, bo... „dysponując znacznymi środkami chodzi w aureoli wielkiego patrioty i działacza polonijnego – Związku Polaków w RFN +Zgoda+. Szczególną aktywność przejawia on w kierunku pozyskania sobie przychylności w środowisku decydentów szczebla wojewódzkiego i pracowników administracji, a także podejrzany jest jego sentyment wobec Wojewódzkiego Urzędu Spraw Wewnętrznych w Poznaniu, co wyraża się w rzekomo bezinteresownym wspieraniu finansowym działalności GKS ‚Olimpia'".

Tak charakteryzowany przez bezpiekę Janusz Rzeźnik był równocześnie inicjatorem popieranej przez władzę współpracy z Niemcami. To on wysłał do Henryka Kulczyka zaproszenie na spotkanie komitetu. Z pisma wynika, że głównym celem niemieckiej filii będzie „poszerzenie współpracy gospodarczej między Polską a Polonią w RFN oraz wzbogacenie informacji dla Polski o rynku zachodnioniemieckim". Można się domyślać, że chodziło o powołanie czegoś na kształt izby gospodarczej, która pomagałaby polskim firmom w nawiązywaniu kontaktów na terenie RFN.

Z pisma Rzeźnika wynikało, że Komitet miałby współpracować z THZ „Polimar", Biurem Radcy Handlowego w Kolonii i zainteresowanymi kołami gospodarczymi RFN. Oficjalnie komitet został powołany w kwietniu. W skład pierwszego zarządu organizacji weszli Janusz Rzeźnik, Henryk Kulczyk i Waldemar Bodora. O powstaniu nowej organizacji Kulczyk i Rzeźnik poinformowali 9 kwietnia Wincentego Kraśkę, prezesa Towarzystwa „Polonia" w Warszawie. „O wszystkich naszych przedsięwzięciach będziemy na bieżąco informowali zainteresowane instytucje. Licząc na ścisłą, obopólną korzystną współpracę z polskimi przedsiębiorstwami handlu zagranicznego oraz pełne zrozumienie i poparcie naszych poczynań ze strony Towarzystwa Polonia" – napisali w liście.

Henryk Kulczyk był „specjalistą" w jednoczeniu biznesmenów polskiego pochodzenia działających w Niemczech.

10 września 1975 roku w Poznaniu odbyło się spotkanie kupców polonijnych z RFN w ramach projektu KOOPERACJA 75. Uczestniczyło w nim osiem osób. Dwóch nieobecnych Niemców udzieliło Henrykowi Kulczykowi pełnomocnictw. Podczas tego spotkania przedstawił on pomysł utworzenia towarzystwa kupców polonijnych. Na bazie podobnej organizacji istniejącej w Bremie. Kulczyk został wiceprzewodniczącym nowego towarzystwa, które otrzymało nazwę Polonijny Komitet Współpracy Gospodarczej z Polską. Inicjatywy takie szybko poszerzały kręgi wpływów. Na kolejnym spotkaniu towarzystwa w biurze „Polorbisu" w Köln uczestniczyli już goście z Biura Radcy Handlowego przy Ambasadzie Polskiej w Köln – radca doktor Bulandre i attaché Tadeusz Konon oraz przedstawiciele ambasady – konsulowie: Urbaniak i Tomkiewicz. Wystąpienie doktora Bulandre'a doskonale wpisywało się w propagandę epoki Edwarda Gierka i kreśliło perspektywy dla polonijnych firm: „Współczesna Polska należy dzisiaj do czołówki przemysłowej świata i jest szczególnie zainteresowana rozszerzyć swój eksport. Tutaj wyłaniają się wielkie możliwości dla polonijnych biznesmenów w różnych gałęziach gospodarki" – mówił doktor Bulandre.

Lista organizacji, w których działał Kulczyk senior nie kończyła się na Polonijnym Komitecie Współpracy Gospodarczej z Polską. Od 1977 roku był prezesem Stowarzyszenia Polskich Handlowców i Przemysłowców BERPOL (aż do roku 1991, gdy został dożywotnim prezesem honorowym tego stowarzyszenia). „Nie oczekujemy specjalnego traktowania ani przywilejów. Zabiegamy o rzeczowe współdziałanie, o przejrzyste i konsekwentnie przestrzegane przepisy, o partnerski styl kontaktów i współpracy. O atmosferę wzajemnego zaufania i trwałości perspektyw rozwoju" – mówił podczas Polonijnych Forów Gospodarczych w ramach Międzynarodowych Targów Poznańskich. Był też członkiem Zjednoczenia Polaków w Berlinie, do czego upoważniało go kierowanie polskim klubem berlińskich przemysłowców i handlowców. W tekście „Henryk Kulczyk – pragmatyk z duszą romantyka" wydanym przez Towarzystwo im. Hipolita Cegielskiego nazwany został „trybunem całego środowiska polonijnego, reprezentowanego w pewnym okresie przez ponad 500 firm działających w Polsce".

Ta wręcz nadaktywność procentowała. Gdy angażował się w inicjatywy dla innych niedostępne, zawsze mógł napisać: „[...] Jednocześnie pozwalam sobie zwrócić uwagę na fakt, że jestem aktywnym działaczem Polonii Zachodnio Berlińskiej i vice-przewodniczącym Polonijnego Zrzeszenia Handlowców i Przemysłowców w RFN oraz zostałem Przewodniczącym Polonijnego Komitetu Budowy Centrum Zdrowia Dziecka w Berlinie". A gdy to nie pomagało, zawsze mógł użyć argumentu, że rekomendację wystawi mu ambasada polska w RFN, czyli Polska Misja Wojskowa w Berlinie Zachodnim oraz Towarzystwo Łączności z Polonią Zagraniczną „Polonia" w Warszawie.

Jan Kulczyk oszczędnie opowiada o swoim ojcu i rodzinie. – Ojca trzy razy upaństwowili. Pierwszy raz wyjechał z Polski, gdy zmarł Józef Stalin. Miałem pięć lat. Mieszkaliśmy w Bydgoszczy do roku 1968. Najpierw pojechał do Wiednia i stamtąd dalej do Niemiec. Kilka lat nie przyjeżdżał. Ojciec miał wyjątkowo dobrą kartę. Tak uważam. Był w Armii Krajowej. Pomógł wielu ludziom. Był bardzo obrotny, szanowany i lubiany.

A mój dziadek Władysław to dla mnie kultowy facet. Przetrwał wojnę, choć miał być kilka razy rozstrzelany, opowiadał mi o swoim pobycie w obozie koncentracyjnym. Był twardy.

Czy Jan Kulczyk miał świadomość, że jego ojciec po wojnie współpracował z SB?

– Przypuszczam, że postawili ojcu warunek, że inaczej nie dostanie paszportu do Polski. Nigdy na ten temat w domu nie było rozmowy. W czasach PRL nie miałem świadomości, że ojciec podjął grę z SB i nigdy nie wydarzyło się nic, co mogło wzbudzić moje podejrzenia czy wątpliwości.

A później, po 1989 roku? – Czempiński mi kiedyś powiedział: „Słuchaj, twój ojciec rozgrywał nas na wszystkie strony i robił nas w konia, równo".

Henryk Kulczyk zmarł 18 lutego 2013 roku. Miał 87 lat. Do końca życia zasiadał w Radzie Nadzorczej Kulczyk Holding. Na stronie internetowej holdingu widnieje jako jego założyciel. Znajduje się tam również jednozdaniowa biografia Kulczyka seniora, z której wynika, że był uhonorowany dwoma istotnymi odznaczeniami. W 1995 roku odebrał Verdienstorden des Landem Berlin (Order Zasługi Berlina), odznaczenie przyznawane przez Senat Berlina za zasługi dla tego miasta. Henryk Kulczyk był pierwszym Polakiem uhonorowanym tym orderem.

Nadburmistrz Berlina Eberhard Diepgen tak uzasadniał ten wybór: „Henryk Kulczyk stoi w pierwszym szeregu tych, którzy pomogli Berlinowi w realizacji jego tradycyjnej roli pomostu i miasta handlowego. Pomógł berlińczykom dotrzeć do tych obszarów gospodarczych, które ze względu na granicę polityczną przez długi czas były trudne do przekroczenia. [...] zawsze poruszał się pomiędzy dwoma światami po jednej i drugiej stronie Odry, starając się pozyskać zrozumienie dla sąsiadów. Jest prawdziwym centrum kompetencji. Odniósł sukces dzięki energii, uporowi i konsekwencji".

W tym samym roku Kulczyk otrzymał z rąk prezydenta Lecha Wałęsy Krzyż Komandorski Orderu Zasługi RP za działalność społeczną i polonijną.

Pięć lat wcześniej – w 1990 roku – odebrał z kolei Krzyż Komandorski Orderu Odrodzenia Polski. Wśród innych odznaczeń polonijnego biznesmena znajdują się m.in. Krzyż Harcerski (1939), Złoty Krzyż Zasługi (1980), Złota Odznaka Zasłużony Działacz Turystki (1985), Złoty Order Zasługi PRL (1985), Honorowa Odznaka Miasta Poznania (1985), Medal PRO POLONIA dla Pionierów Biznesu Polonijnego w Polsce (1996). I wspominana wcześniej Statuetka Honorowego Hipolita, przyznana przez poznańskie Towarzystwo im. Hipolita Cegielskiego w maju 2004 roku.

ROZDZIAŁ IX
BIZNES POD OKIEM OJCA

„PRZEJĄŁEM PO OJCU firmę, która zarobiła pierwszy milion. Drugi, czyli mój pierwszy, było o wiele łatwiej zarobić. Zrobiłem to pod koniec lat siedemdziesiątych" – mówił w 1995 roku Jan Kulczyk „Gazecie Wyborczej". Tak wspominał swoje pierwsze duże pieniądze. Rok później w wywiadzie dla tej samej gazety zapytany o pierwszy milion odpowiedział krótko: „Dostałem od ojca".

To bardzo uproszczony początek kariery. Wkład Henryka Kulczyka w przyszłe sukcesy syna był dużo większy niż ten słynny już milion. Dlaczego słynny? Bo po pierwsze w PRL niełatwo było zostać milionerem. System ustrojowy w zasadzie to wykluczał. Poza oczywiście szóstką w dużym totolotku. Przez całe lata maksymalną wygraną w totalizatorze był właśnie milion złotych. Kumulacji nie było. Po drugie przypadek Kulczyka na tle historii fortun wyrosłych na styku socjalizmu i wolnej Polski jest wyjątkowy. On i jego ojciec zarobili te pieniądze. Owszem, korzystając z systemu koncesji i przywilejów, które w swoich rękach miała władza. Ale nic „na ładne oczy" od partii nie dostali. Majątek po nieboszczce PZPR w 1988 i po 1989 roku trafiał do zaufanych towarzyszy. Najczęściej był marnotrawiony i rozkradany. Kulczykowie do tej „elity" nie należeli. W uwłaszczeniu partyjnej nomenklatury nie uczestniczyli. Wprawdzie w aktach afery FOZZ nazwisko Kulczyka pojawia się przy okazji jednej z pobocznych transakcji (sprzedaży pakietu akcji Warty), ale nic nie wskazuje, aby korzystał on z nielegalnie zgromadzonych i transferowanych pieniędzy z Funduszu. A to była podwalina niejednego dużego biznesu po ustrojowej transformacji.

– Brał pan pożyczki z FOZZ?

– Przecież bym siedział.

– Nic pan nie finansował z pieniędzy zgromadzonych w FOZZ?

– Tylko ze środków własnych i banków. To mi pozwalało spokojnie spać.

Jan Kulczyk, stawiając pierwsze kroki w biznesie, wszystko otrzymał od ojca. I to znacznie więcej niż tylko pieniądze. Nosił przede wszystkim jego nazwisko, które otwierało niejedne drzwi w Polsce i w Niemczech. Otrzymał bezcenne kontakty oraz cały ten biznesowy know how, czyli ugruntowaną wiedzę, jak robi się skomplikowane interesy na zaminowanym politycznie terenie. Co poza tym? Jeszcze coś, co może bywa najważniejsze. Ojciec cały czas czuwał nad biznesowymi decyzjami swojego syna i chronił go. Zapewne nie tylko przed błędami. Jan Kulczyk miał więc ułatwiony start. To zrozumiałe. W naturalny sposób dziedziczył nie tylko majątek i rodzinną tradycję. Przejął po ojcu także spryt i talent do prowadzenia biznesu.

Tak naprawdę pierwsze pieniądze zarobione przez Jana Kulczyka nie były duże, ale wystarczyły, żeby zaimponować kolegom, a może przede wszystkim koleżankom. W 1971 roku jako student pojechał do ojca do Niemiec. Tam u znajomego pracował w knajpie jako barman. Jan Kulczyk nalewał piwo i robił drinki. Zarobił dwa tysiące marek i kupił sobie używany samochód. Co zabawne, nie był to volkswagen tylko opel.

Pierwsze prawdziwe kroki w biznesie Jan Kulczyk postawił dopiero po kilku latach. Ojciec chciał, żeby syn zajmował się kontaktami jego niemieckiej firmy z polskimi centralami handlu zagranicznego. Pod koniec sierpnia 1976 roku w piśmie do Animexu proponuje, że dla polepszenia współpracy z Sea Landem zatrudni pracownika. Henryk Kulczyk reprezentuje amerykańskiego armatora i nie ma wątpliwości, że szykuje miejsce dla swojego syna.

Ale najpierw w 1977 roku wysłał go do USA na kilkumiesięczny staż, właśnie do koncernu Sea Land. Ze Stanów Jan Kulczyk wrócił do Berlina. Zamieszkał tam, ale z racji swoich obowiązków w Polsce bywał regularnie. W listopadzie Henryk Kulczyk napisał do Wydziału Zatrudnienia w Warszawie przy ulicy Karowej 20: „Zwracamy się z uprzejmą prośbą o skierowanie do Warszawskiego Oddziału naszej firmy dr Jana Kulczyka na stanowisko kierownika. Jest on jedyną osobą posiadającą wszystkie wymagane przez nas kwalifikacje, tj. wykształcenie i znajomość języków oraz zagadnień, jakimi zajmuje się nasza firma”.

Z pisma dowiadujemy się, że Jan Kulczyk będzie miał do dyspozycji biuro w Warszawie, telefon, telex i samochód. Polscy partnerzy jego firmy nie muszą się martwić o finanse. Henryk Kulczyk za wszystko zapłaci sam. Głównym zadaniem nowego kierownika miało być rozwiązywanie problemów płatniczych związanych z obrotem kontenerowym między polskimi centralami a firmą Sea Land. Jan Kulczyk miał też odpowiadać za serwis informacyjny, techniczny, taryfy handlowe oraz pilnować kursujących po kraju kontenerów.

O początkach kariery biznesowej Jana Kulczyka informował centralę MSW niezawodny oficer wywiadu „Koryn”, który pilnował jego ojca. Oficer poznał Kulczyka juniora w Berlinie pod koniec lat siedemdziesiątych. „Koryn” raportował, że syn „najpierw był wprowadzany przez ojca w sferę działalności handlowo-gospodarczej w ramach jego prowadzonych firm. Po uzyskaniu niezbędnego doświadczenia handlowo-gospodarczego zaczął pod kontrolą ojca prowadzić samodzielną działalność [...] między krajem a zagranicą z ukierunkowaniem na RFN”.

Jan Kulczyk mawiał, że szybko się nudzi, potrzebuje nowych celów i wyzwań. Pierwsza praca przy koordynacji transportu kontenerowego w firmie ojca to nie było to. Kulczyk junior snuje swoje plany. W 1982 roku zakłada w Polsce firmę polonijną Interkulpol.

Rok później o Janie Kulczyku pisze „Financial Times". Gazeta informuje, że otworzył pod Poznaniem fabrykę, zatrudnia sto osób i produkuje niemal wszystko – od kosmetyków i proszków czyszczących po prefabrykaty budowlane i akumulatory.

W oficjalnym życiorysie Henryk Kulczyk chwali się, że Interkulpol był jednym z pierwszych przedsiębiorstw polonijnych w Polsce. Faktycznie pierwsze spółki polonijne powstawały już w 1977 roku, czyli pięć lat wcześniej. Władze do końca września 1982 roku wydały 308 zezwoleń, odrzucając tylko 91 wniosków. W tym samym czasie tylko w Wydziale Finansowym Miasta Stołecznego Warszawy były zarejestrowane 102 przedsiębiorstwa polonijne.

Prawdą jest natomiast, że w 1982 roku nastąpił szybki rozwój firm polonijnych. Wtedy właśnie weszła w życie tzw. ustawa polonijna. Z jednej strony nowe przepisy przyznawały liczne preferencje w prowadzeniu działalności gospodarczej przez Polaków z zagranicy. Z drugiej, ustawa wprowadzała wymóg uzyskania limitowanych licencji.

Dlaczego reżim zdecydował się na szerokie otwarcie furtki dla sektora prywatnego? Powód był ciągle ten sam – władzy coraz bardziej brakowało dewiz. Tak zwany plan modernizacji polskiej gospodarki legł w gruzach już pod koniec lat siedemdziesiątych, Edward Gierek został odsunięty od władzy. Nic to nie dało. Do głosu doszła „Solidarność". W Polsce trwała wolnościowa rewolucja, którą stłumił na polecenie Moskwy generał Wojciech Jaruzelski. Wprowadzenie stanu wojennego w grudniu 1981 roku i światowe sankcje zepchnęły kraj w otchłań kryzysu. Żeby w ogóle socjalistyczna gospodarka mogła przetrwać, władza musiała zaciągać kolejne, coraz wyżej oprocentowane kredyty na Zachodzie. A komunistyczny rząd zaczął kalkulować, że to właśnie polonijni przedsiębiorcy zapełnią puste sklepowe półki. Brakowało niemal wszystkiego. Nie było nawet przyborów codziennego użytku i higieny – jak mydła, pasty do zębów czy szamponu. Rolka papieru toaletowego była rarytasem.

Jan Kulczyk miał szerokie pole do popisu i szybko wykorzystał okazję.

– W co pan dokładnie zainwestował pierwszy milion?

– Ten pierwszy milion, który dostałem od ojca? W firmy polonijne. Ale w tym, co robiłem, brakowało mi jednej rzeczy. Skali. Miałem pomysł, ale chciałem go robić na całą orkiestrę, a ciągle miałem tylko skrzypka i pianistkę. Wtedy poznałem dyrektora poznańskiego przedsiębiorstwa Pollena-Lechia. Piliśmy wódeczkę, a on narzeka: „Słuchaj, jasna cholera, stoi cała fabryka, bo nie mamy dolarów, żeby zaimportować rozpylacze do dezodorantów. Nie mamy na zapachy, brakuje nam przysłowiowej śrubki, żeby ruszyć z produkcją". To tak wtedy wszystko funkcjonowało. Dewizy przyznawała fabrykom centralna komisja planowania. Zapytałem: a jeśli ja zaimportuję to wszystko, co jest wam potrzebne do produkcji? To co? Odparł: „Jezu, to byśmy cię na rękach nosili".

Kulczyk nie chciał być noszony na rękach. Zaproponował wspólny interes.

– Czy mogę wynająć tę fabrykę? Masz ludzi, zapłacę za kosmetyki tyle, ile zarabiałeś wcześniej jako fabryka państwowa, żeby wszyscy byli zadowoleni. A górkę sobie zagospodaruję.

Dyrektor nie wiedział, czy to możliwe. Pojechał do centrali, czyli do tzw. zjednoczenia i dostał zgodę.

– I tak to ruszyło. Zaczęliśmy robić kosmetyki o nazwie Reve – wspomina Kulczyk.

Produkowały je fabryki w Poznaniu i Krakowie – dezodoranty, pianka do golenia, perfumy. Kulczyk dostarczał wkład dewizowy. Ale zgodnie z regułami socjalistycznej ekonomii, żeby mieć twardą walutę musiał coś eksportować na Zachód. Produkował więc drewniane domy z bali. – Cała Polska budowała dla mnie domy z tych bali, a ja je eksportowałem do Szwajcarii, Austrii i Niemiec. Za połowę ceny, więc się sprzedawały. W Polsce mieliśmy straty. Ale w ten sposób miałem dewizy i przekładałem je na produkcję kosmetyków. Na kosmetykach zarabiałem razy 100, na domach traciłem razy 2. Bardzo dobry interes. Zarabiałem w ten sposób miliony. Pracowało na to dwadzieścia parę tysięcy ludzi. Właściciel zagranicznej firmy, która zajmowała się dostarczaniem komponentów do kosmetyków na cały świat powiedział mi kiedyś: „Słuchaj, ty bierzesz tego więcej niż producent Chanel nr 5". W Polsce co druga kobieta pachniała naszymi perfumami.

A pasta BHP, którą też produkował? Skrót jest dosyć znany: bezpieczeństwo, higiena, praca. Czyli wszystko, co w socjalizmie najważniejsze. Pod tą nazwą kryło się szare mydło o konsystencji gęstego szlamu, które naprawdę skutecznie usuwało z rąk wszelkie smary i zabrudzenia.

– Ale było coś jeszcze. Robiliśmy akumulatory oraz Bielmex. Szedł jak cholera. To było wręcz nieprawdopodobne, że Polacy tyle tego zużywali.

Dlaczego? Bielmex, czyli wybielacz do tkanin nazywany powszechnie bielinką był wtedy popularny wśród młodzieży. Trudno to nawet racjonalnie wytłumaczyć. W modzie były fantazyjne wzory na koszulkach z krótkim rękawem. Uzyskiwało się je w prosty sposób. Koszulkę wiązało się w supeł i prało w bielince. W miejscu węzła zostawało najwięcej koloru. Resztę pokrywały nieregularne smugi. Ubiór w sam raz na rockowy koncert w Jarocinie. Ale nie to decydowało o fenomenie Bielmexu. W latach osiemdziesiątych wszystko co cenne było na kartki. Od mięsa, cukru, przez papierosy, po benzynę. Co miesiąc każdy obywatel mógł kupić określoną przez państwo ilość tych dóbr. Więc razem z wypłatą otrzymywał kartki na podstawowe produkty. Na początku tego systemu stacje benzynowe stawiały na kartkach stemple, które poświadczały zakup przydziału. Obywatele szybko się połapali, że Bielmex doskonale wywabia tusz z tych pieczątek. Wybielali wszyscy, nawet kadra oficerska LWP, która teoretycznie powinna być lojalna wobec zasad reglamentacji. Problem urósł tak bardzo, że władza musiała się wycofać z kartek z pieczątkami i wprowadziła nowe, z kuponami do wycinania nożyczkami. – Dzięki Bielmexowi te kartki z pieczątkami były wielokrotnego użytku. Mam więc swoje zasługi w walce z komunizmem – żartuje Kulczyk.

Jak Kulczyk kiwał partię

Czapą nad wszystkimi przedsiębiorstwami polonijnymi była Polsko-Polonijna Izba Przemysłowo-Handlowa Inter-Polcom, której współzałożycielem był Henryk Kulczyk. Od 1981 roku miała status samodzielnego stowarzyszenia i utrzymywała się ze składek swoich członków. Choć dawało to pewną swobodę, Inter-Polcom był oczywiście koncesjonowaną częścią systemu. Po wprowadzeniu stanu wojennego polonusi zrzeszeni w izbie zadeklarowali lojalność. Nie mogło być inaczej. Podczas zjazdu w 1982 roku Henryk Kulczyk w swoim przemówieniu protestował przeciwko zachodnim sankcjom nałożonym na reżim generała Jaruzelskiego: „Nigdy bardziej niż dziś nie czuliśmy się związani z Macierzą w potrzebie i zdeterminowani na przyjście jej z taką pomocą gospodarczą, na jaką nas stać [...]. Uważamy się bowiem za takich samych Polaków, jak wy panowie tutaj. Te postawy nakazywały wam tu siedzącym Polakom – z Australii, USA, Anglii, Kanady i z Polski podejmować rezolucje przeciwko restrykcjom gospodarczym, podjętym przeciwko Polsce w pobudkach politycznych".

Inter-Polcom z siedzibą na Krakowskim Przedmieściu w Warszawie stała się w PRL najważniejszą polonijną organizacją. Ma dużo władzy i pieniądze. W zasadzie do tej izby należeli wszyscy. Przynależność była bardzo opłacalna i przynosiła konkretne profity. – Przywileje polegały na tym, że mieliśmy samochody na zielonej rejestracji, co pozwalało kupować paliwo bez kartek i ograniczeń. Mogliśmy otrzymać też stałe paszporty, których nie trzeba było zwracać – opowiadał „Gazecie Polskiej" Romuald Szperliński, w latach osiemdziesiątych członek tej izby.

Do organizacji wciągnął Jana Kulczyka oczywiście ojciec. To była błyskawiczna kariera. Najpierw został wiceprezesem Inter-Polcomu, a w 1983 roku zasiadał już na fotelu prezesa. – Byłem wtedy jeszcze beniaminkiem. Podobno dosyć szybko stałem się elokwentny, pyskaty i miałem duży tupet. Nie pozwalałem, żeby ktoś wciskał mi głupoty tylko z tego powodu, że byłem młodszy – mówił Kulczyk.

Kierownictwo Inter-Polcomu wybierali członkowie w głosowaniu na zjeździe. Kulczyk został prezesem jednogłośnie. Nie był to awans w teczce, choć sukces był trochę przypadkowy. Jego poprzednikiem był Wiesław Adamski, podsekretarz stanu i pełnomocnik rządu ds. współpracy gospodarczej z Polonią. Miał pecha, podpadł samemu generałowi Wojciechowi Jaruzelskiemu. Prawdopodobnie prowadził zbyt wystawny i swobodny tryb życia i dał się na tym złapać. Odpowiednie służby o wszystkim powiadomiły szefa państwa. – Był przystojny, trudno mu się dziwić, ale Jaruzelski akurat tego nie lubił. Faceta z dnia na dzień szurnęli. I tak przez przypadek, jako wiceprezes, niejako z automatu zostałem szefem tej izby – opowiada miliarder.

Wspomina, że do kierowania organizacją zabrał się tak, jakby prowadził swoją firmę. Nie wszystkim w organizacji to się spodobało. – Ale nic nie mogli zrobić. Nie można było mnie przekupić, no bo jak? I wtedy się zaczęło – opowiadał Kulczyk.

Już po roku względnej swobody partyjni towarzysze zaczęli się bacznie przyglądać środowisku firm polonijnych. Przedsiębiorstwa i zrzeszająca je organizacja zaczęły być niewygodne politycznie. Sprawnie działające firmy, prowadzone według zachodnich reguł, zarabiały duże pieniądze. Powoli zaczęły kłuć w oczy twardogłowych strażników jedynie słusznego ustroju. Były żywym przykładem, że z socjalizmem coś jest nie tak, że można inaczej. Izba rzeczywiście miała duże możliwości. Dysponowała jednym procentem od obrotu firm, które do niej należały. – Zrzeszaliśmy dwa tysiące przedsiębiorstw. Jako prezes miałem do dyspozycji potworne pieniądze, robiliśmy wyjazdy, szkolenia i konferencje, stworzyliśmy silny lobbing na rzecz firm polonijnych. Wokół nas zaczęło krążyć wiele mądrych osób, nie wszyscy byli z partyjnego betonu. To też nie podobało się władzy – opowiada Kulczyk. Zbliżał się termin walnego zgromadzenia izby.

– Dowiedziałem się, że obraduje Biuro Polityczne i mają nas zlikwidować, bo jesteśmy wrzodem na zdrowym ciele socjalistycznej gospodarki. To było w przeddzień walnego zgromadzenia. Chcieli

przyjechać i przekazać nam uchwałę Biura Politycznego o likwidacji
– mówi Jan Kulczyk. W realiach PRL sprawa była przegrana. Biuro
Polityczne PZPR to ścisłe kierownictwo partii, jego decyzje były
nieodwoływalne. Zmienić bieg wydarzeń mogła tylko jedna osoba
– I sekretarz i szef rządu generał Wojciech Jaruzelski. Wtedy Jan
Kulczyk miał wpaść – jak mówi – na szatański pomysł. Zwołał paru
kolegów i pojechali w nocy na spotkanie z Jadwigą Łokkaj. To nie-
codzienna postać, miała wtedy około 65 lat. Była posłanką w ran-
dze ministra i oficerem LWP w stopniu pułkownika. Razem z Jaru-
zelskim przeszła szlak bojowy spod Lenino do Berlina. Przyjaźniła
się z nim i byli na „ty". W wojsku do 1946 roku służyła jako szef
kancelarii sztabu dywizji LWP. Od połowy lat siedemdziesiątych do
1981 roku pułkownik Łokkaj zasiadała w Biurze Politycznym. Kie-
rowała ogólnopolską spółdzielnią Społem i pełniła wpływową funkcję w zarządzie Głównym Towarzystwa Przyjaźni Polsko-Radziec-
kiej. Znała wszystkich co trzeba, i wszyscy ją znali. Krążyły o niej
legendy. Miała podobno niespotykanie mocną głowę do picia. Wizyta u pułkownik Łokkaj nie była przypadkowa. Jako posłanka zasiadała w sejmowej komisji handlu i usług, która nadzorowała Inter-
-Polcom.

Nocne spotkanie u Jadwigi Łokkaj nie mogło się odbyć bez alkoholu. Tajemnicą jest tylko, ile poszło butelek whisky.

– Mówię: pani poseł, doszliśmy do wniosku, że sami nie pociąg-
niemy dalej, nie ma siły. Czy zgodzi się pani zostać prezesem izby
na moje miejsce. Jutro ustępuję. Zostanę wiceprezesem, pani da
nam parasol polityczny, a my robimy całą resztę – wspomina Kulczyk przebieg tej rozmowy.

Narada trwała do trzeciej w nocy. Łokkajowa się zgodziła. Kulczyk wrócił do hotelu. Za sześć godzin rozpoczynało się walne w budynku Związku Nauczycielstwa Polskiego.

– Wziąłem przygotowane wcześniej przemówienie i je przepisa-
łem. Poleciałem frazą Piotra Skargi à la Jan Kulczyk – statek tonie,
potrzebny jest kapitan. Jak sobie o tym pomyślę, o tamtych czasach, to była groteska – mówi.

Rano Kulczyk znowu pojechał do mieszkania Łokkajowej. Była mniej więcej siódma.

– Wzięła telefon i wykręciła numer. Odebrał bezpośrednio Jaruzelski. Zawsze pracował od godziny szóstej. Słyszę jak Łokkajowa mówi: Słuchaj, Wojtuś byli u mnie wczoraj ci polonusi. Rozmawiałam z nimi, oni mają dużo racji. Jak ich zaatakujemy, wybuchnie światowa awantura. Nie potrzebujemy tego. Posłuchaj, Wojtek, oni mnie zaproponowali, żebym została przewodniczącą. Zapadła cisza. Po chwili usłyszałem, co powiedział Jaruzelski. To był pierwszy i ostatni raz, jak na żywo słyszałem generała. Jaruzelski powiedział: „Wiesz, Jadziu, to jest bardzo dobry pomysł" – wspomina.

Kulczyk opowiada, że kilka godzin później na sali obrad zjazdu siedziało kilka osób, które były wprowadzone w tę intrygę. Padł wniosek o zmianę porządku i wybór nowego przewodniczącego. – Przedstawiciele Biura Politycznego siedzieli w pierwszym rzędzie, byli w szoku, kompletnie nie wiedzieli, co się dzieje, zgłupieli. –Wyciągam swój mandat nr 1 i mówię: chcę go przekazać w ręce Jadwigi Łokkajowej. Szybko, przez aklamację, została wybrana na nowego prezesa. Nikt z politbiura się nie odezwał. Ale wiem, że następnego dnia podczas picia wódki upokorzeni towarzysze odgrażali się, że jeszcze mnie dorwą.

Kulczyk nie wyklucza, że termin nieudanej rozprawy z izbą przyspieszyło zwolnienie z Inter-Polcomu jednego z pracowników – brata generała Tadeusza Dziekana. Generał był wtedy szefem wydziału kadr Komitetu Centralnego PZPR. Zmarł rok później.

– Tak się uratowały firmy polonijne. Łokkajowa miała to przełożenie, którego nikt inny nie miał. Krótko mówiąc, czasami trzeba działać nieortodoksyjnie. Oni mnie nie lubili, bo byłem z innego świata.

Kulczyk w dużym skrócie opisał reguły, według których funkcjonowały w Polsce firmy polonijne. Infiltracja przez SB środowiska zagranicznych przedsiębiorców była wpisana w ich działalność. Wszyscy mieli tego świadomość.

Pod baczną obserwacją był sam Inter-Polcom, co pozwalało bezpiece dokładnie kontrolować polonijne przedsiębiorstwa.

Wskazują na to dokumenty zachowane w IPN. W piśmie z maja 1984 roku do wojewódzkich urzędów spraw wewnętrznych w całym kraju szef Departamentu II MSW pułkownik Janusz Serda polecił lokalnym komórkom bezpieki, żeby się dobrze przygotowały do zaplanowanego na czerwiec w Poznaniu walnego zgromadzenia Inter-Polcomu. Zadanie było traktowane przez kontrwywiad priorytetowo. „W Walnym Zgromadzeniu uczestniczyć będą wszyscy właściciele firm polonijnych, ich pełnomocnicy oraz zaproszeni goście zagraniczni w liczbie około 200 osób. W sumie przewiduje się, że w imprezie tej weźmie udział około 1100 osób". W piśmie tym pułkownik Serda wskazuje:

„[...] proszę rozpatrzyć możliwość spowodowania wysłania do Poznania sprawdzonych osobowych źródeł informacji będących na łączności podległego Wam Wydziału II [...]. Osobowym źródłom informacji wyjeżdżającym na wspomniane imprezy należy podać numer telefonu – 448-03 Wydziału II WUSW w Poznaniu i hasło: +chcę rozmawiać w sprawie kontraktu+. Oraz polecić bezwzględne skontaktowanie się z pracownikiem w przypadku uzyskania ważnych informacji – wymagających konsultacji lub pomocy ze strony pracownika operacyjnego".

Ale to tylko wycinek rzeczywistości. Firmy polonijne były nie tylko szeroko otwartym oknem, przez które wpadało do kraju trochę kapitalizmu pod baczną kontrolą bezpieki. Służby wykorzystywały też firmy do innych celów. Plasowały w nich swoich agentów. Tajnych współpracowników werbowano z grona kierownictwa polonijnych przedsiębiorstw lub też na ich czele stawiano swoich ludzi, od wielu lat związanych ze służbą.

Wiele operacji wywiadu PRL lub II Zarządu Sztabu Generalnego LWP było przeprowadzanych właśnie z wykorzystaniem firm polonijnych. W tym czasie dochodziło do licznych konfliktów między PRL-owskimi służbami. – Na tym tle trwała ciągła rywalizacja. W jednym z pism z lat osiemdziątych wywiad wojskowy skarżył się, że wywiad cywilny kontroluje więcej firm polonijnych niż oni – mówi były oficer UOP.

Z kolei prokurator, lata temu piastujący wysokie stanowiska w strukturach organów ścigania, tak opowiada w skrócie o działalności firm polonijnych:

– Wiele z tych firm miało za zadanie lokowanie za granicą funduszy polskiego wywiadu. Trafiały nie tylko na konta w Liechtensteinie, Szwajcarii czy Austrii, ale także kupowano nieruchomości. Z biegiem czasu majątki te były przejmowane przez najważniejszych oficerów PRL-owskich służb oraz komunistycznych dygnitarzy. Intratne kontrakty z centralami handlu zagranicznego pozwalały na bezproblemowy i regularny przepływ gotówki – podkreśla. Nie chce jednak podawać żadnych przykładów. – Mimo upływu czasu może to wiele kosztować. Nie chcę zachorować na ołowicę lub powiesić się na sznurze od żelazka – zaznacza.

Wokół Inter-Polcomu też narosło wiele plotek i spekulacji. Jedna z nich dotyczy polonijnego biznesmena z USA Edwarda Mazura. Do Stanów wyjechał jeszcze w latach sześćdziesiątych. Ukończył tam studia, otrzymał obywatelstwo i zaczął robić karierę. Pracował w wielu amerykańskich korporacjach, nawet w koncernie Lockheed Martin znanym dziś szerzej z produkcji samolotów myśliwskich F-16. Wiadomo dziś, że był tajnym współpracownikiem II Departamentu MSW, czyli kontrwywiadu. Oczywiście działał też w Inter-Polcomie. Wiele osób uważa, że miał w tej organizacji dużo do powiedzenia, więcej niż się wielu wydawało. Był nie tylko dobrym znajomym Henryka Kulczyka, ale także jego syna Jana. – To właśnie dzięki jego akceptacji Janek przez jakiś czas znajdował się w ścisłym kierownictwie Inter-Polcomu – twierdzi minister jednego z rządów początku lat dziewięćdziesiątych. – Bez zgody i aprobaty Mazura w izbie praktycznie nic nie mogło się zdarzyć. Wyglądało to momentami tak, jakby faktycznie to on kierował organizacją – podkreśla.

W czym tkwiła tajemnica i siła Mazura, to już wiadomo. Jego amerykańskie koneksje i inne mniej wtedy widoczne talenty spowodowały, że w latach osiemdziesiątych, a następnie w dziewięćdziesiątych, stał się jedną z najbardziej wpływowych postaci nie tylko w biznesie, ale także w polityce. Do dziś krąży anegdota, że w 1993 roku posługiwał się wizytówką doradcy ówczesnego premiera Waldemara Pawlaka, szefa Polskiego Stronnictwa Ludowego. Ludowiec wielokrotnie musiał przekonywać w mediach, że Mazur nigdy mu nie doradzał.

Dziś jego nazwisko jest kojarzone praktycznie tylko z oskarżeniem o podżeganie do zabójstwa komendanta głównego policji generała Marka Papały. Po postawieniu Mazurowi zarzutów coraz więcej osób zaczęło wypierać się tej znajomości i bagatelizować utrzymywane relacje. W 2005 roku polski wymiar sprawiedliwości wystąpił do USA o ekstradycję Mazura. Amerykański sąd wniosek odrzucił, nie znajdując w nim uzasadnienia. W 2014 roku sprawa Mazura została umorzona. Prokuratura skłania się dziś do wersji, że śmierć Papały to nie był efekt mafijno-politycznego zlecenia, tylko przypadek – generała zastrzelił przypadkowy złodziej samochodów.

Kulczyk: nie można jeść chochlą

Jan Kulczyk nie marnował czasu w Inter-Polcomie. Bezpieka raportowała, że zaczyna zdobywać coraz większe wpływy i znajomości. Oficer SB „Koryn" pisał, że Jan Kulczyk „prowadzi od kilku lat aktywną działalność społeczno-organizacyjną, uczestnicząc we wszystkich znaczących imprezach i działaniach o znaczeniu polityczno-społecznym" i „wchodzi do różnych gremiów i komitetów doradczych tworzonych przy najważniejszych czynnikach rządowo--społecznych w PRL".

Więcej dowiadujemy się z miesięcznika wydawanego przez Inter-Polcom. Pismo to informowało w sierpniu 1984 roku, jak Jan Kulczyk wraz z ojcem ostro krytykowali część swojego polonijnego środowiska.[1] „Obaj – ojciec i syn – są nieprzejednanymi wrogami

---

[1] Cytaty [za:] Piotr Lisiewicz, *Chochla doktora Kulczyka*, „Gazeta Polska", 19 listopada 2004.

tych wszystkich, którzy przyszli do ruchu jedynie po to, by wykorzystując go jako tarczę robić szybko i bez skrupułów wielkie pieniądze [...]". Autor artykułu pisze, że Jan Kulczyk, podobnie jak ojciec, uznaje tylko „tzw. uczciwy biznes". I dodaje: „Prawo musi doprowadzić do takiej sytuacji – co Jan Kulczyk podkreśla ze szczególnym naciskiem – w której uczciwość będzie się opłacać". Dalej cytowany jest Jan Kulczyk: „Wolę jadać łyżką przez całe życie aniżeli chochlą przez cały tydzień" – przekonywał biznesmen. „Ludzi, o których cały czas mówimy, Kościół nie naprawi, resocjalizować ich się nie da. Chodziłoby więc o to, aby przepisy prawa, finansowe zwłaszcza, nie zostawiały furtek umożliwiających bezkarne działanie niebieskim ptakom, którzy, nie ma co ukrywać, ciągną jak ćmy do światła zawsze i wszędzie tam, gdzie są pieniądze. Jeśli im się zamknie te furtki, jeśli przepisy dla wszystkich będą mieć jednakową interpretację, preferującą uczciwość i rzetelność, to, zapewniam pana, amatorzy słodkich jabłek zrywanych cudzymi rękami nie we własnym ogródku szybko opuszczą nasz ruch" – podsumowywał.

Oczywiście nie oznacza to, że Jan Kulczyk krytykował fundamenty socjalistycznego ustroju. Inter-Polcom żył z władzą w symbiozie. Inna sytuacja była niemożliwa. Oficjalnie popierał choćby PRON, czyli Patriotyczny Ruch Odrodzenia Narodowego. Organizacja ta była propagandową fikcją. PRON utworzyły hodowane przez PZPR małe stronnictwa polityczne (ZSL i SD) i propartyjne organizacje katolickie, jak PAX. PRON, na czele którego stanął reżimowy pisarz Jan Dobraczyński, miał jeden czytelny cel i po to został stworzony – poprzeć wprowadzenie stanu wojennego i pokazać, że społeczeństwo i „elity" popierają Jaruzelskiego. Jan Kulczyk deklarował: „W odnowicielskim ruchu społecznym, jakim jest Patriotyczny Ruch Odrodzenia Narodowego, widzimy potężnego sprzymierzeńca".

W czasach reżimu Jaruzelskiego były trzy możliwości: wierzyć w socjalizm i popierać reżim, popierać reżim nie wierząc w socjalizm, przejść do podziemnej opozycji albo milczeć, nie zdradzając swoich poglądów. Ale kto chciał udzielać się publicznie albo cokolwiek wtedy robić oficjalnie, nie mógł milczeć, musiał popierać partię albo dobrze udawać, że to robi.

Sam Kulczyk wiele lat później w jednym z wywiadów bagatelizował swoje relacje z władzą, w czasie gdy zarządzał Inter-Polcomem. „Jako prezes miałem kontakty z władzą. Moimi partnerami byli ministrowie handlu wewnętrznego, spraw zagranicznych, współpracy gospodarczej z zagranicą. Negocjowaliśmy dla firm polonijnych kontyngenty, pozwolenia. Ale nie czułem się pupilem, wręcz przeciwnie" – mówił „Gazecie Wyborczej" w 2000 roku.

Kulczyk niechętnie oceniał czasy PRL.

– Stan wojenny, morderstwo księdza Jerzego Popiełuszki, panu nie przeszkadzało, że żyje w takiej symbiozie z tą władzą? Jakie miał pan wtedy poglądy?

Po dłuższym namyśle odpowiada:

– To nie była symbioza. Próbowałem w tym nienormalnym kraju normalnie żyć. Jestem liberałem, od kilkudziesięciu lat powtarzam, że państwo jest najgorszą rzeczą w gospodarce.

– Z drugiej strony pan się świetnie w tej gospodarce nakazowo--rozdzielczej poruszał.

– Staram się budować, a nie burzyć. Znałem wiele osób z opozycji i z wieloma się przyjaźniłem. Ale wtedy myślałem, czy warto walczyć z wiatrakami? Uważałem, że trzeba robić swoje. Normalna praca była może większą walką z komuną, niż wiecowanie na trybunie.

Bezpieka uważnie śledziła karierę młodego biznesmena i oceniała, że postawa ideowa Jana Kulczyka nie rodzi wątpliwości. W jednej z notatek napisanej esbecką nowomową przez „Koryna" czytamy: „reprezentuje poglądy polityczno-społeczne trwałości ustroju socjalistycznego w kraju", ale „widzi potrzebę zmian w strukturze gospodarczo-finansowej, która pozwoliłaby rozwijać działalność prywatną". „Przedstawia się jako człowiek o patriotycznym poczuciu, żywo interesujący się wszelkimi zjawiskami społeczno-politycznymi w kraju. W dyskusjach prywatnych wskazuje na błędy i wypaczenia w działalności gospodarczej czynników rządowych jako podłoże kryzysów społecznych. Jednocześnie negatywnie odnosi się do opozycyjnej działalności ugrupowań prosolidarnościowych, traktując to jako wrogą działalność określonych elementów politycznych. W swych wypowiedziach nie ukrywa faktu, iż o swoich spostrzeżeniach w kwestii stosunków gospodarczych kraj-zagranica informuje kompetentne osoby z kręgów rządowych PRL. Robi wrażenie jakoby pozostawał w kontaktach z kimś znaczącym z resortu MSW i Służby Bezpieczeństwa. Do służby bezpieczeństwa PRL odnosi się z przyjaznym i lojalnym uznaniem" – pisał oficer.

Syn przerósł ojca

Z dokumentów IPN dowiadujemy się też, że w latach osiemdziesiątych Jan Kulczyk był już milionerem. „Koryn", którego można uznać w zasadzie za „biografa" rodziny Kulczyków, pisał: „Wielopłaszczyznowe działania handlowo-gospodarcze" między Polską a Niemcami zaowocowały kontraktami, które przyniosły Kulczykowi „uznanie obu stron i prowizyjne korzyści".

„Koryn" relacjonował, że Henryk Kulczyk był dumny z osiągnięć biznesowych syna i osiąganych przez niego zarobków. Miał kapitał liczony w milionach dolarów i przez kilka lat osiemdziesiątych „pobił" finansowo swojego ojca, który na swój sukces pracował od lat sześćdziesiątych.

„Trudno określić wysokość uzyskiwanych zarobków, gdyż nigdy na ten temat nie wypowiadał się, ale są na tyle znaczące, iż ojciec jego określał go mianem lepszego od siebie w sensie dorobienia się określonego kapitału. Przy czym ojciec określał swoją pozycję materialną jako milionera dolarowego" – pisał „Koryn".

Oficer wywiadu z atencją kreśli charakterystykę Jana Kulczyka. Przede wszystkim określa go mianem managera. W PRL to rzadkie i egzotyczne słowo. No ale „Koryn" jako oficer wywiadu pod przykrywką w Berlinie nasiąkł już zachodnią nomenklaturą biznesową. Podkreśla, że Jan Kulczyk uczestniczy w wielu negocjacjach gospodarczych prowadzonych często za kulisami oficjalnych, zamrożonych relacji między państwami.

„Koryn" musiał być bliskim znajomym rodziny Kulczyków. Dobre relacje towarzyskie i swobodne rozmowy wykorzystuje potem do sporządzania raportów. W notatce z 1988 roku donosi: „Z jego i ojca relacji wynika, że w sferach kierowniczych resortów rolnictwa, przemysłu i handlu zagranicznego Polski oraz w niektórych kręgach przemysłowych RFN traktowany jest z uznaniem i poważaniem jako człowiek potrafiący prowadzić negocjacje w tworzeniu nowych form współpracy".

W latach osiemdziesiątych Jan Kulczyk założył w Polsce szereg firm z takimi gigantami międzynarodowego przemysłu, jak RAU GmbH i Krupp Maschinentechnik (zajmowały się one dostawami nowoczesnych maszyn i narzędzi dla przemysłu). Sukces goni sukces. Jan Kulczyk staje na czele dużego konsorcjum w branży rolno-spożywczej, które buduje w Polsce trzy nowoczesne olejarnie. Przedsięwzięcie kredytowali Niemcy. Inwestycja wyniosła 72 miliony marek niemieckich.

„Koryn" podsumowuje, że jest to dowód na realne możliwości Jana Kulczyka, który korzysta z pośrednictwa „wysokich czynników rządowych" zachodnich Niemiec.

Szerokie znajomości Kulczyków

Oficer wywiadu „Koryn" donosił o sukcesach młodego Kulczyka i korzyściach, jakie ma z tego PRL, ale SB nadal nie spuszcza z niego oka. Z dokumentów bezpieki wynika niezbicie, że władze PRL nie ufały Henrykowi Kulczykowi. Pod koniec lat osiemdziesiątych SB miało skrajnie negatywną ocenę Henryka Kulczyka „zarówno pod względem moralnym, jak i operacyjnym". Podejrzenia przekładały się na syna. Bezpieka pisała w swoich wewnętrznych raportach, że ojciec ma silny wpływ „na działalność i osobowość Jana Kulczyka".

I zalecała swoim tajniakom inwigilującym Jana Kulczyka: „Biorąc powyższe pod uwagę oraz fakt, że jest zdominowany osobowością ojca, który posiada decydujący wpływ na swą rodzinę, prosimy o zachowanie szczególnej ostrożności".

Kogo i czego obawiała się bezpieka? Prawdopodobnie wpływowych znajomości Jana Kulczyka, które zdobywał po mistrzowsku, jak jego ojciec. W jednej z notatek „Koryn" pisał, że Kulczyk „utrzymuje kontakty z Misją Wojskową PRL w Berlinie Zachodnim w zasadzie na wszystkich szczeblach kierowniczych".

Jaka rozległa była to sieć wpływów opisuje fragment innego dokumentu: „Pozostaje w dobrych układach z szefem Misji gen. Zielińskim, z radcą handlowym Chryszczanowiczem i z pozostałym personelem BRH (Biura Radcy Handlowego), z radcą konsularnym Zbitowskim i z niektórymi merytorycznymi pracownikami Wydziału Konsularnego. Uczestniczy w oficjalnych imprezach organizowanych przez Misję oraz Polonijny Klub Handlowców i Przemysłowców „Berpol" w Berlinie Zachodnim, którego jest znaczącym członkiem. Aktywnie uczestniczy w działalności polonijnej Towarzystwa Polonia w Warszawie i oddziale w Poznaniu przekazując znaczące kwoty na rzecz Towarzystwa Polonia jak również na rzecz Centrum Zdrowia Dziecka. Działalność na tej płaszczyźnie rozwija na równi ze swym ojcem.

Ogólnie wśród kierownictwa Misji, BRH i Wydziału Konsularnego Misji, jak również Towarzystwa Polonia, Interpolcom oraz napotkanych znaczących przedstawicieli resortów handlowo-gospodarczych z kraju cieszy się pozytywną opinią jako człowiek odgrywający znaczącą i pożyteczną rolę. Posiada obywatelstwo tylko polskie i paszport konsularny. Podobnie jak jego ojciec. W paszporcie konsularnym ma zawsze wstawioną przez władze RFN kilkuletnią wizę pobytową".

To oczywiście relacja niezawodnego „Koryna".

Z materiałów w IPN wynika, że życie Jana Kulczyka, także prywatne, nie miało dla SB tajemnic. Szpicle zbierali o nim wszystko.

Nawet drobne epizody. Jak opis znajomości Jana Kulczyka z pułkownikiem Henrykiem Górnym, dyrektorem Okręgowego Zarządu Zakładów Karnych w Warszawie. „Jesienią 1986 roku w/wymienieni wielokrotnie spotykali się ze sobą na terenie hotelu Victoria gdzie J. Kulczyk zamieszkiwał w dniach:
21–25.10.1986 w pokoju 710
28–30.10.1986 w pokoju 724
03–04.11.1986 w pokoju 505
25–26.11.1986 w pokoju 742
W październiku 1986 roku wymienieni razem przebywali w restauracji Hetmańska. Po wyjściu z restauracji udali się do Pewexu, gdzie J. Kulczyk zakupił karton napojów alkoholowych. Następnie karton ten został umieszczony przez kierowcę H. Górnego/o imieniu Mieczysław/w jego służbowym samochodzie marki Polonez. W listopadzie 1986 r. H. Górny przebywał w pokoju J. Kulczyka przez ok. 2 godziny. W tym czasie kierowca oczekiwał w hallu hotelu".

Bezpieka była podzielona w sprawie Jana Kulczyka. Gdy „Koryn" pisał o jego sukcesach, inny donosiciel o pseudonimie „Rewal" próbował podważyć jego biznesowe kompetencje. „Rewal" donosił usłużnie: „Dla przykładu wiceminister Maćkowiak wstrzymał jeden z projektów konsorcjum z uwagi na nadmierne koszty w porównaniu do innych ofert. Może to być wykorzystywane przez Kulczyka. Nie przeceniając jego możliwości w RFN, należy śledzić jego poczynania +handlowe+. Do chwili obecnej zbankrutowała jego firma polonijna do produkcji akumulatorów. Pozycję materialną i społeczną zawdzięcza ojcu – znanemu w rezydenturze w Berlinie Zachodnim". Importem do Polski akumulatorów zajmowało się wspomniane wcześniej polonijne przedsiębiorstwo Kulczyków Interkulpol. W materiałach bezpieki nie ma informacji, aby firma ta zbankrutowała. Nic na ten temat nie wiedzieli także nasi rozmówcy. Można więc przypuszczać, że „Rewal" poprzez nieprawdziwe informacje próbował po prostu zdyskredytować Jana Kulczyka.

Jasik nie chciał werbować Kulczyka?

Jan Kulczyk musiał być bardzo atrakcyjnym celem dla bezpieki. Syn wpływowego biznesmena, wspinający się po szczeblach kariery, posiadał podobnie jak ojciec szerokie znajomości nie tylko w kraju, ale także za granicą. Ale z zachowanych w IPN materiałów wynika bezsprzecznie, że bezpieka nie zarejestrowała go jako tajnego współpracownika. Mimo że pod koniec lat osiemdziesiątych – podobnie jak jego siostra Maria – został wytypowany do tej roli. „Koryn" tak kreślił jego zalety: posiada „dość duże możliwości wywiadowcze w sferze uzyskiwania dość wiarygodnych, fragmentarycznych, ale istotnie ważnych i wyprzedzających informacji w dziedzinie stosunków gospodarczo-finansowych na linii NRF-Polska oraz kulis układów prywatno-politycznych z wpływowej elity w niektórych sferach społecznych w RFN".

Kulczyk był przekonany, że Służba Bezpieczeństwa polowała na niego wielokrotnie. Szukała haków, by później zmusić go do współpracy. – Ale nigdy mnie nie werbowali. To był paradoks. Nigdy im to nie wyszło. Nigdy nic nie podpisałem – zapewnia Kulczyk. Tłumaczy to tak: – Jako prezes izby firm polonijnych byłem wysoko. Nie mieli do mnie dostępu. I pewnie było im po prostu głupio. Poza tym mieli tam swoich ludzi, o czym wiedziałem. Dyrektor generalny, urzędnicy, oni wszyscy byli pracownikami SB. Sami to mówili. Wiadomo było, kto był pułkownikiem, a kto generałem. Było to naturalne, tak to funkcjonowało. Gdyby ktoś wtedy powiedział nam, że za 10 lat będziemy mieli kapitalizm, to odpowiedzielibyśmy: nie pij pan więcej.

Na przełomie 1988–89 roku było jasne, że komuniści muszą w kontrolowany sposób podzielić się władzą z opozycją demokratyczną. Przesądziły o tym obrady Okrągłego Stołu i porozumienie w Magdalence między liderami opozycji i szefem bezpieki generałem Czesławem Kiszczakiem. Nikt wtedy nie przypuszczał, że w pierwszych wolnych wyborach w czerwcu 1989 roku obóz „Solidarności" tak spektakularnie pokona PZPR. Wielkie historyczne zmiany wisiały w powietrzu, komuniści byli gotowi do częściowego i kontrolowanego podzielenia się władzą. Ale nic więcej. W okresie tym SB nasiliła działania werbunkowe. Do tego stopnia, że wiosną na Uniwersytecie Warszawskim Niezależny Związek Studentów wywiesił ogłoszenia z prośbą o zgłaszanie wszelkich prób pozyskiwania tajnych współpracowników przez oficerów bezpieki.

SB zainteresowało się także Kulczykiem i jego siostrą Marią. W pierwszych dniach stycznia zapadła decyzja. Departament I MSW rozpoczął operację o kryptonimie „Kloda". Uzasadnienie było proste: „Oboje z racji prowadzenia działalności gospodarczo--handlowej utrzymywali liczne kontakty z przedstawicielami kół businessu RFN, a także politykami gospodarczymi tego kraju". To znowu pisał „Koryn". Pod kolejną jego notatką znajduje się adnotacja innego oficera wywiadu PRL, działającego na terenie RFN, o pseudonimie „Hold". Pisze on, że w razie podjęcia decyzji o werbunku Kulczyka „Koryn" powinien wrócić do Warszawy, „ponieważ jego wiedza o figurancie", czyli Kulczyku, jest bardzo obszerna.

Operację nadzorował osobiście Henryk Jasik, jeden z najbardziej wpływowych oficerów polskiego wywiadu. Pod koniec lat osiemdziesiątych był najpierw wicedyrektorem Departamentu I MSW (w stopniu podpułkownika), a potem awansował na stanowisko dyrektora (w stopniu pułkownika). Po upadku PRL przeszedł pozytywnie weryfikację i został później awansowany przez Lecha Wałęsę na stopień generała. Był nie tylko szefem wywiadu, ale także wiceministrem spraw wewnętrznych i administracji.

W piśmie z 3 lutego 1989 roku Jasik zwrócił się do pułkownika Zenona Dryndy, zastępcy szefa WUSW ds. SB w Poznaniu. Prosił o nadesłanie „kompleksowej notatki" dotyczącej Jana Kulczyka, wszelkich dokumentów dotyczących jego kontaktów z SB oraz ewentualnie innych „materiałów do wglądu". Po kilku miesiącach, gdy był już dyrektorem Departamentu I MSW, sprawę „Kloda" zakończył. Henryk Jasik nie chciał rozmawiać na temat szczegółów tej operacji.

– Kiedy poznał pan Jana Kulczyka?

– Podczas jakiegoś spotkania u prezydenta Wałęsy już w latach dziewięćdziesiątych. Nigdy wcześniej nie miałem z nim kontaktu – zapewnia generał.

Z zawartością teczki z operacji „Kloda" zapoznali się członkowie sejmowej komisji śledczej ds. PKN Orlen. Przejrzał ją osobiście Antoni Macierewicz, ówczesny poseł Ruchu Katolicko-Narodowego i członek komisji śledczej. Publicznie postawił tezę, że Kulczyk mógł być agentem służb specjalnych PRL. Na jej poparcie nie znalazł dowodów. Opowiadał za to, że w teczce znajduje się pochodząca z lat osiemdziesiątych odręczna notatka oficera MSW, który opisuje Kulczyka (przebywającego wówczas w Niemczech) jako osobę mającą zażyłe kontakty z funkcjonariuszami służb specjalnych i Ministerstwa Spraw Wewnętrznych. Drugi interesujący, zdaniem Macierewicza, dokument ma pochodzić z 1988 roku – Henryk Jasik prosi w nim, by sprawę, w której występuje Kulczyk, przekazać mu do indywidualnego prowadzenia – opowiadał Macierewicz. Innych ciekawych dokumentów, jak mówił, w teczce nie ma.

Syntetyczną prawdę o celach SB w okresie przemian ustrojowych 1989–90 kreśli profesor Antoni Dudek, historyk, były doradca prezesa Instytutu Pamięci Narodowej: – W tym okresie, przede wszystkim w wywiadzie i kontrwywiadzie, zaczął się dokonywać proces „prywatyzacji" służb specjalnych. Pracowali tam najbystrzejsi funkcjonariusze, którzy widząc jak upada PRL, zaczynali myśleć o swojej przyszłości poza służbami. Dlatego część werbunków nie służyła już wówczas pozyskaniu klasycznej agentury, ale znalezieniu wspólników do interesów. Rozpoczynano wówczas rozpracowywanie danej osoby ze względu na podejrzenia pracy dla obcych służb, czy też szerokich kontaktów za granicą. W wielu przypadkach była to jednak tylko przykrywka. Zresztą w połowie lat osiemdziesiątych służby zakładały wiele fikcyjnych spółek, które faktycznie wykorzystywano do działalności wywiadowczej lub kontrwywiadowczej. W czasie przemian ustrojowych firmy te były przejmowane i wykorzystywane do robienia prywatnych pieniędzy. Niestety nie jest to wprost opisane w dokumentach, bo na gruncie ówczesnych przepisów takie działania były nielegalne.

ROZDZIAŁ X
POZNAŃSKIE KONEKSJE

JAN KULCZYK urodził się 14 czerwca 1950 roku w Bydgoszczy. W tym czasie jego ojciec Henryk większą część swojego czasu spędzał już za granicą. Wychowanie młodego Jana spadło więc na matkę Irenę. Z wykształcenia była magistrem muzyki. W konserwatorium wybrała klasę pianino. Jan Kulczyk przyznał później, że bardzo żałował jednego, że nie nauczył się grać na tym instrumencie. Marzył też, żeby zostać dyrektorem opery. Pociągał go sceniczny rozmach. O latach chłopięcych Jana wiadomo niewiele. Razem z matką i cztery lata młodszą siostrą Marią mieszkali przy ulicy Świerczewskiego pod numerem 5a. Na Marię wszyscy mówili Ilona, i tak zostało. Nigdy nie używała swojego właściwego imienia.

Jako nastolatek Jan bardzo lubił szachy. Miał talent. Pewnie wygrywał szkolne turnieje. Dlaczego wolał szachy, a nie piłkę nożną? Bo jak mawiał, nagradzana jest cierpliwość, a nie mięśnie. Ojca widywał sporadycznie. Co jakiś czas z matką wyjeżdżał do niego do Niemiec zachodnich. Prawdopodobnie po raz pierwszy zobaczył świat zohydzanego w Polsce dobrobytu w wieku około 15 lat. Potrafił już na własne oczy ocenić, na czym polegają różnice między socjalistycznym Wschodem i kapitalistyczną Europą Zachodnią.

W szkole podstawowej najbliższym kolegą Jana był Mieciu, tak o nim mówił. Razem siedzieli w jednej ławce. Mieciu to nikt inny tylko Mieczysław Wachowski. Kilkanaście lat później najbardziej zaufany współpracownik przewodniczącego NSZZ „Solidarność", a potem prezydenta RP.

Dobra znajomość przetrwała próbę lat. I była kluczem, który po 1989 roku otworzył Kulczykowi drzwi do kancelarii prezydenta Lecha Wałęsy. Dawna zażyłość z Wachowskim, który został prezydenckim ministrem i szefem gabinetu, była bezcenna. Wachowski stał się potężną osobą w pałacu prezydenckim. Jego relacje z Wałęsą były wyjątkowe. Sięgały wielu lat wstecz. To on opiekował się rodziną przewodniczącego, gdy ten został internowany i osadzony w areszcie w Arłamowie. Później był jego sekretarzem i kierowcą. Wiedział o Wałęsie wszystko, powiedzieć o nim prawa ręka, to za mało. Miał wpływ na wszystkie decyzje, które zapadały w pałacu na Krakowskim Przedmieściu. Równocześnie był jak majordomus, zawsze obecny i usłużny, gotowy w każdej chwili podpowiedzieć hasło do krzyżówek, które Wałęsa uwielbiał rozwiązywać. Złośliwi krytycy ochrzcili go mianem „kapciowego" Wałęsy. Próby ośmieszania Wachowskiego wynikały ze słabości jego przeciwników politycznych – bo „kto z Mieciem wojował, od Miecia ginął".

W 1992 roku Kulczyk został oficjalnie społecznym doradcą Wałęsy w Radzie ds. Rozwoju Gospodarczego. Prawdopodobnie znajomość z Wachowskim nie była tu bez znaczenia. W jej składzie znalazły się biznesowe tuzy. Dobrze znani Kulczykowi Jan Wejchert i Mariusz Walter (założyciele koncernu medialnego ITI), Zbigniew Niemczycki (prezes Curtis International), Wiesław Rozłucki (prezes Warszawskiej Giełdy Papierów Wartościowych), Andrzej Skowroński (prezes Elektrimu) i Cezary Stypułkowski (prezes Banku Handlowego). Wśród doradców był także autor polskich reform profesor Leszek Balcerowicz oraz profesor Lena Kolarska-Bobińska (wtedy dyrektor CBOS).

Obecność w radzie Jana Kulczyka nie musiała być oczywista. Przed wyborami prezydenckimi wspierał Tadeusza Mazowieckiego,

kontrkandydata Lecha Wałęsy. Wtedy po stronie opozycji demokratycznej to były dwa ostro zwalczające się obozy polityczne.
Unia Wolności kontra Porozumienie Centrum braci Lecha i Jarosława Kaczyńskich. Ale po pierwszej turze, gdy pierwszy niekomu-
nistyczny premier przegrał z nikomu wcześniej nieznanym Stanem
Tymińskim, wszystkie ręce zostały rzucone na pokład, także działaczy UW. Istniało poważne ryzyko, że ten tajemniczy kanadyjski
emigrant (z czarną teczką, w której miały być kwity SB na Wałęsę)
pokona nawet historycznego szefa „Solidarności". Trzy lata później
magazyn „Cash" pisał:

„W roku 1990 podczas kampanii wyborczej Tadeusza Mazowieckiego, Kulczyk należał do dość licznego grona finansującego jego
przegrany «marsz na Belweder». Co nie znaczy, że został całkowicie
odrzucony przez Lecha Wałęsę – często towarzyszył prezydentowi
podczas zagranicznych wizyt, ostatnio w Japonii. Ale nadal uważany
jest za człowieka bliskiego Unii Wolności".

Znajomość z Wachowskim miała swoje blaski, były też cienie.
Kulczyk lubił się chwalić, że był blisko prezydenta i miał do niego
ułatwiony dostęp. Gdy tego potrzebował, zawsze mógł z nim rozmawiać. Nie mógł tego samego powiedzieć o braciach Kaczyńskich.
Jarosław pełnił funkcję szefa Kancelarii Prezydenta. Lech – jako minister stanu nadzorował bezpieczeństwo. Szybko doszło do próby sił
z Wachowskim. Bracia przegrali i odeszli z pałacu. Do takich wydarzeń szybko przyklejają się anegdoty. Według jednej z nich za wyrzu-
ceniem braci Kaczyńskich z Kancelarii Prezydenta był Jan Kulczyk,
z racji swoich dobrych relacji z Wachowskim. Kulczyk to dementował stanowczo i z irytacją: – To bzdura kompletna, co mnie wtedy
jacyś Kaczyńscy interesowali?

Wielka polityka Kulczyka pewnie rzeczywiście nie interesowała.
Ale o relacje z Wachowskim dbał, podobnie jak jego ojciec Henryk.
W tym rozmówcy związani z ówczesnym ośrodkiem prezydenckim
są zgodni.

Kulczyk wiedział, jak sobie zaskarbić przychylność kolegi z podstawówki. Podobnie jak Wachowski pokochał żużel. Wachowski był

sympatykiem tej dyscypliny sportu od lat młodzieńczych. Kulczyk zaczął więc bywać na meczach żużlowych, bankietach i spotkaniach organizowanych przez branżę motorową. Hobby to nie było mu obce, bo w przecież w Polskim Związku Motorowym udzielał się jego ojciec. Zresztą Bydgoszcz słynie z przywiązania do żużla. Złośliwi twierdzą jednak, że Kulczyk bywał głównie na tych imprezach, na które wybierał się Wachowski. Można ich było spotkać choćby na trybunach Mistrzostw Świata w żużlu zorganizowanych na początku lat dziewięćdziesiątych w niemieckim Pocking. Janowi Kulczykowi towarzyszyła wówczas cała rodzina – żona Grażyna oraz dzieci – Sebastian i Dominika.

– Kulczyk bardzo zabiegał o dobre relacje z Wachowskim – przyznaje Andrzej Witkowski, były prezes ubezpieczeniowej spółki Warta i wieloletni szef Polskiego Związku Motorowego. Podkreśla, że to właśnie za namową Wachowskiego Kulczyk zaczął na początku lat dziewięćdziesiątych sponsorować pochodzącego z Bydgoszczy, dobrze zapowiadającego się młodego żużlowca Tomasza Golloba. – Dawał mu pieniądze w gotówce, niemieckie marki. Pamiętam, że były to jak na owe czasy dość znaczne kwoty, które wystarczały na zakup kilku silników – opowiada.

Jan Kulczyk zapytany o sponsorowanie żużla mówi bez zastanowienia: – To Miecio Wachowski mnie namówił, żeby zainwestować w polski żużel. I tak powstało Lech Premium Cup. Miecio jest tego współtwórcą, absolutnie.

Lech Premium Cup to silnie obsadzone międzynarodowe zawody, które zostały rozegrane w 1995 roku na stadionie w Gnieźnie. Wygrał wtedy znany Duńczyk Hans Nielsen.

W latach sześćdziesiątych Wachowskiego życie rzuciło na Wybrzeże. Po ukończeniu bydgoskiego technikum mechaniczno-elektrycznego zaczął studiować w Wyższej Szkole Morskiej w Gdyni. Ich drogi na lata się rozeszły. Kulczyk poszedł do VI Liceum Ogólnokształcącego im. Jana i Jędrzeja Śniadeckich. Dyrektor tej szkoły Agnieszka Łysio nie chciała opowiedzieć, jakim był uczniem. – Tak szczegółowych danych bez zgody pana Kulczyka nie możemy udzielić, gdyż obowiązuje nas ustawa o ochronie danych osobowych – odpowiedziała uprzejmie, acz stanowczo pani dyrektor. Nie wiemy więc, czy miał plakietkę „wzorowy uczeń", czy przynosił do domu świadectwa z czerwonym paskiem, i jak często chodził na wagary.

Do matury Jan Kulczyk podszedł w 1968 roku. Z kolejnym swoim bydgoskim kolegą, z którym będzie później współpracował jako przedsiębiorca. To Andrzej Malinowski, razem studiowali też w Poznaniu. Malinowski wybrał karierę polityczną, został działaczem ZSL, a potem PSL. W okresie PRL był wiceministrem handlu wewnętrznego i usług, później rolnictwa. Dobra znajomość pod względem celów biznesowych, jakie miał Kulczyk. Poza tym obaj się lubili i cenili. I ta znajomość przetrwała do lat dziewięćdziesiątych. W 1992 roku Malinowski wszedł do rady nadzorczej Euro Agro Centrum, kluczowej spółki w powstającym imperium Kulczyka. Dziś jest prezydentem wpływowej organizacji Pracodawcy RP. Przez cały ten czas Malinowski był jego sojusznikiem i przyjacielem. Ale zanim się spotkali na uczelni w Poznaniu Jan Kulczyk poszedł na studia na Wydziale Prawa Uniwersytetu im. Mikołaja Kopernika w Toruniu. Tam rozpoczął drogę do tytułu naukowego doktora. Dziś nie mówi się o nim inaczej niż „doktor Jan", „doktor Johann" albo po prostu „doktor". Tytuł naukowy dodawał mu nie tylko prestiżu, ale stał się też umiejętnie wykorzystywaną legitymacją jego kompetencji i przygotowania do prowadzenia biznesu. Jak wyglądała kariera naukowa najbogatszego Polaka? Upływ czasu poważnie ogranicza możliwość zrekonstruowania szczegółów studiów. Na toruńskiej uczelni spędził prawdopodobnie dwa lata. Jeszcze jako student tego uniwersytetu w 1971 roku ubiegał się o zgodę na trzymiesięczny wyjazd do RFN do ojca.

W październiku 1971 roku przeniósł się na Wydział Prawa Uniwersytetu im. Adama Mickiewicza w Poznaniu. Został tam przyjęty na IV rok studiów stacjonarnych. Jak było faktycznie? Nie wiadomo. Toruńska uczelnia nie wie, dlaczego zmienił uniwersytet. Być może – jak twierdzi jeden z rozmówców – z powodów wizerunkowych.

W okresie PRL Uniwersytet Mikołaja Kopernika był uznawany za uczelnię, na której tytuły magistrów masowo zdobywali partyjni aparatczycy oraz ich dzieci. Stąd bardzo popularne były prześmiewcze anegdotki opisujące rozmowy rektora toruńskiej uczelni ze studentami z PZPR, jak np.: Wysoki rangą dygnitarz partyjny dzwoni do rektora UMK i pyta: „Na którym jestem roku, towarzyszu rektorze?". „Na drugim, towarzyszu przewodniczący" – słyszy odpowiedź. „To co tak słabo" – denerwuje się partyjniak.

– Dlatego niektórzy studenci przenosili się na ostatni rok na inną uczelnię, aby to właśnie ona, a nie toruński uniwersytet, wydała im dyplom – podkreśla nasz rozmówca.

Czy takimi motywami kierował się Jan Kulczyk, przenosząc swoje studia do Poznania? To tylko luźna spekulacja albo raczej opis ówczesnej rzeczywistości. Faktem jest, że pracę magisterską złożył na UAM 30 maja 1972 roku i tam ją obronił. Nosiła tytuł: „Własność lokali". Próba dotarcia do tej pracy zakończyła się niepowodzeniem. Okazało się, że najprawdopodobniej została zniszczona jeszcze w okresie PRL. Uniwersytet tłumaczy to tak: „Z informacji, jakie otrzymałam z Wydziału Prawa i Administracji oraz Archiwum UAM wynika, że w roku obrony pracy magisterskiej Jana Kulczyka obowiązek przechowywania dysertacji spoczywał na katedrach, w których były one bronione. Nie obowiązywały wówczas szczegółowe uregulowania co do archiwizacji dokumentów. Przyjęte było, że po około 10–15 latach rozprawy magisterskie przechowywane w katedrach były niszczone. Należy przypuszczać, że tak właśnie stało się również z pracą magisterską Jana Kulczyka" – wyjaśniła dr Dominika Narożna, rzecznik prasowy UAM w Poznaniu.

Promotorem pracy magisterskiej biznesmena był weteran II wojny światowej prof. Zygmunt Konrad Nowakowski. Zmarł w wieku 81 lat w 1993 roku. Jego życie mogłoby posłużyć za scenariusz do dobrego filmu sensacyjnego. Był poznaniakiem odznaczonym Orderem Virtutti Militari V klasy. Służył m.in. w szeregach Dywizji Strzelców Karpackich. Walczył w Egipcie, Libii i Iraku.

Jak wiemy, Kulczyk nie poprzestał na studiach magisterskich. Marzył mu się doktorat. Dlatego przez dwa lata pracował w naukowo-badawczym Instytucie Zachodnim im. Zygmunta Wojciechowskiego w Poznaniu, który specjalizował się w problematyce niemieckiej. To właśnie tam 31 maja 1976 roku przyszły miliarder obronił pracę doktorską zatytułowaną „Układ o podstawach stosunków między NRD a FRN z 21.12.1972 r. jako umowa międzynarodowa". Z jej treścią można zapoznać się w Bibliotece Głównej Uniwersytetu im. Adama Mickiewicza w Poznaniu. Rozprawa biznesmena oprawiona w sztywną czerwoną okładkę liczy w sumie 302 strony. Sama praca to 240 stron podzielone na pięć rozdziałów. Pozostałe to pięć aneksów i licząca siedemnaście stron bibliografia.

Z wielokrotnie powtarzanych przez media informacji wynika, że Kulczyk jest doktorem nauk prawnych. Nie jest to ścisła informacja. Z karty tytułowej rozprawy doktorskiej wynika, że została ona obroniona w Instytucie Nauk Politycznych UAM. Skąd więc tytuł doktora prawa, a nie nauk politycznych? Zagadkę tę wytłumaczyła rzeczniczka uniwersytetu. „Zgodnie z dokumentacją przewodu doktorskiego Pana Jana Kulczyka uzyskał on w 1976 roku stopień naukowy doktora nauk humanistycznych w zakresie nauk politycznych (sformułowanie z protokołu posiedzenia Rady Wydziału Nauk Społecznych Uniwersytetu im. Adama Mickiewicza w Poznaniu). Na druku zawiadomienia o nadaniu stopnia doktora w punkcie 13 – bliższe określenie dyscypliny specjalności naukowej, w zakres której wchodzi rozprawa doktorska, podano specjalność: nauki polityczne i prawo międzynarodowe. Promotorem pracy był prof. dr hab. Alfons Klafkowski z Wydziału Prawa, co nie przeszkadzało, by przewód doktorski przeprowadzony był na innym wydziale, gdyż praca miała charakter interdyscyplinarny". Oznacza to, że Jan Kulczyk mógł również tytułować się doktorem nauk politycznych. Wolał zostać doktorem prawa (międzynarodowego).

Temat pracy i jej zawartość już wtedy mogły sugerować, jak dalej potoczą się losy młodego doktora i gdzie będzie szukał sposobu na życie. Na razie Jan Kulczyk podziękował swojemu promotorowi, myśląc zapewne o swojej przyszłości w świecie akademickim. Zrobił to zaraz po stronie tytułowej:

„Składam wyrazy szacunku i podziękowania memu promotorowi prof. dr. Alfonsowi Klafkowskiemu za pomoc i cenne uwagi oraz wskazówki udzielone mi podczas przygotowania niniejszej rozprawy doktorskiej". Podpis: „Autor".

Profesor Klafkowski zmarł w 1992 roku, miał 80 lat. Był bardzo wpływowym prawnikiem. Przez sześć lat, od 1956 do 1962 roku, pełnił funkcję rektora Uniwersytetu im. Adama Mickiewicza. Poświęcił się nie tylko pracy naukowej, działał także w polityce. Dwukrotnie – w latach siedemdziesiątych i osiemdziesiątych – zasiadał w ławach poselskich w Sejmie PRL. Zaś w latach 1982-1985 był członkiem Rady Państwa, jednego z najważniejszych organów PRL, który sprawował władzę podobną do dzisiejszych kompetencji prezydenta. W tym samym czasie członkiem Rady Państwa był Stanisław Kania, były I sekretarz Komitetu Centralnego PZPR.

Wpływowe nazwisko promotora doktoratu mogło mieć duże znaczenie dla przyszłej kariery. Było też przepustką do prawniczej elity. A młody Jan Kulczyk początkowo właśnie z prawem wiązał swoją najbliższą przyszłość.

W tym miejscu można postawić hipotetyczne pytanie, czy z początku kariera naukowa Jana Kulczyka nie wynikała trochę z rodzinnego podziału ról. Jego ojciec na pewno reprezentował wartości tradycyjne i mieszczańskie. Wśród nich na wysokim miejscu znajdowała się przyszłość rodziny, przede wszystkim dzieci. W takim tradycyjnym modelu jedno z nich było szykowane do objęcia „ojcowizny". Pozostałe musiały się kształcić. Czy determinacja Jana Kulczyka, żeby osiągnąć jak najwięcej na uczelni mogła wynikać z decyzji ojca, że prowadzenie firmy przejmie po nim Ilona, a Jan zostanie pracownikiem naukowym? Tak wiele lat później sugerowali funkcjonariusze Służby Bezpieczeństwa, kreśląc charakterystyki brata i siostry.

Kulczyk, pracując nad doktoratem, w czasie pracy w Instytucie uczęszczał również na studia podyplomowe na Akademii Ekonomicznej w Poznaniu (dziś jest to Uniwersytet Ekonomiczny). Z jego oficjalnego życiorysu dostępnego na stronie Kulczyk Investments wynika, że jest absolwentem „handlu zagranicznego na Podyplomowym Studium Handlu Zagranicznego Akademii Ekonomicznej w Poznaniu".

Z informacji, jakich udzielił dr hab. Piotr Banaszyk, prorektor tej uczelni ds. edukacji i studentów wynika, że Kulczyk nie ukończył tych studiów. Co by oznaczało, że nie mógł się tytułować „absolwentem".

Oto fragment pisma prorektora Banaszyka: „Z ewidencji studentów i absolwentów naszej Uczelni, prowadzonej zgodnie z obowiązującymi w tym zakresie przepisami wynika, że Jan Kulczyk nie był studentem studiów wyższych na Akademii Ekonomicznej w Poznaniu (obecnie Uniwersytecie Ekonomicznym w Poznaniu) i nie jest absolwentem studiów wyższych tej uczelni. [...]. Jednocześnie informuję, że pan Jan Kulczyk był uczestnikiem studiów podyplomowych pod nazwą Podyplomowe studium międzynarodowej współpracy gospodarczej, prowadzonych przez Akademię Ekonomiczną w Poznaniu w roku akademickim 1977/1978, jednak uczelnia nie wydawała świadectwa (a tym bardziej dyplomu) ukończenia studiów podyplomowych".

Jan Kulczyk kręci głową. Mówi: – Słyszałem, że zaginęły jakieś dokumenty, że nie ma dyplomu, trzeba będzie przeszukać moje archiwum i dokumenty i to wyjaśnić.

Studia w Poznaniu to dla Jana Kulczyka czas najlepszych wspomnień i przyjaźni. Z Hanną Suchocką, Sławomirem Pietrasem, Zbigniewem Napierałą. Z Suchocką łączyła go więź szczególna. – Razem byliśmy na tej samej uczelni w zakładzie prawa państwowego. Naprawdę dobrze się znamy. Krzysztof Skubiszewski był naszym szefem, kierownikiem tej katedry – wspomina Kulczyk z dumą. Skubiszewskiego nie trzeba przedstawiać, zapisał się w najnowszej historii jako najdłużej urzędujący szef polskiej dyplomacji. Kulczyk, wspominając go, miał prawdopodobnie na myśli lata swoich studiów magisterskich i początek pracy nad doktoratem, bo w roku 1973 prof. Skubiszewski opuścił Wydział Prawa UAM po burzy, jaką wywołały jego słowa o niektórych kolegach z Instytutu Zachodniego. Określił ich mianem „pezetpeerowskich bubków". Z racji swoich nienagannych manier, dbałości o wygląd i przywiązania do muszek był nazywany przez studentów Lordem Galluxem. Takiego pseudonimu używał też Marian Adam Eile, założyciel i redaktor naczelny krakowskiego „Przekroju", pisma dla aspirującej inteligencji. Na ostatniej stronie „Przekroju" Eile występował w historyjkach rysunkowych jako Profesor Filutek z obowiązkowym melonikiem i muszką. Nic dziwnego, że Kulczyk przywołuje Skubiszewskiego w swoich wspomnieniach z tamtego czasu obok wypróbowanych przyjaciół. Profesor był uwielbiany przez studentów.

O Sławomirze Pietrasie Jan Kulczyk mówi: „To mój najbliższy przyjaciel". Też ukończył wydział prawa na poznańskiej uczelni. Ale był od niego siedem lat starszy. To Pietras zaszczepił w nim miłość do opery. Był dyrektorem praktycznie wszystkich najważniejszych scen w Polsce. Kulczyk razem z Suchocką należeli do Towarzystwa Przyjaciół Opery w Poznaniu, które pod egidą Zrzeszenia Studentów Polskich założył właśnie Pietras. W czasach studenckich Kulczyka kierował Polskim Teatrem Tańca i Baletu Poznańskiego.

– Hanka była skarbnikiem towarzystwa, rozprowadzała i sprzedawała bilety do opery. Wszyscy byliśmy razem, z jednego poznańskiego grajdołu – opowiada Kulczyk. Po chwili przenosi swoje wspomnienia w mniej odległe czasy. W 1992 roku w wyniku porozumienia siedmiu partii Hanna Suchocka została premierem.

– Chyba nikt mi nie powie, że miałem z tym coś wspólnego. Nie miałem – ironizuje Kulczyk. I przytacza kolejną anegdotę: – Kandydaturę Suchockiej wymyślił Bronisław Geremek. Ale pomylił Hankę z inną posłanką o tym samym imieniu. I przez chwilę to ona, a nie Suchocka miała zostać premierem.

Geremek, doradca Lecha Wałęsy w czasach opozycji, był wtedy szefem klubu parlamentarnego Unii Wolności.

– Oczywiście pomyłka szybko się wyjaśniła. Suchocka dzwoni do mnie i pyta: – Janek, co sądzisz? Często prosiła mnie o rady.

Ich znajomość była bacznie obserwowana i komentowana przez salony. Przynajmniej tak to zapamiętał Kulczyk. – To był wieczorny koktajl, jakieś kolejne przyjęcie. Przywitałem się już ze wszystkimi. Tylko nie z Hanką, bo byłem już u niej rano na śniadaniu. Błyskawicznie gruchnęło: Kulczyk z Suchocką się pokłócił. Nawet się z nim nie przywitała. Następnego dnia mówię Hance: Od teraz witamy się cztery razy dziennie, żeby plotek nie było.

To właśnie w czasach rządów Suchockiej Jan Kulczyk podpisał lukratywny kontrakt z koncernem Volkswagena. – Na otwarciu salonu audi byli wszyscy premierzy. Tadeusz Mazowiecki, Jan Krzysztof Bielecki, Hanka Suchocka – mówi bez emocji. Dla Kulczyka to była norma. Bycie blisko władzy, nie tylko państwowej, ale i tej wyższej, duchownej, to była wszakże jego specjalność.

– Jak otwieraliśmy budynek Warty, stałem w środku, po prawej stronie prymas Józef Glemp, po lewej Aleksander Kwaśniewski, a na sali wszyscy premierzy, i ci, którzy pełnili już tę funkcję, i ci, którzy zostali nimi później. Budynek poświęcił prymas Glemp, ale pomyliła mu się Warta z wiarą. Powiedział: „W imię Boga święcę Towarzystwo Ubezpieczeń Wiara" – Kulczyk wybucha śmiechem.

– Z Glempem się przyjaźniłem, znałem bardzo dobrze Jana Pawła II, bywałem u niego wielokrotnie na prywatnych kolacjach i obiadach, na górze, w prywatnych apartamentach – wyliczał swoje kościelne znajomości, trochę jak łowieckie trofea.

Oddzielną historią są jego bliskie relacje z arcybiskupem poznańskim Juliuszem Paetzem. Jan Kulczyk mówi, że się z nim przyjaźnił, choć trzeba wziąć poprawkę, bo często nadużywa tego słowa. Pewne jest natomiast, że duchowny miał duży wpływ na Jana Kulczyka. Początek tej znajomości też się wiąże ze studiami. O arcybiskupie mówi Julek. Znał także jego najbliższą rodzinę.

– Brat arcybiskupa był ze mną w grupie na studiach, został notariuszem. Drugi brat arcybiskupa Paetza to urolog, był w Poznaniu moim sąsiadem przez płot – tłumaczy.

W pierwszej połowie lat siedemdziesiątych Juliusz Paetz pracował w Rzymie w sekretariacie Synodu Biskupów. Współpracował z sekretariatem Stolicy Apostolskiej i był wyznaczony do kontaktów między Watykanem i rządem PRL. To wysokie funkcje w kościelnej hierarchii. Znał kolejnych papieży: Pawła VI, Jana Pawła i w końcu naszego rodaka Jana Pawła II. Jego tytuły budziły szacunek: w 1973 roku został kapelanem honorowym Jego Świątobliwości, a trzy lata później prałatem.

– Do Julka Paetza jeździliśmy całą grupą. To on nam pokazywał Watykan – wspomina oszczędnie Kulczyk.

Oskarżenia pod adresem arcybiskupa, że molestował poznańskich kleryków, przyjmuje bardzo emocjonalnie, choć minęło już wiele lat. A dokładniej, odrzuca je, traktując jako nieudowodnione insynuacje.

O tym, co się działo za murami seminarium w Poznaniu, i jak ten problem był przez dwa lata zamiatany pod dywan napisał w roku 2002 Jerzy Morawski na łamach „Rzeczpospolitej". Arcybiskup Paetz zaprzeczył oskarżeniom, ale złożył rezygnację. Stolica Apostolska nałożyła na niego poważne sankcje. Sprowadzały się do jednego, arcybiskup miał zniknąć z oficjalnego życia Kościoła. Otrzymał zakaz udzielania świeceń, bierzmowania i głoszenia kazań. Nie mógł też święcić kościołów i ołtarzy. W języku Kościoła było to jak wygnanie z raju. Ale nie wykluczenie ze wspólnoty.

Jan Kulczyk uważał, że Juliusz Paetz padł ofiarą medialnego linczu. W jego przekonaniu dowody na winę arcybiskupa były za słabe. Z wypowiedzi Kulczyka wynika, że w obronie arcybiskupa Paetza interweniował nawet u Grzegorza Gaudena, ówczesnego prezesa wydawnictwa, które wydawało „Rzeczpospolitą". – Mówiłem Gaudenowi, nie macie dowodów.

I pyta retorycznie, co też jest jedną z jego specjalności: – Miałem nie bronić kolegi, którego znałem od lat?

Kulczyk powtarzał krążące w akademickim środowisku plotki, skąd się wzięły oskarżenia. Arcybiskup Paetz miał się stać ofiarą niezdrowych ambicji księdza profesora Tomasza Węcławskiego. To właśnie Węcławski, uznany wtedy teolog, zaczął interweniować w Watykanie w sprawie molestowania kleryków. Na dwa lata przed publikacją w „Rzeczpospolitej".

Węcławski to szczególny przypadek. Zanim został profesorem, przez wiele lat pełnił funkcję rektora poznańskiego seminarium duchownego. To za jego sprawą w 1998 roku Papieski Wydział Teologiczny został przyłączony do Uniwersytetu Adama Mickiewicza. A Węcławski został jego dziekanem. W 2002 roku starał się o kolejną kadencję. Na UAM spekulowano wtedy, że zadenuncjował Paetza, bo arcybiskup nie chciał się na to zgodzić. Węcławski sam wystawił sobie później świadectwo – odszedł z Kościoła, zmienił nazwisko i związał się z kobietą.

Po opublikowaniu zarzutów Kulczyk ujął się za arcybiskupem Paetzem. – Jako przewodniczący rady uniwersytetu pojechałem do rektora tej uczelni profesora Stefana Jurga. Wsiedliśmy w samochód, objechaliśmy wszystkich w Poznaniu i zebraliśmy podpisy pod protestem. Nie protestowaliśmy przeciwko postępowaniu, które miało wyjaśnić oskarżenia, od tego jest sąd kościelny. Chodziło nam o coś innego, media nie mogą skazywać ludzi na podstawie dwóch czy trzech informacji. Tym bardziej że Węcławski, z całą tą otoczką, był nam bardzo dobrze znany. A poza tym, czy ktoś jest homoseksualistą, czy nie – mam to w głębokim nosie, nie obchodzi mnie to.

Pod listem otwartym podpisało się 26 osobistości ze świata nauki i środowisk artystycznych. Obok rektorów i prorektorów chyba wszystkich uczelni w Poznaniu swój podpis złożyli między innymi profesor Stefan Stuligrosz, dyrektor chóru Poznańskie Słowiki, profesor Magdalena Abakanowicz, Sławomir Pietras, dyrektor Teatru Wielkiego w Poznaniu, i oczywiście doktor Jan Kulczyk (czwarty na liście).

„Godność człowieka jest niekwestionowaną wartością tak na gruncie moralności chrześcijańskiej, jak i na gruncie moralności laickiej wpisanej w najlepsze tradycje humanistycznej kultury europejskiej. Dobre imię człowieka jest w ziemskim porządku rzeczy jego najważniejszym dobrem i wartością podlegającą ochronie na płaszczyźnie moralnej i prawnej" – głosił początek listu. Dalej jego autorzy ostro krytykują media za ton relacji na temat arcybiskupa. „Sprawia wrażenie, jakby zasadność oskarżenia była już ponad wszelką wątpliwość stwierdzona i dowiedziona. Przypomina to skazywanie oskarżonego bez sądu i musi budzić nasz stanowczy sprzeciw, jaki zawsze budzą podobne praktyki, bez względu na stanowisko i pozycję społeczną obwinionego. Jakiekolwiek próby przesądzania sprawy, zanim się wypowiedzą kompetentne władze kościelne lub cywilne, uważamy za nieetyczne i społecznie szkodliwe" – napisali w liście.

Ksiądz Węcławski zamknął swoją działalność kapłańską (jak to ujął) w 2007 roku. Napisał o tym „Tygodnik Powszechny". Streszczając powody takiej decyzji tygodnik informował, że Węcławski podczas swoich wykładów przedstawiał Jezusa Chrystusa jako oryginalnego reformatora religijnego, który jako przywódca religijny doznał samych porażek. Poznańska Kuria Metropolitalna uznała wtedy, że tezy Węcławskiego budziły od dawna poważne wątpliwości, co do ich zgodności z nauczaniem Kościoła i wiarą katolicką. Odejście Węcławskiego z Kościoła stało się naprawdę głośnym aktem apostazji.

– Czy utrzymuje pan kontakt z arcybiskupem Paetzem?
– Tak, czasami go odwiedzam.

Życie uwielbia paradoksy. Dwa lata po wybuchu skandalu z klerykami to Kulczyk potrzebował podobnego wsparcia, jak list w obronie arcybiskupa Paetza – gdy wybuchła afera orlenowska.

Elita Poznania upomniała się o jego zasługi dla miasta. List podpisało dwadzieścia osób. Jan Kulczyk został w nim określony jako „podręcznikowy przykład biznesmena działającego pro publico bono". Pismo trafiło do „Gazety Wyborczej". Z inicjatywą wyszedł przyjaciel doktora Sławomir Pietras. A z nim między innymi dyrektor Polskiego Teatru Tańca Ewa Wycichowska, dyrektor Festiwalu Teatralnego „Malta" Michał Merczyński czy prezes Towarzystwa Muzycznego im. Henryka Wieniawskiego Andrzej Wituski.

Informując o tej inicjatywie, gazeta zacytowała profesor Annę Wolff-Powęską, byłą dyrektor Instytutu Zachodniego, w którym Kulczyk pracował nad swoim doktoratem: – Być może Jan Kulczyk jest w coś zaplątany. Odcinamy się od tego. List jest moralnym apelem o to, by przy osądzaniu go nie zapomnieć o zasługach.

Gazeta bezceremonialnie wyjaśniła, że lista podpisów, to w zasadzie spis poznańskich instytucji, które otrzymywały od Kulczyka „wysokie datki". Sławomir Pietras martwił się: – Odwołałem już grudniowy spektakl „Andrea Chenier" w warszawskiej Operze Narodowej, bo nie mam kogo poprosić o 130 tysięcy złotych na jego wystawienie. Kiedyś wziąłbym doktora Kulczyka na bok i wyjaśnił, że to na promocję Poznania.

Jan Kulczyk był hojnym mecenasem. Inwestował w Poznań naprawdę duże pieniądze. Pietras nie przesadzał. Festiwal Teatralny „Malta" stał się kulturalnym symbolem miasta. Słynął z teatralnych inscenizacji plenerowych reżyserowanych z wielkim rozmachem. Żeby festiwal mógł ruszyć w 1990 roku, wyłożył połowę potrzebnej kwoty. Imprezę wspierał co roku. Ale jego miłością – jak wiadomo – była opera. Wspólnie z żoną Grażyną organizowali w Starym Browarze spektakularne przedstawienia operowe ze światową obsadą. W roku 2000 opera „Carmen" wystawiona przez poznański Teatr Wielki stała się głośnym wydarzeniem. Rok później „Makbeta" transmitowała już na żywo telewizja publiczna. Stary Browar to także wystawy, ale te sponsorowała fundacja Grażyny Kulczyk o dobrze brzmiącej nazwie Art Stations Foundation. Rok temu też dzięki zaangażowaniu Jana Kulczyka do Poznania przyjechał z koncertem sam Placido Domingo, żeby w ten sposób uczcić kanonizację Jana Pawła II. Jak relacjonowały lokalne poznańskie media wydarzenia, na które przyszło siedem tysięcy osób, nie zakłóciła akcja „jak podziwiać elity".

Mecenat sztuki i artystów oczywiście wykraczał poza Poznań. Nie sposób w tym miejscu pominąć, że to właśnie Jan Kulczyk ufundował rzeźbę, która zdobi Teatr Wielki w Warszawie. Namówił go kolejny przyjaciel Waldemar Dąbrowski. Zawodowy animator kultury, jak się przedstawia. W 1998 roku zarządzał warszawskim

Teatrem Wielkim. Chwalił się, że sam wpadł na pomysł, żeby od-szukać w Rzymie dokumenty Antoniego Corazziego, który zapro-jektował ten gmach w XIX wieku. Okazało się, że zwieńczeniem fasady miała być kwadryga powożona przez Apollina, boga sztuki. Teatr czekał na czterokonny rydwan ponad 177 lat. Zgodę na jej umieszczenie na teatrze cofnęli Rosjanie po wybuchu w 1830 roku powstania listopadowego.

Dąbrowski opowiadał, że zadzwonił wtedy do Jana Kulczyka.
– Jasiu, musimy to zrobić.

I zrobili. Na rzeźbę Kulczyk wyjął z własnej kieszeni 800 tysięcy złotych. Uroczystość odbyła się 3 maja 2002 roku. Kwadrygę od-słonił prezydent Aleksander Kwaśniewski. Kulczyk na miejscu dla sponsorów rósł z dumy. Był na samym szczycie popularności na sa-lonach. A z Waldemarem Dąbrowskim łączyła go szczególna, bliska więź. I tylko kwestią czasu było, kiedy powstaną pikantne anegdoty wokół tego wydarzenia. Według jednej z ploteczek Apollin miał mieć twarz Dąbrowskiego.

Kulczyk stanowczo dementuje wszelkie obyczajowe plotki na swój temat.

– Jeden z mecenasów ciągle opowiada, że z moją orientacją sek-sualną jest problem. Usłyszałem kiedyś, że żyję z Pawłem Delą-giem i kupiłem mu mieszkanie na Saskiej Kępie. Potem, że żyłem z Waldemarem Dąbrowskim. To bzdury. Z Waldkiem przyjaźnię się sto lat. Skąd się wzięły te plotki? Kiedyś robiliśmy festiwal w Mię-dzyzdrojach. Waldek był kierownikiem, ja mecenasem. Teatry wy-stępowały codziennie przez tydzień. Wtedy ktoś zrobił nam jedno zdjęcie. Byliśmy na dużym gazie. Po występie teatru stało na scenie duże łóżko. Położyliśmy się do tego łóżka i zasnęliśmy przytuleni. W garniturach. Zdjęcie ktoś nam zrobił i poleciało. W łóżku nas wi-dzieli – opowiada.

Z aktorem Pawłem Delągiem Kulczyk się przyjaźnił. Na jednym ze zdjęć można zobaczyć aktora, jak stoi dumnie za sterem jachtu w Cannes, pomiędzy Janem Kulczykiem i znanym żeglarzem Roma-nem Paszke.

A wspomnianego przez doktora Festiwalu Gwiazd nie byłoby bez jego wsparcia. Na pomysł wpadł Waldemar Dąbrowski, ale to Kulczyk sfinansował 10 jego edycji od 1996 roku zaczynając. W podzięce „wakacyjna stolica kultury" ufundowała mu tablicę z brązu, która zawisła przy wejściu do Międzynarodowego Domu Kultury w Międzyzdrojach.

Bez pomocy Kulczyka nie powstałaby też – przynajmniej tak szybko – wystawa główna Muzeum Historii Żydów Polskich. Na ten cel przekazał 20 milionów złotych.

– Decyzję podjąłem bardzo szybko. Nie z powodów biznesowych, ale z przekonania, że warto wspierać inicjatywy, które ludzi łączą, a nie dzielą. Przedsięwzięcia, których słuszność jest tak oczywista, że nie wymaga uzasadnienia – mówił dla miesięcznika „Forbes". I w tym wypadku do wsparcia muzeum namówił doktora Aleksander Kwaśniewski. Jana Kulczyka określano też mianem Mecenasa Polskiego Sportu. Czy sport był jego pasją? Jak wiemy, wolał szachy. Ale nie zmienia to faktu, że w 2012 roku jego główne firmy zostały oficjalnym sponsorem polskiej kadry olimpijskiej. Na ten cel Jan Kulczyk przekazał 30 milionów złotych Polskiemu Komitetowi Olimpijskiemu. I uratował reprezentację olimpijską, bo nie mieli za co lecieć do Londynu.

Nie zapominał też o swojej dawnej uczelni. Był tam przewodniczącym Rady ds. Wspierania Badań Naukowych. Od 1999 roku Fundusz Rodziny Kulczyków wręcza na Uniwersytecie Adama Mickiewicza stypendia dla uzdolnionych studentów i doktorantów.

„Uważam, że sukcesem należy się dzielić – tłumaczył «Gazecie Wyborczej» powód powołania funduszu. – Ale pomysł ufundowania stypendiów nie jest tylko mojego autorstwa. Jest to wspólna inicjatywa rektora Jurgi, mojej żony i moja. Oboje z żoną jesteśmy związani emocjonalnie z uniwersytetem i Poznaniem. Skończyliśmy Wydział Prawa UAM. Ja później skończyłem tutaj jeszcze nauki polityczne, doktoryzowałem się... Przyszłość Polski zależy od dobrych idei i pomysłów, a one rodzą się w ludziach. Dlatego warto w nich inwestować".

Przekazywał też pieniądze na inne cele, mniej spektakularne jak kwadryga czy spektakle operowe. Pomoc otrzymywało na przykład Wielkopolskie Centrum Pomocy Bliźniemu MONAR-MARKOT. „Zawsze możemy liczyć na ich pomoc i wsparcie – napisali w specjalnym liście po wybuchu afery orlenowskiej kadra i pacjenci tej placówki. – To między innymi dzięki tej pomocy udało się nam uruchomić Dom Złotej Jesieni dla osób starszych bezdomnych oraz Dom Samotnej Matki z Dzieckiem – są to osoby, które nie mogą liczyć na żadną pomoc instytucjonalną.

Jako organizacja pozarządowa wyznajemy zasadę apolityczności, list ten nie jest pisany w obronie – każdy musi bronić się sam – chcemy tylko przybliżyć Państwu inną, może dotychczas nieznaną stronę dr. Jana Kulczyka i jego rodziny. Nie zastanawiamy się nad poprawnością polityczną, nie traktujemy tej wypowiedzi jak zapisu na listę płac, to sumienie nie pozwala nam przemilczeć roli «cichego sponsora», jakim jest dr Jan Kulczyk".

Kulczyk o dobry PR i szacunek starał się nie tylko poprzez działalność charytatywną. Dbał o swój prestiż, działając w największych międzynarodowych organizacjach. Był przewodniczącym Green Cross International, pozarządowej organizacji ekologicznej. Został też członkiem Międzynarodowej Rady Gubernatorów, działającej przy Peres Center for Peace. To wpływowa, charytatywna fundacja założona przez Szymona Peresa, prezydenta Izraela, wcześniej dwukrotnie premiera tego kraju, w 1997 uhonorowanego pokojową Nagrodą Nobla. Organizacja zajmuje się budowaniem pokojowego współistnienia pomiędzy Izraelczykami a Palestyńczykami. Jej członkami są nobliści, prezydenci, koronowane głowy, ale także najbardziej wpływowi na świecie biznesmeni, jak znajomi Kulczyka, szefowie Volkswagena, Mercedesa, Deutsche Banku. W radzie zasiada też dobrze znany Kulczykowi były prezydent Aleksander Kwaśniewski. Jej członkiem był także biznesmen Aleksander Gudzowaty. W Polsce Jan Kulczyk był strategicznym partnerem Instytutu Lecha Wałęsy. Założył również międzynarodowy think tank CEED Institute, do którego zostali zaproszeni liczący się biznesmeni naszej części Europy.

Miesiąc przed śmiercią, w czerwcu, doktor Jan Kulczyk i jego przyjaciel Waldemar Dąbrowski odebrali z rąk prezydenta Bronisława Komorowskiego wysokie odznaczenie za promowanie polskiej kultury – Krzyż Oficerski Orderu Odrodzenia Polski.

ROZDZIAŁ XI
RODZINNY DOM GRAŻYNY

GRAŻYNA ŁAGODA jest rówieśniczką Jana Kulczyka. Przyszłego męża poznała na studiach, podczas balu absolutoryjnego. „A raczej on ją, bo to był wówczas, jak mówią ich przyjaciele, wybitnie sfeminizowany kierunek" – pisała w 2006 roku „Polityka" w tekście zatytułowanym Madame Browary. Przebiegły i złośliwy żarcik tygodnika, który nie darzył rodziny miliardera nadmierną życzliwością. To oczywiste nawiązanie do – w wielkim skrócie i nie wdając się w szczegóły – samodzielnej i zaradnej Madame Bovary, tytułowej bohaterki powieści Gustave'a Flauberta. Dlaczego Browary? Bo Grażyna Kulczyk jest twórczynią i właścicielką Starego Browaru, czyli centrum handlowego, które wygląda jak muzeum sztuki.

Jan i Grażyna szybko się pobrali. „Był uroczy. Inny niż wszyscy, dowcipny, inteligentny, zaskakujący" – wspominała w rozmowie w „Twoim Stylu" tuż po rozwodzie.

O życiu Grażyny Kulczyk wiadomo tyle, ile sama opowiedziała w mediach. W wielu wywiadach podkreślała, że jest córką lotnika Dywizjonu 305 w Anglii, Stanisława Łagody. „Ojciec był majorem lotnictwa. We wrześniu 1939 roku wystartował z lotniska Ławica w Poznaniu i mama nie widziała go dziesięć lat. Znalazł się w Anglii, walczył w Dywizjonie 305. Wrócił do Polski w 1948. Gdy się urodziłam, musztrował mnie, jak ojciec musztruje syna. Pobudka rano, idealnie prowadzone zeszyty. Nie było mowy, żeby nie wrócić do domu na czas. Godzina 22 była święta" – opowiadała. Perfekcjonizm stał się jej drugą naturą.

„Jakiej cechy chciałaby się Pani pozbyć, żeby być szczęśliwa? – zapytał «Twój Styl». – Perfekcjonizmu. Tego, że wszystko dokoła mnie musi być poukładane, punktualne, książki równiutko, gazety na kupkach. Chciałabym czasem przymknąć oko, nie umiem. Męczę tym siebie, męczę otoczenie. W skali od 1 do 10: perfekcjonizm 10 i pół".

Miała brata, który zmarł podczas okupacji. „Gdy wybuchła wojna, mamę ostrzeżono, że rodzinom oficerów grozi niebezpieczeństwo. Postanowiła uciekać do Warszawy z rocznym dzieckiem. Gdzieś po drodze, w gospodarstwie, mój brat dostał mleko od zakażonej krowy i umarł. Rodzice nigdy nie znaleźli jego grobu. Więc kiedy się urodziłam, to ja zastępowałam tacie syna".

Grażyna Kulczyk podkreślała, że dyscyplinę wyniosła z domu: „Rodzice zawsze robili to, co sobie założyli. Inaczej byłby wstyd. Podjęłaś się, taka jesteś mądra i nagle się poddajesz?" – mówiła z kolei w „Rzeczpospolitej".

Grażyna Kulczyk, podobnie jak Jan, jest prawnikiem. Ukończyła, podobnie jak on, Uniwersytet Adama Mickiewicza w Poznaniu. Potem zrobiła aplikację sędziowską. Opowiadała, że nie było to takie proste: „Aplikację robiłam w Zielonej Górze, już po ślubie. Co poniedziałek o drugiej w nocy wsiadałam do pociągu. Przesiadka była w Zbąszynku, nad ranem. W barze dworcowym zjadałam bułę i piłam kakao z wyszczerbionego kubka. Na ósmą szłam na zajęcia do Sądu Wojewódzkiego i przysypiałam ze zmęczenia. A po południu szybko na PKS do Krosna Odrzańskiego, gdzie miałam pokoik na zapleczu sali rozpraw. Ale do łazienki musiałam przechodzić przez tę salę, więc pobudka była o szóstej, żeby się umyć, zanim do sądu przyjdą interesanci" – to wspomnienie znowu z „Twojego Stylu". Po studiach rozpoczęła pracę w Instytucie Prawa Cywilnego na

UAM, ale przede wszystkim zajęła się prowadzeniem domu i wychowaniem dzieci – Dominiki i Sebastiana. Była codziennym zapleczem kariery biznesowej swojego męża. Trwało to tak przez lata. Do czasu. Po raz pierwszy jej biznesowa żyłka ujawniła się na początku lat dziewięćdziesiątych. Grażyna Kulczyk z dużym powodzeniem zaczęła sprowadzać z Tajwanu rowery. Prowadziła też w Poznaniu salon volkswagena. I otworzyła w nim swoją pierwszą galerię sztuki współczesnej. Kolekcjonowanie dzieł sztuki stało się jej specjalnością, podobnie jak przywiązanie do minispódniczek. Jak opowiadała, jest w tej dziedzinie amatorką i samoukiem – w świat malarstwa i rzeźby wprowadzili ją jeszcze na studiach znajomi z poznańskiej akademii sztuk pięknych. Dla ostrych recenzentów miłość do sztuki to był zwykły snobizm, zaspokajanie próżności na miarę bogactwa, jakie posiadała. Inni widzieli w tym ucieczkę przed samotnością i nudą w poznańskiej rezydencji na Winogradach. Znajomi wspominali, że biznes i sztuka to był efekt rywalizacji z mężem, który jej pomysły i ambicje traktował często z pobłażliwością albo wręcz z lekkim lekceważeniem. Dla samej Grażyny Kulczyk inwestowanie w sztukę było życiową pasją, na którą było ją po prostu stać.

Drogę do miliardów na własnym koncie Grażyna Kulczyk rozpoczęła w połowie 1993 roku. Wtedy została powołana pierwsza rada nadzorcza spółki Kulczyk Holding – królowej całego późniejszego imperium. Rada liczyła pięć osób. Oprócz przewodniczącego Jana Kulczyka tworzyli ją: Wojciech Zaremba, Jan Waga i Waldemar Frąckowiak. Wszyscy to zaufani ludzie poznańskiego biznesmena, którzy przez lata będą zasiadali na kierowniczych stanowiskach we władzach jego przedsiębiorstw. Ale wiceprzewodniczącą została Grażyna Kulczyk. Spółka była fundamentem imperium Jana Kulczyka. Przez lata zarządzała większością innych firm biznesmena. Ciekawostką jest, że najpierw, jeszcze w 1991 roku, nazywała się Terra Exim. Terra to Ziemia, Exim – zapewne skrót od export, import. Nazwa firmy to kolejny wyraźny ślad, że biznes Kulczyków wyrósł w dużej mierze z potrzeb wsi. Z tym że ojciec zaczynał od handlu grzybami, a syn przekształcił ten biznes w sprzedaż zaawansowanych maszyn rolniczych. Dlatego nie powinno też nikogo dziwić, że prezesem zarządu kojarzącej się z prywatyzacjami firmy Kulczyk Holding został na początku dobry znajomy biznesmena Andrzej Kacała, magister inżynier rolnictwa ze specjalizacją z zakresu chemii rolnej, wieloletni wiceminister rolnictwa PRL i członek PZPR.

Żona Kulczyka została także udziałowcem firmy. Kilka lat później, w 1997 roku, w wyniku kolejnych operacji finansowych, Grażyna Kulczyk posiadała w spółce 49,9 procent udziałów. Do zarządzania zagranicznymi aktywami doktora Jana powołana została wiedeńska fundacja Kulczyk Privatstiftung. W Kulczyk Holdingu miała tylko 21,4 procent. Polskie interesy kontrolowała więc formalnie Grażyna Kulczyk, która do rozwodu miała z mężem wspólnotę majątkową. Na pytanie, dlaczego Grażyna Kulczyk reprezentowała w kraju biznes męża, nigdy nie padła wyczerpująca odpowiedź. A sposób, w jaki Jan Kulczyk prowadził swoje firmy, zaczął budzić coraz większe wątpliwości i spekulacje. W zasadzie Kulczyk nie miał nic. Majątkiem zarządzała jego żona Grażyna i wiedeńska fundacja.

W 2000 roku biznesmen tłumaczył to tak na łamach „Gazety Wyborczej":

„GW": Dlaczego w Kulczyk Holding wszystko jest tak zagmatwane: austriacka fundacja jest właścicielem w firmie holenderskiej, holenderska w polskiej?

Jan Kulczyk: Nic nie jest zagmatwane. Wszystko jest czytelne. Właścicielem w Polsce jest Holding, właścicielem zagranicznym – fundacja. Fundacja jest najlepszym rozwiązaniem, bo choć mam nadzieję, że będę żył wiecznie, rzeczą najtrudniejszą jest prawo spadkowe. Dużo latam samolotem, żona też. Różnie bywa. Chodzi o to, by nie dopuścić do sytuacji, że mój wnuk przepije majątek w Monako. Jest ktoś, kto zarządza majątkiem i pilnuje go. A poza tym w Austrii są najniższe obciążenia podatkowe dla tego typu fundacji. Poszedłem za przykładem wielkich nazwisk biznesu. Wszyscy mają tam fundacje.

„GW": Formalnie właścicielami pańskich firm są żona, spółki zagraniczne i fundacja. Pan nic nie posiada. To ma pan te miliardy
czy nie?

J.K.: Mamy z żoną wspólnotę majątkową. Oboje jesteśmy do-
natorami fundacji, a ponadto pracuję nie dla faktu posiadania.
Sprawia mi przyjemność to, co mogę realizować. Jak malarz,
który maluje obraz nie po to, by go mieć, ale aby tworzyć".

Grażyna i Jan rozstali się w 2005 roku, po 33 latach małżeństwa.
Rok później w Londynie biorą rozwód i dzielą się majątkiem (polski sąd nieważność małżeństwa orzekł trzy lata później, w 2009 r.).

To w pewnym sensie przełom dla biznesowego imperium. Szczegóły rozwodu pozostały nieznane. Najprawdopodobniej za podział
majątku odpowiadał niezastąpiony mecenas Wojciech Jankowski,
który jako jeden z nielicznych zna dokładnie kulisy rozstania najbogatszej pary. Jest to jedna z największych tajemnic Jana Kulczyka. Do
dziś nie wiadomo dokładnie, w jaki sposób małżonkowie podzielili się
pieniędzmi, nieruchomościami i udziałami w firmach. Według spekulacji Grażyna Kulczyk miała otrzymać polską część interesów, tymczasem doktor Jan miał zatrzymać zagraniczne spółki. Te informacje wydają się jednak mało wiarygodne. Najlepszym na to przykładem jest
wymiana przez Jana Kulczyka pakietu akcji Kompanii Piwowarskiej
na akcje SABMillera. Ta część majątku została przy nim. Grażyna Kulczyk na pewno otrzymała Stary Browar i udziały w kilku spółkach.

Pewne jest jedno. Po rozwodzie zarówno doktor Jan, jak i jego
była żona Grażyna zaczęli przebudowywać strukturę, poprzez którą
zarządzali dziesiątkami przedsięwzięć.

Pierwszym krokiem było utworzenie przez Kulczyka w 2007 roku
w Luksemburgu grupy inwestycyjnej Kulczyk Investment House,
która szybko przekształci się w znany dziś Kulczyk Investments
z biurami w Warszawie, Londynie, Dubaju i Kijowie.

Przejmie ona najważniejsze składniki majątku biznesmena,
w tym flagowy Kulczyk Holding, oraz rozpocznie nowe zagraniczne
inwestycje.

Kulisy tych przemian opisywał na początku 2010 roku miesięcznik „Forbes" w artykule zatytułowanym „Szachy doktora Jana". Nie będzie to łatwy fragment, ale warto go przytoczyć, bo pokazuje, jak bardzo to przedsięwzięcie było skomplikowane. Operację rozpoczęła Kulczyk Privatstiftung (czyli wspomniana już wiedeńska fundacja zarządzająca zagranicznym majątkiem Kulczyka). Użyje w tym celu zależnej spółki o niewymawialnej dla Polaka nazwie Kulczyk Beteilligungsverwaltung.

„Późną jesienią, 14 listopada 2007 roku, u notariusza Francisa Kesslera w Luksemburgu pojawiła się jego rodaczka Isabelle Rosseneu. Miała pełnomocnictwo do reprezentowania Kulczyk Beteiligungsverwaltung z Wiednia, a jej zadaniem była rejestracja ważnych zmian.

Po pierwsze, austriacka firma kupiła w tym dniu Kulczyk Investment House (KIH) z Luksemburga od Jana Kulczyka, przedsiębiorcy zamieszkałego przy Eaton Square w Londynie. Po drugie, nowy właściciel podniósł kapitał spółki. Nie w pojedynkę, u notariusza Kesslera stawił się przedstawiciel jeszcze jednej firmy – Luglio Limited. Objęła ona 2,6 miliona udziałów Kulczyk Investment House, wnosząc w zamian blisko 763 tysiące akcji Kulczyk Holding. Poszło gładko, bo pełnomocnikiem firmy z Cypru był nie kto inny, jak Isabelle Rosseneu. Potem Kulczyk Beteiligungsverwaltung objął 1,2 miliona akcji Kulczyk Investment House, wnosząc oczywiście udziały Kulczyk Holding, w liczbie 350 tysięcy. Łącznie w transakcję zaangażowano akcje polskiej spółki warte, jak odnotował notariusz «nie mniej niż 383 mln euro» i reprezentujące 85 procent kapitału.

Pozostało jeszcze uiścić honorarium Kesslera oraz pozostałe opłaty (razem 6 tys. euro) i fundamenty imperium biznesowego Jana Kulczyka w jego dzisiejszym kształcie były przygotowane".

Niedługo potem z nazwy wyleciało słowo „House" i pozostał „Kulczyk Investments". Nad grupą inwestycyjną stały nadal wiedeńska fundacja Kulczyk Privatstiftung i firma Luglio Limited.

Kto stał za wiedeńską fundacją, dotychczas należącą do Jana i Grażyny Kulczyków? Czy po rozwodzie zmieniła się lista fundatorów?

Kto jest właścicielem spółki Luglio Limited? Odpowiedź na obydwa pytania jest trudna, a w zasadzie niemożliwa do sprawdzenia. Powód? „Austriackie prawo nie ujawnia posiadaczy kapitału fundacji" – wyjaśniał na swoich łamach „Forbes".

Podobnie sytuacja wygląda ze spółką Luglio Limited. Cypryjska firma została zarejestrowana w Nikozji w 2006 roku jako własność Jana Kulczyka i fundacji Privatstiftung. Jednak tamtejszy sposób rejestracji poważnie utrudnia ustalenie, kto faktycznie jest właścicielem spółki, czyli tzw. beneficial owner.

Tak więc zarówno w jednym, jak i w drugim wypadku musimy wierzyć Janowi Kulczykowi na słowo, że fundacja i cypryjska spółka faktycznie należały do niego.

Dużo jaśniej na tym tle wygląda struktura spółek Grażyny Kulczyk. Od 2008 roku praktycznie całym jej krajowym majątkiem zarządza zarejestrowana w Poznaniu spółka 50/50 Project. Nazwa wywodzi się wprost z jej biznesowego credo: 50 procent sztuki, 50 procent biznesu. Znaczek firmowy 50/50 pojawia się w nazwach wielu innych firm pochodzących od spółki matki. Z kolei spółka Fortis „Nowy Stary Browar" zarządza flagową inwestycją Grażyny Kulczyk – Centrum Sztuki i Biznesu Stary Browar.

Na majątek byłej żony doktora Jana – po rozwodzie szacowany na ponad dwa miliardy złotych – składają się nie tylko udziały w spółkach, ale również dzieła sztuki. Już w latach osiemdziesiątych Grażyna Kulczyk zaczęła zbierać plakaty, a następnie prace polskich klasyków malarstwa – Jacka Malczewskiego, Jerzego Nowosielskiego czy Tadeusza Kantora. Potem kupowała dzieła kolejnych artystów, głównie gwiazd sztuki współczesnej. Wśród nich obrazy Magdaleny Abakanowicz, Mirosława Bałka, Andy'ego Warhola, Bruno Schulza czy Romana Opałki. Do kolekcji Grażyny Kulczyk należy też rzeźba polskiego artysty Igora Mitoraja, którą otrzymała w prezencie od swojego męża z okazji urodzin i ukończenia Starego Browaru w listopadzie 2003 roku. Jan Kulczyk zapłacił za rzeźbę z brązu kilkaset tysięcy dolarów. Ma ona ponad trzy metry. To fragment twarzy antycznego boga we śnie. Mitoraj nazwał swoje dzieło „Thsuki-no-hikari"

(Blask księżyca). Rzeźba stanęła na parterze w holu głównym Starego Browaru. Podobną rzeźbę zakupiło też British Museum. Kulczyk bardzo cenił ciężkie, spektakularne dzieła tego artysty. Mitoraj zmarł w 2014 roku w Paryżu.

Grażyna Kulczyk też lubiła rozmach. Zgromadziła w swojej kolekcji kilkaset dzieł. W Starym Browarze można zobaczyć tylko niewielką część jej zbiorów. Ale na stronie internetowej centrum chwali się, że jest „jedną z najważniejszych kolekcjonerek sztuki w Polsce i Europie Środkowo-Wschodniej". Prawda, czy marketingowy chwyt? 14 lutego 2014 roku w znanej madryckiej galerii Santander Art Gallery odbył się wernisaż wystawy „Każdy dla kogoś jest nikim". Dzieła pochodziły ze zbiorów Grażyny Kulczyk – ponad 100 obrazów, które wyszły spod ręki 57 współczesnych artystów z Polski. Zostały zestawione z uznanymi nazwiskami z całego świata.

Łączyć sztukę z biznesem Grażyna Kulczyk rozpoczęła gdzieś około 1998 roku. To wtedy wpadła na pomysł, że kupi stare, dziewiętnastowieczne browary Huggera w centrum Poznania przy ulicy Półwiejskiej. Zabytkowy zakład zbudowany z cegły niszczał od 1980 roku, gdy został zamknięty. Budynek należał do Browarów Wielkopolski, które kupił kilka lat wcześniej od skarbu państwa Jan Kulczyk. Pani Grażyna, a dokładnie jej spółka Fortis, wykupiła tę posesję. Ruszyły przygotowania pod inwestycję Centrum Biznesu i Sztuki Stary Browar. Na początku, jak wspominał doktor Jan, w ogóle nie chciał o tym słyszeć.

Ekskluzywne centrum handlowe otworzyło swoje podwoje 5 listopada 2003 roku. To było święto, na które obowiązkowo stawiła się miejska śmietanka towarzyska i kilkadziesiąt tysięcy poznaniaków. Był osobiście prezydent Ryszard Grobelny, który przecież nie ukrywał „że chciałby być przyjacielem pana doktora". Przyjechała żona premiera Leszka Millera – Aleksandra. Grażynę Kulczyk oklaskiwały tuzy biznesu. Anna i Jerzy Starakowie, Katarzyna i Zbigniew Niemczyccy, Aldona i Jan Wejchertowie. W ciągu kilku tygodni Stary Browar odwiedziło kilkaset tysięcy osób. A milionowym klientem okazała się... Alicja Kornasiewicz, była wiceminister skarbu, która odgrywała kluczową rolę przy negocjacjach w sprawie sprzedaży Telekomunikacji Polskiej konsorcjum France Telecom i Kulczyk Holding.

Komentarze były bezlitosne, a pod adresem Kornasiewicz posypały się niewymowne żarty. Kilka lat później w wywiadzie dla „Rzeczpospolitej" przyznała, że była to jej największa życiowa wpadka:

„Rzeczpospolita": Czy wie pani, że jak się wpisze nazwisko Kornasiewicz do internetowej przeglądarki, to można przeczytać o tym, jak dostała pani futro z norek od Grażyny Kulczyk?
A.K.: Czułam, że się nie powstrzymacie i zapytacie o historię, która jest największą wpadką w moim życiu i ciągnie się za mną do dziś. Gdybym miała inne, to pewnie przykryłyby ten incydent, ale ich nie było i na tym polega ponura ironia tej historii. To nie było futro, tylko kurtka. Nie dostałam jej, tylko kupiłam trzy lata wcześniej, więc była już wtedy mocno demode. Nagle z powrotem stała się modna, gdy ktoś stwierdził, że dostałam ją tego feralnego dnia.

Nie dostała pani futra, ale została milionowym klientem galerii Stary Browar w Poznaniu, należącej do Kulczyków. I to kilka lat po tym, jak Jan Kulczyk kupił akcje TP SA od skarbu państwa, który pani reprezentowała jako wiceminister. Opowie pani o tym?
To miał być jeden z najszczęśliwszych dni w moim życiu. Pojechałam do Poznania na obronę swojej pracy doktorskiej. Na sali ze dwieście osób, mnóstwo znajomych...

W tym Kulczyk...
Nieprawda. Nie było go. Recenzenci zachwyceni. Jeden powiedział, że można tę pracę przedrzeć na pół i zrobić dwa doktoraty. Drugi, że można złamać zasady i od razu dać habilitację. Byłam szczęśliwa i na emocjonalnym rauszu. Zaprosiłam znajomych na obiad. Szliśmy w kilkadziesiąt osób do restauracji położonej obok Starego Browaru. Ktoś zaproponował, żebyśmy wstąpili rzucić

okiem, jak ten Browar wygląda. Weszliśmy, w holu stała Grażyna Kulczyk otoczona ludźmi od marketingu. Zawołała: „Cześć, co ty tu robisz?". Ja na to: „Obroniłam pracę doktorską, idziemy na obiad, a wy co tu robicie?". Odpowiedziała, że czekają na milionowego klienta. Na to ktoś wziął mnie nagle pod ramię i mówi: „Mamy już milionowego klienta". Fotograf pstryknął zdjęcie, pojawiła się kamera telewizyjna. Dali kwiaty i kopertę. W pierwszej chwili nie załapałam, o co chodzi.

A co w kopercie?

Nie wiedziałam, co jest w środku. Od razu razem z kwiatami oddałam asystentowi, żeby przekazał na dom dziecka, którym się opiekowaliśmy. Dopiero potem powiedział mi, że był tam bon na zakupy za dwieście złotych. Najgorzej oprocentowane dwieście złotych w moim życiu. Przez moment zabrakło mi instynktu samozachowawczego. Czasem myślę, że Pan Bóg pokarał mnie za arogancję.

Grażyna Kulczyk panią wkręciła?

Nie, nie wiedziała, że tam będę. Ze swoimi ludźmi czekała na milionowego klienta – ładną dziewczynę, przystojnego faceta, gościa z zagranicy. I nagle weszła znana osoba. To jej PR-owcy postanowili to wykorzystać.

Gdy Grażyna Kulczyk otwierała Stary Browar, powiedziała „Gazecie Wyborczej": „Wierzymy, że Poznań, który kochamy, też powinien nas choć trochę lubić". Niestety popularność i uznanie tak samo szybko przychodzą, jak odchodzą. W 2004 roku wybuchła afera orlenowska, a Agencja Wywiadu odtajniła słynne notatki, które powstały po spotkaniu Jana Kulczyka z oficerem KGB Władimirem Ałganowem. Elity, które do tej pory oklaskiwały małżeństwo Kulczyków, wzięły na wstrzymanie. Powiało chłodem.

Pierwsza rocznica Starego Browaru zbiegła się w czasie ze szczytową fazą afery orlenowskiej. Huczne plany legły w gruzach. Nie przyjechał nawet prezydent Grobelny. Atmosfera była wyjąt-kowo ponura, bo uroczystość była połączona z 54. urodzinami Grażyny Kulczyk. „Gazeta Wyborcza" złośliwie relacjonowała, że kwiaty i gratulacje nadesłali głównie najemcy centrum oraz firmy doktora Kulczyka. „Już wczoraj urodziny pani Kulczyk wypadły blado. O godz. 12 pracownicy spodziewali się szefowej, przygoto-wali kwiaty, chcieli odśpiewać «Sto lat». Jak się dowiadujemy, Gra-żyna Kulczyk do Browaru wpadła na chwilę, ale z pracownikami się nie spotkała. – Przy takiej nagonce szefowa nie mogła przyjechać – wzdycha asystentka pani Kulczyk. Po godz. 15 kwiaty i prezenty odesłano do jej domu" – pisała lokalna „Gazeta Wyborcza".

Ale nie to było najgorsze. Grażyna Kulczyk od dawna planowała pozyskanie od miasta nowego terenu w celu rozbudowy Starego Browaru. Doskonale nadawała się do tego działka o powierzchni 1,5 hektara, którą w 2002 roku poznański magistrat wystawił na sprzedaż. Z ogłoszenia wynikało, że ma tam powstać park, czyli miejsce raczej pod muszlę koncertową niż galerię. Cena została usta-lona na 9,6 miliona złotych. Żaden inwestor nie był zainteresowany wyłożeniem kilku milionów złotych pod park, prawdopodobnie dla-tego, że to prosta droga do plajty. Miasto obniżyło cenę. Wówczas zakupem gruntu zainteresowała się firma Fortis Grażyny Kulczyk. Nie miała konkurencji. Obie strony szybko doszły do porozumie-nia i sfinalizowały transakcję na kwotę sześciu milionów złotych. I wówczas okazało się, że miasto ma koncepcję, która umożliwia wykorzystanie terenu pod inwestycję, na przykład budowę centrum handlowego. Opracowanie powstało na zlecenie spółki Fortis i po-znańskiego urzędu miasta kilka miesięcy przed sprzedażą gruntu Grażynie Kulczyk. Magistrat wiedział więc, że teren można wyko-rzystać pod inwestycję, ale mimo to rozpisał przetarg na grunt par-kowy. Dzięki temu jego wartość była o wiele milionów zaniżona. Tak uznała później Najwyższa Izba Kontroli i biegły prokuratury, która zajęła się tą sprawą. Szczegóły opisała w połowie 2003 roku poznańska „Gazeta Wyborcza" i „Głos Wielkopolski". Wybuchł skandal, który został nazwany „aferą Kulczykparku".

Grobelny musiał tłumaczyć się ze swoich decyzji przed poznańskimi radnymi. Raport Najwyższej Izby Kontroli z kwietnia 2004 roku był druzgocący dla prezydenta. Kontrolerzy zarzucili mu brak należytego nadzoru nad działalnością służb miejskich uczestniczących w sprzedaży tego terenu. „Najwyższa Izba Kontroli ocenia, iż działania Zarządu Miasta i Pana Prezydenta dotyczące sprzedaży nieruchomości podejmowane były z naruszeniem zasad rzetelności i gospodarności w sposób naruszający obowiązek szczególnej staranności przy wykonywaniu zarządu mieniem komunalnym" – napisali w piśmie po kontroli. NIK zawiadomił prokuraturę o podejrzeniu popełnienia przestępstwa. W kwietniu 2006 roku Ryszard Grobelny usłyszał zarzuty niedopełnienia obowiązków. – Prezydent wiedział, że ten teren w planie zagospodarowania przestrzennego jest przeznaczony pod inwestycje. Mimo to nie wstrzymał przetargu i sprzedaży tych atrakcyjnych gruntów. Naraził miasto na ponad siedmiomilionowe straty – tłumaczył decyzję o zarzutach dla prezydenta Kazimierz Rubaszewski, rzecznik prokuratury.

Działania organów ścigania nie przeszkadzały Grobelnemu w kierowaniu miastem. Bez problemu wygrał, mimo braku oficjalnego wsparcia PO, kolejne wybory samorządowe. Nie zaszkodził mu ani akt oskarżenia, ani nieprawomocny wyrok. W marcu 2008 roku został skazany na rok i cztery miesiące więzienia w zawieszeniu na trzy lata. Sąd zabronił mu też przez cztery lata zarządzać mieniem komunalnym. Prezydent złożył apelację, którą sąd rozpatrzył na jego korzyść. Ostatecznie został oczyszczony z zarzutów w 2013 roku, po 10 latach procesu. Sędziowie uznali, że prezydent nigdy nie powinien zostać oskarżony, a na rozbudowie Starego Browaru miasto tylko zyskało.

W czasie, gdy Grobelny zaczął swoją sądową epopeję, Grażyna Kulczyk dostała zgodę na rozpoczęcie rozbudowy Starego Browaru. Drugie skrzydło galerii nazwane Pasażem zostało oddane do użytku w marcu 2007 roku.

Przez długie lata tzw. afera Kulczykparku była koronnym argumentem na to, że Jan Kulczyk i jego żona rządzą miastem. Lokalna i ogólnopolska prasa zapisała na ten temat setki stron. Poznań nazywano „Kulczyklandem" lub „Kulczykcity". Grobelnego, który był prezydentem miasta od 1998 roku, określono mianem „prywatnego prezydenta Kulczyka". Zapewne nie bez powodów.

W połowie 2001 roku Dominika Kulczyk wyszła za mąż z księcia Jana Lubomirskiego-Lanckorońskiego. Ślubu kościelnego udzielił im ówczesny metropolita poznański arcybiskup Juliusz Paetz (kilka miesięcy przed ujawnieniem oskarżeń o molestowanie kleryków w seminarium). Ceremonia cywilna też miała swoją oprawę. Przysięgę małżeńską odbierał od Dominiki i Jana nie kto inny, tylko prezydent Poznania Ryszard Grobelny podczas lotu nad Wenecją prywatnym samolotem Jana Kulczyka. Grażyna Kulczyk zapytana, czy ślub w samolocie nie był nazbyt pretensjonalnym pomysłem, odparła: „Może. Ale to nie był mój pomysł. Dominika ma przecież jeszcze tatę".

Rola Grobelnego podczas ślubu córki doktora Jana i pani Grażyny wyszła w 2003 roku przy okazji pierwszych informacji na temat kontrowersji wokół „Kulczykparku". – Trudno sobie nawet wyobrazić, że moje decyzje w przetargach mogą mieć jakikolwiek związek z tym, komu udzielałem ślubu. Taka sugestia mnie obraża – tłumaczył Grobelny na łamach „Gazety Wyborczej". Udział prezydenta Grobelnego tylko przypieczętował wcześniejsze podejrzenia i przykłady niewłaściwych relacji między rodziną Kulczyków i szefem magistratu. Jedną z nich opisała „Gazeta Polska": „22 czerwca 2002 rok. Przed poznańską operą trwa uroczystość otwarcia fontanny w parku Mickiewicza. W pewnym momencie nadjeżdża limuzyna Audi A8. Wysiada z niej Jan Kulczyk. Charakterystycznym ruchem palca, przywodzącym na myśl przywołanie kelnera, wzywa do siebie ubranego we frak prezydenta Ryszarda Grobelnego. Kulczyk udziela mu ostrej, publicznej reprymendy za to, że z uruchomieniem fontanny nie poczekał jeszcze dzień. Następnego dnia w operze świętowano bowiem imieniny Kulczyka. Jednym z gości był premier Leszek Miller".

Grażyna i Jan Kulczykowie nie znosili krytyki i jej nie rozumieli. W 2003 roku „Gazeta Poznańska" opublikowała artykuł o szerokich kontaktach Jana Kulczyka w świecie politycznym. W reakcji Jan Kulczyk obraził się na całe miasto, wycofując się z finansowania niektórych przedsięwzięć. Tak to było komentowane. Wśród nich z plenerowej premiery opery „Baron cygański" Johanna Straussa w Starym Browarze. „To dlatego, że czujemy się w Poznaniu niechciani, że źle pisze o nas lokalna prasa" – tłumaczyła decyzję na łamach „Gazety Wyborczej" Grażyna Kulczyk.[2]

Osoby niechętne Grażynie i Janowi Kulczykom mówią wprost: oczekiwali wdzięczności za pieniądze, które hojnie wydawali. Ale to droga donikąd, o czym wtedy boleśnie się przekonali. Oboje krytykowali też ostro media, winiąc je za to, że celowo niszczą ich wizerunek i szukają taniej sensacji.

W listopadzie 2004 roku Grażyna Kulczyk mówiła w „Gazecie Wyborczej":

Czy wyprowadzicie się Państwo z Poznania, z Polski?
Grażyna Kulczyk: Nie odpowiem na to pytanie. Widzi pan, na nas patrzy się jak na odmieńców. Ciężką pracą osiągnęliśmy pozycję materialną wykraczającą poza pozycję przeciętnego człowieka. Ale nikt nie chce dostrzec, że osiągnęliśmy to stresami, wyrzeczeniami, problemami, jakich nie doświadcza wielu.

Dlaczego nie lubi Pani dziennikarzy?
Nigdy nie powiedziałam, że nie lubię dziennikarzy. Uważam tylko, że dziennikarze powinni być rzetelni w wykonywaniu swojej pracy.

A nie jesteśmy?
Nie wszyscy, bo chwytając temat nawet w połowie niezbadany, kreujecie sensacje...

---

[2] *Kulczykpark*, „Gazeta Wyborcza", Aleksandra Przybylska, OLA, JAD, MM, MIK, 10.07.2003.

Zarzuca nam Pani złą wolę w dociekaniu prawdy?
Czasem złą wolę lub bezmyślność. Czasem niektórzy z dziennikarzy działają nieświadomie, publikując rzeczy nieprawdziwe.
Pocieszam się jednak, że są też głosy rozsądku i zatroskania o naszą rzeczywistość.

**Ale jakoś nie przypominam sobie, żeby Pani równie krytyczne sądy
wypowiadała o tych publikacjach, które pokazują rodzinę Kulczyków w sposób laurkowaty, na upozowanych zdjęciach.**
Chyba pan nie sugeruje, że płaciłam za to, żeby pokazywano
mnie w kolorowych pismach...

Nie, tylko dziwią mnie te różne oceny dziennikarskich materiałów.
Proszę pana, dziennikarze nie pytają, czy mogą mi zrobić zdjęcie.
Nikt nigdy mnie nie zapytał, czy zgadzam się, żeby je publiko-
wano, i to z najróżniejszymi komentarzami.

**Może tej krytyki byłoby mniej, gdybyście Państwo zechcieli dzien-
nikarzom jednoznacznie odpowiedzieć, dlaczego większość majątku jest przepisana na Panią, a mąż jedynie nim zarządza. Ile podatków płacicie Państwo w kraju, a ile za granicą?**
Dlaczego mamy wszystkich o tym informować?! Tego majątku
nikt nam nie dał, zdobyliśmy go ciężką i uczciwą pracą!

**Chociażby dlatego, żeby przeciąć wszelkie podejrzenia, czy został
zdobyty uczciwie. Ale czy odpowie mi Pani, dlaczego większość
majątku jest przepisana na Panią?**
Tak ustaliliśmy z mężem i traktujemy to jako naszą prywatną decyzję.

**Tym samym skazuje Pani dziennikarzy na szukanie odpowiedzi na
własną rękę.**
Dobrze, ale dlaczego mam moje życie ustawiać pod kątem takich oczekiwań? Czy mam zachowywać się tak, jak chce prasa,

tylko dlatego, że codziennie potrzeba jej sensacji? Nigdy się temu nie poddam, choćby prasa do końca życia miała pisać o mnie źle.

Czy przez lata coś się zmieniło? W wypowiedzi Grażyny Kulczyk dla „Gali" z 2014 roku dalej pobrzmiewa nuta goryczy: „Słowo bogactwo w polskich warunkach ma zabarwienie pejoratywne. Brzmi czasem wręcz arogancko. A na przykład w USA posiadanie bogatego sąsiada i przyjaciela daje powody do dumy. Przecież sukces napędza, dążenie do niego jest motorem rozwoju. Bogactwo rzadko spada z nieba – trzeba być w czymś dobrym i bardzo ciężko pracować. Mam wrażenie, że dziś w Polsce ten klimat zmienia się na lepsze – zanika odium podejrzeń.

Rywalka

Kryzys małżeństwa Grażyny i Jana Kulczyków trwał parę lat. Doktor Jan coraz więcej czasu spędzał w nowej willi w Konstancinie pod Warszawą, nie licząc setek godzin na pokładzie swojego odrzutowca. Pani Grażyna wolała Poznań, nie chciała słyszeć o przeprowadzce. Według jednej z anegdot, pani Grażyna dała się raz zaprosić do Konstancina. Zjadła kolację i jeszcze tego samego wieczora wróciła autem do siebie. Sławomir Pietras mówił w „Polityce": „Lubi ten dom, kocha Poznań. Patriotyzm lokalny Grażyny Kulczyk jest wielki. Ale wynika w dużej mierze z niechęci do elit warszawskich, ze znudzenia tamtejszym życiem towarzyskim, a nawet tematyką rozmów".

Żyli praktycznie osobno. Ale do rozwodu Jan Kulczyk nie dał żadnej okazji paparazzi. Publicznie zaczął się pokazywać ze swoją nową wybranką dopiero po rozwodzie, choć poznali się trzy lata wcześniej podczas przyjęcia zorganizowanego w 2003 roku w Polskiej Radzie Biznesu. Joanna Przetakiewicz była już od dwóch lat rozwódką. Wychowywała trójkę dzieci.

Nowa partnerka miliardera opowiadała później w kolorowej prasie, że Jan Kulczyk nie tylko potrafi obiecywać, potrafi też oczarować.

„Kiedy nas przedstawiono – opowiadała «Vivie» – rzekł tajemniczo: «Ja już ciebie wcześniej widziałem. We Florencji». Jak to, myślę, byłam tam wiele lat temu i tylko raz, o czym on mówi? A on uparcie: «Widziałem cię na pewno, w Galerii Uffizi, drugie piętro, trzeci pokój po lewej. Jak to możliwe, że mogłaś pozować Botticellemu w XV wieku? Jesteś żywcem zdjęta z obrazu Narodziny Wenus». O ludzie! Tylko nie to: Ja i Wenus! Pomyślałam, że to cytat wyjęty z jakiegoś filmu! Dziś już wiem, że jest bardzo uważnym obserwatorem i niezłym prowokatorem. Nie dałam się złapać na ten haczyk, a potem dostałam na urodziny portret modelki Botticellego. Zrozumiałam wtedy, że będziemy razem". Czy faktycznie tak było, czy to tylko anegdotka wymyślona na potrzeby kolorowych pism dla kobiet? Wiadomo tyle, że „Wenus z obrazu Botticellego" jest prawniczką i radzącą sobie w życiu ładną i zgrabną small bizneswoman. Oczywiście „small" w porównaniu do wielkości biznesu swojego wielbiciela. Razem z bratową Marią od kilku lat prowadziła w Warszawie kliniki stomatologiczne Vita-Dent. Do 2007 roku pani Joanna była też wspólnikiem firmy, która zarządzała restauracjami Czerwony Smok oraz Adler.

Jednak jej marzeniem było stworzenie własnej marki ubrań. Jan Kulczyk pomógł je spełnić. Tak powstała w 2010 roku La Mania. W grudniu Przetakiewicz otworzyła swój pierwszy butik z ubraniami. Projektowała ze swoją wspólniczką, 26-letnią Magdaleną Butrym. Ojcem chrzestnym przedsięwzięcia został nie byle kto, bo guru światowej mody, sam Karl Lagerfeld.

Prasa rozpisywała się, że za finansową stroną przedsięwzięcia stał oczywiście Jan Kulczyk. Przetakiewicz w wywiadzie dla portalu Platine.pl tłumaczyła: „La Mania to moje dzieło. Jan oczywiście wspiera mnie w każdy możliwy sposób i muszę przyznać, że bez jego wsparcia ta inwestycja nie byłaby możliwa, bo nie miałabym możliwości aż tak się zaangażować czasowo i finansowo. Ale nie miałabym satysfakcji, gdybym nie wierzyła w to, że jestem w stanie to zrobić sama".

Jak to wygląda na papierze? Formalnie „modnym" interesem zarządza spółka La Mania. Jej mniejszościowym udziałowcem była Magdalena Butrym, obecnie całość posiada spółka Aboyne Limited, kojarzona z imperium Kulczyka.

Kolorowa prasa zaczęła głośno spekulować o końcu ich związku po ślubie Aleksandry Kwaśniewskiej, na który przyjechali razem, a zachowywali się tak, jakby się nie znali. Plotkom nie było końca. Według jednej, dzieci doktora Jana nigdy nie zaakceptowały jego nowej partnerki. I to była główna przyczyna rozstania. Zrobili to bez zbędnego rozgłosu. Przetakiewicz tak o tym opowiedziała „Gali" w marcu 2014 roku: „Wiele nas łączy. Mamy mnóstwo pięknych wspomnień. Niektóre media piszą, że nie witamy się ze sobą, że ze sobą nie rozmawiamy. To wymysły. Jesteśmy dorosłymi ludźmi, którzy bardzo się szanują".

Dlaczego się rozstali?: „Ogromne tempo życia i jeszcze większe nasze temperamenty".

ROZDZIAŁ XII

TAŚMY KULCZYKA.
MILIARDER I AFERA TAŚMOWA

SOBOTA 14 CZERWCA 2014 roku. Na stronie internetowej „Wprost" pojawia się zwiastun tekstu, który ukaże się dwa dni później w wersji papierowej tygodnika. Tytuł brzmi sensacyjnie: „Afera podsłuchowa". Po lekturze pierwszych zdań tekstu wiadomo, że za chwilę wybuchnie ciężki kryzys polityczny. Tygodnik donosi: „Ktoś nielegalnie nagrał spotkanie szefa MSW, prezesa Narodowego Banku Polskiego, byłego ministra transportu. Taśmy są kompromitujące. Czy to zamach stanu obliczony na obalenie rządu Donalda Tuska?".

W poniedziałek „Wprost" publikuje wybrane fragmenty podsłuchanych rozmów w dwóch warszawskich restauracjach Sowa i Przyjaciele oraz Amber Room – ministra spraw wewnętrznych Bartłomieja Sienkiewicza z prezesem NBP Markiem Belką oraz Andrzeja Parafianowicza, byłego wiceministra finansów, ze Sławomirem Nowakiem, byłym ministrem transportu. Z publikacji jasno wynika, że taśm jest więcej. Nagrane zostało spotkanie wicepremier Elżbiety Bieńkowskiej z szefem CBA Pawłem Wojtunikiem. Są też taśmy z rozmów Jana Kulczyka z prezesem NIK Krzysztofem Kwiatkowskim oraz najbliższym współpracownikiem premiera, ministrem Pawłem Grasiem.

Błyskawicznie na nogi zostają postawione służby specjalne, które nadzoruje jeden z podsłuchanych, czyli minister Sienkiewicz. Odnalezienie nagrań i wyjaśnienie sprawy staje się dla niego priorytetem. Śledztwo wszczyna też Prokuratura Okręgowa Warszawa-Praga, a rząd Donalda Tuska próbuje ogarnąć chaos. Po kilku dniach premier przechodzi do kontrofensywy – sugeruje, że afera wybuchła z inspiracji obcych służb. Jednocześnie wiąże podsłuchy z handlem rosyjskim węglem. Na celownik prokuratury i służb trafia biznesmen Marek Falenta, zaliczany do grona 100 najbogatszych Polaków, współwłaściciel Składów Węgla, spółki zarabiającej na sprzedaży węgla ze Wschodu. 24 czerwca wraz ze swoim szwagrem zostaje zatrzymany przez ABW. Zarzut: zlecenie nielegalnego nagrywania polityków i biznesmenów odwiedzających lokale Sowa i Przyjaciele oraz Amber Room. Według śledczych Falenta miał zapłacić kelnerom zamieszanym w proceder – Łukaszowi N. i Konradowi L. – 105 tysięcy złotych. Z kolei jego szwagier miał przekazać sprzęt do nagrywania i dodatkowe 10 tysięcy złotych. Obydwaj nie przyznali się do winy.

Według wersji przyjętej przez prokuraturę i służby motywem działania Falenty miała być zemsta za zniszczenie Składów Węgla, monopolisty na rynku, posiadającego 350 punktów sprzedaży. Spółka oferowała tańszy od polskiego węgiel z Rosji i Kazachstanu. Biznesmen zainwestował w nią ponad 100 milionów złotych. W styczniu 2014 roku kupił 40 procent udziałów w tej firmie. Planowano, że szybko zadebiutuje ona na giełdzie. Gdyby udało się zrealizować ten plan, Falenta zarobiłby krocie, a sama spółka stałaby się poważnym konkurentem dla polskiego górnictwa.

Wszystko pokrzyżowała jednak bydgoska prokuratura i CBŚ. Na początku czerwca 2014 roku, kilkanaście dni przed datą giełdowego debiutu węglowego przedsiębiorstwa, policjanci z CBŚ zatrzymali niemal całe kierownictwo firmy. Postawione przez prokuraturę zarzuty wydawały się poważne. Oszustwa, wyłudzenia VAT i pranie brudnych pieniędzy na kwotę 85 milionów złotych. Według Falenty akcja organów ścigania wymierzona w Składy Węgla nie była przypadkowa. Biznesmen twierdzi, że krótko przed zatrzymaniami był namawiany przez Rafała Baniaka, wiceministra skarbu nadzorującego sektor węglowy, do sprzedaży Składów Węgla skarbowi państwa. Falenta odmówił. Ta decyzja miała go potem bardzo drogo kosztować. Dowodem na poparcie tej tezy miał być esemes, który biznesmen wysłał Baniakowi po zatrzymaniu managerów firmy handlującej węglem: „Wygraliście, możecie teraz przejąć SW, ale macie czas do końca miesiąca, bo jak tak dalej pójdzie, to firmę przejmą Rosjanie za długi, które mamy wobec nich z tytułu dostaw, które zamówiliśmy na kredyt".

Nazwisko Baniaka szybko pojawiło się w kontekście afery taśmowej. Wiceminister często bywał w restauracji Sowa i Przyjaciele, bo lokal ten znajdował się tuż obok jego mieszkania. Jako że był stałym jego bywalcem, to częściej niż inni był podsłuchiwany przez kelnerów. Nagrania, jeśli zostaną ujawnione, mogą poważnie nadwerężyć wizerunek wiceministra. Nie tylko jego. Baniak spotkał się na przykład z Piotrem Wawrzynowiczem, lobbystą, byłym działaczem PO. Tematem rozmowy miały być kulisy przejęcia należącego do skarbu państwa pakietu kontrolnego akcji Ciechu przez Jana Kulczyka. Nagranie nie zostało dotąd ujawnione. Nie ma go również prokuratura. W aktach śledztwa nie ma też plików z nagraniami rozmów samego Kulczyka z politykami PO.

„Pana Marka Falenty nie znam osobiście" – zeznał Kulczyk podczas przesłuchania w śledztwie, dotyczącym afery taśmowej. Miliarder spotkał się z Falentą raz. Było to w 2014 roku podczas Wrocław Global Forum. Po jednym z paneli dyskusyjnych Falenta próbował zaprosić Kulczyka na bankiet. Jan Kulczyk nie zareagował – opowiada osoba, która była wtedy na miejscu.

Kulczyk pamiętał Falentę z zupełnie innego powodu. Było to kilka lat temu. Falenta otrzymał członkostwo we współtworzonej przez miliardera Polskiej Radzie Biznesu. Do tej prestiżowej organizacji wprowadzał go inny wpływowy w Polsce biznesmen Zbigniew Jakubas, właściciel Mennicy Polskiej. Jakubas przewodniczył wtedy Radzie. To on zaprosił Falentę do tego grona. Środowisko biznesu plotkowało wtedy, że podobno stało się to wbrew regulaminowi, bez odpowiednich rekomendacji. Interesy Jakubasa i jego Mennica Polska były jednym z wątków afery taśmowej. W czasie gdy Bartłomiej Sienkiewicz stał na czele Ministerstwa Spraw Wewnętrznych, spółką biznesmena oraz nim samym wnikliwie interesowały się organa ścigania. Opowiadał o tym Sienkiewicz podczas podsłuchanej rozmowy z Belką. Minister przyznał, że jest zainteresowany przejęciem kontroli nad spółką Jakubasa (która dobrze zarabia na biciu dla skarbu państwa groszowych monet). Na nagraniu Sienkiewicz pochwalił się też, że CBŚ, UKS i wywiad skarbowy coraz lepiej ze sobą współpracują. „Mam wrażenie, że za jakiś czas to będzie bardzo przyzwoite narzędzie także do naszych gier z takimi tłustymi misiami [...] – mówił do Belki.

Rosyjskie tropy pisane cyrylicą

Jan Kulczyk nie odrzucał hipotezy, że wciągnięcie go w aferę podsłuchową mogło mieć związek z jego najnowszym projektem połączenia energetycznego Polski z Ukrainą. To stara idea importu taniego prądu ze Wschodu, który można sprzedawać z zyskiem w Polsce i w innych krajach Unii Europejskiej. Kulczyk do tego biznesu podszedł po raz drugi. Za pierwszym razem, ponad 10 lat temu, negocjował w tej sprawie z Rosjanami. Wówczas pomysł unicestwił wybuch afery Orlenu i ujawnienie słynnego wiedeńskiego spotkania z rosyjskim szpiegiem Władimirem Ałganowem. Tym razem firma Kulczyka Polenergia rozmawia z Ukraińcami. Problem jest ten sam. Aby importować prąd, trzeba wybudować po stronie ukraińskiej linię przesyłową i zsynchronizować ją z systemem europejskim (za wiele miliardów złotych). Linia ta miałaby połączenie z ukraińską Chmielnicką Elektrownią Jądrową. Kulczyk planuje, że to właśnie stamtąd popłynie prąd na Zachód. Warunek jest jeden: Ukraińcy muszą zainwestować w nowe bloki energetyczne. To był jeden z elementów układanki. W przyszłości płynący do Polski prąd miał być rozliczany polskim węglem i niemieckim gazem.

Handel tanim prądem z Ukrainy to intratny biznes. Można na nim dobrze zarobić. O jak wielkie pieniądze idzie gra, pokazują dane z 2013 roku. Ukraina do czasu wybuchu wojny z Rosją miała nadwyżkę w produkcji energii elektrycznej. W 2013 roku za granicę sprzedała prąd o wartości grubo ponad 500 milionów dolarów. Jest więc o co walczyć, ale biznes, który planuje Kulczyk, to skomplikowana operacja. Nie wystarczy przekonać do niej Ukraińców. Przychylny musi też być polski rząd. To zaś nie jest oczywiste, bo projekt Kulczyka ma naturalnych, wpływowych przeciwników. Choćby elektrownie, które produkują droższy prąd z polskiego węgla, i silne lobby, które pilnuje interesów tej branży. Nie można wykluczyć, że projekt miał też wrogów poza granicami Polski. Jan Kulczyk dopuszczał możliwość, że Rosjanie, którzy do niedawna kontrolowali cały rynek energetyczny na Wschodzie, są zainteresowani torpedowaniem wszelkich inicjatyw, które mogą być korzystne dla Ukrainy.

Według hipotezy miliardera ujawnienie nagrań kelnerów wpisuje się w tę politykę, a afera taśmowa mogła wybuchnąć pod dyktando rosyjskich interesów. Wskazywał na zbieżność dwóch dat. 11 czerwca 2014 roku Polenergia podpisała list intencyjny z ukraińskim Energoatomem w sprawie produkcji energii jądrowej. Tego dnia pierwsze taśmy z podsłuchów były już w posiadaniu współautora książki Piotra Nisztora. Publikacja ukazała się 16 czerwca. Według Kulczyka to nie musiał być przypadek.

Gdyby przyjąć taką hipotezę, nagrania kelnerów powstały z inspiracji i pod kontrolą rosyjskich służb. Z Rosjanami musiała także współpracować osoba (albo grupa osób), której kelnerzy przekazywali nagrany materiał. W takim scenariuszu trzeba założyć, że taśmy miały służyć do szantażu i w końcu trafić do mediów – w odpowiednim momencie, korzystnym dla rosyjskich interesów. Cel? Zdestabilizować polski rząd, podważyć wiarygodność Kulczyka i sparaliżować jego ukraińskie przedsięwzięcie. Czy takie podejrzenia są choćby częściowo racjonalne?

Sam premier Donald Tusk w sejmowym wystąpieniu, mówiąc o scenariuszu afery taśmowej stwierdził, że był pisany „cyrylicą".

Było to jednoznaczne wskazanie na Rosjan jako inspiratorów spisku. Jednak podejrzenia szły w różnych kierunkach. Ówczesny premier mówił, że najważniejszych polskich urzędników podsłuchiwała grupa przestępcza, a w tle całej afery jest handel na wielką skalę rosyjskim węglem. Mówiąc o tym, położył nacisk na konieczność wnikliwego zbadania związków osób bezpośrednio zaangażowanych w ten proceder. Kilka godzin wcześniej na przesłuchanie – w izbie zatrzymań – czekał już działający w branży węglowej biznesmen Marek Falenta. Kilka godzin później prokuratura postawiła mu zarzut zlecenia nielegalnego nagrywania polityków i biznesmenów.

W czasie przemówienia Tusk wskazywał, że destabilizacja sytuacji w Polsce jest Rosjanom na rękę. Wspomniał m.in. o gazowych interesach kraju rządzonego przez Władimira Putina. O handlu energią elektryczną nie powiedział nic. Wspomniał za to o Ukrainie i o europejskim bezpieczeństwie energetycznym.

– W tle afery podsłuchowej jest obecna sytuacja na Ukrainie i w Europie. Jej skutki są wyreżyserowane, zaplanowane, zgodne z intencjami sprawców. Te skutki, to po pierwsze osłabienie możliwości wpływu polskiego rządu na nową architekturę personalną w Europie (chodziło o nominacje na najważniejsze stanowiska w UE) – mówił premier.

Tusk przypomniał, że w UE będzie też toczyła się dyskusja o unii energetycznej i mechanizmach bezpieczeństwa energetycznego Europy w kontekście kryzysu ukraińskiego i konfliktu rosyjsko-ukraińskiego. Zapewnił, że ten konspiracyjny scenariusz związany z aferą taśmową i nielegalnymi podsłuchami nie powstał w polskim sejmie, ani w żadnej polskiej instytucji życia publicznego. Dla wszystkich było oczywiste, że przemówienie Tuska to wyniki analiz i pracy służb specjalnych nadzorowanych przez jednego z podsłuchanych ministrów – Bartłomieja Sienkiewicza, byłego oficera Urzędu Ochrony Państwa specjalizującego się w problematyce wschodniej.

Teza o rosyjskim spisku była bardzo wygodna dla rządu Tuska. Pozwalała – przynajmniej czasowo – na odwrócenie uwagi opinii publicznej od skandalicznej treści rozmów najważniejszych polskich urzędników.

Służby nie znalazły jednak dowodów potwierdzających, że za aferą taśmową stali Rosjanie. Jednak plotki na ten temat nadal żyły w drugim obiegu, a podsycały je medialne doniesienia – bardziej lub mniej wiarygodne. W warszawskich kręgach biznesowych długo krążyła opinia, że osoba, która dysponowała nagraniami, miała kłopoty finansowe i była poważnie zadłużona u rosyjskich dostawców węgla. W takiej sytuacji dysponent taśm byłby bardzo podatny na wszelkie sugestie (jeśli nie polecenia), które mogły płynąć z rosyjskiej strony. To oczywiście była tylko plotka. Nie ostatnia. Po wybuchu afery taśmowej pojawiło się wiele innych hipotetycznych tropów, które podpowiadały, że proceder nagrywania gości odwiedzających drogie warszawskie restauracje mogli teoretycznie kontrolować Rosjanie.

Jednym z głównych śladów była historia restauracji Lemon Grass. Managerem w tym lokalu był Łukasz N. Ten sam, który potem został zatrudniony w Sowie. Łukasz N. po zatrzymaniu przez ABW i postawieniu mu przez prokuraturę zarzutu nielegalnego rejestrowania rozmów przyznał się do winy.

Lemon Grass miał doskonałą lokalizację. Wejście od Alei Ujazdowskich, naprzeciwko amerykańska ambasada, do sejmu dwie minuty spacerkiem. Wcześniej działał tam Ambasador, klasycznie peerelowska restauracja dla dyplomatów, polityków i biznesmenów. Za ciężkimi beżowo-brązowymi zasłonami w oknach można było się ukryć przed wścibskimi spojrzeniami i spokojnie pogadać na każdy temat. Ale najczęściej Ambasador świecił pustkami. Bo utarło się przekonanie, że w tym miejscu „ściany mają uszy". Położenie restauracji nie było przypadkowe, można z niej nie tylko podpatrywać, ale także nasłuchiwać, co się dzieje po drugiej stronie ulicy w amerykańskiej placówce. Ten stereotyp „ubeckiej" knajpy zniknął, gdy pojawili się nowi inwestorzy i przerobili siermiężnego Ambasadora w nowoczesny Lemon Grass, którego główną atrakcją była japońska kuchnia. W czasie remontu firma przygotowująca lokal do

otwarcia musiała powyciągać ze ścian podsłuchy pozostałe po wcześniejszych użytkownikach.

Nowa knajpa szybko stała się modna, szczególnie upodobali ją
sobie politycy Platformy Obywatelskiej. Bywał w niej nawet Donald Tusk. Wśród gości można było też spotkać wielu bardziej bądź
mniej znanych biznesmenów. Bywalcami byli również oficerowie
zagranicznych służb działających w Polsce. Stałym bywalcem był
m.in. Ksawery W., starszy siwiejący mężczyzna, pracujący w CIA.
Sam Kulczyk nigdy nie przekroczył progu tej restauracji.

Lemon Grass stał się popularny z kilku snobistycznych powodów. Lokal nie był tani, co podnosiło prestiż spotkań, miał dizaj-
nerski wystrój, profesjonalną obsługę kelnerską i przede wszystkim
dyskretne vip roomy. Magnesem przyciągającym śmietankę polityki i biznesu było coś jeszcze – eleganckie, zamykane na kluczyk
specjalne skrytki. Każdy ze stałych gości za opłatą mógł otrzymać
prawo do korzystania z jednej z nich. Wówczas restauracja przy-
kręcała do niej mosiężną tabliczkę z wygrawerowanym nazwiskiem
właściciela. W skrytkach przechowywano nie do końca opróżnione
butelki drogich win. Było to bardzo wygodne. Można było wypić do
lunchu lampkę ulubionego wina, niedostępną „na kieliszki”, i odło-
żyć butelkę do następnego razu. W tym wszystkim było coś jeszcze.
Mosiężne tabliczki z nazwiskami przytwierdzonymi do skrytki były
widoczne dla wszystkich bywalców vip roomów.

Politycy i biznesmeni bywający w Lemon Grass nie zastanawiali
się, kto stoi za tą luksusową restauracją. Oficjalnie w KRS wid-
niały nazwiska zupełnie nieznanych osób, w tym także Rosjan. Nie
oni jednak byli faktycznymi właścicielami lokalu. Lemon Grass naprawdę miał należeć do Aleksieja Lambina, ówczesnego szefa polskiego oddziału Łukoila. Jego działalność w Polsce była monitorowana przez kontrwywiad ABW. Gdy zainteresowanie jego osobą
oraz prowadzonymi przez niego interesami wzrosło, funkcjonariusze z „kontry” zaczęli bliżej przyglądać się także lokalowi Lemon
Grass. Zaczęli rozmawiać z zatrudnionymi w restauracji osobami,
w tym także z Łukaszem N. Szybko się okazało, że ten luksusowy

lokal jest zupełnie niedochodowy. Mimo że co miesiąc notował stratę, cały czas jednak funkcjonował.

W efekcie działań kontrwywiadu czołowi politycy Platformy Obywatelskiej otrzymali nieformalne ostrzeżenie, aby unikali spotkań w Lemon Grass. Jednym z powodów miało być ryzyko podsłuchów. Gdy gruchnęła wiadomość, że restauracja nie jest „koszerna", znowu, jak w czasach Ambasadora, sale zaczęły świecić pustkami.

Tuż przed Bożym Narodzeniem 2012 roku restauracja upadła, a Łukasz N. znalazł zatrudnienie w innym miejscu, ostatecznie lądując w słynnym już dziś lokalu Sowa i Przyjaciele, w którym nagrywał obsługiwanych gości. Czy rozmowy rejestrował już w Lemon Grass? Nie ma na to żadnych dowodów. On sam w śledztwie dotyczącym afery taśmowej zaprzeczał. Przyznał również, że nic nie wie, aby ktoś inny nagrywał rozmowy gości tego lokalu.

Historia Lemon Grass oczywiście niczego nie dowodzi. Nie jest potwierdzeniem rosyjskiego spisku. Na jej podstawie można tylko stwierdzić, że jeden z kelnerów, który nagrywał polityków i biznesmenów, pracował wcześniej w restauracji, w którą zainwestowali Rosjanie.

Rozmowy niekontrolowane

Zanim pierwsze nagrania trafiły do Piotra Nisztora, a następnie do tygodnika „Wprost", w wąskim gronie, dosłownie kilku osób, krążyła informacja, kto jest nagrany i czego mniej więcej dotyczą zarejestrowane rozmowy. To była taka syntetyczna zapowiedź, które taśmy w krótkim czasie trafią do mediów. Lista nazwisk nie była długa. Bartłomiej Sienkiewicz miał opowiadać Markowi Belce, że rząd chce przejąć Mennicę Polską Zbigniewa Jakubasa. Sławomir Nowak mówił Zbigniewowi Parafianowiczowi o swoich kłopotach podatkowych. Nowak miał się przyznać, że nieformalnie pracuje dla Jana Kulczyka i pobiera od niego wynagrodzenie przez spółkę w Afryce. Na innych taśmach miały być nagrane rozmowy Kulczyka z czołowymi politykami PO, m.in. z Pawłem Grasiem, rzecznikiem rządu Donalda Tuska, i Krzysztofem Kwiatkowskim, prezesem Najwyższej Izby Kontroli. Zarejestrowana miała też zostać rozmowa miliardera z ówczesnym premierem. Spotkanie miał umawiać Sławomir Nowak. Przekaz był prosty: jeśli nagrania zostaną ujawnione, wstrząsną państwem, a Kulczyk – podobnie jak w okresie komisji śledczej ds. Orlenu – będzie musiał uciekać z Polski. Po wybuchu afery taśmowej okazało się, że większość tych informacji nie znalazła potwierdzenia w faktach. Na nagraniu rozmowy Parafianowicza z Nowakiem nie pada nawet słowo na temat zatrudnienia przez Kulczyka byłego ministra transportu, ani razu nie pojawia się też nazwisko miliardera. Sam Kulczyk Holding zapewnia, że Nowak nigdy nie pracował dla żadnej ze spółek grupy.

Trudno jednak w jakikolwiek sposób odnieść się do sensacyjnych doniesień na temat treści „taśm Kulczyka". Dotąd nie ma oficjalnego potwierdzenia, że w ogóle fizycznie istnieją. Nie ma ich prokuratura, która bada aferę taśmową. Śledczy nie znają więc ich treści. Opierają się tylko na zeznaniach uczestniczących w tym nielegalnym procederze kelnerów, którzy przyznali, że rejestrowali rozmowy miliardera.

Mimo to Kulczyk odmówił w tej sprawie przyjęcia statusu pokrzywdzonego.

– Nie wiem, czy jestem osobą poszkodowaną. Na jakiej podstawie mam tak sądzić? Bo ktoś powiedział, że mnie podsłuchał? Nikt nie wie, co jest na tych taśmach. Prokurator pytał mnie, czy coś wiem w tej sprawie. Nic nie wiem. Zgłoszę się do prokuratury jako osoba poszkodowana, jak dostanę taśmy, na których będę nagrany – zapewnia. Nie kryje jednak irytacji całą sprawą. – Problem samych taśm, tego co na nich jest, nie dotyczy mnie. Problem jest inny. Tak długo, jak te nagrania są ukrywane, można podgrzewać wokół mnie atmosferę, tworzyć wrażenie, że zawierają sensacyjne informacje – podkreśla miliarder.

Później zmienił zdanie. Wystąpił o status osoby pokrzywdzonej, żeby podobnie jak inne nagrane osoby mieć dostęp do tajnej części akt. Po śmierci Jana Kulczyka jego syn podtrzymał w prokuraturze tę decyzję.

Trudno uwierzyć, że informacje pojawiające się na temat Kulczyka w kontekście afery taśmowej to przypadek. Ich autorzy od samego początku chcieli mocno powiązać Kulczyka z nagraniami i skandalem, który wybuchł po ich ujawnieniu. Jednak nie jest to jeszcze żaden dowód na spisek wymierzony w najbogatszego Polaka. Tym bardziej że osoby rozpowszechniające informacje bijące w Kulczyka wcale nie muszą działać ręka w rękę z tymi, którzy stoją za aferą taśmową i być może posiadają nagrania z jego udziałem. Może ktoś po prostu wykorzystał nadarzającą się okazję do zdyskredytowania biznesmena. Dlatego opinie w tej sprawie dotyczące Kulczyka należy traktować z dużą ostrożnością.

Dla Kulczyka informacja, że został nagrany, to poważny cios. „Jestem bardzo przeczulony na punkcie bezpieczeństwa prowadzonych rozmów" – podkreślał podczas przesłuchania w aferze taśmowej Kulczyk. Nie przesadzał. To jeden z jego priorytetów. Dlatego siedziba jego firmy przy ulicy Kruczej w Warszawie to istna twierdza naszpikowana najnowocześniejszymi urządzeniami uniemożliwiającymi podsłuchanie prowadzonych w środku rozmów. Te kluczowe odbywają się w specjalnych pokojach zapewniających stuprocentowe bezpieczeństwo. Inne spotkania prowadzi również na mieście. W zaufanych restauracjach lub sprawdzonych pomieszczeniach.

Ani Sowa i Przyjaciele ani Amber Room nie należały do takich miejsc. Kulczyk zeznał, że nie prowadził tam żadnych ważnych rozmów i bywał tam tylko na dużych, oficjalnych imprezach. W Sowie raz, na zaproszenie banku Rothschilda. Do nagrań doszło w innym miejscu. Miliarder korzystał z prywatnego gabinetu Aldony Wejchert (żony zmarłego twórcy ITI Jana Wejcherta) w pałacyku Sobańskich, znajdującym się tuż obok Amber Room. Czuł się tam komfortowo i bezpiecznie. „Według mojej wiedzy ten gabinet jest zabezpieczony przed dostępem osób trzecich" – tłumaczył podczas przesłuchania Kulczyk. Jego pewność wynikała też z tego, że pomieszczenia pałacyku Sobańskich były regularnie sprawdzane pod kątem podsłuchów przez wyspecjalizowane firmy – Market Link, a potem Sekkura. Poza tym była to przecież siedziba Polskiej Rady Biznesu, organizacji, którą współtworzył i był jej prezesem. Był to dla niego niemal drugi dom. Miliarder nie wiedział tylko o jednym. Konrad L., sommelier z Amber Room – jak sam zeznał – podrzucał do pokoju Aldony Wejchert, tuż przed rozpoczęciem spotkania, miniaturowe urządzenie do nagrywania. Proceder miał o tyle ułatwiony, że wcześniej wiedział o planowanych rozmowach. Sekretarka Kulczyka przed każdą z nich telefonicznie uprzedzała o tym obsługę pałacyku Sobańskich.

Miliarder jako jedyny ze świadków nie ujawnił nazwisk osób, z którymi spotykał się w pałacyku Sobańskich. „Wolałbym nie podawać nazwisk swoich rozmówców, ponieważ mogą sobie tego nie życzyć. Są to bardzo różne osoby z kręgu biznesu, polityki" – tłumaczył Kulczyk. Można przypuszczać, że zrobił to z przezorności. Zdawał sobie sprawę, że wcześniej czy później akta śledztwa w sprawie taśm wyciekną do dziennikarzy. Wówczas z treścią jego zeznań na pewno zapozna się opinia publiczna. Miał rację.

Jednak na podstawie zeznań kelnerów można stworzyć listę rozmówców miliardera, a tym samym spotkań, które miały zostać nielegalnie nagrane. Z kim więc w pokoju Aldony Wejchert spotykał się Kulczyk? Na pewno z Pawłem Grasiem, Pawłem Tamborskim (ówczesny wiceminister skarbu), Janem Krzysztofem Bieleckim (ówczesnym szefem doradców premiera Tuska), Radosławem Sikorskim (ówczesnym szefem MSZ), Andrzejem Biernatem (ówczesnym ministrem sportu) i Krzysztofem Kwiatkowskim.

Z Sikorskim Jan Kulczyk rozmawiał trzy razy, podobnie z Tamborskim, któremu zawsze towarzyszył ktoś z ministerstwa.

Potwierdzili oni w prokuraturze, że takie spotkania faktycznie się odbyły. Jednak bardzo ogólnikowo mówili o ich przebiegu. Z kolei kelnerzy – powołując się na nagrania z tych spotkań – zeznali, że jednym z głównych tematów był zakup przez Kulczyka znajdującego się w rękach państwa pakietu kontrolnego przedsiębiorstwa Ciech.

Z zeznań kelnerów najwięcej można dowiedzieć się za to o rze-
komym przebiegu spotkania miliardera z restauracji Sowa i Przyjaciele. To właśnie tam Kulczyk miał spotkać się ze Sławomirem
Nowakiem, Jackiem Krawcem i Piotrem Wawrzynowiczem. Co
ciekawe, sam miliarder tego spotkania nie pamięta. W swoich zeznaniach przyznał tylko, że w tej restauracji był najprawdopodobniej tylko raz „na dużej imprezie, na której było mnóstwo osób".
O czym rozmawiano na tym przyjęciu? „[...] o farmach wiatro-
wych na morzu. Rozmawiali o tym, że dobrze byłoby połączyć Kulczyka ze spółkami skarbu państwa, że dobrze byłoby zrobić wspólny
projekt ze skarbem państwa przy pomocy funduszy unijnych [...].
Wtedy jeszcze rozmawiano, że dobrze byłoby połączyć Kulczyka
z Orlenem, bo wtedy akcje Orlenu poszłyby 200 procent w górę. Pamiętam, że to były wypowiedzi Jana Kulczyka. Z tego, co pamiętam,
to nie było wtedy ani kłótni, ani szczególnego poklasku ze strony innych. Panowie mieli wspólny temat i rozumieli się – taki był mój odbiór tamtej sytuacji. Z tego, co pamiętam, to Krawiec wyszedł po
jakimś czasie, nie było go do końca spotkania" – zeznał Łukasz N.
Dodał, że do spotkania w tym samym gronie miało dojść ponownie.
Było nawet kilkakrotnie planowane, ale ostatecznie się nie odbyło.

Sam Kulczyk bardzo niechętnie mówi o treści rozmów, które
miały zostać nagrane przez kelnerów. Twierdzi na przykład, że
z Pawłem Grasiem nie rozmawiał o Ciech-u. – Rozmawiałem z nim
o Ukrainie. To on poprosił o spotkanie. Chciał się dowiedzieć, jak
przebiegają negocjacje w sprawie połączenia energetycznego Polski
z Ukrainą. Opowiedziałem mu o spotkaniach z prezydentem Ukrainy Petro Poroszenko, z premierem Arsenijem Jaceniukiem. Oczywiście byłoby bardzo źle, gdyby ta rozmowa została nagrana i opublikowana, bo co oni by sobie o nas pomyśleli? To są fakty. Graś na
zakończenie spotkania zaprosił mnie do kancelarii premiera. Odpowiedziałem, że jak przyjdę, będzie awantura, że załatwiam swoje interesy u premiera – zaznacza miliarder.

Ale Kulczyk z Tuskiem jednak się spotkał. Trzy razy. Jedna rozmowa odbyła się w rządowej willi przy ulicy Parkowej w Warszawie,

dwie kolejne w kancelarii premiera. Pierwsze dotyczyło właśnie inwestycji miliardera na Ukrainie, w tym modernizacji tamtejszej elektrowni atomowej. Pozostałe były związane z działalnością Okrągłego Stołu Polskiego Sportu, społecznego ciała działającego przy PKOl. Powstało ono na początku 2013 roku z inicjatywy Kulczyka i było odpowiedzią na coraz gorsze wyniki polskich sportowców na igrzyskach olimpijskich. Inicjatywa ta ma pomóc w stworzeniu strategii rozwoju polskiego sportu. W tych spotkaniach uczestniczył też m.in. Andrzej Kraśnicki, prezes PKOl.

Jan Kulczyk uważał, że był celem afery taśmowej. Koronny argument potwierdzający tę tezę zostawia na koniec. Według miliardera wiedzę o nagraniach mogło mieć więcej osób niż wynika to ze śledztwa. Po części wskazują na to wydarzenia, o których mówił podczas słynnego już – zarejestrowanego przez kelnerów – spotkania z Krzysztofem Kwiatkowskim.

Zanim doszło do rozmowy z prezesem NIK, Kulczyk wybrał się na operę do Teatru Wielkiego. Tam spotkał między innymi byłego premiera Jerzego Buzka. Na widowni był też Kwiatkowski. Dawno się nie widzieli. Od słowa do słowa umówili się na obiad w pałacyku Sobańskich. – To była zwykła rozmowa dwóch znajomych – zapewnia miliarder. Przy obiedzie Kulczyk opowiedział Kwiatkowskiemu historię jednego ze swoich pracowników. Zatrudnił go wiele lat temu w Stanach Zjednoczonych. Ma na imię Kris. Był bystry, obrotny i szybko zdobył zaufanie Kulczyka. Pewnie dlatego otrzymał zadanie dokupienia małego apartamentu obok domu miliardera w Miami. Kulczyk przesłał mu pieniądze na przeprowadzenie transakcji. Kris zamawiał też dla niego samochody, gdy miliarder przylatywał do USA. Znajomi Kulczyka śmiali się na boku, że Kris wydaje na to fortunę, a za cenę wynajmu samochodu można było kupić nowy. Kulczyk – licząc wszystkie zamówienia, przy których uczestniczył Kris – stracił w sumie kilka milionów złotych. – To było normalne nadużycie – wspomina Kulczyk. Przyznaje, że nie kontrolował tego, co robił jego pracownik. To, że jest nieuczciwy, wyszło przypadkiem.

Podczas kontroli podatkowej w Szwajcarii prowadzonej przez Amerykanów wobec pewnego naciągacza. Wówczas okazało się, że jego wspólnikiem był właśnie Kris. – Musiałem go wyrzucić. Potem rozsyłał po Polsce anonimy, świadczące o tym, że on też wiedział o nagraniach. Z tych paru anonimów wynikało: chodzimy za tobą, kontrolujemy cię, mamy zdjęcia, będzie afera.

Jan Kulczyk zeznał to wszystko śledczym.

Podczas obiadu z Kwiatkowskim w pałacyku Sobańskich Kulczyk radził się, co ma zrobić z byłym pracownikiem, który nęka go obelżywymi esemesami. Obawiał się, że jeśli zgłosi to do prokuratury, cała historia szybko trafi na pierwsze strony tabloidów. Zależało mu na dyskrecji, bo były pracownik odgrażał się, że ujawni bliskie relacje Kulczyka z jego wieloletnią współpracowniczką.

Kwiatkowski zadeklarował, że pomoże i podpowie mu, do którego prokuratora najlepiej zgłosić się z tą sprawą. W opowieści miliardera jest jedno ważne pytanie: skąd jego były pracownik miał wiedzę o nagraniach na wiele miesięcy przed publikacją tygodnika „Wprost"? I czy służby biorące udział w wyjaśnieniu afery taśmowej wiedziały o tym i wzięły to pod uwagę?

„Gazeta Wyborcza" pod koniec sierpnia 2015 roku ujawniła, że informacja o obraźliwych esemesach, które otrzymywali współpracownicy Kulczyka i sam miliarder, znajdują się w tajnej części śledztwa w sprawie taśm.

Z klauzulowanych materiałów wynika, że Kulczyk po rozmowie z Kwiatkowskim o sprawie zawiadomił CBŚ. Śledczy przeprowadzili analizę wiadomości. Wynikało z niej, że nadawców mogło być dwóch – kobieta i mężczyzna.

Afera podsłuchowa doprowadziła do dymisji Bartłomieja Sienkiewicza, śledztwo w sprawie rozmowy Nowaka i Parafianowicza zostało umorzone. Głównym bohaterem afery pozostał Kulczyk, choć taśmy z nagraniami jego rozmów nie zostały ujawnione. Minęło pół roku. I temat znowu ożył. Przekaz był bardzo prosty: CBA wiedziało, że kelnerzy nagrali współpracownika Kulczyka i urzędnika ministerstwa skarbu zanim o aferze podsłuchowej napisał „Wprost". Powstały na ten temat służbowe notatki. W nieoficjalnym obiegu, przy kawiarnianych stolikach zapachniało znowu sensacją.

Prywatyzacja Ciechu

Był styczeń 2015 roku. Przekazywana informacja brzmiała: „Kulczyk przez pośrednika dał łapówkę za zgodę skarbu państwa na sprzedaż chemicznej spółki Ciech. Negocjacje w sprawie łapówki i ustalenie jej wysokości są zarejestrowane przez monitoring w jednej z restauracji. Co ciekawe, wysokość łapówki miała być napisana odręcznie na serwetce. CBA prowadzi śledztwo, inwigilowani są bliscy współpracownicy Kulczyka. W ciągu kilku godzin będą zatrzymania i zarzuty".

Oczywiście następnego dnia nic się nie wydarzyło. Podobnie jak przez wiele kolejnych. Ale kawiarniane stoliki szybko ożyły znowu. Kolejna elektryzująca informacja brzmiała: „W CBA powstały notatki z informacją o łapówce za sprzedaż Ciechu. Wkrótce opublikuje je jeden z tygodników". Mijał kolejny tydzień i nic. Wkrótce popularna stała się teoria, że materiał jest blokowany. Zagadka wyjaśniła się dość szybko. 15 lutego 2015 roku na portalu internetowym telewizji Republika pojawiła się zajawka najnowszego programu „Zadanie specjalne". „Dotarliśmy do informacji, które sugerują, że mogliśmy mieć do czynienia z korupcją przy prywatyzacji jednej z największych polskich firm – Ciechu. W dzisiejszym „Zadaniu specjalnym" przedstawimy dowody, dokumenty, których wcześniej nie widziała opinia publiczna. Prokuratura powinna to zbadać" – zapowiadała na antenie telewizji Republika Anita Gargas, autorka programu.

Wspomnianymi dokumentami były trzy notatki z Systemu Meldunków Operacyjnych CBA. Dotarł do nich Cezary Gmyz, dziennikarz współpracujący z tygodnikiem „Do Rzeczy". Meldunki sporządzili dwaj oficerowie kierowanej przez Pawła Wojtunika służby.

Dwa z nich to efekt rozmów z biznesmenem Markiem Falentą. Trzecia powstała po spotkaniach z byłym funkcjonariuszem ABW, współpracującym z biznesmenem. Obaj zostali zarejestrowani w kartotece CBA jako OZI, czyli osobowe źródła informacji. Nie zostali jednak zarejestrowani jako tajni współpracownicy, otrzymali status „osób informujących". Z materiałów wynikało, że Falenta otrzymał kryptonim „Prefekt". Z agentami spotykał się najczęściej w dwóch warszawskich restauracjach – Pierogarni na placu Konstytucji i Studiu Buffo tuż za hotelem Sheraton. Falenta kontaktował się z CBA poprzez e-maile i esemesy.

Były funkcjonariusz ABW, współpracownik Falenty, otrzymał z kolei kryptonim „BTS". To właśnie on – jak wynikało z meldunków CBA – miesiąc przed wybuchem afery taśmowej poinformował agenta Biura o szczegółach rozmowy Nowaka z Parafianowiczem. Informacja TV Republika była sensacyjna i zaskakująca. Dotąd służba kierowana przez Wojtunika utrzymywała, że do wybuchu afery taśmowej o nagraniach kelnerów nic nie wiedziała.

Kolejne dwa meldunki CBA pochodziły już z rozmów z samym Falentą. Pierwszy z nich powstał cztery dni przed ujawnieniem taśm przez „Wprost". TV Republika cytowała dokument: „Informacja dotyczy sprawy, która nie została ujawniona przez «Wprost», a mianowicie zakulisowych negocjacji związanych ze sprzedażą Ciechu". W sposób jednoznaczny zasugerowano, że istnieje kolejne nieznane nagranie.

Agent CBA zanotował:

„Treść: Prefekt poinformował, że wszedł w posiadanie wiedzy, z której wynikało, że przedstawiciele kierownictwa Ministerstwa Skarbu Państwa mogli przyjąć korzyść majątkową od pełnomocnika Jana Kulczyka – Piotra Wawrzynowicza w związku z korzystnym dla spółki KI CHEMISTRY z/s w Luksemburgu przeprowadzeniem transakcji zbycia 51% akcji CIECH SA. Oźi podkreślił, że według opinii analityków giełdowych cena za pakiet akcji uzyskana przez Skarb Państwa była o kilkaset milionów niższa od wartości rynkowej. Oźi poinformował, że negocjacje w tej sprawie prowadził były wiceminister Skarbu Państwa Paweł Tamborski (obecnie kandydat na szefa GPW), odpowiadał za tą transakcję i skupiał na sobie uwagę mediów.

Jednak to podczas nieformalnych spotkań Piotra Wawrzynowicza z wiceministrem Skarbu Państwa Rafałem Baniakiem doszło do złożenia propozycji korupcyjnej i przekazania korzyści majątkowej. Informacje od oźi wskazują, że do spotkań Wawrzynowicza i Baniaka dochodziło kilkukrotnie w maju i czerwcu br. w lokalu w Warszawie. Podczas tych spotkań Piotr Wawrzynowicz działając w imieniu Jana Kulczyka napisał na kartce papieru kwotę korzyści majątkowej, którą zaakceptował Rafał Baniak. Następnie w tym samym lokalu i towarzystwie Rafał Baniak uczestniczył w imprezach z alkoholem, rachunki każdorazowo wynosiły kilkanaście tysięcy złotych. [...] Prefekt ustalił, że Piotr Wawrzynowicz pozostaje w bliskich relacjach osobistych z córką Jana Kulczyka. Wielokrotnie pośredniczył w rozmowach z politykami i przedstawicielami administracji rządowej. Jan Kulczyk ma do niego zaufanie. Z informacji oźi wynika również, że Rafał Baniak sprawia wrażenie, że ma poparcie ministra Spraw Wewnętrznych Bartosza [naprawdę Bartłomieja – przyp. red.] Sienkiewicza (bdb). Oźi przypomniał, że Piotr Wawrzynowicz jest znany z tego, że kupował i pożyczał ekskluzywne zegarki Sławomirowi Nowakowi. Prefekt poinformował, że Piotr Wawrzynowicz poprzez bliskie kontakty, wręcz zażyłość ze Sławomirem Nowakiem doprowadził do nawiązania bliskich relacji Jana Kulczyka z premierem Donaldem Tuskiem.

Prefekt wie o kilku spotkaniach Kulczyka z premierem Donaldem Tuskiem do których rzekomo doszło w lokalu w Warszawie. Podkreślił, że Jan Kulczyk poza akcjami CIECH SA kupił w ostatnim czasie elektrownię na Ukrainie, budował linie przesyłowe pomiędzy Polską a Ukrainą, planuje również zakup akcji kolejnych spółek energetycznych w Polsce (m.in. ENEA SA). Z uzyskanych informacji wynika, że dobre relacje z premierem Donaldem Tuskiem, przychylność przy planowanych inwestycjach są dla Kulczyka bezcenne. Według oźi Jan Kulczyk chce wykorzystać koniunkturę i «wstrzelić się» w projekt Unii Energetycznej forsowany przez Prezesa Rady Ministrów. Jest to dla niego okazja na zbudowanie monopolistycznej pozycji na rynku energetycznym a także do zbudowania potencjału dla dalszych transakcji z podmiotami zagranicznymi. Prefekt zobowiązał się, w miarę posiadanych możliwości podjąć próbę uzyskania materiału dowodowego potwierdzającego fakt i charakter spotkań Piotra Wawrzynowicza z Rafałem Baniakiem. Informacje o wykorzystaniu, podjętych działaniach i uwagi: Informacja będzie monitorowana w ramach kontaków z OŹI. Do wykorzystania w czynnościach analitycznych realizowanych przez Departament Analiz CBA w Warszawie. Sposoby wykorzystania informacji: KORUPCJA".

TV Republika opatrzyła to komentarzem: „Wątek Ciechu do tej pory nie pojawiał się w sprawie afery podsłuchowej. Wprawdzie z meldunku nie wynika wprost, że pochodzą one z nagrań. Jednak pośrednio można się zorientować, że spotkania Baniaka i Wawrzynowicza były utrwalane nie tylko w formie dźwiękowej, ale również video. Świadczy o tym fragment, w którym pada informacja o napisaniu kwoty łapówki na kartce". I dalej: „Z meldunku wynika, że wówczas Falenta choć znał nagrania, to nie był w ich posiadaniu, bo ma dopiero podjąć uzyskanie materiału dowodowego. To może potwierdzać jego linię obrony, że nie był zleceniodawcą nagrań lecz zapoznał się z nimi dopiero post factum". Oba wnioski są bardzo odważne. I powinny być traktowane jako jedna z możliwych interpretacji informacji przekazanych przez Falentę. Tym bardziej że w takich sytuacjach nie ma żadnej pewności, czy osoba dzieląca się posiadaną wiedzą nie przeinacza faktów na swoją korzyść.

Trzeci meldunek Falenty złożony kilka dni po wybuchu afery taśmowej był krótszy:

„Treść: Ozi kontaktował się ze mną poprzez sms i drogą elektroniczną w związku z tym, że podczas ostatnich spotkań zadeklarował możliwość uzyskania materiału potwierdzającego opisane zdarzenia dotyczące domniemanego korupcyjnego charakteru spotkań Piotra Wawrzynowicza z Rafałem Baniakiem m.in. w związku ze zbyciem

51% akcji CIECH SA. Oźi zostało wówczas poproszone o uzupełnienie tych informacji.

Aktualnie osoba informująca była wyraźnie zaniepokojona, prawdopodobnie w związku z ujawnieniem tzw. «afery taśmowej». Prefekt nie zachowywał się swobodnie w sposób dla siebie typowy. Sprawiał wrażenie, że kolejne okoliczności medialne i polityczno--gospodarcze (sytuacja w górnictwie) podawane w związku z «aferą taśmową» mogą mieć z nim związek. Podnosił, że działalność gospodarcza, w którą był zaangażowany jest zgodna z prawem. W jego ocenie funkcjonujący w sektorze górniczym «układ korupcyjny» decydował o wzroście importu węgla z Rosji i zbyt wysokich cenach surowca. Z relacji oźi wynikało, że można było tylko wejść w ten «układ» lub importować węgiel z zagranicy. Prawdziwym problemem było zdaniem oźi przejęcie dystrybucji węgla w Polsce przez podmiot niezależny od wzmiankowanego «układu». Co narażało «układ» na ogromne straty, utratę nielegalnych korzyści majątkowych. To prominenci sektora górniczego mieli skierować determinację rządu walczącego z kryzysem w górnictwie na podmioty gospodarcze wskazane jako nieuczciwe, które przede wszystkim były niewygodne dla «układu»".

Przed emisją programu Cezary Gmyz wysłał pytania do osób, których nazwiska pojawiły się w meldunkach. Tamborski, który prowadził prywatyzację, i Baniak, który formalnie nadzorował Ciech, zaprzeczyli, aby doszło do wręczenia korzyści majątkowej za sprzedaż Kulczykowi akcji chemicznego przedsiębiorstwa.

Jednocześnie Tamborski, dziś prezes Giełdy Papierów Wartościowych w Warszawie, tłumaczył w przesłanej odpowiedzi, że spotykał się z wieloma inwestorami zainteresowanymi nabyciem akcji Ciechu, w tym także z przedstawicielami Kulczyk Investments i samym Kulczykiem. Zaprzeczył jednak, aby zlecał prowadzenie rozmów na temat sprzedaży Ciechu wiceministrowi Baniakowi.

Ten, pytany o wymienione w meldunkach spotkanie z Piotrem Wawrzynowiczem w restauracji Sowa i Przyjaciele stwierdził, że miało ono charakter prywatny. Podkreślił również, że odbyło się już po transakcji sprzedaży przez skarb państwa pakietu kontrolnego akcji Ciechu. Dokładnie doszło do niego 5 czerwca 2014 roku, czyli dzień po transakcji. O jego przebiegu Baniak opowiadał podczas przesłuchania w prokuraturze, badającej aferę taśmową. Zeznał, że odbyło się z inicjatywy Wawrzynowicza, który zapłacił potem rachunek za spotkanie. Co było przedmiotem rozmowy? „Mogły w trakcie rozmowy paść z mojej strony komentarze dot. transakcji CIECHu, spółki POLIMEX. Mogło ze strony Wawrzynowicza paść pytanie czy dojdzie do prywatyzacji Polskiego Holdingu Nieruchomości (mogły z mojej strony paść komentarze na temat wartości giełdowej spółki). Chciałbym dodać, że ja nie uczestniczę bezpośrednio w procesie prywatyzacji PHN. Rozmawialiśmy też na tematy prywatne. Ja w trakcie tej rozmowy nie odczuwałem ze strony p. Wawrzynowicza żadnej negatywnej presji lub próby uzyskania ode mnie jakiś poufnych informacji. Wawrzynowicz nie mówił też, że jest czyimś reprezentantem, czy też przychodzi w czyimś imieniu. Ja w tej rozmowie nie odczuwałem ze strony p. Wawrzynowicza żadnych negatywnych emocji" – zeznał Rafał Baniak. Jednocześnie stwierdził, że wielokrotnie bywał w lokalu Sowa i Przyjaciele, bo restauracja znajdowała się tuż obok jego miejsca zamieszkania. Podkreślił, że spotkanie z Wawrzynowiczem było jedynym, w którym uczestniczył tylko on i rozmówca. „Reszta spotkań jak mi się wydaje była w większym gronie" – powiedział śledczym Baniak.

Do sprawy niewiele wniosły zeznania byłego działacza PO. Zresztą on sam, w przeciwieństwie do Baniaka i Tamborskiego, nie zareagował na pytania TV Republika. Wydaje się, że musiał wiedzieć, co robi. Nie pierwszy raz znajdował się na celowniku mediów. Tym bardziej że już wcześniej – w czerwcu 2014 roku – „Wprost" opublikował nagranie jego rozmowy ze Stanisławem Gawłowskim, wiceministrem środowiska. Spotkanie odbyło się w restauracji Sowa i Przyjaciele.

Wawrzynowicz to były działacz Platformy Obywatelskiej i bliski współpracownik wpływowego ministra sportu Mirosława Drzewieckiego, którego zmiotła afera hazardowa. Był zaliczany do grona

„złotych dzieci" Platformy. Młodych i zdolnych działaczy, mających ogromne wpływy w partii rządzącej. Ostatecznie jednak Wawrzynowicz rozstał się z polityką i przeszedł do biznesu. Został lobbystą. Zaczął zarabiać pieniądze. Pracował dla miliardera Zygmunta Solorza, właściciela telewizji Polsat i komórkowego giganta Polkomtelu, a także Jerzego Wiśniewskiego, kontrolującego budowlane spółki PBG i Rafako. Łukasza N. znał jeszcze z czasów Lemon Grass. Gdy przeniósł się do restauracji Sowa i Przyjaciele, to właśnie tam Wawrzynowicz zaczął zapraszać swoich gości. Wśród nich był jego przyjaciel Sławomir Nowak. Połączyła ich słabość do luksusowych zegarków. Mieli dosyć oryginalny zwyczaj – lubili się wymieniać co cenniejszymi czasomierzami. Ta pasja okazała się zgubna. Jeden z zegarków zakończył karierę Nowaka w ministerstwie transportu i rzucił go na obrzeża polityki. Były minister zapomniał bowiem wpisać go do oświadczenia majątkowego. Po ujawnieniu tej informacji przez tygodnik „Wprost" Nowak musiał podać się do dymisji. Podczas procesu sądowego, w którym polityk został ostatecznie skazany, wyszło na jaw, że ten najsłynniejszy w Polsce zegarek marki Ulysse Nardin kupił mu właśnie Wawrzynowicz. Miał to być prezent urodzinowy, na który złożyła się cała rodzina Nowaków. Jednak osobę Wawrzynowicza łączono nie tylko z wpływowymi politykami PO, ale również z Janem Kulczykiem. Wszystko dlatego, że jest w bliskich relacjach z córką miliardera Dominiką. Bazując na tym Wawrzynowicz zbudował aurę, że jest blisko Kulczyka. Otwierało mu to wiele drzwi. Sprawa związku córki Kulczyka z Wawrzynowiczem wyszła szerzej po wybuchu afery taśmowej. Wówczas zaczęły pojawiać się informacje, że ich spotkania w lokalu Sowa i Przyjaciele również zostały nagrane. Potwierdzili to w swoich zeznaniach kelnerzy. Prokuratura nie ma tych nagrań.

Po emisji na antenie TV Republika materiału na temat meldunków CBA do ataku przystąpił Zbigniew Ćwiąkalski, były minister sprawiedliwości, pełnomocnik prawny Kulczyka oraz kontrolowanych przez miliardera firm. Stację i autorów materiału zasypał pozwami. Zdementował również informacje, jakoby Wawrzynowicz był zatrudniony przez Kulczyka i negocjował w imieniu jego firm warunki zakupu akcji Ciechu. Szczególnie zaskakujące okazało się to pierwsze dementi. Słuchając ujawnionego przez „Wprost" nagrania rozmowy Wawrzynowicz-Gawłowski, można było odnieść wrażenie, że z Kulczykiem byłego działacza PO łączy coś więcej niż związek z córką. „U tego Solo [Solorza] chodziłem jak myszka pod miotłą, k... Krzywo spojrzał, ja zamiatałem. Tego [Kulczyka] mam leciutko w dupie" – śmiał się podczas rozmowy z Gawłowskim.

Ćwiąkalski w przesłanym do TV Republika sprostowaniu bezwzględnie wykorzystał wszystkie informacje z meldunku, które mijały się z prawdą. Stwierdził, że nieprawdą jest, aby Kulczyk kupił elektrownię na Ukrainie i budował linie przesyłowe między Ukrainą i Polską. Zaprzeczył również, że miliarder planuje kupno akcji kolejnych spółek energetycznych, w tym poznańskiego koncernu ENEA. Przypomniał, że Kulczyk Investments brało udział w procesie prywatyzacji tej spółki w 2010 roku, ale do transakcji ostatecznie nie doszło. Ćwiąkalski wskazał ponadto, że prywatyzacja Ciechu odbyła się w 2005 roku, a nie w 2014 i od tamtego czasu akcje tej spółki znajdują się już w publicznym obrocie.

To wszystko pozwoliło Ćwiąkalskiemu uznać, że „źródło powołane przez stację Telewizja Republika jest całkowicie niewiarygodne, a sam wyemitowany materiał prasowy jest nierzetelny i tendencyjny". I dalej: „[…] cały proces zakupu akcji spółki Ciech przez KI Chemistry był prowadzony transparentnie, w drodze publicznego wezwania skierowanego do wszystkich akcjonariuszy, zgodnie ze standardami rynkowymi oraz wymogami ustawy o ofercie publicznej".

Ponadto Kulczyk zażądał natychmiastowego usunięcia materiału i jego zwiastunów z internetu wraz z linkami, zdjęciami i komentarzami oraz wpłaty 800 tysięcy złotych na konto Instytutu „Pomnik-Centrum Zdrowia Dziecka". Co ciekawe, sprostowanie jest tak skonstruowane, że nie pada w nim ani jedno słowo, które nawiązywałoby do informacji o przyjęciu przez Baniaka korzyści majątkowej od Wawrzynowicza. Dementowane są tylko te informacje z meldunku, które dotyczą samego Kulczyka lub jego firmy. Ćwiąkalski ujął to tak: „Materiał prasowy przedstawiony przez stację Telewizja Republika jest zestawem insynuacji i pomówień opartych wyłącznie na nierzetelnych i niesprawdzonych informacjach uzyskanych od informatora Marka Falenty, wobec którego toczy się postępowanie karne. Materiał ten wpisuje się w cały szereg publikacji Telewizji Republika, których celem jest świadome naruszanie dóbr osobistych dr. Jana Kulczyka oraz spółki Kulczyk Investments SA".

Formalnie Grupę Ciech Kulczyk przejął 5 czerwca 2014 roku poprzez zarejestrowaną w Luksemburgu spółkę KI Chemistry. Kupił od skarbu państwa pakiet 38 procent akcji tego chemicznego przedsiębiorstwa. To był jeden z najdłuższych procesów prywatyzacyjnych prowadzonych przez ministerstwo skarbu. Inwestor dla Ciechu był poszukiwany od kilku lat. Oferta Kulczyka nie miała konkurencji, a rząd potrzebował pieniędzy na swój sztandarowy projekt „Polskie Inwestycje". Najpierw miliarder był gotów zapłacić po 29,5 złotego za akcję. Minister skarbu Włodzimierz Karpiński nie zgodził się odsprzedać po takiej cenie państwowych udziałów. Na transakcję przystał dopiero wtedy, gdy KI Chemistry zaproponowała 31 zł za akcję. W sumie Kulczyk zapłacił dokładnie po 32,13 złotego, bo przed transakcją skarb państwa zdecydował jeszcze o wypłacie zysku – 1,13 złotych za akcję. – Kulczyk dał ofertę, jak ojciec chrzestny, nie do odrzucenia – mówi jego współpracownik. Zmiana właściciela z państwowego na prywatnego wystrzeliła notowania Ciechu w górę. W ciągu zaledwie kilku miesięcy wartość spółki wzrosła o blisko 50 procent.

– Cena Ciechu będzie większa, dziś to około 50 złotych za akcję, a będzie więcej. Pod warunkiem, że uda się przeprowadzić wszystkie plany i inwestycje. Chcę zrobić z Ciechu dużą firmę, numer 2 albo 3 na świecie. Zainteresowałem się Ciechem, gdy straciłem szansę na kupno podobnej firmy w USA – wyjaśnia miliarder.

Z podejrzeń korupcyjnych kpi: – Pewnie kogoś przekupiłem w ministerstwie, żeby mi sprzedali Ciech po cenie, o której nawet nie marzyli.

Kulisy nabycia przez miliardera chemicznego przedsiębiorstwa bada Prokuratura Apelacyjna w Warszawie i CBA.

Przy okazji zakupu przez Kulczyka Ciechu pojawiły się też inne wątpliwości. Sugerowano, że miliarder nabył chemiczne przedsiębiorstwo, aby odsprzedać je z zyskiem Rosjanom. Kupcem miałby być Wiaczesław Mosze Kantor z chemicznego koncernu Acron. To właśnie ten podmiot próbował przejąć kontrolę nad tarnowską Grupą Azoty. Sprawę bardzo szeroko opisywały media. Ostatecznie do wrogiego przejęcia nie doszło. Czy Kulczyk faktycznie planuje sprzedać Ciech Rosjanom? – To jest dla mnie obraźliwe. Te spekulacje są chore. I znowu muszę się tłumaczyć z czegoś, czego sam bym nigdy nie wymyślił – oburza się miliarder.

Śledztwo, które miało wyjaśnić aferę taśmową, trwało 15 miesięcy. Prokuratura nie ustaliła nic ponad to, co wiedziała od początku – nagrania miał zlecać Marek Falenta. Tak zeznali kelnerzy. W sumie biznesmen otrzymał kilkadziesiąt zarzutów. Akt oskarżenia obejmuje sześćdziesiąt sześć rozmów z udziałem 100 osób. Po co nagrywał? Według śledczych miał jeden motyw – biznesowo-finansowy. Szukał na nagraniach, które rejestrowali kelnerzy, informacji przydatnych do zarabiania pieniędzy.

Wszystkie inne wątki i tropy zostały odrzucone. W tym zagraniczny, o którym tak obszernie mówił były premier Donald Tusk.

Efekty śledztwa nie przyniosły odpowiedzi na najprostsze pytania: Kto miał i czy nadal ma dostęp do taśm? Czy nagrania na pewno nigdy nie były używane do szantażu? Czy nie próbowano nimi handlować?

Formalne zakończenie śledztwa poprzedziła kolejna fala plotek i spekulacji o nagraniach z udziałem Jana Kulczyka. Oliwy do ognia dolała „Gazeta Wyborcza". To ona ujawniła, że doszło do spotkania miliardera z premierem Tuskiem w rządowej willi przy ulicy Parkowej. „Gazeta" napisała też, że rozmowa ta mogła zostać nagrana. Miała tego dowodzić notatka sporządzona przez CBA i złożona w tajnej kancelarii prokuratury badającej aferę taśmową. Informacja ta wywołała spore zamieszanie, bo wskazywała, że za nagraniami mogą stać służby specjalne. Rządowy budynek chroni przecież Biuro Ochrony Rządu. Zaczęły padać publiczne pytania: może faktycznie za całą aferą taśmową stały służby, które sterowały kelnerami?

To teza o bardzo niskiej wiarygodności, opiera się na plotkach. Ale na pewno byłaby wygodna dla władzy w wypadku ujawnienia innych dotąd nieznanych taśm: można byłoby dowodzić, że to służby stoją za aferą taśmową i chciały w ten sposób obalić rząd. W wąskich kręgach popularna była opinia, że informacja o nagraniu Kulczyka z Tuskiem miała skierować podejrzenia na funkcjonariuszy BOR. Według plotki (wykorzystywanej potem w wewnętrznych rozgrywkach między służbami) rzekomego nagrania mieli oni dokonać dzięki „Czarnej Owcy". To kryptonim nieoznakowanej furgonetki naszpikowanej najnowocześniejszą technologią. BOR kupiło ją niespełna 10 lat temu. „Czarna Owca" jest wykorzystywana przez Biuro przede wszystkim do zagłuszania i odcinania częstotliwości, co uniemożliwia na przykład zdalne zdetonowanie ładunku wybuchowego.

Czy rzeczywiście chodziło o wywołanie takiego wrażenia? Jedno można powiedzieć na pewno. Napięcie rosło. Nie milkły spekulacje, że lada dzień kolejne taśmy ujrzą światło dzienne. Jeszcze przed wyborami parlamentarnymi. Pierwsza taśma z rozmowy Jana Kulczyka z Radosławem Sikorskim miała być ujawniona pod koniec sierpnia.

ROZDZIAŁ XIII
SEBASTIAN. CZAS NA NOWE WYZWANIA

– **ROPA TO JUŻ** jest historia. Ta era się kończy. Świat zdominuje rynek elektryczny. A ropa będzie miała zastosowanie tylko w przemyśle chemicznym. Porozmawiamy o tym za pięć lat. Koncerny są gotowe do rewolucji. Jeśli wyeliminują 30 procent samochodów benzynowych, cena ropy spadnie do poziomu 25 dolarów za baryłkę. Hybrydowy prius w Stanach Zjednoczonych to już najbardziej popularny samochód. Niedługo auta będziemy ładowali w garażach przez noc. Mówi to Wolfgang Porche, współwłaściciel największego koncernu motoryzacyjnego świata – przekonuje Jan Kulczyk. I dodaje, że kupił synowi Sebastianowi najnowszą wersję porsche na prąd, która w niczym nie ustępuje benzynowej.

Między słowami doktor Jan zapowiada to, co się stanie w jego firmie za kilka tygodni. Kulczyk przyznaje też, że będzie to decyzja spóźniona. O czym mówił? Pod koniec kwietnia Kulczyk Investments sprzedał kontrolny pakiet w firmie Ophir Energy, osiem procent udziałów za trochę ponad 441 milionów złotych. Rynek był zaskoczony, bo była to inwestycja, do której Jan Kulczyk przywiązywał wielką wagę. Spółka zajmowała się poszukiwaniem i wydobywaniem ropy oraz gazu w Afryce i Azji. Miała koncesje w Gwinei Równikowej, Gabonie, Kenii, na Seszelach, także w Indonezji, Birmie oraz Tajlandii. Współinwestorami byli dobrzy znajomi doktora Jana – multimiliarder z Indii Lakshmi Mittal czy czarnoskóry Tokyo Sexwale z RPA, kolega z więzienia Nelsona Mandeli, który po obaleniu apartheidu zajął się wydobywaniem diamentów. Ophir Energy była wyceniana na 1,7 miliarda złotych. Oficjalny komunikat był lakoniczny: „Sprzedaż to wynik strategii grupy, zakładający rozbudowę inwestycji w kluczowym dla nas sektorze, czyli energetyce, jak i analiza sytuacji w sektorze ropy naftowej i gazu".

Słowa Jana Kulczyka z marca stały się ciałem. Ale podpis pod decyzją o wycofaniu się ze sztandarowego projektu złożył syn Kulczyka Sebastian, który w styczniu 2014 roku przejął zarządzanie biznesowym imperium i został prezesem zarządu Kulczyk Investments. Nowa strategia, która kreśli kierunki rozwoju firmy, została przyjęta w marcu tego roku. Jakie będą kolejne decyzje Sebastiana Kulczyka? Nie skorzysta już z rad i doświadczenia ojca. A w portfelu jest przecież nadal choćby Neconde Energy, która wydobywa ropę u wybrzeży Nigerii. Sebastian uczestniczył w negocjacjach, które zakończyły się zakupem tych pól naftowych. Jest Serinus Energy, działająca na Ukrainie i w Tunezji.

Mówi osoba spoza firmy, która zna rodzinę Kulczyków: „Sebastian jest opanowany i wyważony. Główne cele biznesowe Jana Kulczyka, czyli energia i infrastruktura, to nie są jego priorytety. Zajmują go zdecydowanie bardziej nowe technologie. Wcale bym się nie zdziwił, gdyby któregoś dnia skoncentrował się wyłącznie na inwestowaniu w tę branżę".

Dzień po śmierci Jana Kulczyka do kiosków trafił najnowszy numer biznesowego miesięcznika „Forbes". Na okładce czarno-biały portret Sebastiana i podtytuł: „Ojciec przekazał mu władzę w swojej firmie". Niesamowity przypadek. Redakcja od dawna planowała raport o dzieciach najbogatszych biznesmenów, które przejmują stery z rąk rodziców. Czarno-białe zdjęcie wybrała, bo było po prostu najlepsze, najbardziej wyraziste.

W środku numeru Sebastian opowiada o swojej wizji firmy. Mówi, że ojciec obiecał mu, że powstrzyma się od sterowania firmą z tylnego siedzenia. – Bo teraz ja, samodzielnie, mam rozwijać Kulczyk Investments. Oczywiście konsultuję z nim wszystkie decyzje, szczególnie te strategiczne. Jest przecież szefem rady nadzorczej i chodzącą kopalnią wiedzy. Tata zawsze był wizjonerem, ma intuicję, zna się na ludziach, ale przede wszystkim trafnie wytyczał kierunek rozwoju holdingu. Moja rola polega teraz na dostosowaniu Kulczyk Investments do nowych czasów.

Ze zdjęcia spoglądają lekko przymrużone oczy. Sympatyczną, młodą twarz skrywa gęsta, hipsterska broda. Krótkie włosy zaczesane do tyłu. Nienaganny, dopasowany do sylwetki garnitur i lśniące buty. Sebastian nie jest łudząco podobny do ojca. Na salonach – jak mówi – nie bywa – wystarczy, że ma znanego ojca, mamę i siostrę. Jego cichą ambicją jest promowanie polskiej myśli technologicznej. – Ale na razie muszę mierzyć siły na zamiary – przyznaje. W Dolinie Krzemowej poznał futurologa Raya Kurzweila, byłego doradcę Billa Gatesa. Przekonał go on, że przyszłością jest „New Tech", także w odniesieniu do tradycyjnych sektorów gospodarki. Mówi o Ciechu, że może stać się liderem innowacyjnych produktów, ale tak naprawdę myślami wybiega w kierunku Googla, który zapłacił 3,2 miliarda dolarów firmie Nest, do czasu tej transakcji nieznanemu producentowi termostatów.

Nowe technologie to konik Sebastiana Kulczyka. Wierzy, że inteligentne domy, sterowane przez komputer, to będzie kolejna rewolucja cywilizacyjna. Podobna do rewolucji, która doprowadziła do wymiany zwykłych telefonów komórkowych na smartfony. Dlatego zainwestował w polską firmę Fibaro, która projektuje i produkuje systemy właśnie dla inteligentnych domów. Jest już obecna na ponad 80 rynkach. – Niedawno miałem okazję spotkać zespół Tony'ego Fadella, założyciela Nesta. Byli pod wrażeniem osiągnięć Fibaro – mówi Sebastian Kulczyk.

Czy mu się uda? Mówi się, że na dziesięć biznesów wychodzi jeden i to już jest sukces. Dotąd nie wszystkie próby Sebastiana były udane.

Urodził się 16 listopada 1980 roku. Jest absolwentem Zarządzania i Marketingu na Wydziale Prawa i Administracji UAM. Jak sam przyznaje, gniazdo rodzinne opuścił późno i jest za to wdzięczny rodzicom, szczególnie matce Grażynie. Dzięki temu – jak mawia – ma prawdziwych przyjaciół z czasów młodzieńczych, których może być pewny, wierzy, że są z nim nie dlatego, że ma pieniądze i znane nazwisko. Był umiarkowanym ulubieńcem plotkarskich portali, które śledziły jego prywatne życie i spekulowały, która z panien na wydaniu zostanie wybranką jego serca. Plotki uciął ślub. W 2010 roku Sebastian Kulczyk ożenił się ze swoją wieloletnią przyjaciółką Katarzyną Jordan, córką poznańskiego przedsiębiorcy Krzysztofa Jordana, właściciela firmy reklamowej Swift Media, szerzej znanego z finansowania turnieju tenisowego Porsche Open. Ślub odbył się na Lazurowym Wybrzeżu, w miasteczku Antibes w Prowansji, czyli w antycznym Antipolis. Miejsce to więc wyjątkowe i znane nie tylko z pięknej plaży. Antibes polubiły wielkie pióra – mieszkał tu Scott Fitzgerald, Ernest Hemingway, a Nikos Kazandzakis napisał „Greka Zorbę". W zamku Grimaldich tworzył Pablo Picasso. A w Forcie Carre stacjonował Napoleon Bonaparte, stamtąd wyruszył pod Waterloo. Prasa opisywała, że na 200 weselników czekał samolot, każdy dostał dokładną instrukcję, jak się ubrać – pierwszego dnia smokingi i długie wieczorowe suknie, drugiego wszyscy obowiązkowo na biało. Według jednej z anegdot ślub poprzedził długi wieczór kawalerski i panieński. Panowie mieli rozpocząć pożegnanie ze stanem kawalerskim Sebastiana na stadionie Lecha. I dalej kontynuować zabawę w Moskwie, po drodze zahaczając o Skandynawię. Panie miały imprezować w Barcelonie.

Początek wieczoru kawalerskiego na stadionie Lecha nie był jakąś wielką ekstrawagancją. To było całkiem logiczne.

Jan Kulczyk był wielbicielem opery, syn uczył się grać na saksofonie i fortepianie, raczej słuchał Rolling Stonesów. Ojciec zaczynał od szachów, syn biega i pokochał piłkę nożną. W 2003 roku namawiał ojca do finansowania swojego ulubionego klubu piłkarskiego Lecha Poznań. – Od dawna grywa z nami w piłkę, bywa na

Bułgarskiej. Wie, jak działa ten klub i kim jesteśmy. Na pewno ułatwił nam komunikację – mówił „Gazecie Wyborczej" ówczesny wiceprezes „Kolejorza" Radosław Sołtys. Miliarder oficjalnie obiecywał poważny zastrzyk gotówki dla „Kolejorza". Stawiał tylko jeden warunek – klub ma go przekonać, że może odnosić sportowe sukcesy. Mimo prawie dwuletnich negocjacji nic z tego nie wyszło. Jak powody swojej odmownej decyzji tłumaczył Jan Kulczyk? Bardzo krótko: „Mój świat to opera, sztuka, kultura, obrazy". Poznańska prasa pisała w 2005 roku, że „Kolejorz" miał dostawać 10 milionów złotych rocznie, a skończyło się w sumie na 500 tysiącach. W dodatku Kompania Piwowarska zainwestowała w Wisłę Kraków, mistrza kraju. „Kolejorz" bronił się przed spadkiem z pierwszej ligi. Nie miał pieniędzy na wypłaty dla zawodników. Podczas meczu kibice zawiesili na trybunach transparent: „Wiśle miliony, dla nas żetony". KP nie pijemy. Jaśnie Panie Sebastianie dziękujemy za ściemnianie". I zaczęli skandować „Heineken, Heineken!".

Dlatego z wielkim zaskoczeniem przyjęto rok później rewelację brytyjskiego „The Mirror", że najbogatszy Polak jest zainteresowany inwestycją w irlandzkiego drugoligowca – Limerick FC. Jaki miałby w tym cel? Jak sugerowano, mieszkający w Irlandii krewny biznesmena robi interesy z prezesem tego zespołu. Poznańska „Gazeta Wyborcza" tak się przejęła pomysłem wsparcia Irlandczyków, że rozpoczęła nawet akcję „Napisz limeryka dla Jana Kulczyka", który miał w zgrabnej wierszowanej formie łączyć piłkę nożną i osobę miliardera. Szybko okazało się jednak, że z negocjacji – jeśli faktycznie się toczyły – podobnie jak w wypadku Lecha Poznań, nic ostatecznie nie wyszło. Mimo odmowy ojca Sebastian Kulczyk nie zrezygnował z pomysłu finansowania Lecha i – jak pisała prasa – przez jakiś czas sponsorował niektórych piłkarzy grających w zespole, w tym gwiazdę drużyny Piotra Reissa.

Formalnie syn miliardera wszedł do biznesu w wieku 25 lat. Trafił wówczas do rady nadzorczej czołowej spółki miliardera z początku lat dziewięćdziesiątych – Euro Agro Centrum. Biznesowe szlify zdobywał pracując w Sony BMG oraz w banku inwestycyjnym

Lazard w Londynie. Kilka lat później – jak donosił „Puls Biznesu" – zaczął tworzyć fundusz inwestycyjny Phenomid Ventures, któremu pieniądze powierzył Kulczyk Holding. Ile? Nie wiadomo. Podobno był to miliard złotych. W składzie rady nadzorczej od początku zasiadał Jan Kulczyk, potem dołączył jego zaufany człowiek – Dariusz Mioduski. Nie ma więc wątpliwości, że nad zarządzaną przez Sebastiana Kulczyka spółką kontrolę faktycznie sprawuje Kulczyk Holding. W praktyce oznacza to, że Sebastian Kulczyk zarządzał pieniędzmi spółki ojca. A ten jako członek rady nadzorczej doglądał i kontrolował działalność syna.

Kierowany przez Kulczyka juniora fundusz zaczął inwestować w nowoczesne technologie. Jednym z projektów było wejście do śląskiej firmy zajmującej się pracami badawczo-rozwojowymi nad wykorzystaniem sztucznej inteligencji w zarządzaniu przedsiębiorstwem – Stanusch Technologies. Jak informuje na swojej stronie internetowej spółka, jej głównym produktem jest Wirtualny Doradca – chatterbot. To program komputerowy symulujący zachowanie człowieka, z którym można prowadzić rozmowę przy użyciu języka naturalnego – chwali się firma.

Potknął się na innym pomyśle. Młody biznesmen zainwestował w spółkę E24, która miała stworzyć i zarządzać ogólnopolską siecią kawiarni internetowych. Pomysł ostatecznie nie wypalił, bo – jak informował „Puls Biznesu" – „nie udało się uzyskać odpowiednich parametrów finansowych dla projektu w skali ogólnopolskiej". Można to wytłumaczyć prościej. Kawiarenki szybko straciły rację bytu, internet stał się powszechnie dostępny i tani. Budowany z rozmachem projekt nie miał przed sobą przyszłości.

Sebastian Kulczyk sztuki fotografii uczył się w Nowym Jorku. Coś trzeba było zrobić z tą pasją. Sebastian został więc udziałowcem portalu internetowego dla fanów fotografii – Fotigo.pl. Jak wynika ze strony internetowej, organizował on dwie edycje konkursu „Volkswagen dla ludzi z pasją", czyli najlepszego zdjęcia samochodów marki Volkswagen, których importerem był jego ojciec.

Najlepsze fotografie miały się znaleźć w kwartalniku „Volkswagen Magazyn". Oprócz tego nagrodami – ufundowanymi przez Kulczyk Tradex – były: udostępnienie na weekend VW Tiguan (1. miejsce), walizka z kolekcji Volkswagena (2. miejsce), zestaw: kijki, czapeczka, krokomierz z kolekcji Volkswagena (3. miejsce).

Zarządza też poznańską spółką Nenya Capital, która jest właścicielem między innymi agencji marketingu interaktywnego Golden Submarine. Jej klientami zostały znane ojcu marki: Skoda, VW i Audi. Ale także Bank Pekao BP, Orlen czy Amica i Media Saturn. Do Nenya należy też firma Beyond.pl, która jest jedną z największych polskich serwerowni. To właśnie na serwerach firmy Sebastiana Kulczyka działały portale Nasza Klasa i do niedawna Allegro. A obecnie m.in. portal ekonomiczny Money.pl. Serwerownia przez lata znajdowała się w 800-metrowym pomieszczeniu zlokalizowanym pod Starym Browarem. Szybko okazało się, że to zbyt mało dla rozwijającej się firmy. Kulczyk junior postanowił więc wybudować najnowocześniejsze centrum danych w Polsce. Nowoczesny, „inteligentny" budynek ma być chroniony niemal jak Fort Knox, w którym znajduje się złoto amerykańskiego banku federalnego. Według planu nie będzie miał okien – aby dostać się do serwerów, trzeba będzie przejść kilkuetapową procedurę. Całość będzie chroniona nie tylko przez uzbrojonych strażników, ale także specjalnie zaprogramowane drony. „Bunkier" miał być oddany do użytku do końca 2015 roku.

Młody biznesmen kontroluje też firmę MyPlace Development, która ma prawie osiem hektarów ziemi pod budownictwo mieszkaniowe w atrakcyjnej lokalizacji pod Poznaniem i 50 hektarów pod inwestycje gospodarcze.

Od września 2009 roku Sebastian Kulczyk jest też prezesem zarejestrowanej w Poznaniu firmy IKM z kapitałem ponad siedmiu milionów złotych. Posiada też udziały w warszawskiej firmie Andromeda Film i poznańskiej spółce Strada KP. Wraz z Grażyną Kulczyk jest również komandytariuszem w spółce Fortis Centrum 50/50.

Dominika, czyli efekt domina

Sebastian jest silnie związany emocjonalnie z matką. Jego siostra Dominika była córeczką tatusia. To powszechna opinia. Dominika odziedziczyła po ojcu temperament. – To czyste emocje. Do nowych przedsięwzięć podchodzi z wielkim zapałem, pierwsza poleci z wiadrem wody do pożaru, ale często brakuje jej cierpliwości – mówi znajomy rodziny.

Dominika ma wielkie ambicje, planuje, że trafi na wysoką pozycję w rankingu najbogatszych. Chce zostać pierwszą damą działalności charytatywnej w Polsce. Żeby to wszystko osiągnąć, Dominika musi mądrze dogadać się z bratem, jak podzielić oddziedziczoną fortunę. W przeważającej części to udziały i akcje w dziesiątkach firm, z których płyną dywidendy. Nie da się tego po prostu podzielić na pół.

W 2013 roku, gdy Jan Kulczyk zapowiedział, że w przyszłości firmą pokieruje syn Sebastian, Dominika weszła do rady nadzorczej Kulczyk Investments. I tak jest do dzisiaj. Przewodniczącym był Jan Kulczyk. Po śmierci biznesmena jego funkcję objął Waldemar Frąckowiak, który prowadził wszystkie najważniejsze sprawy rodziny Kulczyków. Nikt lepiej nie zna meandrów tego imperium. Frąckowiak zastąpił Jana Kulczyka z jasno zdefiniowaną misją. Ma przygotować Dominikę, żeby mogła w przyszłości stanąć na czele rady. I wspierać Sebastiana.

Frąckowiak to stary druh doktora Jana. Jest absolwentem Harvard University Business School w USA. Kieruje Katedrą Inwestycji i Rynków Kapitałowych Uniwersytetu Ekonomicznego w Poznaniu. W radzie zasiadają także doktor Karl Schleinzer, Stefan Krieglstein i Tomasz Mikołajczak. Doktor Schleinzer to wiedeński prawnik, specjalista od funduszy powierniczych i nadzorowania dużych finansowych przedsięwzięć. Krieglstein brał udział w transakcjach przy tworzeniu Kompanii Piwowarskiej i sprzedaży Volkswagenowi samochodowych spółek Kulczyka. Specjalista od fuzji, przejęć i wyceny firm. Mikołajczak to przedsiębiorca z długim stażem. Specjalista od prywatyzacji i restrukturyzacji. Bez większej przesady można ich zaliczyć do gatunku biznesowych rekinów. Do tego nad Kulczyk Investments czuwa Międzynarodowa Rada Doradców. James L. Jones, były doradca ds. bezpieczeństwa narodowego u prezydenta Baracka Obamy, emerytowany generał marines. Horst Kohler, były prezydent RFN, przewodniczący Międzynarodowego Funduszu Walutowego i dyrektor generalny Europejskiego Banku Odbudowy i Rozwoju. Oraz były prezydent Aleksander Kwaśniewski.

Dominika ma więc czego się uczyć i od kogo. – To poza wszelką dyskusją – jak zapewne powiedziałby Jan Kulczyk.

Dominika Kulczyk urodziła się 30 lipca 1977 roku. Studiowała na poznańskim uniwersytecie sinologię i politologię. Przez rok doskonaliła w Chinach język mandaryński. Zgrabna, świadoma swojej urody, zawsze uśmiechnięta. Kobieta z klasą i seksapilem. Ulubienica fotografów kolorowych pism. Mówi o sobie: „Jestem w stu procentach Kulczyk".

Można powiedzieć dziedziczka. I szczęściara, jak sama dodaje. Mama Jeremiego Sebastiana i Weroniki Karli Konstancji. Jej małżeństwo jak z bajki z Janem Lubomirskim-Lanckorońskim trwało 12 lat. Jan jako potomek znamienitego arystokratycznego rodu tytułowany był przez prasę księciem. Albo „panem na zamku w Wiśniczu". Dominika była „nowoczesną księżną". – „Każda dziewczyna marzy o księciu, a ja na dodatek nie musiałam całować żaby" – mówiła. Rozstali się na jesieni 2013 roku. Bez rozgłosu, podobnie jak wcześniej jej rodzice.

Pierwszą pracę Dominika podjęła u matki, Grażyny. Przez jakiś czas była managerem ds. komunikacji i public relations w spółce zarządzającej Starym Browarem.

W 2006 roku wraz z przyjacielem, znanym psychologiem Jackiem Santorskim, założyła firmę Values Grupa Firm Doradczych. Adres spółki nie zaskakuje – mieści się w Warszawie w budynku przy Kruczej 24/26. Na internetowej stronie firmy można się dowiedzieć, że jej specjalnością jest „realizacja inspirujących spotkań, wykładów motywacyjnych i warsztatów strategicznych". Wśród klientów są nie tylko spółki z grupy Jana Kulczyka (Kulczyk Holding, Autostrada Wielkopolska), ale także operator komórkowy Polkomtel, spółka dostarczająca ropę do polskich rafinerii J&S, bank Pekao SA czy firma budowlana Budimex. Szkolenia albo inspirujące spotkania zamawiali też biznesowi przyjaciele Jana Kulczyka, a dokładnie ich firmy – Grupa ITI Jana Wejcherta i Mariusza Waltera oraz Polpharma Jerzego Staraka.

W styczniu 2014 roku Values Grupa Firm Doradczych stała się współwłaścicielem wydawnictwa specjalizującego się w książkach o tematyce biznesowej. Wśród autorów wydanych książek znaleźli się m.in. prof. Witold M. Orłowski, były doradca ekonomiczny prezydenta Aleksandra Kwaśniewskiego, członek Rady Gospodarczej przy premier Ewie Kopacz oraz stylista Tomasz Jacyków.

Dominikę ciągnęło jednak w świat, do filantropii na miarę fortuny rodziców. Żeby zobaczyć, jak robią to najwięksi, pojechała zdobyć doświadczenie w fundacjach Rockefellera i Bertelsmanna.

W 2010 roku powstał z jej inicjatywy i funduszy polski oddział Green Cross. Dominika Kulczyk została jego wiceprezesem. To globalna i wpływowa organizacja proekologiczna, którą zakładał jeszcze Michaił Gorbaczow. Jan Kulczyk był w niej przewodniczącym Rady Dyrektorów.

Niedługo potem powstał kolejny projekt, w którym córka Kulczyka objęła pierwszoplanową rolę – na antenie telewizji TVN.

11 lutego w warszawskim kinie Iluzjon stawiła się cała rodzina Kulczyków i plejada gwiazd. To był dzień inauguracji Kulczyk Foundation. Jej jedynym celem jest dobroczynność i działalność charytatywna na szeroką, światową skalę. Na czele fundacji stanęła Dominika Kulczyk. Dlaczego uroczystość odbyła się w kinie? Bo potrzebny był duży ekran. Impreza rozpoczynająca działalność fundacji została połączona z premierowym pokazem pierwszego odcinka „Efektu Domina". To cykl filmów realizowanych przez ekipę TVN, którą prowadzi Dominika Kulczyk. W zasadzie to zapis wizyt Dominiki w najdalszych zakamarkach świata, w miejscach, w których

fundacja Kulczyków udziela swojej pomocy. W pierwszym odcinku Dominika z ekipą telewizyjną dotarła na Filipiny, miesiąc po uderzeniu tajfunu Haiyan, który zabił ponad trzy tysiące ludzi. Kulczyk Foundation wsparł tam finansowo organizację wolontariuszy All Hands Volunteers.

Grażyna Kulczyk komentowała w kuluarach: „Dominika zawsze chciała pomagać, to nie jest żadne zdziwienie, to taka bomba z opóźnionym zapłonem". A prezenterka TVN Agnieszka Cegielska wręcz uznała, że Dominika Kulczyk mogłaby być polską Paris Hilton.

Kariera podobna do rozgłosu, jaki robi wokół siebie dziedziczka Hiltona, raczej nie jest zamiarem Dominiki Kulczyk. Ale żeby zostać pierwszą damą filantropii, będzie potrzebowała pieniędzy. Ze sprawozdania finansowego fundacji za 2014 rok wynika, że do tej pory na szczytne cele złożyła się rodzina i firmy przez nią zarządzane. Na początek fundatorzy, czyli Jan, Grażyna i Dominika Kulczykowie wpłacili po 20 tysięcy złotych. W sumie fundacja uzbierała 1,3 miliona złotych i wydała z tego ponad 800 tysięcy złotych na 27 projektów. Daleko więc jeszcze do kwot, jakie na swoje cele sponsoringowe przeznaczał sam Jan Kulczyk – jak choćby 30 milionów złotych na Muzeum Historii Żydów Polskich. Nie licząc innych wydatków na podobne kwoty. Jeszcze daleko do celów, jakie postawiła sobie Kulczyk Foundation. Na premierze „Efektu Domina" Dominika Kulczyk przekonywała, że nie jest kolejną, zwykłą gwiazdką TVN-u. – Być może dla osób, które znają mnie tylko z doniesień rubryk towarzyskich to moje wcielenie będzie bardzo nowe. Jednak działalnością charytatywną zajmuję się od wielu lat. Długo zastanawiałam się, czy w ogóle o tym opowiadać i w jaki sposób. Zawsze byłam ciekawa świata, ale nie lubię być turystką, wolę być gdzieś po coś – mówiła.

Przed Dominiką Kulczyk stoi trudne i wymagające wyzwanie: tak połączyć własne bogactwo z misją pomagania innym, żeby wszystko razem było wiarygodne. Bo plotkarskie portale nie przestaną pisać o niej tak, jak przy okazji premiery sztuki w teatrze Imka „Maciej Korbowa i Bellatrix" w reżyserii Krystiana Lupy.

W czerwcu portal „Pudelek" bezwzględnie wyliczał, że na spektakl przyszła w kreacji za 22 tysiące złotych: w sukience Valentino za około 19,5 tysiąca złotych i butach Gianvito Rossi za 2,5 tysiąca złotych (nie mylić z Gino Rossi). Portal skomentował to, przytaczając znane słowa Jana Kulczyka: „Grunt to wiedzieć, jak się dobrze urodzić".

Zgodnie z prawem spadkowym Dominika i Sebastian odziedziczyli majątek ojca po połowie. Ale tak, że w każdym jego składniku mają swoje udziały. Sebastian będzie biznes prowadził, Dominice przypadła rola nadzorcy.

„Pokaż mi, gdzie latasz, a powiem ci, kim jesteś"

Majątek doktora Kulczyka dziedziczony przez Sebastiana i Dominikę to nie tylko akcje i udziały w spółkach. To także wszystkie te „zabawki", którymi uwielbiał się otaczać miliarder i które służyły mu nie tylko dla przyjemności. To choćby wart około 50 milionów dolarów nowy model Gulfstreama G550, odrzutowca o zasięgu międzykontynentalnym. Właśnie takim samolotem o numerze D-AJJK latał w zasadzie na co dzień.

Maszyna wchodzi w skład floty niemieckiej firmy lotniczej WindRose. Powód jest bardzo prozaiczny. Niemiecki przewoźnik posiada bowiem niezbędne międzynarodowe certyfikaty. To nic dziwnego. Większość samolotów polskich biznesmenów jest zarządzanych przez prywatne firmy lotnicze.

Niekiedy są one sobie nawzajem pożyczane. Na przykład wówczas, gdy maszyny wymagają regularnych przeglądów, a czasem niezbędnych napraw.

Pilot latający w jednej z renomowanych linii lotniczych opowiada, że Kulczyk był jednym z nielicznych, jeśli nie jedynym biznesmenem, który nie chciał pożyczać komukolwiek swojego samolotu.

– Kilka lat temu Roman Karkosik potrzebował pilnie dostać się do jednego z krajów azjatyckich na jakieś rozmowy biznesowe.

Wówczas jeden z moich znajomych próbował załatwić mu samolot. W tym celu dzwonił do Kulczyka. Ten kategorycznie jednak odmówił. Podobnie zresztą jak Solorz – mówi.

– Powód był bardzo prosty. Karkosik pali jak dobra parowa lokomotywa. Nawet Solorz, który też jest nałogowym palaczem obawiał się, że będzie musiał wymieniać w samolocie wszystkie tapicerki.

Gdzie latał Kulczyk? To wynika ze spisu lotów Gulfstreama D-AJJK z ostatnich kilku miesięcy na przełomie 2010 i 2011 roku (do których udało się dotrzeć). Najczęściej maszyna lądowała tam, gdzie najbogatszy Polak ma swoje posiadłości. Londyn, Zurich, Warszawa (Willa Monaco). Poza tym na Fisher Island w Miami czy Villefranche na Lazurowym Wybrzeżu, gdzie jego sąsiadką była Tina Turner. Oraz posiadłość na Sardynii, która sąsiaduje z willą Silvio Berlusconiego. I oczywiście kilkusetletni zamek Le château de Madrid na Côte d'Azur zbudowany na wysokim wzniesieniu, tuż nad brzegiem Morza Śródziemnego. Ze szczytu rozpościera się bajkowy widok.

Jedną z ostatnich inwestycji jest willa w Sankt Moritz w Szwajcarii. Rezydencja Larix na wzgórzu Suvretta jest wykańczana. Stoją w niej już meble. To jeden z najdroższych adresów na świecie. Na posesjach próżno szukać tabliczek z adresami i tym bardziej nazwiskami właścicieli. To tradycja tego miejsca. Maksimum dyskrecji. Ale lokalnym mediom wiadomo, że w sąsiedztwie willi Kulczyka swoje posiadłości mają prezes Glencore Ivan Glasenberg, miliarder urodzony w Johannesburgu. Glencore to globalna firma zajmująca się handlem w branży spożywczej. Obok mieszka Gisela Rich, była żona multimiliardera Marca Richa, założyciela firmy Glencore, który był oskarżony w USA o oszustwa podatkowe w handlu z Iranem. Ułaskawił go ostatniego dnia urzędowania prezydent Bill Clinton. To nie koniec listy możnych sąsiadów. Można jeszcze wspomnieć o bankierze – Maksymilian Bronner to syn stoczniowego potentata Philipa Niarchosa, który posiada najcenniejszą kolekcję sztuki, także rodzina Guccich. Działka o wielkości czterech tysięcy metrów kwadratowych kosztowała około 30–40 milionów franków.

Wartość inwestycji szacowana jest na 150 milionów franków. Posiadłość powstała w miejsce rozebranej modrzewiowej willi, którą wzniosła w 1938 roku włoska baronessa Zaira Roncoroni. Miejscowa prasa pisze, że willa Jana Kulczyka przyćmiła inne budynki na zboczu, a sama budowa przez długi czas była zasłaniana przed oczami wścibskich gapiów specjalnymi siatkami. Rzeczywiście, zdjęcia willi Larix robią wrażenie. Z daleka przypomina trochę zapasowe lądowisko dla krążowników floty Lorda Vadera. Wśród miejscowych została ochrzczona nazwą „willa Jamesa Bonda".

Czy willa w Sankt Moritz i samolot, bez którego Jan Kulczyk nie mógł normalnie funkcjonować, będą potrzebne rodzeństwu? Podobnie jak 90-metrowy luksusowy jacht Phenix 2 o wartości ponad 90 milionów dolarów? Statek zamówiony z okazji 60. urodzin został zwodowany w niemieckiej stoczni Lurssen, która specjalizuje się w budowie morskich gigantów. To z tej stoczni pochodzi największy jacht tego typu „Azzam", należący do arabskiego miliardera z Emiratów Arabskich Al-Waleed bin Talala (180 m). Najbardziej wpływowy Arab świata przebił pod tym względem jednostkę „Eclipse" rosyjskiego oligarchy Romana Abramowicza (160 m). Statek Jana Kulczyka prezentuje się na tym tle dużo skromniej, ma kilka pokładów, a wnętrza zaprojektowano w stylu art déco. Dziób statku zdobi masywna figura Feniksa autorstwa profesora Adama Myjaka z ASP. Plotkarze opowiadali, że rzeźba była tak ciężka, że trzeba było zmodernizować jacht, żeby nie zatonął. Jan Kulczyk odpowiadał na te plotki z irytacją. – Czy ktoś wie, jaką wyporność ma mój jacht? To są bzdury – mawiał.

Na jachcie znajduje się sześć kabin na 12 osób. Jest basen, jacuzzi, kino. Na stałe pracuje na nim trzydziestoosobowa załoga. Koszt utrzymania jachtu jest gigantyczny. Dlatego można go wyczarterować – jedynie za 800 tysięcy euro. Czy statek będzie nadal używany? Podobnie jak cała flota firmowych mercedesów oraz audi A8 z silnikiem o mocy 500 koni mechanicznych. Nie wspominając o gigantycznym, w kolorze kawy z mlekiem, aucie Rolls--Royce, które ledwo wyrabia się z zakręcaniem w wąskich uliczkach centrum Londynu? Gust i potrzeby dzieci nie muszą iść w parze z tym, czego potrzebował i do czego przywykł doktor Jan Kulczyk.

Kolejne pytanie, to co spadkobiercy zrobią z nieruchomościami, którymi zarządzają spółki Kulczyka. Na pierwszym miejscu listy znajduje się „biznesowe gniazdo", czyli budynek przy ulicy Kruczej 24/26 w Warszawie. Kulczyk kupił swój biurowiec na przełomie lat osiemdziesiątych i dziewięćdziesiątych od skarbu państwa. – Niektórzy żartowali, że Janek zapłaciłby za niego każde pieniądze, ma bowiem kilkaset metrów do ministerstwa skarbu i niewiele więcej do ministerstwa gospodarki, czyli dwóch kluczowych dla niego resortów – mówi jeden biznesmenów, który z nim współpracował.

Dziś budynek przy ulicy Kruczej jest siedzibą wielu spółek z nazwiskiem Kulczyk w nazwie. Przez jakiś czas mieściło się tam nawet ministerstwo sportu. Decyzja o wynajęciu właśnie tam pomieszczeń na potrzeby resortu, była jedną z pierwszych podjętych przez Tomasza Lipca, ministra sportu, po wygranych przez Prawo i Sprawiedliwość w 2005 roku wyborach parlamentarnych.

Rocznie wynajem pomieszczeń od Kulczyka kosztował resort 1,5 miliona złotych. Swoją decyzję Lipiec uzasadniał problemami lokalowymi ministerstwa. Początkowo na budynku nie było nawet tabliczki z nazwą resortu sportu. Pojawiła się dopiero wtedy, kiedy zainteresowali się tym dziennikarze.

Kolejny kluczowy adres to ulica Chmielna 85/87. Stoi tam biurowiec Warty. Towarzystwo ubezpieczeniowe należało do Kulczyka. Po sprzedaży firmy Belgom, biznesmen biurowiec odkupił. „Sprzedali go chętnie, bo źle się czuli w tych wnętrzach" – pisała w 2007 roku „Polityka". Gabinety, zarówno członków zarządu, jak i przewodniczącego rady nadzorczej Warty (a był nim Kulczyk), zostały urządzone z wielkim przepychem, wręcz kapały złotem. Na temat bogactwa wnętrz dawnego gabinetu Kulczyka krążyły legendy. Był urządzony w japońskim stylu, ze złotymi meblami z laki. – Kiedyś zapytałem Janka, po co taki przepych, przecież tu nie da się pracować. On wtedy odparł: „To nie jest ani dla ciebie, ani dla innych ludzi z Polski. Zrobiłem to dla tych, którzy przyjeżdżają z zagranicy, aby po wejściu do mojego gabinetu szczęka im opadła" – opowiada jeden z polityków lewicy, który wielokrotnie był goszczony przez Kulczyka w jego złotym gabinecie.

Pod koniec 2007 roku biznesmen ogłosił kolejny bardzo ambitny projekt. Chciał wybudować w Warszawie najwyższy w Europie biurowiec – Kulczyk Tower. Wieżowiec biznesmena miał piąć się na ponad 280 metrów (Pałac Kultury i Nauki ma 231 m). W drapaczu chmur miały być apartamenty, biura i hotel. Budynek planowano niemal w ścisłym centrum stolicy przy placu Zawiszy. Zgodnie z planem, który opisywała „Rzeczpospolita", wieżowiec powinien zostać ukończony w 2011 roku, a cała inwestycja pochłonęłaby miliard złotych[3]. Jednak pojawił się problem z uzyskaniem akceptacji urzędu miasta, plan zagospodarowania przestrzennego dopuszczał w tym miejscu zabudowę do wysokości najwyżej... 27 metrów. Do tego na rynku nieruchomości wybuchł poważny kryzys. Dlatego przedstawiciele Kulczyka złożyli alternatywny projekt biurowca o wysokości 130 metrów i ponad 40 tysiącach metrów kwadratowych powierzchni. W lipcu 2010 roku urząd miasta zaakceptował pomysł. Budowa miała ruszyć w połowie 2012 roku. Nie ruszyła. Skończyło się na tym, że władze miasta wydały zgodę na kameralny, wobec pierwotnych planów, biurowiec Chmielna 89 o wysokości 80 metrów.

I w ten oto sposób, to nie najwyższy w Europie wieżowiec stał się wizytówką Jana Kulczyka, tylko zrekonstruowana siedziba komunistycznego Prezydium Rządu z 1952 roku przy ulicy Wspólnej 62, czyli budynek Ufficio Primo (po włosku – pierwszy biurowiec). Prezesem spółki, która realizowała ten projekt (Euro Invest), był zięć Kulczyka Jan Lubomirski-Lanckoroński.

Oto jak historię budynku opisywała „Gazeta Wyborcza":

„Niektórzy twierdzą, że zakpił z komunistycznych zleceniodawców – siedzibę władzy ludowej zaprojektował, wzorując się na renesansowych pałacach florenckich bankierów. Budynek w kształcie

[3] *Grupa Kulczyka buduje w Dubaju*, „Rzeczpospolita", Marcin Zwierzchowski, 18.03.2008.

kostki nakryty jest kopułą przedziurkowaną iluminatorami, wewnątrz budynku przez całą jego wysokość ciągnie się ogromne okrągłe atrium otoczone odkrytymi galeriami-krużgankami wzorowanymi na tych z Wawelu. [...] Biurowiec ma dwa podziemne piętra. Najniższe to ogromna okrągła sala o żebrowanym sklepieniu, którą robotnicy pogłębiają o 2 metry, aby ukryć pod nią zbiornik przeciwpożarowy. W latach 90. ubiegłego wieku mieściła się tam dyskoteka Ground Zero, wcześniej – kino Barbara, a na samym początku – przeciwatomowy schron dla Bolesława Bieruta i jego współpracowników. – Kiedy zaczęliśmy remont, znaleźliśmy w jednym z pokojów makietę, pokazującą zabudowę śródmieścia Warszawy po trafieniu rakietą nuklearną. Niedawno wyremontowana fontanna na skwerze przed budynkiem tak naprawdę pełniła funkcję nawilżacza powietrza dla systemu wentylacji schronu – mówi prezes Euro Investu. Bierut zdążył poprowadzić w tym schronie zaledwie kilka posiedzeń zanim w 1956 roku zmarł. Potem w budynku mieściły się m.in. biura projektowe przemysłu samochodowego. Koreański koncern Daewoo kupił fabrykę FSO w pakiecie z tym budynkiem. Od syndyka Daewoo kupiła go spółka Kulczyka".

Luksusowy biurowiec oznaczony najwyższą klasą A+ zasiedliły bogate firmy inwestycyjne, jak również firma, która sprzedaje luksusowe dobra – od okularów marki Prada i Dolce & Gabbana poczynając.

Euro Invest, która zmodernizowała Ufficio Primo, to spółka, która wchodzi w skład grupy inwestującej w nieruchomości o nazwie Kulczyk Silverstein Properties. Silverstein Properties to firma renomowana. Założył ją w 1957 roku Larry Silverstein. W Midtown i centrum Manhattanu posiada 10 milionów stóp kwadratowych powierzchni biurowych, handlowych i mieszkalnych. Zbudowała choćby postmodernistyczne centrum biznesowe Americas Tower (210 m), czy przy Times Square apartamentowiec River Place i hotel Embassy Suites, a w Waszyngtonie centrum biznesowe Ronald Reagan Building. Teraz bierze udział w budowie wieżowców w miejscu zniszczonego Word Trade Center.

W Polsce wspólnie z Kulczykiem firma jest właścicielem odnowionego pałacu Małachowskiego przy Galerii Zachęta, czy małej galerii biurowo-handlowej Ethos na placu Trzech Krzyży.

Oddzielną historią były plany Jana Kulczyka w Arabii Saudyjskiej. W marcu 2008 roku media w sensacyjnym tonie informowały, że Kulczyk Investment House, we współpracy z Al Fajer Properties (Zjednoczone Emiraty Arabskie), zaczyna inwestować w nieruchomości w Dubaju. Plany zakładały wspólną budowę kompleksu luksusowych pięciu biurowców w prestiżowej dzielnicy Jumeirah Lake Towers Community. Pierwszy etap inwestycji miał pochłonąć 63 miliony dolarów. Analitycy chwalili, że to doskonały projekt. – Właściwie wszystkie lokalizacje w tym regionie odnotowały w 2007 roku wzrost czynszów, Dubaj jest niekwestionowanym liderem – mówiła „Rzeczpospolitej" Elaine Rossall, kierująca działem badań i doradztwa w zakresie powierzchni biznesowych Cushman & Wakefield. – Tu wzrost sięgnął 68 procent. W tyle został Tel Awiw ze wzrostem 35 procent. W Dubaju odsetek niewynajętych powierzchni jest niezwykle mały, bo około jednego procenta – mówiła. Inwestycja wydawała się żyłą złota.

Sebastian i Dominika na pewno będą chcieli przejrzeć listę wszystkich nieruchomości, w które wkładał pieniądze ich ojciec. Część z nich dobrze znają. Więc nie powinno być większego zaskoczenia. Na liście jest choćby Centrum Zamek. To spółka, która zarządza posiadłościami w Lubniewicach. W tym urokliwym miejscu nad jeziorami w Lubuskiem Jan Kulczyk kupił dwa zamki otoczone starodrzewem. Stary Zamek – to po prostu dziewiętnastowieczny pałacyk. I Nowy Zamek – też pałac, tylko znacznie większy, z wysoką zamkową wieżą i spadzistymi dachami. Został zaprojektowany w 1911 roku dla rodziny von Waldow-Reitzenstein. Ostatnim jego właścicielem przed zakupem było Towarzystwo „Warta". Więc Kulczyk kupował trochę jak od siebie. A tak naprawdę dla Dominiki i jej byłego męża. Zamkiem miała się zająć Fundacja Książąt Lubomirskich. Na razie zamkowi daleko do miana neorenesansowej perełki, na co na pewno zasługuje. Mirosław Jaśnikowski, burmistrz

Lubniewic, skarżył się później, że nowy właściciel nie prowadzi żadnych inwestycji. – Oba zamki wymagają dokapitalizowania. Gdy właścicielem posiadłości była Warta, zamierzała stworzyć tam centrum konferencyjno-wypoczynkowe. W obu zamkach prowadzono intensywne prace. Potem przyszedł nowy właściciel i wszystko się zatrzymało – mówił burmistrz „Pulsowi Biznesu".

Ale być może najdziwniejszą inwestycją Jana Kulczyka był zakup ruin królewskiego pałacu pruskiego hrabiowskiego rodu Finck von Finckensteinów w Kamieńcu na Warmii i Mazurach. Królewski to był pałac dlatego, że król Prus Fryderyk Wilhelm zażyczył sobie, żeby jedno ze skrzydeł należało do niego i jego małżonki. Nie był to jedyny tak znany gość tego pałacu. Do historii tego miejsca dopisał się Napoleon Bonaparte. Spędził tu kilka tygodni z Marią Walewską. Świetność „Pruskiego Wersalu" zakończyła się wraz z wejściem do Prus Wschodnich Armii Czerwonej w czerwcu 1945 roku. Został ograbiony i zniszczony. Na terenie posiadłości powstał PGR. Posiadłością zarządzała spółka Gospodarstwo Kamieniec, specjalizująca się w hodowli bydła mlecznego. W 2004 roku wykupił ją Kulczyk. Cztery lata później spółka z pruskim dziedzictwem została wystawiona na sprzedaż. Do transakcji ostatecznie nie doszło.

ROZDZIAŁ XIV
DOKTOR PRAWA MIĘDZYNARODOWEGO

Fragment wstępu doktoratu Jana Kulczyka

„I. Dnia 21 grudnia 1972 r. podpisano w Berlinie między Niemiecką Republiką Demokratyczną, reprezentowaną w osobie sekretarza stanu przy Radzie Ministrów Niemieckiej Republiki Demokratycznej Michaela Kohla a Republiką Federalną Niemiec, reprezentowaną przez ministra do zadań specjalnych przy rządzie Republiki Federalnej Niemiec Egona Bahra «Układ o podstawach normalizacji stosunków między Niemiecką Republiką Demokratyczną a Republiką Federalną Niemiec». Akt ten ukoronował prowadzoną od dawna pokojową politykę rządu Niemieckiej Republiki Demokratycznej, zmierzającą do unormowania, w oparciu o realia historyczne i normy prawa międzynarodowego, stosunków między obu państwami niemieckimi. Jest rzeczą oczywistą, że układ podstawowy nie został zawarty w próżni politycznej czy prawnej. Strony układu stwierdziły expressis verbis w preambule do układu, że za punkt wyjścia przyjęła «rzeczywistość historyczną» i osiągnęły porozumienie «bez uszczerbku dla różnych poglądów Niemieckiej Republiki Demokratycznej i Republiki Federalnej Niemiec o podstawowych problemach, w tym kwestii narodowej».

W wyniku układu podstawowego Niemiecka Republika Demokratyczna i Republika Federalna Niemiec uznały się wzajemnie, uznały swoją suwerenność, integralność terytorialną, niezawisłość i nieingerencję w sprawy wewnętrzne i zagraniczne oraz, co jest kwestią bardzo istotną, oparły układ o normy prawa międzynarodowego.

II. Po podpisaniu układu podstawowego, a nawet już po jego parafowaniu, odezwały się w Republice Federalnej Niemiec głosy, interpretując opacznie treść układu. M.in. rząd federalny w swych wypowiedziach, a następnie Federalny Trybunał Konstytucyjny w swym orzeczeniu, usiłowały narzucić interpretację układu sprzeczną z literą, duchem i celem układu podstawowego, przypisując mu cechy, których nie posiada. Jeszcze do chwili obecnej sądzi się w Republice Federalnej Niemiec, jakoby istniał nadal podmiot prawa międzynarodowego «Rzesza Niemiecka» i jakoby Republika Federalna Niemiec, jako państwo, była identyczna z państwem «Rzeszą Niemiecką». Ponadto uważa się, że granica pomiędzy Niemiecką Republiką Demokratyczną a Republiką Federalną Niemiec nie jest granicą między dwoma suwerennymi państwami, lecz podobną do grani przebiegających między poszczególnymi krajami związkowymi, a co dalej za tym idzie, Niemiecka Republika Demokratyczna nie jest dla Republiki Federalnej Niemiec państwem zagranicznym. Sądzi się również niezgodnie z art. 6 układu podstawowego, że obywatele Niemieckiej Republiki Demokratycznej mają podlegać obowiązującemu w Republice Federalnej Niemiec ustawodawstwu o przynależności państwowej. Ponadto formułuje się twierdzenie zawarte w wyroku Trybunału Konstytucyjnego, że Berlin Zachodni jest krajem związkowym Republiki Federalnej Niemiec, co sprzeczne jest z czerostronnym porozumieniem w sprawie Berlina. Największą uwagę autora skupiły lansowane w Republice Federalnej Niemiec twierdzenia, jakoby układ podstawowy był układem o podwójnym charakterze: z jednej strony układem międzynarodowym, opartym o normy prawa międzynarodowego, a z drugiej strony układem opartym o prawo państwowe, ze względu na fakt, jakoby oba państwa nie były dla siebie «zagranicą».

Ponadto autora interesuje teza, jakoby układ był układem regulującym «w szczególny sposób» stosunki między stronami, układem sui generis oraz jakoby układ był rozwiązaniem w sensie modus vivendi oraz teza wysuwana w oficjalnych wystąpieniach przez stronę zachodnioniemiecką podkreślająca, «że uznanie Niemieckiej Republiki Demokratycznej z prawnomiędzynarodowego punktu widzenia nie wchodzi w rachubę».

III. Z uwagi na powyższe twierdzenie, sprzeczne z zasadami prawnego ładu międzynarodowego, sprzeczne z postanowieniami układu podstawowego, zdaniem autora konieczne jest obiektywne, oparte o normy i zasady prawa międzynarodowego, opracowanie tematu «układ podstawowy jako umowa międzynarodowa».

Przedmiotem badań autora jest układ podstawowy rozpatrywany w aspekcie definicji i istoty umowy międzynarodowej. Niniejsza praca nie ma na celu przedstawienia ogółu zagadnień związanych z umową międzynarodową, jaką jest układ podstawowy [...], a tym bardziej całości stosunków Niemiecka Republika Demokratyczna – Republika Federalna Niemiec. Autor zagadnienia te omawia tylko w takim zakresie, w jakim konieczne wydaje się to dla udowodnienia zawartych w pracy twierdzeń i wniosków, oraz dla naświetlenia sytuacji politycznej, w jakiej doszło do omawianych aktów prawnych.

IV. Celem pracy jest przedstawienie dowodów i ich argumentacji na poparcie tezy, że «układ podstawowy o normalizacji stosunków Niemiecka Republika Demokratyczna – Republika Federalna Niemiec» jest sensu stricto umową międzynarodową.

V. Podstawę dokumentacji prawnej stanowi w tym zakresie «Konwencja wiedeńska o prawie umów międzynarodowych» [...].

VI. Systematyka niniejszej pracy jest oparta na definicji umowy międzynarodowej zawartej w art. 2 pkt 1 /a/ Konwencji Wiedeńskiej. Definicja ta wymienia elementy, jakie powinna zawierać każda umowa międzynarodowa. Każdy z tych elementów umowy międzynarodowej został tutaj opracowany w poszczególnych rozdziałach rozprawy.

VII. Autor niniejszej rozprawy, badając zawarte w niej problemy, posłużył się przede wszystkim metodą porównawczą /porównanie układu podstawowego z Konwencją Wiedeńską/. Charakter materiałów źródłowych oraz braki w niektórych materiałach określiły potrzebę posługiwania się w pracy metodą indukcyjną /bezpośredniego ustalania faktów/, jak również metodą dedukcyjną /pośredniego ustalania faktów – zwłaszcza przy omawianiu kwestii związanych z charakterem układu podstawowego/".

Z kolei tuż po stronie tytułowej znajduje się adnotacja: „Składam wyrazy szacunku i podziękowania memu promotorowi prof. dr. Alfonsowi Klafkowskiemu za pomoc i cenne uwagi oraz wskazówki udzielone mi podczas przygotowania niniejszej rozprawy doktorskiej". Podpis: „Autor".

ROZDZIAŁ XV
FLOTA KULCZYKA

Liczba samochodów, jaką firma Jana Kulczyka Tradex sprzedała Komendzie Głównej Policji w latach 1992–2011[9]

ROK	RODZAJ AUTA	ILOŚĆ SZTUK	WARTOŚĆ KONTRAKTU	TRYB WYBORU
1992– –1994	Samochody Volkswagen T-4, Passat i Vento	3119 (dla całego MSW)	ok. 150.000.000 zł	Postępowanie przeprowadzone przez MSW
1996	Samochody furgon Volkswagen w policyjnej wersji „Operacyjno-Konwojowy"	120	6.544.517 zł	
	Samochody furgon Volkswagen T-4	50	2.440.396 zł	
1997	Samochody osobowe Volkswagen Passat	5	359.271 zł	Postępowanie przeprowadzone przez MSWiA
	Samochód osobowy Volkswagen Passat	1	68.500 zł	

[9] [za:] e-mail Mariusza Sokołowskiego, rzecznika prasowego Komendy Głównej Policji do Piotra Nisztora, 28.04.2011.

1998	Samochody furgon Volkswagen T-4 w policyjnej wersji „Operacyjno-konwojowy" i „Mała Więźniarka"	3	199.430 zł	Tryb – z wolnej ręki na zasadach szczególnych
2000	Samochód furgon Volkswagen T-4	1	77.000 zł	Tryb – z wolnej ręki
	Samochody furgon Volkswagen „Wypadowy"	650	57.016.700 zł	Tryb – przetarg ograniczony na zasadach szczególnych
2001	Samochód osobowy Volkswagen Passat	1	100.500 zł	Tryb – z wolnej ręki (zgoda Prezesa UZP)
2002	Samochody furgon Volkswagen „Wypadowy"	17	1.491.206 zł	tryb – z wolnej ręki (uzupełniający do postępowania przetargowego na 650 szt. z 2000 r.)
	Samochody osobowe Volkswagen Passat, Golf	25	1.804.978 zł	Tryb – przetarg nieograniczony
	Samochód furgon Volkswagen Transporter	5	359.290 zł	Tryb – przetarg nieograniczony
2003	Samochody furgon Volkswagen „Mała Więźniarka"	34	2.799.900 zł	Tryb – przetarg nieograniczony
	Samochody furgon Volkswagen „Wypadowy"	24	2.105.232 zł	Tryb – z wolnej ręki (uzupełniający do postępowania przetargowego na 650 szt. z 2000 r.)
	Samochody osobowe Volkswagen Passat	2	254.487 zł	Tryb – przetarg nieograniczony
	Samochód furgon Volkswagen Multivan	1	109.500 zł	Tryb – przetarg nieograniczony
SUMA:		**4058**	**225.730.907 zł**	

ROZDZIAŁ XVI

BEZPIECZEŃSTWO PAŃSTWA
W PRYWATNYCH RĘKACH

Treść załącznika nr 11 (dot. obronności i infrastruktury istotnej z punktu widzenia bezpieczeństwa państwa) do umowy prywatyzacyjnej Telekomunikacji Polskiej

„Telekomunikacja Polska SA ma obowiązek opracowania stosownych planów i dokumentów, wykonywania zadań oraz świadczenia usług telekomunikacyjnych na rzecz obronności i bezpieczeństwa Państwa, a także wykonywania zadań oraz świadczenia usług w sytuacjach stanów nadzwyczajnych, o których mowa w art. 228 ust. 1 Konstytucji Rzeczpospolitej Polskiej, na zasadach określonych w przepisach aktów normatywnych obowiązujących na terytorium Rzeczpospolitej Polskiej oraz wynikających z jej międzynarodowych zobowiązań w szczególności:

1) w zakresie wykonywania zadań na rzecz obronności i bezpieczeństwa Państwa TP SA ma obowiązek zawarcia odrębnych, dwustronnych umów lub porozumień z upoważnionymi organami resortów:
– obrony narodowej,
– spraw wewnętrznych i administracji,
– sprawiedliwości,
– finansów
– spraw zagranicznych
– Urzędem Ochrony Państwa
precyzujących szczegółowe warunki ich wykonywania. Umowy te lub porozumienia określać będą takie same obowiązki jak te,

które TP SA już na siebie przyjęła i z których to obowiązków nie może się jednostronnie wycofać. Przedmiotowe obowiązki i zadania powinny być wykonywane przy przestrzeganiu zasady ich realizacji przy minimalnych kosztach.

2) w zakresie rzeczowych przygotowań mobilizacyjnych TP SA ma obowiązek:

– utrzymania rezerw państwowych mobilizacyjnych,

– przygotowania jednostek organizacyjnych przewidzianych do militaryzacji,

– zapewnienia stałej gotowości oraz właściwego funkcjonowania sprzętu techniczno-wojskowego na potrzeby militaryzacji,

– prowadzenie specjalistycznego szkolenia obronnego.

Czynności te odbywać się będą na podstawie umowy dwustronnej z Ministerstwem Łączności, do zawarcia której TP SA jest zobowiązana.

3) w zakresie przygotowań do przeciwdziałania skutkom klęsk żywiołowych, nadzwyczajnego zagrożenia środowiska i stanu wyjątkowego, TP SA jest zobowiązana do:

– sporządzania – na podstawie wytycznych ministra właściwego do spraw łączności – planu działania i uzgodnienia go ze wskazanymi przez tego ministra organami,

– niezwłocznego wdrażania procedur i wykonywania ustaleń planu w wypadku wystąpienia sytuacji przeciwdziałania skutkom klęsk żywiołowych, nadzwyczajnego zagrożenia środowiska i stanu wyjątkowego oraz informowania Ministra Łączności, a także wskazanych przez niego organów państwa, o zakresie podjętych działań,

– brania udziału w przedsięwzięciach szkoleniowych i ćwiczeniach organizowanych przez uprawnione organy administracji rządowej współuczestnicząc w kosztach ich realizacji stosownie do obowiązujących w polskim prawie zasad,

– wdrażania – w uzgodnieniu z Ministrem Łączności – zaleceń Komitetu Planowania Łączności Cywilnej NATO w zakresie zapewnienia ciągłości świadczenia usług telekomunikacyjnych w stanach zagrożeń.

4) w zakresie przygotowania systemu łączności do wykonywania zadań w stanach podwyższonej gotowości i wojny, TP SA zobowiązana jest do:

– realizacji zadań określonych przez Ministra Łączności w zakresie planowania przygotowania i zapewnienia stałej gotowości do uruchomienia systemu łączności dla potrzeb Wojennego Systemu Dowodzenia Siłami Zbrojnymi (WsyD) oraz systemu Kierowania Obroną Państwa (SOP),

– utrzymywania komórek obronnych niezbędnych do realizacji ww. zadań przez TP SA. Struktura komórek organizacyjnych powinna być ustalona po zasięgnięciu opinii Ministra Łączności,

– przekazywania aktualnych informacji o stanie swojej sieci do Ministra Łączności. Struktura danych, ich format oraz sposób przekazywania ustalony będzie w odrębnej umowie.

5) w zakresie inwestycji postulowanych realizowanych z budżetu państwa TP SA jest zobowiązana:

– przekazać w zarząd Ministra Obrony Narodowej linie łącznikowe i inne elementy infrastruktury telekomunikacyjnej wybudowane w ramach umowy nr 4/94 z dnia 4.07.1997 r. na realizację zadania inwestycyjnego pn.: „Przyłączenie 33 szt. GWŁ MON do sieci TP SA". Przekazanie nastąpi na podstawie odrębnej umowy,

– przekazać w zarząd Ministra Łączności obiekt wybudowany w ramach zadania inwestycyjnego 09120 na podstawie umowy nr 3/93 z dnia 08.10.1993 r. Przekazanie nastąpi na podstawie odrębnej umowy,

– zgodnie z § 2 uchwały nr 86/97 Rady Ministrów z dnia 15 października 1997 r. zawrzeć porozumienie z Ministrem Łączności w sprawie rozliczenia inwestycji pn.: „System pilotowy Krajowego Systemu Łączności" zrealizowany w wykonaniu uchwały nr 73/94 Rady Ministrów z dnia 11 października 1994 r.

6) Telekomunikacja Polska SA umożliwi Ministrowi Łączności sprawowanie funkcji nadzoru i kontroli realizacji zadań na rzecz obronności i bezpieczeństwa państwa w dziedzinie łączności".

ROZDZIAŁ XVII
SPOTKANIE Z AGENTEM

Tekst odtajnionej notatki ze spotkania Jana Kulczyka
z Władysławem Ałganowem
w Wiedniu w lipcu 2003 r., sporządzonej przez
funkcjonariusza Agencji Wywiadu

Warszawa, dnia 2003.08.01
Ściśle tajne
Notatka Informacyjna

Wg uzyskanej w dniu 2003.07.31 jednoźródłowej informacji, w dniach 2003.07.18-19 w Wiedniu odbyło się spotkanie Jana Kulczyka z Władimirem Ałganowem. Spotkanie zorganizowali, licząc na profity finansowe, Oleg Żagiel i Andrzej Kuna, obywatele RP i Austrii, znajomi W. Ałganowa z okresu współpracy w imporcie do Polski rosyjskiego zboża.

Wg posiadanych informacji, w trakcie spotkania J. Kulczyk, pomimo podjętej ostatnio przez Ministerstwo Skarbu RP decyzji w sprawie Rafinerii Gdańskiej, przekonywał W. Ałganowa, iż ma wszelkie pełnomocnictwa na dalsze prowadzenie z Rosjanami negocjacji w sprawie sprzedaży tego zakładu. Miał przy tym, nie wprost, powoływać się na poparcie Prezydenta RP, używając w rozmowie sformułowania „pierwszy".

Wg uzyskanych informacji, W. Ałganow nie wierzy w zapewnienia J. Kulczyka w to, iż posiada on pełnomocnictwa do prowadzenia rozmów. Uważa, iż skompromitowało go forsowanie prywatyzacji przy współudziale ROTCH ENERGY. Nie wierzył również, by Prezydent RP miał realne możliwości wpłynięcia na decyzje w sprawie prywatyzacji Rafinerii Gdańskiej.

Z uzyskanych informacji wynika, iż W. Ałganow nie posiadał pełnomocnictw „ŁUKOIL" na prowadzenie rozmów w ww. sprawie. Wziął w niej udział z uwagi na przyszłe możliwe zyski za pośrednictwo.

Wg uzyskanej informacji, polski przedsiębiorca Marek Dochnal, prowadzący interesy m.in. w Rosji, negocjuje z J. Kulczykiem nt. możliwości odkupienia posiadanych przez niego akcji PKN Orlen. Początkowo J. Kulczyk miał żądać 100 mln USD, lecz po rozmowach stanęło na 30 mln USD, przy zastrzeżeniu, by kwota ta została przelana w całości na wskazane przez J. Kulczyka konto.

Podpis nieczytelny Zastępcy Szefa AW, potwierdzający zapoznanie się z notatką

Wykonano w 5 egz.:

Egz. nr 1 - Prezydent RP

Egz. nr 2 - Prezes Rady Ministrów RP

Egz. nr 3 - Prokurator Generalny RP

Egz. nr 4 - Szef ABW RP

Egz. nr 5 - ad acta

Opracował/Wykonał – (informacja wyłączona decyzją nr 39 Szefa AW z dnia 21.10.2004 r. – nazwisko funkcjonariusza AW)

DEWD: (informacja wyłączona decyzją nr 39 Szefa AW z dnia 21.10.2004 r. – numer, pod jakim dokument został zarejestrowany w dzienniku ewidencji wykonanych dokumentów).

ROZDZIAŁ XVIII
SPOTKANIE Z AGENTEM 2

Tekst odtajnionej notatki ze spotkania Jana Kulczyka
z Władysławem Ałganowem w Wiedniu
w lipcu 2003 r., sporządzonej przez Zbigniewa
Siemiątkowskiego, ówczesnego szefa AW

Warszawa, dnia 1 sierpnia 2003
Szef
Agencji Wywiadu
Zbigniew Siemiątkowski
Ściśle Tajne

Notatka
z rozmowy z Janem Kulczykiem

Rozmówca poinformował mnie, iż poprzez kontrolowaną przez niego firmę „POLENERGIA" czyni starania w celu podpisania umowy na zakup (reeksport) rosyjskiej energii elektrycznej za pośrednictwem Polskich Sieci Energetycznych (PSE), Partnerem „POLENERGII" mają być rosyjskie sieci energetyczne „RAO", reprezentowane przez Anatolija Czubajsa i Rappaporta (b.d.b).

Szybkiemu zawarciu umowy przeszkodziły dokonane ostatnio zmiany w strukturze własnościowej „RAO". W ich efekcie powstała na bazie rosyjskich elektrowni atomowych i sieci energetycznych nowa spółka – „INTER RAO", kompetentna decyzyjnie odnośnie kooperacji z „POLENERGIĄ". Nowo powstała spółka jest kierowana przez Władimira Ałganowa, szefa zespołu doradców w Ministerstwie Energetyki FR.

W celu przedstawienia i przedyskutowania oferty „POLENER-GII" – za namową Czubajsa – J. Kulczyk przystał na spotkanie z Ałganowem, które odbyło się w Wiedniu, w dniu 18 lipca br. (spotkanie zostało zorganizowane przez Czubajsa za pośrednictwem Rappaporta).

Wg J.K. spotkanie z Ałganowem odbyło się w dwóch turach

– w porze lunchu – dotyczyło głównie tematu sieci energetycznych, w tym PSE, oraz rosyjskich elektrowni atomowych;

1 Rozmowę odbyłem na prośbę J. Kulczyka w dniu 31 lipca 2003, w siedzibie AW.

2 Wg J. Kulczyka, W. Ałganow jest bliskim znajomym prezydenta Putina, z którym zaprzyjaźnił się w trakcie wspólnego szkolenia w szkole wywiadu FR.

3 J. Kulczyk otrzymał telefon od Andrzeja Kuny, który w imieniu swoim oraz Aleksandra Żagla zaproponował wspólne spotkanie z Ałganowem. Spotkanie ww. z Ałganowem odbyło się po zakończeniu rozmów J.K. z W.A., ale bez udziału J. Kulczyka.

– w porze wieczorowej, połączone z konsumpcją alkoholu. W jego trakcie Ałganow nawiązał do prywatyzacji Rafinerii Gdańskiej (RG). Wyraził pretensje, iż „mieli dostać RG, co było uzgodnione", oraz „robili wszystko, jak było ustalone". Wg Ałganowa wejście Rosjan do RG miało odbyć się poprzez ROTCH ENERGY i ŁUKOILA, co zostało wcześniej uzgodnione z min. W. Kaczmarkiem, który otrzymał za to korzyść finansową.

W następstwie uzgodnień z min. Kaczmarkiem, do Moskwy przybył szef Nafty Polskiej – M. Gierej, który załatwiał formalności potwierdzające wcześniejsze ustalenia Rosjan z ministrem skarbu RP. Gierej przyjął za to korzyść w wysokości 5 mln USD.

W odpowiedzi na zarzuty Ałganowa odnośnie decyzji o prywatyzacji RG, niezgodnych z wcześniejszymi ustaleniami ze stroną rosyjską, J.K. miał stwierdzić, iż „postawił na złego konia", oraz że „należy dokonać nowych uzgodnień".

J. Kulczyk uważa, iż wstrzymanie prywatyzacji RG odbiło się negatywnie na wartości jego akcji PKN Orlen, które kosztowały go 300 mln USD.

J. Kulczyk twierdzi, iż osobą, która pośredniczyła w kontaktach z przedstawicielami ROTCH ENERGY, był Gromosław Czempiński, koordynujący ponadto kontakty pomiędzy tą firmą i ŁUKO-ILEM, za co był przez nie wynagradzany. Nie najlepsze obecnie relacje J.K. z G. Czempińskim wynikają z roszczeń tego ostatniego do kwoty 1 mln USD za pomoc przy prywatyzacji TP S.A.

Wykonano w 5 egz.:
Egz. nr 1 – Prezydent RP
Egz. nr 2 – Premier RP
Egz. nr 3 – Prokurator Gen. RP
Egz. nr 4 – Szef ABW
Egz. nr 5 – a/a

Opracował: (informacja wyłączona decyzją nr 39 Szefa AW z dnia 21.10.2004 r. – nazwisko funkcjonariusza AW)

Wykonał: (informacja wyłączona decyzją nr 39 Szefa AW z dnia 21.10.2004 r. – nazwisko funkcjonariusza AW)

DEWD: (informacja wyłączona decyzją nr 39 Szefa AW z dnia 21.10.2004 r. – numer, pod jakim dokument został zarejestrowany w dzienniku ewidencji wykonanych dokumentów)

ROZDZIAŁ XIX
PRZESŁUCHANIE

**Fragmenty stenogramu z przesłuchania Jana
Kulczyka przed sejmową komisją śledczą
ds. PKN Orlen (30. posiedzenie Komisji Śledczej
w dniu 8 grudnia 2004 r.)**

Pan Jan Kulczyk:
[...] Panie Przewodniczący! Wysoka Komisjo! Stawiam się dziś
przed państwem z głęboką wiarą w to, że zostanę potraktowany
uczciwie i bezstronnie. I zostanie mi dana szansa wyjaśnienia kwestii, które, przybierając kształt insynuacji i pomówień, położyły się
cieniem na dobrym imieniu moim i mojej firmy. Moja nieobecność
na posiedzeniu wysokiej komisji 9 listopada [2004 r. – red.] wiązała
się z bardzo złym stanem mego zdrowia. Nie taję, iż problemy kardiologiczne, z jakimi się obecnie borykam, mają bezpośredni związek z nagonką, której ofiarą stałem się ostatnio w mojej ojczyźnie.
Ale także i tego również nie ukrywałem w przedstawionym wysokiej komisji przez mojego pełnomocnika oświadczeniu, że obawiałem się o swoje bezpieczeństwo. Z satysfakcją przyjmuję oświadczenie pana przewodniczącego [Zbigniewa] Wassermanna i jego
deklarację, iż stwierdzenie, że na moim miejscu nie wracałby do
Polski, było figurą retoryczną i nie miało na celu zastraszania mnie.
Ważny jest także fakt, iż wysoka komisja wystąpiła do ministra sprawiedliwości o zagwarantowanie mi bezpieczeństwa.

Wysoka Komisjo! Pozwólcie państwo, że przystępując do przedstawienia interesujących komisję spraw, skrótowo naświetlę mój udział w życiu gospodarczym kraju.

Określają ją następujące fakty. Jestem współtwórcą, współakcjonariuszem i przewodniczącym rady nadzorczej jednej z największych prywatnych grup kapitałowych – Kulczyk Holding. Natomiast, od przeszło 10 lat nie zasiadam w zarządzie żadnej spółki, nie ingeruję w bieżące prace zarządu. Jeśli możemy uznać, że sam Holding i spółki, w których posiada akcje, w dużym stopniu mogą być przykładem sukcesu gospodarczego, to jest to sukces w takim samym stopniu mój, jak i całego zespołu moich pracowników. Moja rola polega głównie na strategicznym planowaniu przedsięwzięć gospodarczych, nawiązywaniu kontaktów biznesowych, prowadzeniu pierwszych rozmów bądź tylko ich inicjowanie. Z zasady nie uczestniczę w negocjacjach, przygotowaniu dokumentów transakcji i wszystkich sprawach związanych z zarządzaniem. W tych sprawach działają zarządy spółek, moi współpracownicy w poszczególnych firmach bądź doradcy zewnętrzni. Czas, który zyskuję dzięki takiemu podziałowi zadań, poświęcam działalności społecznej, jaką jest aktywność w licznych organizacjach gospodarczych. Jestem współtwórcą i przewodniczącym Polskiej Rady Biznesu. Przewodniczę Radzie Przedsiębiorczości skupiającej wszystkie najważniejsze organizacje gospodarcze oraz jestem wieloletnim przewodniczącym, a obecnie honorowym prezesem Polsko-Niemieckiej Izby Gospodarczej.

Tak w mojej działalności biznesowej, jak i publicznej, spotykam bardzo wiele osób. Często odbywa się to przy okazji różnego rodzaju imprez albo w ramach reprezentacji wymienionych organizacji gospodarczych. Spotkania z zasady umawiają, organizują i niejako selekcjonują moi współpracownicy. W Warszawie na przykład sekretariat prowadzi moja asystentka. To ona kontroluje kalendarz moich spotkań, organizuje przeloty, załatwia wszelkie kwestie administracyjne i techniczne. Sam nie prowadzę kalendarza, nie noszę telefonów, nie organizuję spotkań. Nie chciałbym, żeby zabrzmiało to arogancko, ale przy tej skali aktywności naprawdę nie jestem w stanie spamiętać nazwisk wszystkich osób, z którymi się spotykam. Tym bardziej że zainicjowanie współpracy wymaga często odbycia przez mnie kurtuazyjnego spotkania, czasem tylko uściśnięcia ręki, czasem zjedzenia z kimś obiadu lub wypicia kawy. Reszta należy do moich kompetentnych współpracowników. W tych kwestiach – powiedzmy sobie szczerze – niezwiązanych z poważnymi wydatkami, nie decydujących o fundamentalnych interesach Holdingu, mam pełne zaufanie do ludzi, z którymi pracuję, bo inaczej nie mógłbym prowadzić działalności na tę skalę. Oprócz spotkań z ludźmi biznesu spotykam się i znam wielu polityków, a także ludzi kultury, nauki i Kościoła, i to nie tylko w Polsce, ale również i za granicą. Osoby te zresztą często zasięgają moich opinii. Ja sygnalizuję im oceny zjawisk gospodarczych w imieniu środowisk przedsiębiorców. Nigdy nie wykorzystywałem kontaktów z politykami do promocji własnych interesów. Dowodem na to niech będzie choćby fakt, że wbrew rozpowszechnianym opiniom w okresie tej kadencji Sejmu Holding ani żadna ze spółek przezeń kontrolowanych nie przeprowadziła żadnej transakcji, powtarzam, żadnej transakcji prywatyzacyjnej, której stroną byłby Skarb Państwa.

W przeszłości grupa Kulczyk Holding była samodzielnie stroną tylko jednej transakcji prywatyzacyjnej, jednej, w wyniku której nabyto akcje Browarów Wielkopolski. Uczestnicząc natomiast w konsorcjach z wiodącymi na świecie branżowymi inwestorami, grupa Kulczyk Holding nabyła Browary Tyskie, a także akcje Telekomunikacji Polskiej SA. Trudno mówić o transakcji prywatyzacyjnej w przypadku nabycia akcji Warty, gdyż Holding już wcześniej posiadał pakiet kontrolny tej spółki giełdowej.

Za akcje Telekomunikacji Polskiej zapłacono 9 mld zł więcej niż wynosiła ich ówczesna wartość rynkowa. Niech mi będzie wolno przypomnieć, że wpłata uzyskana od Kulczyk Holding i France Telecomu zapewniła budżetowi państwa środki na wykup obligacji państwowych, a sytuacja była do tego stopnia napięta, że decydowały godziny. O ile pamiętam, budżet musiał uzyskać środki z tej prywatyzacji do godziny 14, którego dnia, już dzisiaj nie pamiętam.

W przeciwnym razie państwo polskie nie miałoby pieniędzy na konieczny wykup obligacji wyemitowanych przez Skarb Państwa, m.in. od międzynarodowych wierzycieli. Dla wysokiej komisji będzie to zapewne fakt łatwy do sprawdzenia. Za Telekomunikację Polską zapłaciliśmy po 40 zł za akcję. Dziś wartość tych akcji spadła i wynosi zaledwie 17 zł. Między innymi na skutek działań akcjonariusza, jakim jest Skarb Państwa. Niektórzy z państwa pytali, dlaczego France Telecom potrzebował Holdingu do przeprowadzenia transakcji. Jest to pytanie raczej do France Telecom, ale uważam, że wybór Holdingu jako partnera był uzasadniony przede wszystkim naszym doświadczeniem na rynku telekomunikacyjnym, a także faktem, iż posiadane przez nas wówczas środki finansowe czyniły nas wiarygodnym partnerem.

Kiedy kupowaliśmy Browary Wielkopolski, produkowały one 1 mln hektolitrów piwa rocznie. W tym roku Kompania Piwowarska sprzeda 10 mln hektolitrów rocznie, dziesięć razy więcej. To jest zupełnie nowa jakość. Stworzyliśmy w Polsce najnowocześniejszy, najlepszy browar w świecie. Wpływy do budżetu z tytułu podatków tylko z tego browaru wielokrotnie wzrosły i wynosiły 1670 mln zł w 2003 r. W tej sytuacji pojawiające się w różnych wypowiedziach zarzuty, że jakoby moje interesy w dziedzinie prywatyzacji odbyły się kosztem Skarbu Państwa, są zwykłą nieprawdą.

Wysoka Komisjo, przechodząc do kwestii bezpośrednio związanych z obszarem prac wysokiej komisji, skupię się na dwóch sprawach związanych ze spółkami, w których Kulczyk Holding posiada akcje. Pierwsza z nich to Polenergia założona w celu obrotu energią elektryczną. Zawiązały ją trzy spółki: Polskie Sieci Elektroenergetyczne, EON – największy europejski koncern energetyczny oraz Kulczyk Holding. Koncepcja spółki opierała się na tym, aby – mówiąc w największym skrócie – obniżyć ceny polskiej energii elektrycznej poprzez wymieszanie jej z tanią energią rosyjską, by następnie eksportować ją dalej do Europy Zachodniej i Południowej.

Korzyścią dla państwa była możliwość zmniejszenia dopłat do eksportu polskiej energii. Skarb Państwa dopłacał bowiem i nadal dopłaca z pieniędzy podatnika do eksportu energii elektrycznej z Polski. Nasza koncepcja pozwalała na rezygnację z dopłat z budżetu państwa i zakup tańszej energii w Rosji. Planowane przez nas przedsięwzięcie opiewało na wielomiliardowe kwoty. Poza oszczędnościami budżetowymi korzyści z tej transakcji odnieśliby wszyscy, także polskie elektrownie, Polskie Sieci Elektroenergetyczne. I owszem zarobiłby na tym również Kulczyk Holding. I przepraszam bardzo, ale nie wstydzę się tego, że chcę zarabiać na interesach, które robi nasza firma.

Zarys tej koncepcji powstał w latach 1999–2000. W tamtym czasie wicepremierem i ministrem gospodarki był pan Janusz Steinhoff. To właśnie z nim oraz innymi członkami rządu pana Jerzego Buzka omawiałem plany związane z przesyłem energii elektrycznej. Rozmówcy przyjęli projekt z dużym zainteresowaniem i życzliwością, dając mu pełne wsparcie. Akt utworzenia spółki Polenergia został uroczyście podpisany w Ministerstwie Gospodarki w obecności premiera Steinhoffa oraz ministra gospodarki Niemiec. I to, niestety, była ostatnia dobra wiadomość w tej sprawie. Przedsięwzięcie rozwijało się bardzo powoli i przynosiło niewielkie efekty. W kilka miesięcy po podpisaniu umowy zaczęły się różnorakie naciski. Negowano pozycje polskich akcjonariuszy w Polenergii. To w tamtym czasie koncerny rosyjski i niemiecki rozpoczęły prace nad alternatywną koncepcją położenia kabla na dnie Morza Bałtyckiego. Można by nim przesyłać energię elektryczną z Rosji do Europy Zachodniej z ominięciem Polski. Skutecznie wyeliminowałoby to nasz kraj z tranzytu i pośrednictwa w eksporcie i pozbawiło go możliwości ogromnych zysków. Całe przedsięwzięcie i samo istnienie Polenergii stanęło pod znakiem zapytania. W spółce pozostały tylko Polskie Sieci Elektroenergetyczne oraz Kulczyk Holding.

Wysoka Komisjo! Wydarzenia, które są obiektem zainteresowania wysokiej komisji, to jest spotkanie w Wiedniu, ma swoją genezę w sygnale, jaki otrzymaliśmy z Rosji po kilkunastu miesiącach impasu. Do spółki dotarła informacja, że jest nowa szansa na prowadzenie rozmów dotyczących przesyłu energii rosyjskiej. Nie pamiętam, od kogo dostaliśmy te informacje, ale chyba od Zarządu RAO. Prezesem rosyjskiej spółki RAO, odpowiednika Polskich Sieci Elektroenergetycznych, był pan Czubajs, a w zarządzie zasiadał także pan Rappaport. Według mojej wiedzy RAO zajmowało się tylko elektrowniami konwencjonalnymi i sieciami przesyłu. Powstała natomiast nowa spółka, Inter RAO, która miała zajmować się eksportem energii rosyjskiej wytwarzanej przez elektrownie konwencjonalne i elektrownie atomowe. W tej spółce znalazły się kluczowe osoby, mające decydujący wpływ na eksport taniej energii. Prezes Czubajs albo wiceprezes Rappaport – dziś dokładnie nie pamiętam – przekazał informację, że ta właśnie spółka Inter RAO będzie miała teraz kluczową pozycję w eksporcie energii z Rosji. Taka wiadomość dotarła do Kulczyk Holding.

Postanowiliśmy zatem powrócić do omawianej przeze mnie koncepcji powstałej jeszcze za czasów rządów pana premiera Buzka. W trakcie jednego ze spotkań z partnerem w firmie doradczej „Concordia" panem Markiem Modeckim, wiedząc, że jest on człowiekiem o szerokich kontaktach w środowiskach biznesowych, zapytałem go, czy nie zna kogoś, kto miałby rozeznanie w rosyjskiej energetyce. Po kilku tygodniach – pamiętam, że był wtedy ze mną pan prezes Jan Waga – Marek Modecki poinformował nas, że może będzie miał doskonały kontakt. Powiedziałem mu wtedy mniej więcej coś takiego: jeżeli tak, Marku, to działaj. Pan Modecki nie wykazywał chęci podawania szczegółów, a ja się nie dopytywałem.

W lipcu 2003 r. zatelefonował do mnie z informacją, że 17 lipca w Wiedniu mogę się spotkać z jednym z wiceministrów energetyki i że jest to osoba ze wszech miar kompetentna w interesującej nas dziedzinie, i że jest wskazane, żebym zjadł z tym kimś obiad. Dla mnie data ta była bardzo niedogodna, bowiem na 17 lipca miałem zaplanowane spotkanie biznesowe w Düsseldorfie, zaś w Wiedniu miałem być 18 lipca i byłem już tam umówiony z moim adwokatem panem Scheinzerem i jego współpracownikami. Jednak wobec nalegań pana Modeckiego, który twierdził, że 17 lipca jest jedynym możliwym terminem spotkania, które uważa za bardzo potrzebne, poprzestawiałem swoje plany. Spotkanie w Niemczech przesunąłem na godzinę wcześniejszą, a spotkanie z mecenasem Scheinzerem na wcześniejszy dzień na godz. 17.30, tak żeby obie sprawy w Wiedniu załatwić tego samego dnia, to znaczy 17 lipca.

Zatelefonowałem do Marka Modeckiego z informacją, że mogę spotkać się z wiceministrem energetyki Federacji Rosyjskiej koło godz. 14.30, 15.00. I tak też spotkanie zostało umówione. W tym miejscu chciałbym uczynić pewną uwagę natury systemowej. W Rosji energetyka w sensie energii elektrycznej zawiadywana jest przez Ministerstwo Energetyki. Inny resort odpowiada za sprawy ropy i paliw. Wiedząc o tym i sądząc, że jadę na spotkanie z wiceministrem energetyki, nie planowałbym rozmowy o paliwach, bo wiedziałem, że to nie leży w kompetencjach mojego rozmówcy. Cała nasza rozmowa dotyczyła wyłącznie energii elektrycznej, a nie paliw, jak mogłoby to wynikać z odtajnionych notatek.

Na dzień przed planowanym spotkaniem w Wiedniu zadzwonił do mnie pan Marek Modecki z pytaniem, czy lecę z Warszawy i czy mógłby polecieć ze mną. Zgodziłem się, informując go, iż czeka nas przystanek w Düsseldorfie. Kilka godzin potem zadzwonił po raz drugi, tym razem w sprawie panów Kuny i Żagla. Jak powiedziałem, ci dwaj panowie są dobrymi znajomymi... jak powiedział, ci dwaj panowie są dobrymi znajomymi tegoż wiceministra energetyki i jego zdaniem powinni wziąć udział w tym spotkaniu, a ponieważ są w Warszawie, to może mogliby polecieć z nami. I na to się zgodziłem, uważając, że ich obecność, jako osób znających realia rosyjskie, może być przydatna.

To spotkanie traktowałem sondażowo. Jego jedynym celem było sprawdzenie, czy kontrakt w ogóle wart jest uwagi, czy naprawdę rokuje szanse na pozyskanie taniej energii elektrycznej w Rosji i czy mój rozmówca rzeczywiście może mieć takie możliwości, jak to przedstawił pan Modecki. Dlatego w istocie rzeczy nie przygotowywałem się do tego spotkania, tym bardziej że na ten dzień miałem zaplanowane dwie poważne merytoryczne rozmowy i to im poświęcałem większość swojej uwagi do tego stopnia, że po drodze do

Düsseldorfu nie miałem czasu na rozmowę z panami Modeckim, Kuną czy Żaglem, bo pracowałem nad papierami i dopiero w trakcie przelotu z Düsseldorfu do Wiednia, trwającego około godziny, mogłem pełnić obowiązki gospodarza. Ale nie pamiętam, żebyśmy rozmawiali o czekającym nas spotkaniu.

Wysoka Komisjo! Doprawdy to już nie jest tak, że ja bardzo przeżywam każde czekające mnie spotkanie z kimś ważnym, nawet jeżeli to jest rosyjski wiceminister.

Nie wiem, czy pan Modecki intencjonalnie przemilczał nazwisko naszego rozmówcy – ja nie odnoszę takiego wrażenia. Ja w każdym razie się o niego nie dopytywałem. Szczerze mówiąc, gdyby naprawdę chodziło o jakiegoś wiceministra, to sądzę, że nawet gdyby padło – czego nie pamiętam – jego nazwisko, to i tak by mi nic nie powiedziało. Zmiany w administracji rosyjskiej są bardzo dynamiczne, a ja jedynie przywiązywałem wagę wyłącznie do jego funkcji.

Wedle dokumentów, które przedstawię wysokiej komisji, o 13.50 wylądowaliśmy na lotnisku w Wiedniu. O 14.20 wsiadłem do czekającego na mnie samochodu. Około 14.50 dotarliśmy do restauracji. Panowie Kuna i Żagiel pojechali osobno, chyba dojechali na miejsce przed nami, bo pamiętam, że to oni przedstawili mi obecnego w restauracji Rosjanina. Ja oczywiście nie zwróciłem uwagi na nazwisko, rozmowa toczyła się na początku po rosyjsku i miała kurtuazyjny charakter. Z pierwszą rzeczą… A, pierwszą rzeczą, która obudziła moją czujność, była reakcja mojego rozmówcy na mój zwrot „panie ministrze". Otóż Rosjanin oświadczył mi, że nie jest wiceministrem energetyki, tylko szefem doradców ministra. Nie taję, że byłem zaskoczony, bo to była ranga poniżej tej, jakiej oczekiwałem. Rozmówca chyba wyczytał to z mojej twarzy, bo szybko wyjaśnił, że jest także szefem rady nadzorczej Inter RAO i wręczył mi wizytówki, na których widniało nazwisko Władimir Ałganow. Wymknęło mi się takie zdanie, że chyba skądś znam to nazwisko, na co on odpowiedział, że swojego czasu był w Polsce bardzo znany. Dopiero w tym momencie – co pewno źle świadczy o mojej bystrości tego dnia – skojarzyłem, z kim mam do czynienia.

Wysoka Komisjo! Pewnie powinienem w tym momencie wyjść. Gdybym wówczas wiedział, co mnie z tego powodu spotka, wyszedłbym na pewno. Wtedy jednak wydało mi się to po prostu niestosowne. I od razu pragnę wyjaśnić, że wątpliwości, czy nie powinienem wyjść z tego spotkania, nie wynikały z obawy, że oto rozmawiam z byłym oficerem tajnych służb, który wykonuje tajne zadanie i chce pozyskać ode mnie tajne informacje. Trudno sobie wyobrazić gorzej zakonspirowanego rosyjskiego szpiega i kogoś, kto ma mniejsze szanse na pozyskanie zaufania jakiegokolwiek Polaka niż Ałganow. Chodziło raczej o to, że nie była to osoba, z którą chciałbym mieć cokolwiek wspólnego. Jednakże, po pierwsze, jestem biznesmenem, nie politykiem, i w swojej pracy muszę kontaktować się z wieloma ludźmi, którzy mi się czasami nie podobają. Po drugie, może to jest kwestia wychowania albo charakteru, z zasady zachowuję się powściągliwie i unikam demonstracji. W każdym bądź razie nie wyszedłem. W trakcie spotkania pan Ałganow przedstawił aktualne możliwości eksportu energii elektrycznej z Rosji z uwzględnieniem różnych możliwości tranzytu. To ja – podkreślam: to ja – pytałem o możliwości eksportu i przesyłu energii elektrycznej. Nie przekazywałem mu żadnych informacji, tym bardziej poufnych czy tajnych. Takich zresztą informacji nie posiadam. Tematem naszej rozmowy były też sprawy bardziej ogólne, typowe dla rozmowy przy obiedzie: o trudnościach gospodarczych, o klimacie inwestycyjnym pomiędzy Polską a Rosją – są to tematy podnoszone przez wszystkie media.

Ani przez chwilę nie znalazłem się z panem Ałganowem sam na sam. Kończąc spotkanie, już przed opuszczeniem przeze mnie restauracji, Ałganow wygłosił zdanie, które brzmiało mniej więcej tak: No, żeby nie wyszło tak jak w Gdańsku, kiedy to minister podjął decyzję, zarząd Nafty Polskiej to wszystko załatwił, dał rekomendację, strona rosyjska poniosła pewne koszty, i wziątka była, i nic z tego nie wyszło. Obecny przy tym pan Marek Modecki, który, podobnie jak pozostałe osoby, był po kilku lampkach wina, zaczął wypytywać Ałganowa o szczegóły. Spytał pół żartem, pół serio, jakie były koszty. Jak sobie przypominam, nawiązał do krążącej po Warszawie plotki i spytał, czy to było te 5 mln. Ałganow wyraźnie rozbawiony stwierdził, że dużo wiemy, czy coś podobnego.

Na zakończenie spotkania Ałganow zaprosił nas wszystkich do Moskwy. Nie ustosunkowując się do zaproszenia, poinformowałem zebranych, że tę rozmowę przedstawię premierowi Millerowi. Zamierzałem premiera poinformować, iż znów rysuje się możliwość realizacji idei importowania taniej energii z Rosji, a także o tym, że znany w Polsce zupełnie z innej działalności pan Ałganow ma wpływ na decyzje dotyczące sektora energii elektrycznej w Rosji. Panowie Modecki, Kuna i Żagiel zostali w restauracji, ja zaś wsiadłem do samochodu i pojechałem na umówione spotkanie do kancelarii mecenasa Scheinzera, gdzie przebywałem pomiędzy godz. 17.30 a 18.45. Dysponuję potwierdzającym to oświadczeniem pana Scheinzera złożonym przed notariuszem. Po zakończeniu rozmów w kancelarii pana Scheinzera pojechałem na lotnisko. Wyleciałem z Wiednia sam o godz. 19.35.

Wysoka komisjo, pragnę oświadczyć, że to jest wyczerpujący i precyzyjny, z dokładnością do paru minut, opis mojej obecności w Wiedniu 17 lipca 2003 r.

Oświadczam, że nie brałem udziału w drugim wieczornym spotkaniu z panem Ałganowem, chociaż proponowano mi w nim udział, wiedziałem więc, że takie spotkanie ma się odbyć.

[...] Przedmiotem mojej rozmowy z Władimirem Ałganowem była energia elektryczna, bo ten resort reprezentował pan Ałganow. Nie było mowy o ropie.

Chcę także podkreślić, że ani pan Ałganow mówiąc o łapówce, nie podał żadnego nazwiska, ani ja referując rozmowę panu Zbigniewowi Siemiątkowskiemu, nie wskazałem na pana ministra Wiesława Kaczmarka jako beneficjenta wziątki. Z kontekstu wypowiedzi Ałganowa można było wyciągnąć różne wnioski co do osoby lub osób, o które chodziło. Ja po prostu wiernie oddałem słowa mojego rozmówcy, dodając, że w mojej opinii mogła to być prowokacja ze strony Ałganowa. Interpretacja tych słów to już dzieło piszących notatkę.

Po powrocie odbyłem urzędową rozmowę z premierem Millerem w jego gabinecie, informując go o wiedeńskim spotkaniu. Słysząc nazwisko Ałganow, premier stwierdził, że o tej rozmowie powinni zostać poinformowani szefowie Agencji Wywiadu i Bezpieczeństwa Wewnętrznego, po czym wezwał pana ministra Barcikowskiego. Zrelacjonowałem im pokrótce spotkanie z Ałganowem. Obaj panowie stwierdzili, że organem właściwym do wysłuchania tej relacji jest Agencja Wywiadu. Premier chciał także od razu umówić mnie na spotkanie z szefem Agencji Wywiadu panem Zbigniewem Siemiątkowskim, ale okazało się to niemożliwe.

Spotkanie z ministrem Siemiątkowskim doszło do skutku, jak zapamiętałem, parę dni później. Dziś na podstawie odtajnionej notatki okazuje się, że był to 31 lipca 2003 r. Podczas spotkania z panem Siemiątkowskim po raz wtóry zrelacjonowałem przebieg wydarzeń, w których brałem udział 17 lipca w Wiedniu. Rozmowa trwała co najmniej godzinę. Odniosłem wrażenie, że pan minister Siemiątkowski nie przywiązuje zbytniej wagi do meritum tego spotkania, czyli zagadnień reeksportu energii. Mogę się domyślać, iż jego désintéressement brało się z faktu, iż w odróżnieniu od importu ropy, który jak się dziś dowiadujemy, stanowił główny obiekt troski ministra Siemiątkowskiego podczas jego pracy w UOP, problematyka importu i eksportu energii była mu obca i nie postrzegał jej jako strategicznej dla bezpieczeństwa państwa. W każdym razie ministra ewidentnie zainteresowały inne, w mojej opinii poboczne, wątki naszej rozmowy. Dopytywał się o zasłyszane informacje o roszczeniach pana Czempińskiego wobec mnie. W tamtym czasie pan Czempiński już nie pracował w żadnej z naszych firm. I rzeczywiście docierały do mnie przez osoby trzecie informacje, że jakoby nie zostały dokonane właściwe rozliczenia ze współpracy gen. Czempińskiego. Sprawa ta została jednak wyjaśniona i załatwiona.

Nie potrafię wytłumaczyć, dlaczego akurat wątek łapówki, jak i informacja dotycząca gen. Czempińskiego, będące zupełnie pobocznym tematem mojej rozmowy z panem Siemiątkowskim, zostały tak mocno wyeksponowane w jego notatce z dnia 1 sierpnia 2003 r. i w tak zniekształconej formie.

Generalnie odtajniona notatka ministra Siemiątkowskiego z tej rozmowy w mojej opinii bardzo odbiega od treści samej rozmowy. Zwracam uwagę, że ponadgodzinna rozmowa została odnotowana w kilkunastu linijkach. Nie mogę się oprzeć wrażeniu, że jest ona kompilacją niektórych udzielonych mu przeze mnie informacji oraz wiedzy pochodzącej z innego, nieznanego mi źródła.

O tym, iż notatka ta rzeczywiście powstała po rozmowie ze mną, przekonuje mnie jedynie data, a właściwie błąd w dacie. W istocie pomyliłem się i spotkanie, które miało miejsce siedemnastego, w rozmowie z ministrem ulokowałem w dniu osiemnastego. Jak wspomniałem, nie prowadzę swego kalendarza i nie zawsze jestem w stanie dokładnie odtworzyć z pamięci daty i wydarzenia, w których brałem udział. Wysoka Komisjo! Jeśli miałbym państwu wykazać oczywistą nieprawdę zawartą w tej notatce, proszę zwrócić uwagę na zapis w odpowiedzi na zarzuty Ałganowa odnośnie decyzji o prywatyzacji Rafinerii Gdańskiej niezgodnej z wcześniejszymi ustaleniami ze stroną rosyjską: J.K. miał stwierdzić, iż postawili na złego konia oraz należy dokonać nowych uzgodnień.

Panowie Posłowie! Przecież musiałbym być idiotą, żeby w rozmowie z szefem polskiego wywiadu przyznawać się do tego, że przekonywałem przedstawiciela obcego państwa, a nawet byłego agenta, żeby nie przejmował się decyzją polskiego rządu, bo ja mogę załatwić po jego myśli to, co chcę, i dodawać jeszcze, że dał 5 mln łapówki nie temu, co trzeba. Już tylko na marginesie wspomnę, iż nie mogłem odnosić się do słów Ałganowa wypowiedzianych według notatki w drugiej turze spotkania, bo w niej nie uczestniczyłem. Odnotował to przecież autor notatki w przypisie nr 3. Zresztą przetarg na Rafinerię Gdańską został ostatecznie unieważniony na trzy dni przed spotkaniem z Ałganowem i publicznie ogłoszono decyzję o wprowadzeniu Grupy LOTOS na giełdę. Każdy zainteresowany będzie mógł nabyć akcje tej grupy bezpośrednio w wolnym obrocie. Przedostatni akapit notatki zawiera również nieprawdziwe informacje dotyczące kwoty, jaką Grupa Kulczyk Holding wydała na akcje PKN Orlen. Na pytanie o to, jakie było źródło informacji zawartych w notatce, może odpowiedzieć tylko pan minister Siemiątkowski, jeżeli rzeczywiście był autorem notatki, a nie tylko złożył swój podpis na notatce, którą stworzył ktoś inny.

Odnosząc się natomiast pokrótce do drugiej notatki, operacyjnej, noszącej, o dziwo, tę samą datę, 1 sierpnia 2003 r., oświadczam, że w całości zawiera ona nieprawdę. Podkreślę, że rzeczą charakterystyczną jest powtórzenie w niej mojego błędu co do daty spotkania, 18 lipca, uzupełnionej o datę dziewiętnastego. W dniach 18 i 19 lipca z całą pewnością przebywałem w Polsce i na moje szczęście uczestniczyłem w wydarzeniach publicznych, co z dużą łatwością pozwala mi zadać kłam stwierdzeniu autora notatki. Nie byłem w Wiedniu ani 18, ani 19 lipca. Powtórzenie błędu co do daty spotkania wskazuje, że notatka oficera Agencji Wywiadu powstała m.in. na podstawie notatki podpisanej przez pana Siemiątkowskiego i nosząc tę samą datę, jest w stosunku do niej wtórna. Na te pytania, jak sądzę, odpowiedzą z łatwością eksperci komisji reprezentujący służby specjalne.

Minister Andrzej Barcikowski w rozmowie z Moniką Olejnik w Radiu Zet stwierdził, iż ta notatka, jako jednoźródłowa, i tutaj cytuję: „nie może być źródłem prawdy, trzeba ją zweryfikować. Wiarygodność notatek jednoźródłowych bywa zazwyczaj sprawdzana w wieloraki sposób i bardzo długo. Nie stało się dobrze, że ta notatka znalazła się w obiegu publicznym, bo wszelkie elementy, łącznie z datą, trzeba z punktu widzenia warsztatowego podważyć. Takie są zasady postępowania w służbach specjalnych". Koniec cytatu. Opinię tę w pełni podzielam. Zresztą z samej treści notatki wynika, że nie zawiera ona żadnych konkretnych ustaleń wywiadowczych, a jedynie relacjonuje plotki.

Nie potrafię zrozumieć, skąd mogła się wziąć w notatce informacja o moich rzekomych negocjacjach z panem Markiem Dochnalem w przedmiocie odkupienia ode mnie akcji PKN Orlen. Według notatki ceną wyjściową miało być 100 mln dolarów, a na koniec zgodziłem się jakoby sprzedać akcje za 30 mln dolarów. Oświadczam wysokiej komisji, że nie znam pana Dochnala, nigdy z nim nie prowadziłem rozmów i proszę panów posłów, aby mi uwierzyli, że potrafię liczyć. Sugerowanie mi, że byłem gotów sprzedać komukolwiek akcje spółki giełdowej w okresie wzrostu ich wartości, i to za cenę rażąco niższą niż cena zakupu, obraża moją inteligencję. Ponadto decyzje inwestycyjne tej miary przeprowadzane są pod szczególną kontrolą Komisji Papierów Wartościowych i Giełd. Poza tym wszystkim byłoby to prawnie niemożliwe.

Panie Przewodniczący! Wysoka Komisjo! Pozwólcie państwo, że przejdę do sprawy związanej z PKN Orlen. Kulczyk Holding i spółki od niego zależne nabywały akcje Orlenu sukcesywnie od 1999 r., na podstawie analiz wewnętrznych, bezpośrednio z rynku, uznając za bardzo dobrą inwestycję. Portfel akcji Orlenu znajdujący się w posiadaniu Kulczyk Holding wynosił prawie 24 mln akcji, co dawało 5,7% kapitału zakładowego, a głosów na walnym zgromadzeniu 10,47%. Na marginesie: chyba minister Kaczmarek, zeznając w tej sprawie, pomylił udział Kulczyk Holding w kapitale zakładowym z liczbą głosów na walnym zgromadzeniu.

Zgodnie z obowiązującymi przepisami 20 czerwca 2002 r. zawiadomiono o tym fakcie Komisję Papierów Wartościowych i Giełd, Urząd Ochrony Konkurencji i Konsumentów oraz PKN Orlen. Grupa Kulczyk Holding nie zlecała żadnym instytucjom finansowym nabywania dla niej akcji Orlenu w sposób tajny czy pod przykrywką. Wielkość naszego portfela nigdy nie przekroczyła 6,6% kapitału zakładowego. Ukrywanie rzeczywistej wielkości portfela nie miałoby zresztą sensu, skoro można je nabywać do limitów określonych w Prawie o publicznym obrocie papierami wartościowymi bez żadnych ograniczeń. Ostatnio Grupa Kulczyk Holding zbyła część portfela i obecnie posiada poniżej 5% w kapitale zakładowym PKN Orlen. Za akcje płacono ceny rynkowe. Łącznie wydatkowano ok. 110 mln dolarów, a nie 300 mln dolarów, jak to podano w notatce pana ministra Siemiątkowskiego. Wartość tego portfela, przy dobrym zarządzaniu Orlenem i udziale w prywatyzacji Rafinerii

Gdańskiej, mogła zdaniem naszych ekspertów i analityków wzrosnąć do ok. 300 mln dolarów w przeciągu 4 lat, tj. do roku 2006. Stąd zapewne kwota 300 mln dolarów, która pojawiła się w rozmowie z panem Siemiątkowskim, a następnie w jego notatce.

Dotyczyła ona spodziewanej przyszłej wartości portfela, a nie ceny nabycia. To jeden z wielu przykładów nieporozumienia... moich informacji przez pana ministra Siemiątkowskiego.

Chcę ponownie kategorycznie stwierdzić, że nie prowadziłem żadnych rozmów na temat zbycia akcji PKN Orlen z panem Dochnalem ani z nikim innym. Już jak powiedziałem, w ogóle nie znam pana Dochnala. Wbrew temu, co pisze dzisiaj „Rzeczpospolita", nie prowadziłem również żadnych rozmów z Alekperowem, nie znam go i nigdy go w życiu nie widziałem. Kwestie prywatyzacji Rafinerii Gdańskiej są tu o tyle istotne, że oddanie tej rafinerii w ręce koncernu dysponującego dużymi zasobami własnymi ropy naftowej może skutkować rozpoczęciem ostrej wojny cenowej z PKN Orlen i zdecydowanie zaciążyć na wynikach finansowych i całej przyszłości Orlenu. To, co dotychczas zrobiono w procesie prywatyzacji Rafinerii Gdańskiej, zasługuje na bardzo krytyczną ocenę. Procedura trwała trzy lata, zakończyła się unieważnieniem i jej jedynym wymiernym efektem było udostępnienie kompletnej wiedzy o Rafinerii Gdańskiej rosyjskiej firmie Łukoil. Właśnie tej firmie Nafta Polska pozwoliła na zbadanie Rafinerii Gdańskiej w procesie due diligence, pozwalając na pełną analizę tej spółki. Mówiąc inaczej, stworzono Łukoilowi warunki do pozyskania pełnej wiedzy, której nie może posiadać nikt inny, ani ja czy nawet Skarb Państwa. Grupa Kulczyk Holding, będąc inwestorem zaangażowanym w PKN Orlen, z pewnością jest przeciwna zbyciu Rafinerii Gdańskiej na rzecz jakiegokolwiek inwestora zagranicznego. Byłoby to po prostu sprzeczne z interesami PKN Orlen i jego akcjonariuszy; także sprzeczne z interesami Skarbu Państwa i interesami holdingu. Sprzedanie rafinerii Łukoilowi było prawdopodobnie najgorszym z możliwych złych wyjść i byłem temu przez cały czas stanowczo przeciwny, bo to prowadziłoby to do drastycznego obniżenia wartości PKN Orlen. Prawdziwość tej tezy potwierdza gwałtowna obniżka wartości Orlenu po informacji, że Nafta Polska udzieliła ministrowi skarbu państwa rekomendacji do sprzedaży Rafinerii Gdańskiej konsorcjum Łukoil–Rotch.

Przy okazji pragnę zauważyć, iż po tym, jak Ministerstwo Skarbu Państwa zdecydowało, żeby nie sprzedawać rafinerii Łukoilowi, Rotch wystąpił z propozycją utworzenia konsorcjum z udziałem Orlenu. Uważam, że było to dla Orlenu, interesu Skarbu Państwa i pozostałych akcjonariuszy najlepsze wyjście. Kategorycznie stwierdzam, że nie było ze strony ani grupy Kulczyk Holding, ani mojej żadnej próby przejęcia kontroli nad PKN Orlen. Ta próba byłaby zresztą z góry skazana na niepowodzenie. Statut spółki nie dopuszczał możliwości, by akcjonariusz inny niż Skarb Państwa, Nafta Polska i Bank of New York wykonywał na walnym zgromadzeniu prawo głosów z więcej niż 10% akcji. Dzięki naszym staraniom ten zapis nadal obowiązuje, mimo iż Sejm w nowelizacji Kodeksu spółek handlowych podwyższył tę granicę z 10 do 20%. W konsekwencji, ze względów obiektywnych, nikt – podkreślam: nikt – nie jest w stanie przejąć kontroli nad spółką PKN Orlen.

Kolejna kwestia, która przewija się w tej sprawie, to nasza pozycja w Radzie Nadzorczej PKN Orlen. Jak panowie posłowie wiecie, rada nadzorcza jest organem spółki, a członkowie rady reprezentują nie akcjonariuszy, ale spółkę. Przepis art. 8 statutu Orlenu przewiduje, że jedynym podmiotem uprawnionym do powołania czy też mianowania członka rady, bez wyboru walnego zgromadzenia, jest Skarb Państwa. To minister skarbu państwa w 1999 r. zapisał w statucie taką formułę powoływania swego przedstawiciela i ograniczył to przedstawicielstwo do jednej osoby. Tak więc to minister Skarbu Państwa zadecydował w 1999 r., jeszcze przed moim zainteresowaniem akcjami Orlenu, jaka ma być reprezentacja Skarbu Państwa w Radzie Nadzorczej Orlenu. Jedynym kandydatem do rady nadzorczej związanej z grupą Kulczyk Holding był pan Jan Waga, prezes holdingu. Został on wybrany najpierw wiceprzewodniczącym, a później przewodniczącym rady. Przyczyną, dla której na czele rady nie stanął reprezentant Skarbu Państwa, był sposób jego wyboru.

Uznano, że przewodniczącym rady powinna być osoba wybrana przez walne zgromadzenie, a zatem posiadająca silny mandat akcjonariuszy, a nie osoba mianowana. Na marginesie chciałbym dodać, że na prośbę ministra Kaczmarka, w konsultacji z Kulczyk Holding, związane kapitałowo z holdingiem Towarzystwo Ubezpieczeniowe „Warta" zgłosiło do rady nadzorczej kandydaturę pana Kratiuka, prawnika, który nie ma żadnych związków z holdingiem ani spółkami przez niego kontrolowanymi. To dowód, że holding nie usiłował zwiększyć swojego wpływu na PKN Orlen, a nawet wręcz przeciwnie – dobrowolnie zrezygnowaliśmy z możliwości zgłoszenia do rady drugiej, związanej z holdingiem osoby. Natomiast niejednokrotnie byłem pytany przez zarząd, w tym prezesów, pana Modrzejewskiego, jak i pana Wróbla, a także przedstawicieli innych akcjonariuszy o moje opinie w różnych sprawach dotyczących PKN Orlen. I przyznam szczerze, że wydaje mi się to w pełni naturalne. Jestem poprzez Kulczyk Holding posiadaczem znacznego portfela akcji PKN Orlen, a akcjonariusze są zobowiązani do współdziałania w interesie spółki, że nie wspomnę już o pewnym doświadczeniu w sprawach gospodarczych, którym mogę się poszczycić.

Przypominam, że jawnie i publicznie, a nie za pomocą jakichś zakulisowych nacisków popierałem koncepcję fuzji PKN Orlen z podobnym koncernem zagranicznym. Dotyczy to w szczególności koncernu węgierskiego MOL i austriackiego OMV. Uważam, i dawałem temu niejednokrotnie wyraz jawnie i publicznie, że takie podmioty, faktycznie decydujące o bezpieczeństwie energetycznym, jak Naftoport, Naftobazy, czy przedsiębiorstwa zajmujące się przesyłem ropy, PERN, powinny pozostać w ręku państwa. W tym upatruję gwarancji bezpieczeństwa energetycznego Polski.

Wysoka Komisjo! Pragnę oświadczyć, że ani w sposób formalny, ani nieformalny, ani moje firmy, ani ja osobiście, nie mieliśmy nic wspólnego z działaniami towarzyszącymi odwołaniu Andrzeja Modrzejewskiego ze stanowiska prezesa zarządu tej spółki. Na marginesie dodam, że w tamtym czasie w składzie rady nadzorczej Orlenu nie było żadnej osoby związanej z holdingiem. O zatrzymaniu prezesa Andrzeja Modrzejewskiego dowiedziałem się z mediów. Z panem Andrzejem Modrzejewskim pierwszy raz spotkałem się osobiście chyba w 2001 r. Było to, jak pamiętam, na spotkaniu w Polskiej Radzie Biznesu, zorganizowanym z okazji wizyty w Polsce premiera Rosji Kasjanowa. W spotkaniu uczestniczył ówczesny premier Rzeczypospolitej pan Jerzy Buzek. Pan Andrzej Modrzejewski podszedł wtedy do mnie, aby zaproponować wspólnie z Orlenem i PGNiG kupienie po 25% akcji firmy El-Dystrybucja należącej do Elektrimu.

Nasze późniejsze spotkania, jako współwłaścicieli tej firmy, miały okazjonalny charakter. Pamiętam, że jeszcze w czasie urzędowania minister Aldony Kameli-Sowińskiej pan Modrzejewski zwierzał mi się, że nie układa mu się współpraca z nią. Wydaje mi się, że jego przekonanie nie było bezpodstawne, albowiem pani minister wyrażała publicznie krytyczne uwagi o prezesie Modrzejewskim. Wkrótce potem nastąpiła zmiana rządu. Prezesem Rady Ministrów został Leszek Miller. Nie znałem wówczas dobrze pana Millera, nie utrzymywałem z nim żadnych bliższych kontaktów. Ministrem skarbu państwa został pan Wiesław Kaczmarek. Minister Kaczmarek publicznie deklarował potrzebę zmiany na stanowisku prezesa PKN Orlen. Mówił o tym w trakcie kampanii wyborczej i wkrótce po wyborach przystąpił do realizacji tego zamierzenia, choć, jak podkreślam, odwołanie pana Andrzeja Modrzejewskiego ze stanowiska prezesa PKN Orlen forsowała już pani minister Sowińska. Zamiary ministra Kaczmarka były jasne także dla samego Andrzeja Modrzejewskiego. Przy okazji spotkania w sprawie El-Dystrybucji w grudniu lub styczniu… w grudniu 2001 r. albo w styczniu 2002 r. prosił mnie on o radę, co ma w tej sytuacji robić. Powiedziałem mu, że na jego miejscu podałbym się do dymisji, bo to jest jedyne rozsądne wyjście, skoro taka jest wola największego akcjonariusza, to jest Skarbu Państwa. Na dłuższą metę żaden zarząd nie może funkcjonować nie mając poparcia akcjonariuszy. Wtedy Andrzej Modrzejewski spytał mnie, czy znam potencjalnego jego następcę, to jest pana Zbigniewa Wróbla, i co o nim sądzę. W tamtym czasie nie znałem bliżej pana Wróbla, dlatego też na pytanie pana prezesa Modrzejewskiego mogłem powiedzieć tylko to, co wiedziałem z relacji biznesowych. To, że jest wiceprezesem zarządu Pepsico Europe, ma bardzo dobre kontakty biznesowe, doskonale włada językiem angielskim i pozostaje w przyjacielskich kontaktach z ministrem Kaczmarkiem. Wtedy prezes Modrzejewski spytał mnie, czy mógłbym mu pomóc skontaktować się ze Zbigniewem Wróblem, co też uczyniłem. Panu Modrzejewskiemu, który chyba już wtedy pogodził się z faktem, że zostanie odwołany, zależało na tym, by w składzie zarządu spółki pozostał pan Cetnar. Jego lobbing okazał się tak skuteczny, że pan Cetnar znalazł się w składzie nowego zarządu PKN Orlen i to na kluczowym stanowisku, wiceprezesa nadzorującego finanse, zakup ropy naftowej i organizację przetargów.

Podkreślam, starania ministra skarbu państwa o zmianę zarządu PKN Orlen rozpoczęły się już w grudniu 2001 r. Dokonanie zmiany składu rady nadzorczej, a w efekcie i zarządu Orlenu, było tylko kwestią czasu. Chciał tego i okazywał to demonstracyjnie mający poparcie funduszy inwestycyjnych pan minister Kaczmarek.

Może dziwić, że przeprowadzenie zmian trwało tylko tak długo. Myślę, że problem leżał w sposobie głosowania w imieniu Banku of New York na walnym zgromadzeniu. Krótko mówiąc, akcjonariusze mieli wrażenie, że zarząd, a konkretnie prezes Andrzej Modrzejewski, dysponuje na walnym zgromadzeniu mniej więcej taką samą liczbą głosów jak Skarb Państwa razem z Naftą Polską. Wydaje mi się, że wyjaśnienie kulis sposobu głosowania na walnym zgromadzeniu akcjonariuszy PKN Orlen pozwoliłoby zrozumieć istotę rozgrywki, jaka toczyła się pod koniec 2001 r. i na początku 2002 r. w sprawie obsady stanowisk w Radzie Nadzorczej i Zarządzie PKN Orlen. Ja w tej rozgrywce nie uczestniczyłem. Myślę, że miała ona charakter walki pomiędzy starą i nową ekipą.

Kategorycznie zaprzeczam, abym w jakiejkolwiek rozmowie z Andrzejem Modrzejewskim wywierał na niego nacisk w celu podania się do dymisji.

Zauważyłem, że już przed wysoką komisją pan Modrzejewski wycofał się z tego zarzutu wobec mojej osoby, zawartego w wywiadzie dla „Polityki".

Stanowczo zaprzeczam również, że rozmawiałem na ten temat z panem premierem Leszkiem Millerem. Z panem Leszkiem Millerem spotkałem się, gdy pełnił funkcję prezesa Rady Ministrów, głównie po to, aby rozmawiać o warunkach prowadzenia działalności gospodarczej w Polsce. Interesował go mój punkt widzenia na szereg kwestii ekonomicznych. Mogę tylko przypuszczać, że cenił moje uwagi jako prezesa Polskiej Rady Biznesu i innych organizacji gospodarczych, mającego doświadczenie w prowadzeniu interesów na dużą skalę. Sugerowałem mu, że dla polskich przedsiębiorców najważniejsze znaczenie mają kwestie podatkowe. Wyrażałem pogląd, iż warunkiem sukcesu tego rządu jest nie tylko wprowadzenie Polski do Unii Europejskiej, ale także doprowadzenie do uchwalenia ustawy o swobodzie działalności gospodarczej i obniżenie podatków. Być może moje kontakty z Leszkiem Millerem i fakt, że namawiałem go do liberalnych rozwiązań gospodarczych, budziły sprzeciw części ludzi lewicy. Głosy te były obecne w publicznych dyskusjach i na łamach prasy.

Zupełnym nieporozumieniem jest łączenie mojej wizyty w gabinecie premiera w dniu 8 lutego 2002 r. z planowanymi zmianami we władzach PKN Orlen. Wizyta ta nie miała nic wspólnego z, jak sugerują media, planowaniem nowego układu personalnego w PKN Orlen, w którym to planowaniu miałem jakoby odgrywać kluczową rolę. Nasza rozmowa na temat PKN Orlen sprowadziła się do wymiany kilku zdań w związku z posiedzeniem Rady Nadzorczej. Premier, jak pamiętam, zapytał mnie wówczas, co sądzę o kandydaturze Zbigniewa Wróbla. Powiedziałem, że powołanie pana Wróbla jest, w moim odczuciu, trafne. Stwierdziłem też, że Kulczyk Holding, jako akcjonariusz spółki, w zupełności rozumie, iż decydujący głos w tej kwestii musi mieć Skarb Państwa.

Głównym celem mojej wizyty w Kancelarii Prezesa Rady Ministrów było jednak poproszenie pana premiera, aby podczas planowanej na następny dzień wizyty w Poznaniu znalazł czas na spotkanie z wielkopolskimi biznesmenami. Niestety, ze względu na bardzo napięty plan wizyty okazało się to niemożliwe.

Natomiast moje już mityczne, chociaż krótkie, nocne spotkanie z prezydentem i premierem w Kancelarii Prezesa Rady Ministrów 20 lutego 2002 r. sprowadzało się do tego, iż zaproszony telefonicznie przyjechałem i odpowiedziałem negatywnie na pytanie, czy mam zamiar ubiegać się o stanowisko prezesa Rady Ministrów... prezesa Rady Nadzorczej PKN Orlen. W istocie, krążyła wówczas w pewnych kręgach politycznych i biznesowych plotka, iż zamierzam zostać przewodniczącym Rady Nadzorczej PKN Orlen. Nie wiem, w jaki sposób powstała ani kto był jej autorem, ale żyła swoim własnym życiem. Przypuszczam, że ktoś wysunął taką myśl, wiedząc, że sprawuję funkcję przewodniczącego rady nadzorczej w niektórych spółkach, w których Kulczyk Holding ma udziały. Ani przez chwilę nie miałem zamiaru objąć tego stanowiska. Dlatego też samo zaproszenie, a także treść zadanych mi pytań, były dla mnie zaskoczeniem. Premier wyjaśnił, że zarówno on, jak i prezydent, słyszeli podtrzymywane przez ministra Kaczmarka plotki, iż chcę stanąć na czele Rady Nadzorczej PKN Orlen, i wspólnie z panem prezydentem postanowili po prostu bezpośrednio zapytać mnie, czy to prawda.

Odpowiedziałem, że nie i że nie miałem takiego zamiaru. Chciałbym zwrócić uwagę wysokiej komisji na pewien brak logiki widoczny w tych interpretacjach, które przypisują mi jakąś demiurgiczną rolę w tych wszystkich wydarzeniach. Gdybym w istocie w dniu 8 lutego 2002 r. ustalał z premierem Millerem skład personalny władz PKN Orlen, to 20 lutego premier wiedziałby, że nie mam i nigdy nie miałem zamiaru znaleźć się w tym składzie. A zatem cała ta rozmowa byłaby niepotrzebna. Natomiast prawdą jest, że w dniu, w którym odbyło się walne zgromadzenie, zadzwonił do mnie pan Andrzej Kratiuk i zaprosił do swojej kancelarii.

Zastałem w niej, poza gospodarzem, pana Wiesława Kaczmarka. Pan minister Kaczmarek spytał mnie, czy poza panem prezesem

Wagą Kulczyk Holding ma jakiegoś jeszcze kandydata do Rady Nadzorczej PKN Orlen. Odpowiedziałem, że nie. Wtedy pan Kaczmarek zwrócił mi uwagę, że Towarzystwo Ubezpieczeniowe Warta, w którym Kulczyk Holding miał większościowy udział, jest akcjonariuszem PKN Orlen i mógłby zgłosić kandydata do Rady Nadzorczej. Zasugerował, aby tym kandydatem był pan Andrzej Kratiuk. Wiedziałem, że pan Andrzej Kratiuk jest prawnikiem i ma odpowiednie kompetencje do zasiadania w radach nadzorczych dużych spółek. W związku z tym powiedziałem, że nie widzę przeszkód, by taką sugestię zgłosić prezesowi Warty.

Sugestię taką przedstawiłem i – z tego, co wiem – Warta zaproponowała kandydaturę pana Kratiuka. Jak się później okazało, pan Kratiuk został wybrany członkiem Rady Nadzorczej. Był to mój jedyny udział w dokonywaniu jakichkolwiek ustaleń co do składu władz spółki PKN Orlen. Podkreślam, że rozmawialiśmy o zgłoszeniu kandydatury, a nie ostatecznym składzie, i tylko odnośnie Rady Nadzorczej, a nie Zarządu.

Pragnę oświadczyć, że nie miałem żadnego wpływu na obsadę stanowisk w Zarządzie PKN Orlen. Jedyną osobą w Radzie Nadzorczej związaną z Kulczyk Holding był pan Jan Waga. Podkreślam, iż fakt, że pan Waga został przewodniczącym Rady Nadzorczej, wynikał z woli zdecydowanej większości akcjonariuszy.

Wysoka Komisjo! W publicznej dyskusji na temat PKN Orlen, zmian w jego władzach i mojej obecności w całej tej sprawie zabrakło, jak sądzę, dość istotnego elementu: im dłużej trwa ta cała afera, tym bardziej umyka nam wszystkim zasadnicza prawda, że akcjonariusz ma prawa i obowiązki. Ma prawo interesować się spółką i jej kondycją, rozmawiać z innymi akcjonariuszami na temat strategii działania spółki, uczestniczyć w konsultacjach i dyskusjach dotyczących składu organów spółki, snuć wizję jej rozwoju, a przede wszystkim interesować się wartością posiadanych akcji.

Oświadczam, że wszystkie działania, które podejmowałem w związku ze spółką PKN Orlen, wszystkie przejawy mojego zainteresowania sprawami tej spółki były legalne, zgodne z prawem i wynikały z faktu, iż Kulczyk Holding był i jest znaczącym akcjonariuszem koncernu.

Teraz jestem gotów odpowiedzieć na wszystkie pytania sejmowej komisji dotyczące spraw, do wyjaśnienia których komisja została powołana. Dziękuję bardzo.

[...]

Udział Kulczyk Holding w kapitale [PKN Orlen] był 5,6, co dawało... co dawało 10,47% głosów wraz z pełnomocnictwami na walnym zgromadzeniu. Procenta głosów...

[...]

Przewodniczący:
[...]
Czy pańskie firmy wspólnie prowadziły jakieś inwestycje z PKN Orlen?

Pan Jan Kulczyk:
Nie przypominam sobie. Nie wiem, czy... To znaczy w jednej ze spółek jesteśmy współakcjonariuszami, to jest w Autostradzie Wielkopolskiej. Ale to chyba wszystko. Nie przypominam sobie.

Przewodniczący:
Rozumiem. Dziękuję bardzo. Czy pod koniec 2001 r. był pan w Rosji wspólnie z premierem Leszkiem Millerem, lecąc tym samym samolotem?

Pan Jan Kulczyk:
Towarzyszyłem jako delegacja biznesowa, jako Polska Rada Biznesu i...

Przewodniczący:
Czy może pan na ten temat, tej wspólnej podróży, powiedzieć coś komisji?

Pan Jan Kulczyk:
Była to oficjalna wizyta państwowa. [...] Wszystkie spotkania organizowało – tak jak sobie przypominam – Ministerstwo Gospodarki i Krajowa Izba Gospodarcza. To wszystko, tak.

Przewodniczący:
Dziękuję. Kwestia prowizji. Co panu jest wiadomo o prowizjach funkcjonujących w polskim sektorze naftowym, tak to nazwijmy, czyli w tym obszarze gospodarki? Pytanie w tym kierunku zmierza. Czy ma pan jakąś wiedzę na ten temat?

Pan Jan Kulczyk:
Nie mam żadnej wiedzy na ten temat.
[...]

Przewodniczący:
[...] mam pytanie dodatkowe jak gdyby. Proszę świadka, proszę powiedzieć komisji, jak odbyło się spotkanie z panem ministrem Siemiątkowskim. A dotyczy moje pytanie tego fragmentu, czy pan minister Siemiątkowski po tej pana relacji, którą pan mu złożył, przedstawił panu, powiedzmy, to, co napisał.

Pan Jan Kulczyk:
Nie, nie. Ja... Tak jak już powiedziałem, to spotkanie w moim odczuciu trwało dobrą godzinę i myśmy... moim celem było przedstawienie ministrowi Siemiątkowskiemu przede wszystkim tych nowych możliwości pozyskania taniej energii rosyjskiej oraz faktu, że osobą, która, no, jedną z kluczowych ról tam pełni, jest pan Ałganow. Natomiast sprawa dotycząca rozmowy, dotycząca moich relacji z panem gen. Czempińskim w moim mniemaniu miała charakter czysto towarzyski i już była pod koniec rozmowy. Ja w ogóle nie myślałem, że ona jest przedmiotem jakichkolwiek dociekań czy będzie przedmiotem odzwierciedlenia tego w notatce. Tak również

marginesowo, no bo tak to było w trakcie tego spotkania, zasygnalizowałem sprawę tej uwagi dotyczącej Rafinerii Gdańskiej. I pamiętam też, że powiedziałem, że moim zdaniem może być to absolutnie prowokacja. Nie widziałem tych notatek, nie wiem, co pan minister Siemiątkowski notował, tak że trudno mi się do tego w jakiś sposób odnieść. I dlatego... Również nie informował mnie o tym, czy to będzie... to nie był żaden stenogram ze spotkania, to nie była żadna notatka, która została przedstawiona mi potem do podpisania. Nie mam żadnego pojęcia, co w tych notatkach – w tej chwili to widzę – zostało udokumentowane, ale to znacznie odbiega od tego, jaki – w moim mniemaniu – ta rozmowa miała charakter.

[...]

Na przykład nie mówiłem, że miał minister Kaczmarek otrzymać jakąś korzyść majątkową. W ogóle sobie tego nie przypominam, bo... Zresztą Ałganow tego nigdy nie powiedział. On to... To zdanie ma trzy człony, o ministrze Kaczmarku, o zarządzie Nafty i potem o tych kosztach czy wziątce. To można przypisać do każdego. Albo do...

Przewodniczący:
Rozumiem. Czyli bezpośrednio nazwisko nie padło wtedy w tej...

Pan Jan Kulczyk:
Nie przypominam sobie absolutnie, żeby nazwisko mogło paść.
[...]

Poseł Zbigniew Wassermann:
Czy państwo ma prawo, w świetle obowiązujących przepisów, a pytam pana jako człowieka poruszającego się w tym świecie, do kontroli legalności pozyskiwania dużych majątków? Bez żadnych intencji, po prostu do kontroli.

Pan Jan Kulczyk:
Ja myślę, panie przewodniczący, że to nie jest do mnie pytanie.

Natomiast, no, państwo kontroluje w sposób permanentny, kontrolując firmy. Nasze są – z tego co wiem – co roku kontrolowane od strony księgowej. To jest ta kontrola, która jest prowadzona permanentnie. I jeszcze raz powtarzam: Ja…

Poseł Zbigniew Wassermann:
Czy świadek zechciałby…

Pan Jan Kulczyk:
…nie chciałbym występować w roli eksperta co do przepisów prawa funkcjonujących w tym obszarze.

Poseł Zbigniew Wassermann:
Czy świadek zechciałby powiedzieć, jaka jest wielkość jego majątku, majątku firmy, majątku małżonki? Czy zechciałby powiedzieć to?

Pan Jan Kulczyk:
Panie przewodniczący, mnie się wydaje, że to pytanie wykracza absolutnie poza tematy, którymi komisja powinna się zajmować.

Poseł Zbigniew Wassermann:
Rozumiem, że świadek nie chce. Co do wykroczenia poza temat, nie chciałbym rozwijać dyskusji, ale można stawiać różne tezy związane z prawidłowością działań biznesowych i możliwością weryfikacji takich tez. Ale pytam: Czy pan zechce powiedzieć?

Pan Jan Kulczyk:
Panie przewodniczący, w monitorze, chyba, sądowym, rokrocznie jest sprawozdanie Kulczyk Holding z majątku, jaki posiada, aktywów, jakie posiada, wysokości kapitału i…

Poseł Zbigniew Wassermann:
Czy więc jest jakiś powód, dla którego pan nie chce tego powtórzyć?

Pan Jan Kulczyk:
Ja nie chciałbym w tym momencie mówić o rzeczach, których dokładnie nie znam. A poza tym... [...] ...uważam, że to nie jest w zakresie...

Poseł Zbigniew Wassermann:
Proszę świadka, czy świadek posiadał upoważnienie, czy pana prezydenta, czy pana premiera, do prowadzenia rozmów biznesowych w sektorze energetycznym i paliwowym?

Pan Jan Kulczyk:
Po pierwsze, nie prowadziłem takich rozmów, a po drugie, nie posiadam żadnych upoważnień – ani pana prezydenta, ani pana premiera, ani nikogokolwiek innego.

Poseł Zbigniew Wassermann:
Czy to znaczy, że spotkanie wiedeńskie było poświęcone tylko anegdotom z panem Ałganowem?

Pan Jan Kulczyk:
Nie, panie przewodniczący. Spotkanie wiedeńskie było poświęcone sprawdzeniu – tak jak mówiłem – czy istnieje de facto możliwość po raz ponowny, po raz ponowny – podkreślam, podejścia do tego samego projektu, to jest zakupu taniej energii z Rosji...
[...]

Poseł Zbigniew Wassermann:
Proszę świadka, świadek miał dobre kontakty z oligarchą rosyjskim Czubajsem. Czy on nie był bardziej kompetentnym partnerem do tych rozmów zamiast pułkownika wywiadu Ałganowa?

Pan Jan Kulczyk:
Czy ja miałem dobre kontakty z byłym wicepremierem Czubajsem, trudno powiedzieć. Widziałem go w życiu może dwa,

może trzy, może cztery razy. Natomiast tak, jak... [...] Natomiast RAO jest właścicielem i zawiadywało tylko, wyłącznie elektrowniami komercyjnymi... konwencjonalnymi. Natomiast tania energia, która jest najtańsza w tej chwili w Europie, a może i nawet w świecie, pochodzi z elektrowni atomowych, którymi nie zawiaduje i której to energii nie posiada RAO zarządzane przez pana Czubajsa. Tak że on akurat nie był osobą kompetentną w sprawie energii atomowej.

[...]

Poseł Zbigniew Wassermann:
Czy nie pytał pana pan prezydent Kwaśniewski, kim jest ten „pierwszy"?

Pan Jan Kulczyk:
Nie.

Poseł Zbigniew Wassermann:
Świadek zeznaje pod odpowiedzialnością karną.

Pan Jan Kulczyk:
Tak.

Poseł Zbigniew Wassermann:
Proszę świadka...

Pan Jan Kulczyk:
Z pełną świadomością, tak.

Poseł Zbigniew Wassermann:
Jasne. Proszę świadka, czy fakt, że...

Pan Jan Kulczyk:
Ja nie rozmawiałem od tego czasu z prezydentem, tak że...

Poseł Zbigniew Wassermann:
W ogóle? Po odtajnieniu notatek nie miał świadek kontaktu z prezydentem?

Pan Jan Kulczyk:
Nie, nie miałem.

Poseł Zbigniew Wassermann:
Czy na pytanie, kim jest „pierwszy", w prokuraturze udzielił pan odpowiedzi, że kojarzy się panu z pierwszym maja? To jest przypadek?

Pan Jan Kulczyk:
To bodajże gdzieś powiedział premier Miller, tutaj chyba...

Poseł Zbigniew Wassermann:
I to się panu spodobało?

Pan Jan Kulczyk:
Nie... To może mi się jeszcze kojarzyć z pierwszym sekretarzem albo czymś podobnym...

Poseł Zbigniew Wassermann:
To dość charakterystyczne.

Pan Jan Kulczyk:
...z zamierzchłymi czasami.

Poseł Zbigniew Wassermann:
Ale, proszę świadka, z panem premierem pan się spotkał?

Pan Jan Kulczyk:
Z panem premierem przelotnie chyba się spotkałem we wrześniu.

Poseł Zbigniew Wassermann:
Nie spotkał się pan z panem premierem w przedmiocie tych różnic, tego szoku wywołanego tym, że oto...

Pan Jan Kulczyk:
Nie, nie...

Poseł Zbigniew Wassermann:
...najważniejsi ministrowie w Polsce, jeżeli chodzi o bezpieczeństwo...

Pan Jan Kulczyk:
Jednoznacznie.

Poseł Zbigniew Wassermann:
...robią sobie kpinę z bezpieczeństwa, ponieważ sporządzają dokumenty, które albo kompromitują ich, albo kompromitują tego, kto to mówi? I pan nie podjął żadnych działań zmierzających do wyjaśnienia tej sprawy? Bo wiemy, że przez 15 miesięcy organy ścigania nie widziały powodów do podjęcia działań.

Pan Jan Kulczyk:
Panie przewodniczący, jednoznacznie... jednoznacznie oświadczam, że od... jeszcze zanim notatki zostały ujawnione, nie byłem obecny w Polsce.

Poseł Zbigniew Wassermann:
To kiedy pan się...

Pan Jan Kulczyk:
Nie widziałem się z nikim, którym mógłbym w tej sprawie rozmawiać.

Poseł Zbigniew Wassermann:

Czy świadek chce powiedzieć, że nikt pana z tak licznego grona współpracowników o tym fakcie nie powiadomił, którym żyła cała Polska. Przecież to była niezwykła sensacja.

Pan Jan Kulczyk:
Zostałem powiadomiony, ale już byłem poza granicami kraju...

Poseł Zbigniew Wassermann:
No tak, ale czy to jest jakaś sytuacja uniemożliwiająca działanie, telefon do premiera, prośba o spotkanie, wyjaśnienie? Przecież zaczyna się dziać coś bardzo niepokojącego.

Pan Jan Kulczyk:
Nie widziałem potrzeby tej dyskusji, bo właściwie z tych...

Poseł Zbigniew Wassermann:
To nie był problem.

Pan Jan Kulczyk:
To problem jest oczywiście, ale to nie jest problem, który należy dyskutować z osobami, które nie są stronami tych notatek.

Poseł Zbigniew Wassermann:
A, niech pan nie żartuje, przecież pan premier był obecny przy sporządzaniu notatki, pan premier pana odesłał do pana Siemiątkowskiego...

Pan Jan Kulczyk:
Notatki z panem Siemiątkowskim? Nie...

Pełnomocnik Jan Widacki:
Przepraszam, panie przewodniczący, znowu to jest sugerowanie treści odpowiedzi.

Poseł Zbigniew Wassermann:
To ja cofnę to pytanie. Natomiast poproszę...

Pan Jan Kulczyk:
Pan premier nie był przy notatce, nie był przy notatce z panem Siemiątkowskim, tak że...

Poseł Zbigniew Wassermann:
Poproszę świadka o odpowiedź na pytanie, które już zadałem, a na które odpowiedź nie padła: Nawet telefonicznie z panem premierem w tej sprawie pan się nie kontaktował?

Pan Jan Kulczyk:
Mi się wydaje, że premier do mnie dzwonił – ale ja nie potrafię w tej chwili sformułować dokładnie daty – i z takim pytaniem à propos tego właśnie „pierwszego", a to jest wszystko...

Poseł Zbigniew Wassermann:
Proszę spróbować przybliżyć komisji to zdarzenie, bo ono ma istotne znaczenie dla ustaleń komisji.

Pan Jan Kulczyk:
No, jeżeli to było... jeżeli było to tak, jak powiedziałem, a ja jestem... byłem poza granicami, także... pod koniec...

Poseł Zbigniew Wassermann:
Na pewno było to po odtajnieniu tych notatek?

Pan Jan Kulczyk:
Nie potrafię tego sformułować, jeżeli chodzi o datę.

Poseł Zbigniew Wassermann:
A jaka była treść tej rozmowy albo intencja rozmówcy?

Pan Jan Kulczyk:
Bardzo krótka... bardzo krótka z pytaniem: Czy ja coś mówiłem o „pierwszym" i czy kogoś wskazywałem? Odpowiedziałem, że to jest absolutnie...

Poseł Zbigniew Wassermann:
Czyli to było jakby najważniejsze w tej rozmowie?

Pan Jan Kulczyk:
...to jest absolutne nieporozumienie, bo ja nigdy o żadnym „pierwszym" nie mówiłem, na nikogo się nie powoływałem, w związku z tym jest to po prostu zwykła nieprawda i ta informacja, cała notatka zresztą – to już mówiłem wielokrotnie publicznie – dla mnie jest nieprawdziwa.

Poseł Zbigniew Wassermann:
Proszę świadka, czy świadek się zastanawiał nad tym, czy to może być prowokacja służb pod adresem prezydenta?

Pan Jan Kulczyk:
Znaczy... ja się nie zastanawiałem pod czyim adresem, ale tak, jak już mówiłem...

Poseł Zbigniew Wassermann:
Ale proszę tak...

Pan Jan Kulczyk:
Jak już mówiłem... W ogóle ta cała sprawa dla mnie jest sprawą, która, no, ma taki wymiar, który nie... nie należy wykluczyć żadnego wątku. [...]

Poseł Andrzej Aumiller:
Pozwolę sobie wrócić do tematu, który nas zobowiązał Sejm, a mianowicie Orlenu, zbadania jego nadzoru właścicielskiego. Mam

takie pytanie: czy, kupując akcje Orlenu, wiedział pan, czy może prezesi pana spółek, że spółka J&S dysponuje aż do końca 2002 r. pełnomocnictwem zapewniającym jej faktyczny monopol na dostawy ropy naftowej?

Pan Jan Kulczyk:
Nie, nie wiedziałem.

Poseł Andrzej Aumiller:
Bo czy pan się zgodzi ze mną, że jest to naruszenie zasady pełnej informacji o spółce? Bo natomiast w prospekcie emisyjnym, kiedy była pierwsza i druga tura prywatyzacji, etap prywatyzacji, tej informacji nie było.

Pan Jan Kulczyk:
...nie miałem takiej wiedzy.

Poseł Andrzej Aumiller:
Dobrze. W takim razie nie będę tego tematu drążył. Znając pana zaangażowanie w prywatyzację PKN Orlenu, czy nie zaniepokoiła pana wiadomość o tym, że Bank of New York zaczyna wysprzedawać globalne kwity depozytowe, tzw. GDR-y?

Pan Jan Kulczyk:
Pewna uwaga, panie przewodniczący. Nie byłem zaangażowany w prywatyzację Orlenu. Nasze akcje, to znaczy Kulczyk Holding kupił akcje na wolnym rynku...

Poseł Andrzej Aumiller:
Ja rozumiem, wiem o tym, wiem.

Pan Jan Kulczyk:
...czyli nasza obecność w Orlenie pochodzi tylko wyłącznie z zakupu tych akcji na wolnym rynku.

Poseł Andrzej Aumiller:

Oczywiście, dlatego moje pytanie było, pierwsze, no, jeśli jest przygotowany prospekt emisyjny, pan kupuje na giełdzie akcje, a prezesi w tym prospekcie nie informują tych, którzy chcą nabyć akcje, że jest – powiedzmy – J&S, który ma te gwarancje dostawy ropy naftowej. No, proszę sobie wyobrazić, że firma ta zarabia od 2 do 7 dolarów na jednej tonie, a miesięcznie sprowadza 1,2. Czyli dla mnie, jak ja bym kupował te akcje, ta wiadomość jest bardzo ważna. Więc dlatego było to pytanie. Ja wiem, że pana...

I teraz drugie pytanie. Skoro też pan na giełdzie kupił akcje Orlenu, okazuje się, że po zatrzymaniu Modrzejewskiego ten bank nagle w Nowym Jorku zaczyna wysprzedawać GDR-y – i miał po prostu tych GDR-ów na wysokość 27% akcji Orlenu, i to spada do 10,5 – no, to każdego akcjonariusza, który jest zaangażowany w granicach 5–6%, powinno to zaniepokoić. I stąd moje pytanie: czy pan się interesował tą sytuacją, co się dzieje w Nowym Jorku?

Pan Jan Kulczyk:

Nie, nie interesowałem się. Mamy w firmie grupę analityków, którzy przeprowadzają analizy. Ale jest to na poziomie, przypuszczam, poniżej zarządu w ogóle tego typu decyzje, tak że do mnie tego typu informacje nie dotarły.

Poseł Andrzej Aumiller:

To wie pan, z 27% w jednym roku się pozbyto. No, bo ja bym tak analizował, czy... A nie przychodziło panu takie zainteresowanie, a może to Łukoil kupuje, który tak był zaangażowany też w Orlen, chciał nabyć Orlen, chciał nabyć polską rafinerię?

Pan Jan Kulczyk:

Nie prowadziłem tego typu spekulacji. [...]

Poseł Andrzej Aumiller:

Mam następne takie pytanie już niezwiązane z Orlenem, ale

w trakcie... tutaj koledzy pytali o to słynne mieszanie energii i padła odpowiedź, że chodziło o tej taniej energii rosyjskiej atomowej z polską, żeby nie było dopłaty. Ale coś ciekawego mi przyszło do głowy w czasie zeznań pana Żagla, który w swoich zeznaniach powiedział tak: Dlaczego tam się to nie udało? Bo mieliśmy problem z uruchomieniem ukraińskiej elektrowni atomowej. Czy chodziło o Czarnobyl?

Pan Jan Kulczyk:
Nie potrafię powiedzieć, co miał na myśli. Ja myślę, że nie doszło do tego z tego względu, że jak przekazałem premierowi informację, kto jeszcze jak gdyby, jakie osoby w tym uczestniczą, zauważyłem reakcję, i już wiedziałem o tym doskonale, że jak gdyby sprawa nie ma szans i nie rokuje zwiększenia eksportu.

Poseł Andrzej Aumiller:
To by się zgadzało, wie pan, bo Unia Europejska dała Ukrainie odpowiednie środki, żeby Czarnobyla nie uruchamiała.

Pan Jan Kulczyk:
Ale o tym pan Ałganow mówił, że to jest ich wewnętrzna sprawa i oni sobie to wewnętrznie z Ukrainą uzgodnią.
[...]

Poseł Bogdan Bujak:
A czy pan Kuna i pan Żagiel byli stałymi w kontaktach współpracownikami pańskich firm?

Pan Jan Kulczyk:
Ja panów Kuna i Żagla widziałem w życiu, nie wiem, może pięć, maksymalnie dziesięć razy, a znamy się chyba z czasów firm polonijnych. Jeżeli przeliczymy to na częstotliwość, to raz na dwa lata ich spotykałem, i to wyłącznie z okazji towarzyskich. Kiedyś, przed tym spotkaniem jakieś pół roku, odwiedzili mnie w biurze – też spotka-

nie miało charakter raczej towarzyski – rozmawialiśmy o ich działalności, tej sponsoringowej i charytatywnej, to jest bliska memu sercu dziedzina, my dużo... W wielu dziedzinach firma Kulczyk Holding i firmy powiązane występują. I między innymi oni powiadomili mnie o swojej...

Poseł Bogdan Bujak:
A czy łączyły panów jakieś przedsięwzięcia gospodarcze?

Pan Jan Kulczyk:
Już, zaraz powiem, panie pośle. [...] Powiadomili mnie o swojej fundacji, która się chyba „Klaun" nazywa, która jest dla dzieci, przekonywali, że powinniśmy również, jak uczestniczymy w wielu innych fundacjach, powinniśmy również i tę fundację finansować. Potem chyba była rozmowa... To było dwa lata temu, w związku z tym przepraszam panów posłów, nie jestem w stanie dokładnie sobie tego uzmysłowić, ale z tego, co sobie przypominam, mówili, że mają świetne kontakty w Rosji, że tam robili dużo interesów i że w tej chwili są w Austrii, że gdybym miał jakieś pomysły i gdyby można było ich firmę wciągnąć, to oni są otwarci i bardzo chętnie jakiś interes wspólnie czy przy naszym dużym projekcie będą uczestniczyli.

Poseł Bogdan Bujak:
Rozumiem, że inicjatywa wiedeńska miała być dobrym interesem dla Polenergii, dla gospodarki również Polski pośrednio. Proszę mi powiedzieć, czy po tym spotkaniu w Wiedniu dalej prowadziliście państwo działania w zakresie realizacji tych uzgodnień czy też wstępnych ustaleń wiedeńskich.

Pan Jan Kulczyk:
Z tego, co... Ja już nie prowadziłem na pewno, wystarczyła mi reakcja na... nazwisko pana Ałganowa i reakcja premiera, natomiast... [...] Natomiast pan Modecki, bo on się tą sprawą miał

zająć od strony technicznej, nie wiem, czy przeprowadzał z naszymi współpracownikami jakieś rozmowy, czy wykonano jakieś czynności. Ja myślę, że to pytanie lepiej byłoby skierować do niego.

Natomiast jak mnie któryś z współpracowników pytał, co na ten temat sądzę, to może pan poseł sobie wyobrazić, moja mina chyba wtedy wskazywała wszystko, że ja nie rokuję dużych nadziei na...

Poseł Bogdan Bujak:
Czyli jaki jest stan na dzisiaj tego przedsięwzięcia?

Pan Jan Kulczyk:
Żaden, to znaczy nic z tego nie wyszło.

Poseł Bogdan Bujak:
Dobrze. W oświadczeniu swoim wspominał pan o sytuacji spotkania w Wiedniu z panem Ałganowem. Proszę powiedzieć, kiedy pan powziął informację, że tenże Ałganow to jest ten Ałganow, o którym pan myśli.

Pan Jan Kulczyk:
Jak otrzymałem wizytówkę od niego. To był taki moment...

Poseł Bogdan Bujak:
Pytanie to już może miało swoją wypowiedź... Ale czy podczas tej rozmowy rozmawialiście państwo o prywatyzacji Rafinerii Gdańskiej?

Pan Jan Kulczyk:
Tak jak powiedziałem, rozmawialiśmy tylko na temat energii elektrycznej, na temat Gdańska i rafinerii w Gdańsku ta sprawa tylko w tym jednym, ostatnim zdaniu pana Ałganowa została zaznaczona, i nic więcej.

Poseł Bogdan Bujak:

Prosiłbym bardzo o może krótką odpowiedź, kiedy i dlaczego spotkał się pan z premierem Leszkiem Millerem po powrocie z Wiednia.

Pan Jan Kulczyk:
Mówi pan o tym spotkaniu, panie pośle, dwudziestego piątego, tak?

Poseł Bogdan Bujak:
Tak, tak. Pytam, kiedy i dlaczego.

Pan Jan Kulczyk:
Tak jak powiedziałem, poprosiłem o spotkanie, bo po pierwsze, wydało mi się, że... Wydało mi się, że ten projekt eksportu polskiej energii, potanionej w sposób drastyczny przez tę energię atomową rosyjską, jest bardzo interesujący dla Polski, bo to są nowe możliwości eksportowe, i byłby kontynuacją tego, co rozpoczęliśmy już w roku 2000, tak jak już mówiłem, z premierem Steinhoffem, gdzie przez wszystkich był odbierany jako naprawdę bardzo dobry projekt, bo odciążający polski budżet od dopłat. Natomiast to jest jak gdyby jeden fragment sprawy, o której chciałem poinformować pana premiera, i drugi, że Ałganow jest osobą kluczową w tymże projekcie. Z tego też względu uważałem, że premier i w następstwie agencje wywiadu powinny być o tym poinformowane.

Poseł Bogdan Bujak:
[...] Co do kwestii Orlenu. Proszę nam powiedzieć, czy to spotkanie 20 lutego 2002 r. wieczorem u pana premiera w obecności pana prezydenta miało charakter tylko zapytania o pańską decyzję kandydowania na funkcję szefa rady nadzorczej, czy było też elementem uzgadniania listy rady nadzorczej Orlenu.

Pan Jan Kulczyk:
Było tylko zapytaniem, czy ja chcę kandydować. Nie uzgadnia-

liśmy żadnej listy. Zresztą tym bardziej... ja nikogo prawie z tej listy nie znam, tak że to w ogóle nawet od tej strony byłoby z mojej strony niepoważne. Myśmy występowali... tylko, wyłącznie wysuwali kandydaturę jednej osoby. Krótko mówiąc, następne nazwiska jak gdyby w ogóle nawet... nie byłem zainteresowany w ogóle rozmawianiem na ten temat.

Poseł Bogdan Bujak:
Czy w kwestiach Orlenu spotykał się pan z ministrem skarbu, panem ministrem Kaczmarkiem? Jaki był charakter tych rozmów?

Pan Jan Kulczyk:
Ja tu chciałbym wyraźnie powiedzieć: spotykałem się, ale – ja to odbieram – nie z ministrem Kaczmarkiem, tylko współakcjonariuszem, przedstawicielem Skarbu Państwa, który posiadał 10%, w kwestiach dotyczących inwestycji, w której tak Kulczyk Holding, jak i Skarb Państwa były znaczącymi akcjonariuszami.

Poseł Bogdan Bujak:
No dobrze. A czy uzgadniał pan z panem ministrem Kaczmarkiem listę członków rady nadzorczej?

Pan Jan Kulczyk:
Po pierwsze, akcjonariusze nie mają prawa uzgadniać żadnych list. To walne zgromadzenie wybiera członków rady nadzorczej i tylko ono jest uprawnione.
Akcjonariusze mają prawo wyłącznie do konsultacji. Natomiast tak, jak powiedziałem, rozmowa moja, która miała charakter – nazwijmy to – konsultacyjny, miała miejsce u mecenasa Kratiuka, gdzie zostałem poproszony czy zasugerowano mi, by Warta zgłosiła kandydaturę...

Poseł Bogdan Bujak:
A czyja to była inicjatywa?

Pan Jan Kulczyk:
To była inicjatywa pana Kratiuka. A o tym, by zgłoszono pana Kratiuka przez Wartę, poprosił mnie pan minister Kaczmarek. [...]

Poseł Bogdan Bujak:
[...] Czy kiedykolwiek i jakiekolwiek miał pan upoważnienia od premiera czy też prezydenta Rzeczypospolitej na temat rozmów dotyczących dostaw ropy do Polski, prywatyzacji Grupy G-8 czy też prywatyzacji Rafinerii Gdańskiej?

Pan Jan Kulczyk:
Nigdy nie rozmawiałem na temat dostaw. Na temat prywatyzacji Rafinerii Gdańskiej również nie rozmawiałem. Mogłem wyrażać opinie – i te opinie wyrażałem wszędzie – że bardzo istotne dla prywatyzacji Rafinerii Gdańskiej, a przede wszystkim bardzo istotne dla wszystkich akcjonariuszy Orlenu jest to, by, jeżeli mówimy poważnie o koncepcji koncernu środkowoeuropejskiego, to żeby mieć argumenty, by Polska, a co za tym idzie – Orlen odgrywał w tejże konsolidacji dominującą rolę; nie mając tej siły kapitałowej, jaką posiada... nie posiada Orlen... zresztą dzisiaj ta dysproporcja między Orlenem, wartością Orlenu, OMV i MOL-em jest nadal bardzo duża, żeby nastąpiła fuzja czy nastąpiła sprzedaż Rafinerii Gdańskiej...

Poseł Bogdan Bujak:
My to stanowisko znamy.

Pan Jan Kulczyk:
...wtedy automatycznie wzrosłaby wartość Orlenu poprzez wzrost wartości rynku, na którym, myślę, że Orlen działa.

Poseł Bogdan Bujak:
Jasne. Proszę nam powiedzieć: Jak pan ocenia dywersyfikację dostaw... co prawda jest to dywersyfikacja dostawców, ale w nowym

układzie jest to mimo wszystko różnica w dostawach ropy do PKN Orlen w stosunku do poprzedniej umowy?

Pan Jan Kulczyk:
Ja rozumiem, że to jest bardziej pytanie o charakterze eksperckim, ale ja chętnie odpowiem.

Poseł Bogdan Bujak:
Jest pan udziałowcem.

Pan Jan Kulczyk:
Panie pośle, co innego jest dywersyfikacja źródeł dostaw, a co innego jest dywersyfikacja dostaw. I oczywiście optymalnym rozwiązaniem... i o taki należałoby się bić, żeby Orlen miał dywersyfikację źródeł dostaw, bo to jest prawdziwa dywersyfikacja. I dlatego tak istotne w tym przedsięwzięciu na przykład fuzji z MOL-em jest to, że MOL posiada... jest znaczącym czy głównym akcjonariuszem INA, która jest właścicielem portu w Rijece, i to de facto daje dopiero prawdziwą alternatywę dostępu do dostaw, które pochodzą z innego kierunku. Natomiast jeżeli mówimy o dywersyfikacji dostaw, no to jest rzeczą oczywistą i każdy prowadzący przedsięwzięcie gospodarcze wie o tym, że ze względów czysto handlowych, by móc porównać warunki dostaw, terminy, płatności, tysiące rzeczy, które są przedmiotem umowy, no dobrze jest mieć co najmniej dwóch czy trzech dostawców, bo wówczas wykorzystuje się tylko wtedy tę sytuację i – krótko mówiąc – jest ta szansa na wynegocjowanie jak najlepszych warunków. I w tym kontekście oczywiście we wszystkich naszych firmach na przykład dostawy co najmniej dwóch czy trzech dostawców mamy w każdym przedsięwzięciu.

Poseł Bogdan Bujak:
Dobrze. Czy sugerował pan kiedykolwiek odejście pana Andrzeja Modrzejewskiego z funkcji prezesa zarządu PKN Orlen i czy miał pan jakieś uwagi do jego pracy?

Pan Jan Kulczyk:

Nigdy nie sugerowałem. Pytany przez pana Modrzejewskiego, co ma zrobić, radziłem mu, żeby podał się do dymisji. I to radziłem również prezesowi Wróblowi i będę radził każdemu zarządowi, który nie ma akceptacji akcjonariuszy. Bo najgorszą rzeczą, jaka może się przydarzyć, to jest konflikt pomiędzy zarządem a akcjonariuszami. To się odbywa kosztem firmy, to się odbywa kosztem wartości firmy, kosztem zysku, kosztem funkcjonowania i taka sytuacja wydarzyć się nie może i nie powinna. W związku z tym tu nie ma alternatywnego rozwiązania. Zarząd jeżeli nie ma akceptacji akcjonariuszy, czy nie ma akceptacji największego akcjonariusza, nie ma alternatywy, jak podać się dymisji.

Poseł Bogdan Bujak:

W jednym z wywiadów powiedział pan, że do Modrzejewskiego ma jedną pretensję, że nie kupił Slovnaftu.

Pan Jan Kulczyk:

Tak, to ja zresztą mówiłem, bo uważam, że straciła Polska, stracił Orlen ogromną szansę, by być pierwszym i nie oddawać palmy pierwszeństwa w Europie Środkowej MOL-owi, tylko… Sam powinien przeprowadzić tę konsolidację i zakup tych wszystkich firm, które działają w Europie Środkowej. No udało się to, jeżeli chodzi o Niemcy, wykupienie Arala, stacji benzynowych. Udało się to w wypadku Czech, Unipetrolu. Powinno, bo wtedy była… Warunki, na których został kupiony Slovnaft, były bardzo interesujące i trzeba było wtedy podjąć decyzję o zakupie Slovnaftu, wtedy Orlen miałby zupełnie inną pozycję negocjacyjną z MOL-em czy z ONV.

[…]

Poseł Bogdan Bujak:

Kto był pana przedstawicielem w radzie nadzorczej PKN Orlen?

Pan Jan Kulczyk:
Zgodnie ze statutem i zgodnie z Kodeksem prawa handlowego, nie ma przedstawicieli w radzie nadzorczej. Osobą związaną z Kulczyk Holding był Jan Waga. Ale członkowie rady nadzorczej, tak jak mówi wyraźnie Kodeks handlowy, reprezentują wyłącznie spółkę i są organem spółki. Tak że...

Poseł Bogdan Bujak:
Był to oczywiście skrót myślowy, ale oczywiście...

Pan Jan Kulczyk:
Tak, tak, tylko chciałbym to bardzo precyzyjnie powiedzieć, że jedyną osobą związaną z Kulczyk Holding był pan Jan Waga.

Poseł Bogdan Bujak:
Czy z rady nadzorczej dochodziły do pana informacje na temat jakichkolwiek prowizji od dostaw ropy do PKN Orlen?

Pan Jan Kulczyk:
Nic nie wychodziło, to po pierwsze. A po drugie, nawet... pan Waga jest wyjątkowo skrupulatny i wyjątkowo doświadczoną osobą i nie prowadzimy żadnych rozmów w sprawach, które dotyczą organów spółek prawa publicznego. W związku z tym też takich rozmów nigdy nie prowadziliśmy.
[...]

Poseł Bogdan Bujak:
Czy z panem Czempińskim łączyły pana interesy gospodarcze wspólne?

Pan Jan Kulczyk:
Znaczy, pan Czempiński w jednej z naszych firm był konsultantem i bodajże szefem Rady Nadzorczej firmy... firmy Mobitel.

Poseł Bogdan Bujak:
Proszę nam skomentować – ale bardzo krótko – taką informację z tej notatki pierwszej, czyli nie pana Siemiątkowskiego, że „Polski przedsiębiorca Marek Dochnal, prowadzący interesy m.in. w Rosji, negocjuje z Janem Kulczykiem możliwość kupienia posiadanych przez niego akcji PKN Orlen. Początkowo Jan Kulczyk miał żądać 100 mln dolarów, lecz po rozmowach stanęło na 30 mln dolarów, przy zastrzeżeniu, aby kwota ta została przelana w całości na wskazane przez Jana Kulczyka konto".

Pan Jan Kulczyk:
To pochodzi z tej nieprawdziwej, moim zdaniem, fałszywej notatki, która... ze spotkania, które nie miało miejsca, i zdarzenia, które nie miało miejsca. I jeszcze raz oświadczam: pana Marka Dochnala nie znam i nie rozmawiałem z nim na jakikolwiek temat, a tym bardziej nie rozmawiałem na absurdalne rzeczy, żeby sprzedać coś o trzykrotnie... co ma trzykrotnie niższą... to znaczy po wartości trzykrotnie niższej niż wartość, po jakiej zakupiliśmy. W związku z powyższym, no, cała ta rzecz jest absurdalna. I jeszcze raz powtarzam: nie znam pana Dochnala, nie rozmawiałem z nim, nigdy nie negocjowałem i cała ta notatka nie zawiera, moim zdaniem, jednego prawdziwego zdania. [...]

Poseł Andrzej Celiński:
Czy słyszał pan kiedykolwiek nazwisko pana Mariana Zacharskiego?

Pan Jan Kulczyk:
Pan Marian Zacharski... Nawet go kiedyś, raz w życiu, poznałem jako szefa Peweksu, wtedy był prezesem Zarządu Peweksu, takiej centrali handlu zagranicznego, w latach...

Poseł Andrzej Celiński:
Czyli rozumiem, że pan go raz widział?

Pan Jan Kulczyk:
…w latach osiemdziesiątych chyba.

Poseł Andrzej Celiński:
Czyli to nie jest pański znajomy?

Pan Jan Kulczyk:
Nie, nie miałem kontaktów i nie widziałem pana Zacharskiego od co najmniej kilkunastu lat.

Poseł Andrzej Celiński:
Czy zna pan zasadnicze treści tzw. białej księgi z afery Olina czy tam afery Milczanowskiego?

Pan Jan Kulczyk:
Nie, nie znam.

Poseł Andrzej Celiński:
Nie interesował się pan „białą księgą"?

Pan Jan Kulczyk:
Nie, nie interesowałem się.

Poseł Andrzej Celiński:
Więc nie zna pan też nazwisk tam występujących?

Pan Jan Kulczyk:
Nie, nie znam.

Poseł Andrzej Celiński:
A wie pan, o co chodziło?

Pan Jan Kulczyk:
To jest dobre pytanie. Pan poseł… Jak się w tej chwili nad tym

głęboko zastanawiam, to gdybym miał w paru zdaniach zrelacjonować, to nie potrafiłbym.

Poseł Andrzej Celiński:
Panie doktorze, nalegam.

Pan Jan Kulczyk:
Naprawdę. Znaczy było podejrzenie, że były premier Oleksy współpracował z panem Ałganowem. I to jest to, co jak gdyby do mojej świadomości z tego okresu dociera. I to wszystko.

Poseł Andrzej Celiński:
To ja panu pomogę, jeśli mogę. Czy wiedział pan w lipcu 2003 r., że wtedy, kiedy pan Marian Zacharski na Majorce pytał się Władimira Ałganowa o możliwości dostarczenia przez Rosjan, przez ich służby specjalne materiałów kompromitujących premiera polskiego rządu, ówczesnego urzędującego premiera polskiego rządu Józefa Oleksego, pan Kuna i pan Żagiel byli obecni na Majorce i widzieli się z panem Ałganowem, a nawet spotkali się w pewnym miejscu razem? Czy wiedział pan o tym, czy nie?

Pan Jan Kulczyk:
Nie, nie wiedziałem. [...]

Poseł Andrzej Celiński:
[...] No, ale w każdym razie aktywny animator spotkania wiedeńskiego 17 lipca 2003 r. Czy ten człowiek [Marek Modecki], który z panem współpracuje, czy z firmą pańską współpracuje w miarę intensywnie, przed tym spotkaniem wiedeńskim poinformował pana, że jego ojciec znał bardzo dobrze Władimira Ałganowa?

Pan Jan Kulczyk:
W ogóle nie rozmawialiśmy na temat Ałganowa, w związku z tym ten temat w ogóle nie mógł stanąć.

Poseł Andrzej Celiński:
A czy kiedykolwiek wcześniej mówił panu, że jego ojciec znał bardzo dobrze pana Władimira Ałganowa?

Pan Jan Kulczyk:
Nie, nigdy nie mówił mi tego.

Poseł Andrzej Celiński:
Znaczy, pan nie miał takiej wiedzy?

Pan Jan Kulczyk:
Nie, nie miałem żadnej takiej rozmowy. [...]

Poseł Andrzej Celiński:
[...] Poinformowano pana – pan Modecki, rozumiem, poinformował pana czy pan Żagiel albo Kuna, no, wszystko w dokumentach jest, w zeznaniach – poinformowano pana, że jest możliwość spotkania biznesowego w Wiedniu w sprawie oczywistej, bardzo dokładnie i kompetentnie opisanej przez pana, z wiceministrem energetyki Federacji Rosyjskiej. Czy nie zdziwiło pana, że to spotkanie ma się odbyć nie w Moskwie, tylko w Wiedniu?

Pan Jan Kulczyk:
Nie, to mnie nie zdziwiło, bo ja nie wybierałem się do Moskwy, natomiast w Wiedniu ja jestem bardzo często. Tak że to spotkanie w Wiedniu miało w ogóle charakter jednego ze spotkań, które miałem. W związku z tym ja nie leciałem specjalnie do Wiednia na spotkanie z tymże wiceministrem – ja leciałem do Wiednia na spotkanie, które już miałem wcześniej umówione. I również w tym terminie spożyłem obiad, tak jak mi mówiono, z wiceministrem energetyki. Tak że to raczej było nawet w tym sensie bardziej w kierunku moim, że akurat ja w Wiedniu byłem, bo w Moskwie – tak jak powiedziałem – nie wybierałem się, nawet ze względów czasowych nie było to możliwe.

Poseł Andrzej Celiński:
Nie jesteśmy odpowiedzialni za ład korporacyjny państwa rosyjskiego, więc zapytałem się: Czy pana nie zdziwiło? Ale to nie nasza sprawa. Proszę pana, czy mógłby pan podać, o ile pan pamięta oczywiście, skład akcjonariuszy, strukturę akcjonariuszy Polenergii?

Pan Jan Kulczyk:
Tak, mogę podać. To znaczy... W trakcie tworzenia było trzech akcjonariuszy: Polskie Sieci Elektroenergetyczne – 33%, następnie Preussen Elektra, który później przekształcił się, ale to jest ta sama firma, w E.ON, nastąpiła fuzja z Bayernwerk i powstał potężny koncern, w tej chwili chyba największy koncern energetyczny w Europie Zachodniej. I trzecim akcjonariuszem był Kulczyk Holding. Było trzech akcjonariuszy, każdy...

Poseł Andrzej Celiński:
Każdy jedna trzecia mniej więcej, tak?

Pan Jan Kulczyk:
Miał jedną trzecią, dokładnie.

Poseł Andrzej Celiński:
Rozumiem. Jaki był cel biznesowy – ja nie mówię o celu merytorycznym – jaki był cel biznesowy, z punktu widzenia planu finansowego, z punktu widzenia założeń biznesplanu?

Pan Jan Kulczyk:
No obrót energią elektryczną, w taki sposób, żeby otworzyć...

Poseł Andrzej Celiński:
Na jaki rodzaj zysków udziałowcy przede wszystkim liczyli? Co było strategią udziałowców?

Pan Jan Kulczyk:

Przede wszystkim strategią było to, że Niemcy mieli otworzyć rynek niemiecki do większego importu ponad ten, który do tej pory był czyniony na rynek niemiecki. Natomiast by zmniejszyć czy zniwelować dopłaty, które były czynione przez budżet państwa w stosunku do eksportu energii poprzez dopłaty do węgla, miała... powstała koncepcja importowania w części energii... taniej energii rosyjskiej, by ją mieszać razem z energią polską, w ten sposób uniknąć dopłat z budżetu. A Niemcy mieli to poprzez swoją sieć energetyczną kupić do Niemiec lub przekazać dalej do innych części, do innych krajów w Europie Zachodniej.

Poseł Andrzej Celiński:
Czy fakt, iż PSE nie tylko było udziałowcem tej spółki akcyjnej, ale także dysponowało siecią elektroenergetyczną, był z punktu widzenia oczekiwanych zysków z transferu korzystny dla PSE, czy nie miał znaczenia?

Pan Jan Kulczyk:
Znaczy przede wszystkim tu trzeba to rozróżnić. PSE, zgodnie z ustawą i zgodnie ze wszystkim konwencjami międzynarodowymi, a szczególnie chyba umową stowarzyszeniową z Unią, jest właścicielem sieci, która jest dostępna dla wszystkich, to znaczy każdy ma dostęp do tej sieci. W związku z tym nie tworzyło to szczególnego charakteru tutaj akcjonariusza, jakim było PSE. Był to z jednej strony udział kapitałowy, a z drugiej strony szansa dla PSE zwiększenia eksportu ponad te wielkości, które do tej pory PSE eksportowało. Te wielkości miały... za to zwiększenie wielkości miał być odpowiedzialny niemiecki partner, E.ON.
[...]

Poseł Andrzej Celiński:
[...] Pan mówił o tym, że pańska wartość... że wartość pańskiej inwestycji w PKN Orlen wynosiła około 110 mln dolarów, o ile ja zrozumiałem.

Pan Jan Kulczyk:
Nie, panie pośle, za 110 mln dolarów kupiliśmy... był koszt zakupu akcji w momencie...

Poseł Andrzej Celiński:
A wartość kapitału na rok 2006 jaki miała wynosić?

Pan Jan Kulczyk:
No, myśmy zakładali 300 mln.

Poseł Andrzej Celiński:
Wartość tego kapitału. Ale jak... koszt kapitału ile miał wynosić? Chodzi mi o porównanie tej inwestycji z konkurencyjnymi inwestycjami.

Pan Jan Kulczyk:
No, to była inwestycja z tego względu, że naszym zdaniem,
gdyby została zrealizowana określona polityka, to znaczy... Po
pierwsze... Może nie po pierwsze, bo to może być kwestią dysku-
syjną, co jest najważniejsze, ale obniżone przede wszystkim koszty
działania, to po pierwsze. Po drugie, zwiększony rynek, na którym
Orlen miał działać. Tu myślę o zakupie części Arala, tej w tych pół-
nocnych Niemczech, Unipetrolu i następnie zwiększenie wartości
poprzez fuzję. To jest rzeczą oczywistą, że... To zresztą wykazują
chyba wszyscy analitycy, że każda fuzja – mówię o tych dużych fu-
zjach międzynarodowych – prowadzi do wzrostu wartości akcji.
I taka...
[...]

Poseł Andrzej Grzesik:
[...]
Panie Kulczyk, czy po powołaniu przez polski parlament Rzeczypospolitej Komisji Śledczej spotkał się pan również z innymi członkami Komisji Śledczej? No, komisja jest w posiadaniu wiedzy, iż

spotkał się pan z posłem Giertychem, komisja jest w posiadaniu wiedzy, iż spotkał się pan z byłym premierem Millerem. Czy były jeszcze jakieś inne spotkania i...

Pan Jan Kulczyk:
Nie, panie pośle, nie spotkałem się z żadnym innym z członków komisji.

Poseł Andrzej Grzesik:
A może podpowiem, panie doktorze: Czy spotkał się pan na przykład z posłem Celińskim?

Pan Jan Kulczyk:
Nie, nie spotkałem się z posłem Celińskim.

Poseł Andrzej Grzesik:
Dziękuję. Panie Kulczyk, chciałbym teraz powrócić do pańskiego spotkania na Jasnej Górze z posłem Giertychem. Czy wiedział pan dokładnie, że idzie pan na spotkanie z członkiem Komisji Śledczej?

Pan Jan Kulczyk:
Tak, wiedziałem.

Poseł Andrzej Grzesik:
W jakim celu pan szedł na to spotkanie, na co pan liczył?

Pan Jan Kulczyk:
Czy zapraszał na to spotkanie ojciec pana posła Giertycha? Byłem zaproszony, to poszedłem.

Poseł Andrzej Grzesik:
Panie prezesie, ale na co pan liczył? Czy spotkanie z posłem Giertychem...

Pan Jan Kulczyk:
Na nic nie liczyłem.

Poseł Andrzej Grzesik:
...to nie miała być z pana strony, nie wiem, jakaś prowokacja, czy zdobycie przysłowiowego haka na posła Giertycha, a tym samym znalezienie pretekstu do rozbicia na przykład Komisji Śledczej? No takie mi się nasuwają pytania.

Pan Jan Kulczyk:
Nie, nie, panie pośle. Ja zresztą na Jasnej Górze jestem często, dlatego dla mnie spotkanie na Jasnej Górze było takie, powiedział-bym, dosyć symboliczne. Jeżeli pan poseł Giertych chce się spotkać na Jasnej Górze...

Poseł Andrzej Grzesik:
Można głośniej, panie doktorze?

Pan Jan Kulczyk:
Tak. Jeżeli... Usłyszałem, że poseł Giertych chce się ze mną spot-kać na Jasnej Górze, uznałem, że nie ma żadnych zbożnych myśli.

Poseł Andrzej Grzesik:
Panie Kulczyk, a czy w dniu dzisiejszym, po tej można powie-dzieć całej akcji medialnej, jest pan zadowolony z tego spotkania, czy też pan, nie wiem, żałuje, że pan poszedł na to spotkanie? No, jak pan się odnosi do tego faktu?

Pan Jan Kulczyk:
Ja myślę, panie pośle, że trwa w tej sprawie prokuratorskie śledz-two i proszę się nie gniewać, ale nie chciałbym jak gdyby pewnych myśli formułować, które są...
[...]

Poseł Andrzej Grzesik:
[…] Chciałbym zapytać o pańską znajomość właścicieli spółki J&S.

Pan Jan Kulczyk:
Nie znam.

Poseł Andrzej Grzesik:
Nie zna pan w ogóle? A czy słyszał pan kiedykolwiek o prowizjach za kontrakty paliwowe?

Pan Jan Kulczyk:
Tylko w mediach.

Poseł Andrzej Grzesik:
Aha, tylko w mediach ta informacja się pojawia.

Pan Jan Kulczyk:
Tak.

Poseł Andrzej Grzesik:
A co może pan powiedzieć o takiej spółce, która odgrywa bardzo poważną rolę od jakiegoś czasu w dostawach ropy naftowej dla PKN Orlen – no, z pańskiej pozycji powinien pan być zainteresowany i posiadać wiedzę na temat tej spółki, jest pan w końcu poważnym udziałowcem PKN Orlen, był pan, jest pan – co może pan powiedzieć na temat spółki Petroval?

Pan Jan Kulczyk:
Też nic nie mogę powiedzieć.

Poseł Andrzej Grzesik:
Nic pan nie wie. Nic pan nie wie na temat składu właścicielskiego tej spółki?

Pan Jan Kulczyk:
Nie wiem.

Poseł Andrzej Grzesik:
Panie doktorze Kulczyk, czy zna pan wysokich oficerów służb specjalnych?

Pan Jan Kulczyk:
Czy generał to jest oficer, czy…?

Poseł Andrzej Grzesik:
Tak.

Pan Jan Kulczyk:
Oficer, bo mi się wydaje, że to jest ponad oficerem. Znam pana generała Czempińskiego.

Poseł Andrzej Grzesik:
Tylko i wyłącznie? Czy w którejś z pańskich firm, w których ma pan udziały, są zatrudnieni byli funkcjonariusze służb specjalnych? Czy ma pan taką wiedzę?

Pan Jan Kulczyk:
Nic mi na ten temat nie wiadomo.

Poseł Andrzej Grzesik:
Nic panu na ten temat nie wiadomo. Panie doktorze Kulczyk, czy na konto Fundacji „Porozumienie bez barier" żony prezydenta Rzeczypospolitej wpłacał pan lub spółki zależne jakieś kwoty pieniężne? Czy robił pan to na prośbę, nie wiem, bezpośrednio żony pana prezydenta, czy w innej formie?

Pełnomocnik Jan Widacki:
Przepraszam, ale to jest pytanie co najmniej sugerujące.

Poseł Andrzej Grzesik:
Dlaczego? „Czy wpłacał pan pieniądze" jest sugerujące? Na prośbę? No to w takim razie...
[...]

Poseł Andrzej Grzesik:
No to w takim razie czy wpłacał pan bez prośby pieniądze na fundację pani prezydentowej?

Pan Jan Kulczyk:
Ja nie wpłacałem, ja...

Poseł Andrzej Grzesik:
Pańskie firmy.

Pan Jan Kulczyk:
Z tego, co wiem, Kulczyk Holding wśród wielu fundacji i wielu przekazów na różne fundacje między innymi wpłacał na konto Fundacji „Porozumienie bez barier". Czy spółki zależne? Nie wiem, nie byłem o tym informowany. Zresztą Kulczyk Holding ma swój zarząd i to jego zarząd podejmował w tej sprawie decyzje. Mnie post factum o tym informował. Uważałem, że to była dobra decyzja.

Poseł Andrzej Grzesik:
Jak tego typu zaproszenia wyglądają? Nie wiem, przychodzi karteczka do Kulczyk Holding: panie prezesie, prosimy o wpłatę pieniężną. Jak to wygląda?

Pan Jan Kulczyk:
Panie pośle, przepraszam, ja nie jestem na tym poziomie zarządzania. Na to pytanie nie potrafię odpowiedzieć.

Poseł Andrzej Grzesik:
Nie potrafi pan?

Pan Jan Kulczyk:
Nie potrafię.

Poseł Andrzej Grzesik:
Kto tego typu sprawy załatwia?

Pan Jan Kulczyk:
Myślę, że to poniżej zarządu w ogóle, tak.

Poseł Andrzej Grzesik:
A może jednak pani prezydentowa bezpośrednio się zwróciła z prośbą do pana, bo przecież to…

Pan Jan Kulczyk:
Nie, panie pośle, nigdy pani prezydentowa do mnie się nie zwracała z taką prośbą.

Poseł Andrzej Grzesik:
[…] Panie doktorze Kulczyk, wiemy z doniesień medialnych, że pan często spotyka się z prezydentem. Czy pan na tych spotkaniach rozmawia na tematy biznesowe, zaangażowania pańskich spółek? Czy tego typu tematy są poruszane?

Pan Jan Kulczyk:
Moje spotkania z prezydentem mają charakter oficjalny. Jako szef organizacji gospodarczych, o których mówiłem, spotykałem się wielokrotnie z prezydentem Rzeczpospolitej i nie tylko z prezydentem Rzeczpospolitej, ale również z prezydentami innych krajów, i rozmawialiśmy o sprawach dotyczących całej gospodarki, o stanowiskach przedsiębiorców w sprawach istotnych dla gospodarki. I tylko w takich sprawach rozmawiałem. Zresztą trudno rozmawiać w innych sprawach. Prezydent nie jest urzędem kompetentnym do rozmawiania w innych sprawach.

Poseł Andrzej Grzesik:
Panie doktorze, ale przecież prezydentowi wypadałoby chyba rozmawiać o polityce, jaką powinno państwo kreować. Chociażby – nie wiem – debata polityczna o połączeniu Rafinerii Gdańskiej z Orlenem czy też sprzedaży Rafinerii Gdańskiej inwestorom strategicznym. No takie debaty się przecież przez polskie media, życie polityczne przetoczyły.

Pan Jan Kulczyk:
Ja w takich debatach nie brałem udziału. Natomiast oczywiście, że te moje poglądy na temat, jak moim zdaniem powinna wyglądać wizja rozwoju sektora paliwowego... O tym informowałem i informowałem o tym opinię publiczną, jak mogłem, również informowałem osoby najważniejsze w państwie. Z tym, że w sprawach decyzyjnych dotyczących konkretnych ustaleń ani prezydent tutaj nie ma kompetencji. Organem kompetentnym do takiej rozmowy jest minister skarbu, a właściwie nawet nie minister skarbu, tylko współakcjonariusz w Orlenie, którym jest minister skarbu. Niby jest to to samo, ale to dokładnie to nie jest to samo.

Poseł Andrzej Grzesik:
Panie doktorze, konkludując, możemy stwierdzić, że na spotkaniach...

Pan Jan Kulczyk:
...że nie uzgadniałem żadnych kwestii.

Poseł Andrzej Grzesik:
...w których pan uczestniczył, a które organizował na przykład pan prezydent, pan prezydent nigdy ani słowa nie powiedział na temat – nie wiem – prywatyzacji Rafinerii Gdańskiej, połączenia Orlenu z Rafinerią Gdańską. Nigdy takich rozmów nie było, tak?

Pan Jan Kulczyk:
Tego nie pamiętam, panie pośle.

Poseł Andrzej Grzesik:
Ach, nie pamięta pan.
[...]

Poseł Konstanty Miodowicz:
[...] Proszę pana, jak zareagował pan na wiadomość o zatrzymaniu prezesa Modrzejewskiego 7 lutego 2002 r.? Czy ten fakt pana zaskoczył?

Pan Jan Kulczyk:
Tak, zaskoczył bardzo.

Poseł Konstanty Miodowicz:
Zaskoczył pana?

Pan Jan Kulczyk:
Tak. Uważam, że to nie jest właściwa droga funkcjonowania w relacjach z prezesem największej spółki giełdowej.
[...]

Poseł Konstanty Miodowicz:
Proszę pana, czy znał pan misję programową, z jaką pan Zbigniew Wróbel przyszedł do koncernu? A ona brzmiała, cytuję Wróbla... pana Wróbla: przeprowadzić trzeci etap prywatyzacji, skonsolidować PKN Orlen z Rafinerią Gdańską, stworzyć transgraniczny koncern naftowy. Czy panu odpowiadał ten program? Czy pan współuczestniczył w jego wypracowaniu?

Pan Jan Kulczyk:
Panie pośle, ja myślę, że o tym mówiłem już tak wielokrotnie publicznie i tak wielokrotnie podkreślałem, że to jest moje spojrzenie

na rozwój PKN Orlen. Ale chciałbym powiedzieć w tym miejscu, że ja nie znam innego programu dla PKN Orlen. To jest z jednej strony smutne, bo być może byłoby przyjemne, gdyby ktoś jeszcze z innych akcjonariuszy miał inne spojrzenie. Być może w dyskusji wyłoniłaby się inna strategia dla Orlenu, być może lepsza. Natomiast to spojrzenie to jest moje spojrzenie. I jeżeli podzielał je prezes zarządu, no to mnie jako akcjonariusza, czy Kulczyk Holding akcjonariusza, mogło tylko cieszyć. Nie mogę innego komentarza dać. [...]

Poseł Antoni Macierewicz:
[...] czy według pana wstrzymanie prywatyzacji Rafinerii Gdańskiej odbiło się negatywnie na wartości jego akcji, czy to jest informacja prawdziwa, zgodna z tym, co pan mówił panu Siemiątkowskiemu, czy nie?

Pan Jan Kulczyk:
Wstrzymanie prywatyzacji odbiło się negatywnie na wartości wszystkich akcji, nie tylko moich.

Poseł Antoni Macierewicz:
Ale, proszę pana...

Pan Jan Kulczyk:
I automatycznie z tego wynika, że moich również.

Poseł Antoni Macierewicz:
Czyli jeżeli wszystkich to i pana.

Pan Jan Kulczyk:
Tak, tak, ja potwierdzam. [...]

Pan Jan Kulczyk:
[...] jeszcze raz podkreślam, pan generał Czempiński nie był żadnym naszym doradcą, nie pracował w Holdingu i nie był...

Poseł Antoni Macierewicz:
...w żadnej spółce, która brała w tym udział.

Pan Jan Kulczyk:
...w żadnej spółce, która brała udział w prywatyzacji Telekomunikacji Polskiej. W związku z powyższym, nie mogę go w żaden sposób połączyć z telekomunikacją i jego działaniami w telekomunikacji. I dlatego też tu muszę to zdementować – że była pomoc przy prywatyzacji TP SA – bo ja nie przypominam sobie, by w tym czasie był w jakikolwiek sposób aktywny przy telekomunikacji. [...]

Poseł Antoni Macierewicz:
[...] Gdyby pan mógł nam powiedzieć, czy kiedykolwiek współpracował pan w przeszłości z tajnymi służbami?

Pan Jan Kulczyk:
Nie, nie współpracowałem.

Poseł Antoni Macierewicz:
Nigdy? Z żadnymi?

Pan Jan Kulczyk:
Nigdy z żadnymi.

Poseł Antoni Macierewicz:
Proszę pana, a ktokolwiek z pana rodziny? Bo jest taka znana wypowiedź, jak pan wie, pracownika Instytutu Pamięci Narodowej, który stwierdza, że interesy pana ojca musiały być związane z pracą tajnych służb specjalnych Polskiej Rzeczypospolitej Ludowej, PRL-u.

Pełnomocnik Jan Widacki:
Przepraszam, panie przewodniczący, ale ja chciałem prosić o powiązanie tego pytania z przedmiotem badań komisji.

Poseł Antoni Macierewicz:
Bardzo chętnie, jeżeli pan przewodniczący ode mnie zażąda, to ja wskażę taki związek.

Przewodniczący:
Bardzo proszę, panie pośle, niech pan postara się wskazać.

Poseł Antoni Macierewicz:
Ten związek jest związany, znaczy ta kwestia jest związana z próbą ustalenia genezy pochodzenia pieniędzy i pana fortuny. Taka jest intencja.

Pełnomocnik Jan Widacki:
Przepraszam, panie przewodniczący, proszę wskazać związek między tym problemem, który nurtuje pana posła Macierewicza, a przedmiotem badania komisji.

Poseł Antoni Macierewicz:
Jest on bardzo prosty.

Przewodniczący:
Panie pośle, bardzo proszę.

Poseł Antoni Macierewicz:
Można?

Przewodniczący:
Proszę bardzo.

Poseł Antoni Macierewicz:
Jest on bardzo prosty. Jest niesłychanie istotne dla oceny komisji rozstrzygnięcie, czy kariera biznesowa, czy pieniądze, jakie pan zyskał i które pozwoliły panu wpływać na losy PKN Orlen oraz innych przedsięwzięć w Polsce, mają swoją genezę w działaniu tajnych

służb, ze względu chociażby na fakt, że w działaniach, które były podejmowane przez pana, ciągle przewijają się ludzie z tajnych służb. Dla oceny funkcjonowania PKN Orlen i jego przyszłości sprawa genezy pana majątku jest niesłychanie istotna.

Pełnomocnik Jan Widacki:
Przepraszam, panie przewodniczący, ale proszę wskazać, który z punktów art. 2 uchwały Sejmu z 28 maja pozwala dociekać genezy majątku pana Jana Kulczyka i związku jego rodziny z tajnymi służbami.

Przewodniczący:
Panie pośle, jeżeli nie sprecyzuje pan pytania, wskazując związek z uchwałą, będę musiał je cofnąć.

Poseł Antoni Macierewicz:
Panie przewodniczący, jeszcze raz powtarzam. My nie jesteśmy w stanie rozstrzygnąć żadnego z pytań, które nam postawił Sejm, jeżeli nie ustalimy, jaka jest rola tajnych służb PRL w tej sprawie. Żadnej z tych kwestii nie będziemy mogli naświetlić, jeżeli nie naświetlimy roli tajnych służb. Jeżeli zarzuty, być może nieprawdziwe – ja bym chciał, żeby nieprawdziwe – mówiące o tym, że u źródeł kariery finansowej rodziny Kulczyków stoi kapitał Służby Bezpieczeństwa, jeżeli one się nie potwierdzą, to świetnie. Jeżeli się potwierdzą, to będziemy mieli inną perspektywę w tej sprawie. Dlatego uważam, że jest to konieczne. Bardzo proszę o odpowiedź.

Pełnomocnik Jan Widacki:
Przepraszam, panie przewodniczący, ale ja ciągle nie wiem, o którym punkcie art. 2 uchwały mówimy.

Poseł Antoni Macierewicz:
Ale my nie musimy wskazywać konkretnego punktu. Wystarczy uzasadnienie, że to jest niezbędne dla prac komisji. Panie przewod-

niczący, bardzo proszę, żeby pan mecenas Widacki nie uniemożliwiał nam pracy. Ja znam fobie pana Widackiego wobec dochodzenia do prawdy, wskazując na złowrogą rolę służb komunistycznych, ale to nie może zaburzać postępowania komisji.

Poseł Andrzej Celiński:
Panie przewodniczący, proszę uchylić to zdanie i skreślić z protokołu.

Przewodniczący:
Więc ja bym się zwrócił...

Poseł Antoni Macierewicz:
Ale dlaczego?

Przewodniczący:
Panie pośle, niech pan chwilę poczeka. Zwróciłbym się do ekspertów w tej sprawie. Bardzo proszę.

Poseł Antoni Macierewicz:
Ja chcę od razu powiedzieć, że będę miał więcej pytań dotyczących tajnych służb, więc jeżeli w ogóle problematyka ta...

Przewodniczący:
Jak odpowiedzą eksperci, udzielę panu głosu.

Poseł Antoni Macierewicz:
...jest skreślona, no to rzeczywiście jest kwestią otwartą, czy komisja może procedować.

Przewodniczący:
Rozumiem, że eksperci wskazują, kto ma odpowiedzieć.
[...]

Przedstawiciel Biura Legislacyjnego Kancelarii Sejmu Tomasz Osiński:
...w kwestiach ogólnych, panie przewodniczący. Otóż uważamy, że oczywiście wszelkiego rodzaju pytania muszą się mieścić, zgodnie z art. 7, w ramach, które wyznacza uchwała. Poseł powinien wykazać ten związek, natomiast już do samej komisji należy ocena, czy taki związek zachodzi, czy też nie. To nie jest rola ekspertów, ponieważ my nie znamy akt sprawy, w związku z tym nam się trudno jest tutaj jednoznacznie wypowiadać na ten temat i my nie możemy przesądzać tej kwestii. [...]

Ekspert Komisji Śledczej Emilia Nowaczyk:
Chciałam tylko uzupełnić, panie przewodniczący i wysoka komisjo, że nie może być tak, żeby tej oceny dokonywała w sposób prawidłowy osoba wezwana. Właśnie chciałam podkreślić, że największa wiedza w tej sprawie jest po stronie komisji i to jedynie komisja jest władna ocenić, czy to pytanie ma związek z badaną sprawą przez komisję, czy nie. Inaczej mielibyśmy do czynienia z sytuacją, że każda osoba wezwana by po prostu wymagała, żeby konkretne pytanie odnosić do konkretnego punktu uchwały. Jest to niemożliwe, bo w ten sposób komisja nie mogłaby wypełnić swojego zadania. Dziękuję. [...]

Przewodniczący:
[...] Panie pośle, proszę albo przeformować to pytanie, jeżeli pan tego nie zrobi od razu, to je po prostu cofnę.

Poseł Antoni Macierewicz:
Przepraszam, pan do mnie mówi, panie przewodniczący?

Przewodniczący:
Tak.

Poseł Antoni Macierewicz:

Przecież cały czas mówi pan do pana posła Celińskiego, który wygaduje bzdury na temat jakichś obraz.

Przewodniczący:
Panie pośle Macierewicz, przepraszam bardzo. Przecież pan jest...

Poseł Andrzej Celiński:
Panie przewodniczący, czy mógłby pan pohamować emocje rozgorączkowanego pana posła Antoniego Macierewicza, który po prosu w tej chwili...

Przewodniczący:
Panie pośle Celiński, jeżeli...

Poseł Andrzej Celiński:
Ale pan słyszał przecież...

Przewodniczący:
...jeżeli ja mam prowadzić, to staram się to robić. I proszę też powstrzymać swoje emocje, bo to naprawdę do niczego nie zmierza. Panie pośle Macierewicz, bardzo proszę pana o przeformowanie pytania albo po prostu je cofam.

Poseł Antoni Macierewicz:
Już to robię. Chciałbym w związku z tym spytać świadka o to, czy jest prawdziwy... prawdziwa jego wypowiedź wielokrotnie powtarzana w mediach, że pierwszy milion, który stał się punktem wyjścia do jego operacji finansowych, otrzymał od ojca.

Pan Jan Kulczyk:
Panie pośle, jest to oczywiście pewien skrót myślowy...

Poseł Antoni Macierewicz:
Tak, tak. Ja rozumiem, oczywiście. Bo pewno było więcej niż milion.

Pan Jan Kulczyk:
…bo to nie w kategoriach czeku. Oczywiście ojciec… i tu chciałbym powiedzieć, bo ta sprawa już padła. Myślę, że jest nieuczciwe stawianie takich spraw.

Poseł Antoni Macierewicz:
Dlaczego?

Pan Jan Kulczyk:
Mój ojciec jest bardzo, bardzo uczciwym obywatelem.

Poseł Antoni Macierewicz:
Oczywiste.

Pan Jan Kulczyk:
Nigdy nie współpracował z żadnymi służbami. I stawianie tych kwestii razem, gdzie PRL nie istnieje już od ilu? Od 15 lat. Nie ma to nic wspólnego z Orlenem, który wtedy nie istniał. I, panie pośle, sugerowanie czegoś takiego po prostu jest – powiem panu – nieuczciwe.

Poseł Antoni Macierewicz:
Proszę pana, ja chciałbym, żeby pan odpowiedział jednak na pytanie: Czy źródłem pana finansów były pieniądze, finanse i możliwości finansowe otrzymane od rodziny, konkretnie od ojca, na co pan wskazywał wielokrotnie, czy też nie?

Pan Jan Kulczyk:
Panie pośle, można prześledzić dokładnie cały rozwój Kulczyk Holding. I nie można zbudować bez finansowania zewnętrznego tak potężnej organizacji gospodarczej.

Poseł Antoni Macierewicz:
To jest prawda.

Pan Jan Kulczyk:
Finansowanie i finansowały nas największe banki świata i największe organizacje finansowe świata. W takich projektach, które Kulczyk Holding był obecny… w których jest obecny, nie ma możliwości, by to się odbyło za pomocą tylko środków własnych. Muszą to być środki pochodzące z międzynarodowych, bo polskie instytucje finansowe są zbyt małe. Wielkość tych projektów jest na tyle duża, że muszą to być międzynarodowe organizacje finansowe. I takie też organizacje finansowe finansowały i finansują projekty realizowane przy współudziale grupy Kulczyk Holding. To tyle, co mogę na ten temat powiedzieć.

Poseł Antoni Macierewicz:
Ale ja świadka pytałem o co innego. I ubolewam, że pan nie chce mi na to pytanie odpowiedzieć.

Pan Jan Kulczyk:
Odpowiedziałem panu posłowi, tylko…

Poseł Antoni Macierewicz:
To jest niepokojące.

Pan Jan Kulczyk:
Panie pośle, pan po prostu nie chce słuchać. Jeszcze raz powiedziałem…

Poseł Antoni Macierewicz:
Nie, chcę. Pytam o to, czy otrzymał pan istotne finanse od rodziny, a konkretnie od ojca, na starcie swojej kariery finansowej.

Pan Jan Kulczyk:
Jest, myślę, rzeczą normalną, że każdy ojciec pomaga synowi…

Poseł Antoni Macierewicz:
To nie jest naganne, ja tylko chcę wiedzieć.

Pan Jan Kulczyk:
To jest nie tylko prawem... Panie pośle, jest to nie tylko prawem, myślę, że pan robi tak samo, każdy z członków komisji robi tak samo. I każdy, który może pomóc swoim dzieciom, to pomaga.

Poseł Antoni Macierewicz:
Ale, proszę świadka, ja tego nie kwestionuję.

Pan Jan Kulczyk:
I mieszanie do tego...

Poseł Antoni Macierewicz:
Ja chce się dowiedzieć.

Pan Jan Kulczyk:
Panie pośle, wprowadzenie tego na forum komisji...

Poseł Antoni Macierewicz:
Pan to mówił wielokrotnie publicznie.

Pan Jan Kulczyk:
Proszę się nie gniewać, to nie jest przedmiot tej komisji...

Poseł Antoni Macierewicz:
Czy pan nie uważa, że jest zaskakujące, że coś, o czym pan wielokrotnie w wywiadach mówił, czym niejako pan nawet się chwalił, dzisiaj w panu, że tak powiem, wywiera jakiś taki skutek swojego rodzaju zażenowania, przerażenia, niechęci. Ja tego nie rozumiem.

Pan Jan Kulczyk:

Panie pośle, odpowiedziałem wyraźnie: uważam, że mój ojciec nie był nigdy...

Poseł Antoni Macierewicz:
Rozumiem.

Pan Jan Kulczyk:
...pracownikiem... To po pierwsze. A po drugie, jest rzeczą normalną, o tym pierwszym milionie mówiłem, miało to miejsce 25 lat temu.

Poseł Antoni Macierewicz:
O tym mówimy, oczywiście. Zgadza się. O spółkach polonijnych dokładnie.

Pan Jan Kulczyk:
To był moment tworzenia firm polonijnych.

Poseł Antoni Macierewicz:
Tak.

Pan Jan Kulczyk:
I to była pomoc ojca dla syna w trakcie rozpoczynania przez niego...

Poseł Antoni Macierewicz:
Doskonale to rozumiemy.

Pan Jan Kulczyk:
...działalności gospodarczej. Tak że ja nie rozumiem w ogóle tego wątku w tej dzisiejszej...
[...]

Poseł Antoni Macierewicz:

Proszę pana, chciałbym się spytać, czy w roku 1995 brał pan udział w przedsięwzięciu finansowym, polegającym na grze na giełdzie pieniędzmi uzyskanymi od Urzędu Ochrony Państwa poprzez pana generała Czempińskiego?

Pan Jan Kulczyk:

Nie.

Poseł Antoni Macierewicz:

Nie brał pan, tak? Czy pan wie, że ten fakt był przedmiotem postępowania karnego, może ta sprawa, szerzej, nie fakt jeden, ta sprawa?

Pan Jan Kulczyk:

Nie znam w ogóle tej sprawy.

Poseł Antoni Macierewicz:

Czy wiedział pan o tym, czy nie?

Pan Jan Kulczyk:

Nie znam tej sprawy.

Poseł Antoni Macierewicz:

Czy w związku z tym także twierdzi pan, że nie wiedział pan o wielu materiałach prasowych opisujących tę sprawę? Czy tak?

Pan Jan Kulczyk:

Panie pośle, nie chciałbym się wypowiadać na temat mojej znajomości prasy.

Poseł Antoni Macierewicz:

Nie, nie, ja pytam, czy dotarła do pana ta wiadomość poprzez prasę?

Pan Jan Kulczyk:

Jeszcze raz chciałbym powiedzieć: tymi sprawami w ogóle się nie interesuję, to w ogóle nie jest świat, który cieszy się moim zainteresowaniem. Tak że...

Poseł Antoni Macierewicz:

Znaczy, nigdy pan po prostu o tym nie słyszał?

Pan Jan Kulczyk:

Nie przypominam sobie czegoś takiego, żebym o tym słyszał.

Poseł Antoni Macierewicz:

To jest oczywiste. Czy znał pan... bo odpowiedział pan nam, że pan znał pana Żagla i pana Kunę co najmniej od ponad 20 lat, kilkakrotnie się z nimi w tym czasie spotykał, źródłem tych znajomości były spółki polonijne. Właśnie między innymi dlatego pytałem o te początki pana kariery. To się zgadza. Z tamtego okresu państwo się znacie?

Pan Jan Kulczyk:

Ja nie wiem, czy źródłem były... To jest z okresu...

Poseł Antoni Macierewicz:

Ma pan rację. Z tamtego okresu. Przepraszam za to sformułowanie. Ale to się zgadza, tak? Z tamtego okresu pochodzi państwa znajomość?

Pan Jan Kulczyk:

Z długiego okresu. Tak, myślę, że z tego okresu.

Poseł Antoni Macierewicz:

Jasne. Czy pan znał kryminalną przeszłość pana Żagla i pana Kuny, wielokrotne ściganie ich za przemyt, między innymi papierosów, za przemyt alkoholu. Czy pan o tym wiedział, czy też nie?

Pan Jan Kulczyk:
Nie wiedziałem i nie wiem nic na ten temat.

Poseł Antoni Macierewicz:
I nadal pan tej wiadomości, tej wiedzy...

Pan Jan Kulczyk:
Nie posiadam.

Poseł Antoni Macierewicz:
...nie ma, tak? Rozumiem. Czy był pan członkiem rady nadzorczej BRE Banku?

Pan Jan Kulczyk:
Czego?

Poseł Antoni Macierewicz:
BRE Banku.

Pan Jan Kulczyk:
Był krótki okres, ale potem zrezygnowałem.
[...]

Poseł Antoni Macierewicz:
A czy łączą pana, łączyły, jakiekolwiek związki biznesowe z panem [Wojciechem] Kostrzewą [były prezes BRE Banku]?

Pan Jan Kulczyk:
BRE Bank jest jednym z wielu banków, który obsługuje Kulczyk Holding, tak że nie chciałbym więcej na ten temat mówić, bo to jest tajemnica handlowa. Ale oczywiście...

Poseł Antoni Macierewicz:
Ale co, to czy pan zna pana Kostrzewę, to jest tajemnica?

Pan Jan Kulczyk:
Nie, nie chciałbym więcej na ten temat związków mówić, bo pan pytał na temat związków…

Poseł Antoni Macierewicz:
Nie.

Pan Jan Kulczyk:
…panie pośle. Natomiast co do znajomości, oczywiście prezesa Kostrzewę znam. Znam go nie tylko z BRE Banku, znam go również z zarządu izby polsko-niemieckiej, której byłem…

Poseł Antoni Macierewicz:
A od kiedy pan go zna, gdyby pan mógł nam przypomnieć.

Pan Jan Kulczyk:
Ja sądzę, że z okresu jak był prezesem banku… No jak się ten bank nazywa?
Banku… Nie przypominam sobie nazwy. To był poprzedni bank, w którym… Bank Rozwoju Eksportu, nie, to jest BRE Bank.

Poseł Antoni Macierewicz:
A nie z lat osiemdziesiątych jeszcze, panie prezesie?

Pan Jan Kulczyk:
Nie.
[…]

Poseł Antoni Macierewicz:
[…] teraz chciałem panu zadać inne pytanie. Mianowicie: Czy pan ma wiedzę na ten temat, że gdy delegacja z panem Wagą leciała do Moskwy, to w samolocie tym leciał także, razem z nimi, leciał także pan Panasiuk, jeden z członków mafii sołneckiej czy też sołneckowskiej, ukraińskiej?

Pan Jan Kulczyk:
Nie znam...

Poseł Antoni Macierewicz:
Czy pan ma wiedzę na ten temat?

Pan Jan Kulczyk:
Nie mam żadnej wiedzy na ten temat.
[...]

Poseł Antoni Macierewicz:
A czy zna pan pana Panasiuka? No, oczywiście możemy mówić:
Panasjuka... Nie chcę tutaj...

Pan Jan Kulczyk:
Nie kojarzę.
[...]

Poseł Antoni Macierewicz:
Czy podejmował pan jakiekolwiek wspólne przedsięwzięcia...
czy którakolwiek z pana firm, którakolwiek z pana... z pana spółek
podejmowała wspólne przedsięwzięcia z BRE Bankiem?

Pan Jan Kulczyk:
To jest raczej pytanie do Zarządu Kulczyk Holding. Z tego, co
mi wiadomo, oczywiście jest to jeden z banków, z którymi blisko...

Poseł Antoni Macierewicz:
Mówię o kapitałowych...

Pan Jan Kulczyk:
Więc blisko współprac... Kulczyk Holding blisko współpracuje,
ale nie chciałbym się wypowiadać na temat spraw, które nie są na
poziomie właścicielskich i nie są na poziomie rady nadzorczej. Tak

że ja... ja nie jestem w stanie, ja nie jestem w stanie panu posłowi na ten temat...

Poseł Antoni Macierewicz:
Znaczy o żadnym z takich przedsięwzięć pan nigdy nie słyszał i nie pamięta, tak?

Pan Jan Kulczyk:
Nie, nie, nie, w tej chwili nie kojarzę i...

Poseł Antoni Macierewicz:
A jak je pan ocenia? One miały znaczącą... znaczący wpływ finansowy, były istotne, nieistotne?

Pan Jan Kulczyk:
Ale jak ja nie wiem, nie wiem, o jakich przedsięwzięciach mówimy, to trudno mi powiedzieć, jaki miały wpływ, panie pośle.

Poseł Antoni Macierewicz:
Rozumiem, dobrze. Czy dokonując nabycia pakietu akcji PKN Orlen SA – bo dokonywał pan, prawda? – działał pan w porozumieniu z jakimkolwiek...

Pan Jan Kulczyk:
Panie pośle...

Poseł Antoni Macierewicz:
...innym podmiotem?

Pan Jan Kulczyk:
Panie pośle, panie pośle, to nie ja, tylko Kulczyk Holding. Chciałbym tutaj...

Poseł Antoni Macierewicz:

Oczywiście. Przepraszam. Ja zapomniałem, że pan tak naprawdę jest z boku tego wszystkiego. No ale Kulczyk Holding – czy działał... było to działanie w porozumieniu z jakimkolwiek innym podmiotem, w tym z ministrem skarbu Rzeczypospolitej?

Pan Jan Kulczyk:
Nic mi na ten temat nie wiadomo. [...]

Poseł Zbigniew Witaszek:
[...] co pan mógłby powiedzieć na temat firmy Ciech? Dlaczego przestała być głównym dostawcą ropy najpierw dla Petrochemii, a później dla PKN Orlen? Dlatego że nie mogę się od nikogo dowiedzieć, jak to się stało, że firma państwowa – powiedzmy, później też sprywatyzowana – i zostawiona, odstawiona na bok na rzecz malutkiej firemki, która, no, później się rozrosła, ale w momencie, kiedy wchodziła na rynek, no to była firmą nieznaną, o małych tam i obrotach, i o małym kapitale założycielskim. Czy coś panu więcej na ten temat wiadomo?

Pan Jan Kulczyk:
Niestety, panie pośle, nic mi w tej sprawie nie wiadomo. [...]

Poseł Zbigniew Witaszek:
[...] pan doktor Kulczyk Holding, przepraszam, Kulczyk płaci podatki w kraju czy za granicą?

Pan Jan Kulczyk:
Jan Kulczyk płaci również podatki w Polsce. [...]

Poseł Andrzej Grzesik:
Chciałbym zadać kilka pytań. Panie prezesie, czy zna pan kancelarię prawną Dewey Ballantine?

Pan Jan Kulczyk:
Jak?

Poseł Andrzej Grzesik:
Dewey Ballantine.

Pan Jan Kulczyk:
Dewey Ballantine, tak.

Poseł Andrzej Grzesik:
Tak.

Pan Jan Kulczyk:
To jest jedna z największych kancelarii działających w świecie.

Poseł Andrzej Grzesik:
Działa również na terenie Rzeczypospolitej?

Pan Jan Kulczyk:
Z tego, co wiem, tak. Oczywiście.

Poseł Andrzej Grzesik:
Czy pan mógłby... czy ma pan wiedzę na temat zaangażowania tej kancelarii prawnej przy okazji kontraktów grupy Orlen? Ma pan jakąś wiedzę czy...?

Pan Jan Kulczyk:
Nie mam żadnej wiedzy.

Poseł Andrzej Grzesik:
Nie ma pan żadnej wiedzy. A czy spółki, pana spółki bądź też pańskie firmy poza granicami kraju, poza granicami Rzeczypospolitej, korzystają z usług tej firmy?

Pan Jan Kulczyk:
Ja to sprawdzę, ale korzystamy ze wszystkich największych kancelarii prawniczych, w związku z tym ja dzisiaj nie potrafię panu powiedzieć...

Poseł Andrzej Grzesik:
A na dzień dzisiejszy ma pan wiedzę jakąś?

Pan Jan Kulczyk:
Sprawdzę. Nie, nie mam takiej wiedzy.
[...]

Poseł Konstanty Miodowicz:
[...] Czy w dniach poprzedzających zatrzymanie Andrzeja Modrzejewskiego doszło do pańskiego spotkania z panem Robertem Gwiazdowskim?

Pan Jan Kulczyk:
Nie przypominam sobie.

Poseł Konstanty Miodowicz:
Nie przypomina pan sobie. Czy usiłował w ramach kontaktów, które realizował z panem, ktoś w imieniu pana Roberta Gwiazdowskiego lub sam pan Gwiazdowski ustalić warunki ustąpienia z zajmowanego stanowiska prezesa Modrzejewskiego? Może pan nie pamięta osób, ale czy taki fakt miał miejsce: Ktoś usiłował z panem to konsultować, negocjować?

Pan Jan Kulczyk:
Nie przypominam sobie.

Poseł Konstanty Miodowicz:
Nie przypomina pan sobie. Nie przypomina sobie pan i tego, iż w tego typu negocjacje włączył się ówczesny prezes BRE Banku pan

Wojciech Kostrzewa, ponadto pan Sławomir Golonka, doradca BRE Banku w tym czasie. Nie przypomina pan sobie?

Pan Jan Kulczyk:
Ja nawet nie tylko, że nie przypominam, ja po prostu tego nie wiem.

Poseł Konstanty Miodowicz:
Tego pan nie wie. Rozumiem. Ale nie zaprzecza pan temu, iż zasiadał pan wówczas w radzie nadzorczej BRE Banku i dobrze znał pan pana Kostrzewę, nawiasem mówiąc, przewidzianego między innymi do konstruowania owego bloku akcjonariuszy, o którym mówiliśmy wcześniej. Ale to tak mimochodem ja tylko mówię. Nie zaprzecza pan temu?

Pan Jan Kulczyk:
O tym mówił pan minister Kaczmarek, nie ja. Tak że ja nie chciałbym komentować wypowiedzi...

Poseł Konstanty Miodowicz:
Pytam się, czy pan wtedy wchodził w skład Rady Nadzorczej BRE Banku?

Pan Jan Kulczyk:
Ja to sprawdzę, panie pośle, i odpowiem panu, dobrze? Bo nie...
[...]

Poseł Konstanty Miodowicz:
Proszę pana, czy pan posiadał informacje – jakiekolwiek – na temat kontaktów pana Andrzeja Modrzejewskiego z panem Michałem Frąckowiakiem?

Pan Jan Kulczyk:
Kto to jest pan Michał Frąckowiak?

Poseł Konstanty Miodowicz:
Pan Michał Frąckowiak był wiceministrem resortu współpracy gospodarczej z zagranicą, odpowiedzialnym za koncesje w czasach, kiedy resortem tym rządził pan minister Glapiński, a później był w spółce Solo, a później był w spółce Duo, a Duo było komponentem J&S, a na koniec był prezesem Nafty Polskiej SA. Czy pan coś słyszał o kontaktach tych dwóch dżentelmenów?

Pan Jan Kulczyk:
Nic mi nie wiadomo w tej sprawie.
[...]

Poseł Konstanty Miodowicz:
Czy pan, panie prezesie, czuje się bezpieczny? Czy pan nie czuje się zagrożony fizycznie? Nie politycznie, nie gospodarczo. Ale wystąpienie pana pełnomocnika w pana imieniu, bodajże pełnomocnik czytał pana oświadczenie...

Pan Jan Kulczyk:
Oczywiście, że moje oświadczenie.

Poseł Konstanty Miodowicz:
Pana oświadczenie brzmiało dramatycznie. Znaczące osoby w naszym kraju zaniepokoiły się o, powiedzmy, stan pana bezpieczeństwa. Czy czuje się pan bezpieczny?

Pan Jan Kulczyk:
Panie pośle, jeżeli pan usłyszałby – ja nie chciałbym już w tej chwili wracać do tamtej historii – te wszystkie zarzuty pod moim adresem i przeczytałby pan notatki, i przeczytałby pan o zdarzeniach, w których pan nie brał udziału, o faktach, które nie miały miejsca, o terminach, których nie ma, myślę, że odczucie każdego obywatela byłoby takie samo.
[...]

Poseł Konstanty Miodowicz:
Czy mówimy o bezpieczeństwie, można powiedzieć, biznesowym, czy o bezpieczeństwie fizycznym? Bo wszyscy zrozumieli, że pan jest zagrożony na zdrowiu i życiu. Czy pan jest zagrożony na zdrowiu i życiu?

Pan Jan Kulczyk:
Na to pytanie nie jestem w stanie dać ja odpowiedzi.

Poseł Konstanty Miodowicz:
A kto?

Pan Jan Kulczyk:
No, są organa państwa, które mają w swoim nagłówku: bezpieczeństwo, tak że ja myślę, że...

ROZDZIAŁ XX
PRÓBA ZAKUPU GRUPY LOTOS

Pismo Dariusza Mioduskiego, prezesa Kulczyk Investments (reprezentującego konsorcjum Kulczyk Investments/Oilinvest – właściciela marki Tamoil) do Aleksandra Grada, ministra skarbu w sprawie prywatyzacji Grupy Lotos, 4.12.2009 r.

„W związku z ogłoszonymi publicznie planami Ministerstwa Skarbu co do zamiaru zbycia pakietu akcji Grupy Lotos S.A. Zgodnie z zapisami w Kierunkach prywatyzacji majątku Skarbu Państwa w 2010 r., chcielibyśmy niniejszym poinformować Pana Ministra, że Kulczyk Investments S.A. (,Kulczyk Investments'), występuje w imieniu i jako główny udziałowiec, tworzonej wspólnie z Oilinvest (Holdings) N.V., właścicielem marki TAMOIL, Spółki inwestycyjnej (,Inwestor'), jest zainteresowany nabyciem od Skarbu Państwa (,Skarb Państwa') całego pakietu akcji Grupy Lotos S.A. (,Grupa Lotos', ,Spółka') przewidzianego do sprzedaży.

Jesteśmy głęboko przekonani, że Inwestor może być bardzo dobrym akcjonariuszem dla Grupy Lotos, którego udział w Grupie Lotos będzie umożliwiał Państwu Polskiemu osiągnięcie strategicznych celów formułowanych dla Grupy Lotos. Przemawiają za tym:

1. nasza zdolność do bardzo szybkiego sfinalizowania transakcji,
2. znajomość branży,
3. strategiczna pozycja udziałowców Inwestora zarówno w obszarze rafineryjnym, dystrybucyjnym, poszukiwań i wydobycia ropy oraz dostępu do własnych zasobów ropy,
4. nasze wieloletnie doświadczenie z zakresu analizy rynków, restrukturyzacji, współpracy z międzynarodowymi instytucjami finansowymi i renomowanymi doradcami.

Wierzymy, że nasze strategiczne i długoterminowe zaangażowanie pozwoli przekształcić Grupę Lotos w jedną z najlepiej funkcjonujących i rozwijających się zintegrowanych pionowo firm w sektorze paliwowym w Europie.

Jednocześnie, chcielibyśmy zapewnić Pana Ministra, że w pełni akceptujemy i szanujemy strategiczny i długoterminowy interes Skarbu Państwa, jako głównego akcjonariusza Grupy Lotos, wynikający z konieczności zapewnienia bezpieczeństwa energetycznego kraju.

Poniżej pozwolę sobie przedstawić informacje zawierające szczegóły naszej oferty, które mamy nadzieję, pozwolą lepiej Panu Ministrowi zrozumieć nasz zamiar inwestycji w Grupę Lotos oraz wzmocnić przekonanie, że Inwestor oraz jego udziałowcy mogą być optymalnym inwestorem wspomagającym Skarb Państwa w procesie budowy wartości kluczowej polskiej firmy petrochemicznej. Podobnie, jak resort skarbu, nie mamy wątpliwości, że jak celnie zauważono w kierunkach prywatyzacji, udział kapitału prywatnego w procesie restrukturyzacji przedsiębiorstw państwowych, pozwala na głębsze i kompleksowe przeobrażanie firm w liderów swoich rynków.

[…]

Jak zadeklarowałem powyżej, jesteśmy gotowi do przystąpienia do rozmów w każdym czasie dogodnym dla Ministra Skarbu Państwa. Jednocześnie rozumiemy ograniczenia wynikające z dostępu do informacji na temat Spółki wynikające z jej publicznego statusu. Jeśli jednak resort skarbu uzna, że możliwe byłoby przeprowadzenie dodatkowego skróconego badania Spółki, to jesteśmy gotowi podporządkować się wszystkim warunkom wyznaczonym przez resort skarbu.

Rozumiemy iż Skarb Państwa publicznie zakomunikował intencję sprzedaży ok. 13,5%, tak, aby Skarb Państwa, po przeprowadzeniu transakcji sprzedaży utrzymał udział w akcjonariacie Grupy Lotos wyższy aniżeli 50%. Przedkładając naszą propozycję pragniemy zasygnalizować, że z punktu widzenia potencjalnego inwestora prywatnego optymalnym pakietem akcji, który mógłby być przedmiotem transakcji byłby pakiet co najmniej 15%. Nasze przekonanie wynika z następujących powodów:

1. Naszym zdaniem sprzedaż zwiększonego w stosunku do proponowanego pakietu akcji Spółki nie spowoduje utraty przez Skarb Państwa pełnej kontroli właścicielskiej nad Grupą Lotos, gdyż Skarb Państwa nadal pozostanie największym akcjonariuszem spółki.

Jak podkreślaliśmy powyżej, w pełni rozumiemy i identyfikujemy się z interesami i celami Skarbu Państwa, jako głównego właściciela Grupy Lotos co do zapewnienia bezpieczeństwa energetycznego kraju. Jesteśmy przekonani, że nasza praca, jako przyszłego akcjonariusza Spółki w zakresie zapewnienia Spółce alternatywnych źródeł dostaw surowców oraz zbudowania silnej pozycji w sektorze poszukiwań i wydobycia ropy naftowej i gazu, umożliwi szybsze i efektywniejsze osiągnięcie tego celu. Nie mamy wątpliwości, że Skarb Państwa będzie w tej sytuacji także beneficjentem wzrostu wartości akcji Spółki.

2. Sprzedaż zwiększonego pakietu akcji przez Skarb Państwa pozwoli na zdjęcie z Grupy Lotos ograniczeń wynikających z tzw. ustawy kominowej. Uważamy, że podstawowym kapitałem Spółki, oprócz aktywów trwałych, jest kapitał ludzki. Aby osiągnąć cele swoje i akcjonariuszy, Spółka musi być w stanie utrzymać obecny kapitał ludzki istniejący na poziomie wyższej kadry menedżerskiej (który oceniamy bardzo wysoko), ale również być w stanie przyciągnąć nowy talent i ekspertyzę, aby być w stanie sprostać zadaniom w przyszłości, a to wymaga innych rozwiązań płacowych,

które w znaczny sposób są ograniczone w dotychczasowych rozwiązaniach prawnych.

[...] składamy Panu Ministrowi nieodwołalną ofertę zakupu całego sprzedawanego przez Skarb Państwa pakietu akcji. Rozumiemy, że warunki transakcji łącznie z ceną za zbywany pakiet akcji będą ustalane w wyniku ostatecznych uzgodnień. Jednakże biorąc pod uwagę fakt, że LOTOS jest spółką publiczną, spodziewamy się, że wycena akcji Spółki będzie opierała się o publicznie dostępne informacje i analizy niezależnych instytucji finansowych zajmujących się branżą paliwową. W oparciu o te informacje i niezależne analizy, jak również o nasze własne analizy i wyceny, uważamy, że odpowiednią wyceną dla akcji Grupy Lotos jest cena pomiędzy PLN 25 a PLN 26 za akcję. Jest to też cena, która nie odbiega od ceny możliwej do uzyskania w ewentualnym wezwaniu na akcje, wynikająca ze średnich trzy- i sześciomiesięcznych. Deklarujemy gotowość sfinalizowania transakcji na takim poziomie cenowym.

Bardzo proszę Pana Ministra o traktowanie tej informacji jako poufnej, gdyż nie chcielibyśmy, aby stanowiła źródło potencjalnych spekulacji rynkowych, mogących utrudnić lub wręcz uniemożliwić Skarbowi Państwa efektywne zagospodarowanie tego cennego aktywa, jak również naruszyć przepisy o publicznym obrocie papierów wartościowych.

Mamy nadzieję, że niniejszy list w dostateczny sposób wyjaśnia naszą intencję zakupu akcji Grupy Lotos i liczymy na szybkie rozpoczęcie i sfinalizowanie negocjacji z Ministerstwem Skarbu Państwa w tym przedmiocie i podpisanie stosownych w tym zakresie umów. Biorąc pod uwagę ryzyka związane z rynkiem kapitałowym, mamy nadzieję, że transakcję uda się sfinalizować do końca stycznia 2010 r. Jesteśmy przygotowani przedstawić szczegółowo Panu nasze intencje i oczekiwane przez nas korzyści dla Państwa Polskiego – poprzez realizację strategicznych celów związanych z dywersyfikacją kierunków dostaw ropy naftowej i bezpieczeństwem energetycznym Polski; Skarb Państwa – poprzez wzrost wartości posiadanego przez Skarb Państwa pakietu akcji oraz Spółki – poprzez zapewnienie jej stabilnej możliwości rozwoju w oparciu o zdywersyfikowane źródła dostaw węglowodorów i dostęp do złóż, w dogodnym dla Pana terminie.

Wierzymy, że transakcja zakupu pakietu akcji przez Inwestora będzie z korzyścią nie tylko dla Skarbu Państwa, ale przede wszystkim, przyczyni się do istotnego rozwoju i budowy Grupy Lotos jako silnej i dobrze prosperującej firmy w sektorze paliwowym w Europie.

Z wyrazami szacunku,
Dariusz Mioduski,
Prezes Zarządu
Kulczyk Investments S.A."

CEZARY BIELAKOWSKI; dziennikarz tygodnika „Wprost". Rocznik 1968. Studiował na Wydziale Filologii Polskiej Uniwersytetu Warszawskiego. Pracował w studiu filmowym „OKO" jako redaktor literacki oraz w agencji informacyjnej SiS-Serwis jako reporter. Później był redaktorem w Polskiej Agencji Prasowej, „Życiu", „Rzeczpospolitej" i „Newsweeku". Były wicenaczelny „Dziennika", „DGP" i „Wprost". Dwukrotnie nagrodzony „Grand Pressem" w kategorii dziennikarstwo śledcze oraz news. Ojciec Julii i Aleksandry.

PIOTR NISZTOR (ur. 1984), absolwent Instytutu Edukacji Medialnej i Dziennikarstwa Uniwersytetu Kardynała Stefana Wyszyńskiego. Dziennikarz śledczy „Gazety Polskiej". Prowadzący program w telewizji Republika. Wcześniej pracował m.in. w „Dzienniku", „Rzeczpospolitej", „Pulsie Biznesu" i „Wprost". W 2014 r. ujawnił jeden z największych skandali ostatnich lat – aferę taśmową. Został za to nagrodzony najważniejszymi nagrodami dziennikarskimi w kraju (Grand Press i nagrodą Watergate, przyznawaną przez Stowarzyszenie Dziennikarzy Polskich). Na koncie ma trzy publikacje książkowe.